Die Geschichte der Germanen

Arnulf Krause ist promovierter Germanist und Experte für germanische Heldensagen und die Dichtungen der Edda. Er lebt bei Bonn und ist Lehrbeauftragter der Rheinischen Friedrich-Wilhelms-Universität Bonn.

DIE
GESCHICHTE
DER
GERMANEN

Arnulf Krause

Campus Verlag
Frankfurt / New York

Die Deutsche Bibliothek – CIP-Einheitsaufnahme

Ein Titeldatensatz für diese Publikation ist bei
Der Deutschen Bibliothek erhältlich.
ISBN 3-593-36885-4

Copyright © 2002 Campus Verlag GmbH, Frankfurt/Main
Umschlaggestaltung: Init, Bielefeld
Umschlagmotiv: AKG, Berlin
Satz: Wallstein Verlag, Göttingen
Druck und Bindung: Druckhaus Beltz, Hemsbach
Gedruckt auf säurefreiem und chlorfrei gebleichtem Papier.
Printed in Germany

Besuchen Sie uns im Internet: www.campus.de

Für Roswitha

Inhalt

ANHANG

EXKURSE

Vorwort

Bei Detmold erhebt sich seit dem 19. Jahrhundert das Denkmal Hermann des Cheruskers, das bis heute eines der meistbesuchten touristischen Ziele des Teutoburger Waldes ist. Es dient als Symbol für die legendäre Varusschlacht des Jahres 9 nach Chr. und ist dem germanischen Stammesfürsten gewidmet, der dort nach der Überlieferung drei römische Legionen vernichtete und bis heute als »Befreier« Germaniens gilt. Historisch jedoch ist an diesem Sinnbild nichts echt: Von dem siegreichen Cherusker ist lediglich der lateinische Name Arminius überliefert, und er trug ganz sicher keinen Flügelhelm, wie ihn das Denkmal zeigt. Auch der Schauplatz der entscheidenden Schlacht wird heute andernorts lokalisiert: Der archäologische Ausgrabungsplatz von Kalkriese in der Nähe von Osnabrück erfreut sich als der wahrscheinliche Ort der Varusschlacht zunehmender Beliebtheit. Die Niederlage der Römer ist mit dafür verantwortlich, dass wir im Deutschen den vierten Werktag der Woche als Donnerstag, als Tag des germanischen Gottes Donar bezeichnen und nicht wie etwa im Französischen als jeudi, der ursprünglich der Tag des römischen Gottes Jupiter ist. Denn sie verhinderte eine weitergehende Romanisierung östlich des Rheins, was bis heute Konsequenzen für die deutsche Sprache hat.

Ob Donnerstag oder ein anderer Tag der Woche – wenn in Bayreuth Festspielzeit ist, sind Karten für Richard Wagners Opern heiß begehrt. Es gehört zu den gesellschaftlichen Ereignissen, wenn in der »Götterdämmerung« die Nornen davon singen, wie Wotan Runen in den Speer ritzte. Ansonsten werden solche Schriftzeichen nicht geschätzt: Als vor wenigen Jahren auf einer Heinrich-Heine-Briefmarke der Deutschen Post ein runenartiges Symbol entdeckt wurde, musste der ganze Entwurf überarbeitet werden. Der deutsch-jüdische Schriftsteller sollte nicht mit einem vermeintlich rechtsextremen Zeichen verbunden werden.

Dies sind Beispiele dafür, wo Zeugnisse der Germanen und ihrer Kultur in der Gegenwart zu finden sind. Sie zeigen, dass die Reste ihrer

Geschichte nicht nur ausgegraben werden, sondern auch in Sprache, Dichtung und Überlieferung sowie deren neuzeitlichen Aneignungen präsent sind, und dass sie politisch sehr umstritten sein können. Die Geschichte der Germanen handelt von einem Volk, das längst in anderen Völkern aufgegangen ist. Aber die Zeugnisse dieser Geschichte und ihre Interpretation sind nach wie vor ein aktuelles Thema. Namen und Motive germanischer Mythologie und Heldensage haben längst Einzug in die Hoch- und Populärkultur gehalten: Sie finden sich in historischen Romanen und esoterischen Lebensratgebern, in Spielfilmen, Computerspielen und Fantasy-Erzählungen.

Das Ende des Kalten Krieges und das Zusammenwachsen Europas lassen uns nicht nur nach dem Wohin, sondern auch nach dem Woher und damit nach der gemeinsamen Identität des Abendlandes fragen. Zahlreiche Bücher, Ausstellungen, Zeitungsartikel und Fernsehfilme beschäftigen sich mit der Suche nach unseren Wurzeln. Zu diesen Ursprüngen gehören auch die Germanen. Sie sind mit ihren zahlreichen Völkerschaften eine der wichtigsten historischen Brücken zwischen Frühgeschichte, Spätantike und der Entstehung des Abendlandes. Kulturell bietet ihre Stämmewelt in dieser mehr als ein Jahrtausend währenden Zeit ein buntes Bild, in dem sich Barbarisches mit antiker und steppennomadischer Kultur und christlicher Religion mischt. Schließlich mündet die Geschichte der Germanen in die Entstehung vieler europäischer Nationen, von Island bis nach Italien und von Spanien bis nach Russland. Multikulturelle Probleme von Einwanderung, Integration und Identität finden sich schon vor mehr als tausend Jahren in der germanischen Geschichte, die eine Zeit ständiger Völkerwanderungen war.

Das Bild, das man sich von den Germanen macht, wird noch immer von alten Klischees bestimmt: Rauschebärtig, in Felle gehüllt und Flügelhelme tragend, brechen sie auf vielen Darstellungen aus den germanischen Urwäldern hervor und massakrieren die Römer. Diese Barbaren gelten als die Urahnen der Deutschen, deren Charakteristika sich angeblich bis heute erhalten haben sollen – Heimatliebe, Ehrlichkeit, Treuherzigkeit, aber auch Wildheit, Größenwahn und die vermeintliche Zerrissenheit der deutschen Seele. Kein anderes Volk der Spätantike und des frühen Mittelalters wurde ideologisch so missbraucht wie das der Germanen und ist derart verrufen. Noch immer haftet ihnen das Etikett des Nationalismus und Rassismus an, bedienten sich doch die Machthaber des »Dritten Reiches« skrupellos aus dem Fundus dieser historischen Kultur. Namen, germanische Dichtung und Runenzeichen mussten neben vielem anderen zur nationalsozialistischen Inszenierung eines unhistorischen Germanentums herhalten.

Intensive Forschungen haben in den letzten Jahrzehnten das Wissen
so weit aufgearbeitet, dass heute zu Recht von einem neuen Germanenbild gesprochen werden kann. Spektakuläre archäologische Funde
veranschaulichen dies: Der Ort der berühmten Varusschlacht scheint
entdeckt und birgt eine Fülle von Überresten. Auf den Spuren römischer Legionäre stößt man auf Lager und Siedlungen, die zeitweilig für
Germanien einen überraschenden Grad der Romanisierung nahe legen.
Prächtige Gräberfunde lassen auf eine reiche Häuptlingsschicht schließen. Sogar Möbelstücke aus germanischen Haushalten wurden in jüngster Zeit ausgegraben. Entdeckungen solcher Art veranschaulichen den
Lebensalltag der barbarischen Früheuropäer und bieten eine Vielzahl
neuer Erkenntnisse.

Dazu tragen auch die Historiker und Sprachwissenschaftler bei, die
alte Schriftquellen über die Germanen befragen und analysieren. Dank
moderner und interdisziplinärer Methoden kommen sie den rätselhaf-
ten Ursprüngen dieses Volkes auf die Spur und folgen den unübersichtlichen Fährten seiner Stämme und Völkerschaften. Trotz aller wissenschaftlichen Kontroversen im Detail ergibt sich doch ein Gesamtbild,
das die Geschichte der Germanen über ein Jahrtausend verfolgen und
ihre Bedeutung für die Deutschen und andere europäische Nationen
erkennen lässt.

Ebendiese Entwicklungen und die große Resonanz, die neue Entdeckungen und Erkenntnisse regelmäßig hervorrufen, machen eine
umfassende Geschichte der Germanen zu einem gleichermaßen fes-
selnden wie notwendigen Unterfangen. Ziel einer solchen Geschichte
ist, über das Volk und seine Kultur fundiert, aktuell, aber unterhaltsam
und allgemein verständlich zu informieren. In diesem Sinne lädt das
Buch ein, der bewegten Geschichte der Germanen zu folgen. Es ist die
Geschichte eines Volkes auf der Suche nach und in ständiger Auseinandersetzung mit Neuem und Fremdem, an deren Ende Europa entsteht.

1. Die Germanen – Volk der vielen Stämme

Eine Schiffsreise an das Ende der Welt

In der Zeit, als der griechisch-makedonische Eroberkönig Alexander der Große an der Spitze seiner Heere den Indus erreichte und in die Gebirgswelt Afghanistans vordrang, machte sich am anderen Ende der Welt ein Mann zu einer ähnlich abenteuerlichen Reise auf. Wie der Makedonier entstammte er der griechischen Kultur, wie der machtbewusste Herrscher war auch er von Wissensdurst getrieben. Damit enden die Vergleichsmöglichkeiten, denn der Gelehrte Pytheas war weder mächtig noch hatte er viel Geld. Er lebte in Massalia, der Vorgängerin des modernen Marseille, und entschloss sich um das Jahr 325 vor Chr., per Schiff eine Fahrt in den Norden bis an das Ende der Welt zu machen. Seine Heimatstadt, eine der vielen Kolonien, in denen sich griechische Siedler und Händler rings um das Mittelmeer niedergelassen hatten, lag am Rande einer fremden barbarischen Welt. Nur wenige Kilometer entfernt im Landesinneren begann das Gebiet jener in griechischen Augen unzivilisierten Stämme, die man als »Keltoi«, Kelten, bezeichnete. Sicherlich, man konnte mit diesen Barbaren Geschäfte machen, sie fanden an vielen Luxusartikeln Gefallen, an griechischem Wein, an edler Töpferware. Andererseits munkelte man davon, dieses kriegerische Volk schneide den getöteten Feinden die Köpfe ab und schmücke mit ganzen Schädelgalerien nicht nur das eigene Heim, sondern auch die heiligen Tempel. Solche Gedanken mögen Pytheas durch den Kopf gegangen sein, als er sich auf den Weg nach Norden machte, in die unbekannte und rätselhafte Region, aus der man das Zinn bezog, den wichtigen Bestandteil für die Herstellung von Bronze, und aus der jener geheimnisvolle Bernstein kam, an dem die Menschen des Südens schon immer Gefallen gefunden hatten. Über die Einzelheiten der Reise gibt es keine Nachrichten. Jedenfalls verlief die Route durch die Straße von Gibraltar, damals die Säulen des Herakles genannt, hinaus auf den offenen Ozean, dann an der spanischen und französischen Küste entlang nordwärts. Für Pytheas war dies alles die »Keltike«, das Land der barbarischen Keltoi. Aufmerksam stellte er astronomische und geografische Messungen und Beobachtungen an und versuchte, die fremden Gebiete mit den Mitteln griechischer Wissenschaft zu erschließen.

Er traf auf eine Welt reich an Inseln, die er in ihrer Gesamtheit als »Bretanike«, Britannien, bezeichnete. Die größte Insel war Albion (die britische Hauptinsel). Sechs Tagesreisen nördlich davon lag »Tyle«, das sagenhafte Thule, das man später mit Island gleichsetzte. Da jedoch die Insel im Nordatlantik damals unbewohnt war, gelangte Pytheas wahrscheinlich an die norwegische Küste. Dort hörte er von den Naturwundern des Mittsommers und Mittwinters, zeigten ihm doch die Barbaren die Gegend, wo sich die Sonne schlafen legt: »Sie sei gleichsam immer bei ihnen. Es stellte sich auch tatsächlich heraus, dass in dieser Gegend die Nacht ganz kurz wird, an einigen Stellen zwei, an anderen drei Stunden dauert, sodass die Sonne nach ihrem Untergang nach ganz kurzer Unterbrechung gleich wieder aufgeht. Dort laufen im Sommer die Tage und umgekehrt im Winter die Nächte durch, und es muss Gebiete geben, in denen nur einmal im Jahre Tag und einmal Nacht ist.«

Von »Tyle« weiß Pytheas noch mehr zu berichten: Nachdem man viele öde und unbewohnte Inseln auf der Fahrt dorthin berührt hat, erweist sich diese nördlichste Insel als fruchtbares Land. Seine Menschen ernähren sich von Pflanzen, Viehmilch und Feldfrüchten. Für erwähnenswert hält der eher sittenstrenge Grieche auch, dass die Frauen für alle gemeinsam seien und es keine feste Ehe gebe. Das Leben in den kalten Regionen scheint ihm wenig begehrlich, ist doch der Anbau von Kulturpflanzen und das Halten von Haustieren zum Teil ganz unüblich. Wo dennoch Getreide angebaut wird und Honig gewonnen werden kann, erzeugt man aus diesen Bestandteilen den später so berühmten gegorenen Honigwein, den Met. Pytheas erwähnt Inseln, wo das begehrte Zinn gewonnen wird. Das dort lebende Seefahrervolk der »Ostideer« benutzt keine Schiffe aus Holz, sondern Boote, die aus Ruten geflochten sind und mit Fellen und Leder bezogen werden. Mit ihnen fahren sie zur heiligen Bernsteininsel Abalus, wo das Meer kostbaren Bernstein ans Ufer wirft.

Dies und mehr wusste der in seine Heimatstadt Massalia zurückgekehrte Entdeckungsreisende zu berichten. Er verfasste eine Schrift über seine große Fahrt, die in der Antike von den meisten als pure Fantasterei angesehen wurde. Dennoch zitierten Gelehrte aus seinem Werk, das nur in ihren Arbeiten erhalten geblieben ist. Heute ist nicht alles, was der Grieche behauptet, nachvollziehbar, und nicht jede Ortsangabe konnte tatsächlich lokalisiert werden. Fest steht jedoch, dass Pytheas auf seiner abenteuerlichen Fahrt nach Nordeuropa gelangte.

Hätte man ihn gefragt, was für Barbarenstämme dort hausten, welchem Volk sie zuzurechnen seien, er hätte auf die Keltoi verwiesen, die, reich an Stämmen und Völkerschaften, fast bis zur heimischen Mittelmeerküste anzutreffen waren. Überhaupt war das griechische Weltbild von den nördlichen Barbaren recht einfach: Im Westen hatte man es mit den Kelten zu tun, im Osten dagegen mit den Skythen. Völker, die weder zu den einen noch zu den anderen gehörten, zählte man zu den Keltoskythen, die also zwischen den beiden großen Gruppen angesiedelt wurden. An diese Einteilung hielt man sich so lange, bis mehr als zweihundert Jahre nach Pytheas ein Gelehrter von einem weiteren großen Volk sprach, das zwischen Kelten und Skythen saß: von den Germanen.

Das Volk zwischen Kelten und Skythen

Gaius Julius Caesar, der bedeutendste Staatsmann und Feldherr der heranwachsenden Großmacht Rom, griff diesen Volksnamen auf und machte ihn populär – mit Konsequenzen bis in unsere Gegenwart. Er erklärte den Rhein zur Grenze zwischen den linksrheinischen keltischen Galliern und den rechtsrheinischen germanischen Stämmen. Seitdem Gallien, das große Teile Frankreichs, die Benelux-Länder, Deutschland links des Rheins und die Schweiz umfasste, von Caesar erobert worden war und damit Provinz des Römischen Reiches wurde, standen sich Römer und Germanen unmittelbar gegenüber. Über ein halbes Jahrtausend sollte sich diese Konfrontation hinziehen. Allerdings wurde der lange Zeitraum nicht nur von Krieg und Gewalt bestimmt, sondern auch von Annäherung in vielerlei Hinsicht. Die germanischen Menschen waren von der ihnen überlegenen römischen Hochkultur fasziniert, auch wenn sie sich im Gegensatz zu den Galliern einer schnellen Romanisierung entzogen. Die barbarischen Weiten rechts des Rheins blieben nach missglückten römischen Eroberungsversuchen sich selbst überlassen, als antike Randkultur, deren Menschen keine großen Städte und kein Geld kannten und oft mehr schlecht als recht von den Erträgen ihrer Landwirtschaft lebten. Doch seitdem es einen engeren Kontakt gab, übernahmen germanische Stammeshäuptlinge nur zu gern Teile der römischen Kultur, wie Bewaffnung, Luxuswaren und Kleidung. Im Imperium Romanum verdingte man sich als Soldat, was durchaus lukrativ war. Im Laufe der Jahrhunderte erhielten immer mehr Germanen höhere Offiziersstellen im römischen Heer, schließlich waren die Barbaren als gute Kämpfer bekannt.

So ist die Geschichte der Germanen, die prägend für die Spätantike und das frühe Mittelalter wurde, die Geschichte eines verhältnismäßig unzivilisierten Volkes, das stets die Nähe zur Hochkultur suchte, ohne in ihr aufzugehen. Als diese Hochkultur sich 395 nach Chr. in Westrom und Ostrom teilte und das westliche Reich weniger als ein Jahrhundert später zusammenbrach, da waren die germanischen Barbaren zur Stelle und richteten sich in den Trümmern der alten Kultur ein. Germanische Könige übernahmen Funktionen des römischen Staatswesens und wurden sogar Garanten eines bescheidenen Fortbestehens. Sie nahmen mit ihren Völkern manches des römischen Erbes an und wurden Christen. Im Jahre 800 entschloss sich einer dieser Germanenkönige, der Frankenherrscher Karl, das Römische Reich unter der Führung seines Volkes zu erneuern und selbst Kaiser zu werden. Wie hätte Caesar ahnen können, dass einmal ein Barbar an der Spitze eines neuen Roms stehen sollte!

Die germanische Geschichte mündet in die Verbindung von eigenen Elementen mit dem Erbe der antiken griechisch-römischen Hochkultur und der Religion des Christentums. Doch die eigentlichen Träger dieser Geschichte, die Germanen, gab es überhaupt nicht! Nie existierte ein Volk, das sich selbst diesen Namen gegeben hatte. Es lebten zwar viele germanische Völkerschaften und Stämme, die sich im Laufe eines Jahrtausends trennten oder zusammenschlossen, die gegeneinander Krieg führten oder neue, größere Stämme bildeten. Niemals jedoch existierte ein geschlossenes Volk der Germanen! Die Geschichte der Germanen ist deshalb eine Geschichte ihrer Stämme und eines Entwicklungsprozesses, bei dem Bewegung eine entscheidende Rolle spielte. Germanische Wanderungen begannen mit dem Zug der Kimbern und Teutonen, der 101 vor Chr. von den Römern gestoppt wurde. Sie endeten mit den Zügen der skandinavischen Wikinger, die in der Mitte des 11. Jahrhunderts nach Chr. ausklangen. Die 1200 Jahre dazwischen bilden die germanische Historie.

Woher sie kamen, und was sie waren

Wer aber waren diese germanischen Stämme, woher kamen sie und was machte ihre besondere Eigenart aus? Der römische Historiker Publius Cornelius Tacitus veröffentlichte im Jahre 98 nach Chr. eine kurze, aber inhaltsreiche Schrift, die eine zeitgenössische Volksbeschreibung darstellte und unter dem Namen *Germania* berühmt wurde. Darin schrieb der Gelehrte: »Die Germanen selbst sind Ureinwohner und von Zuwanderung und gastlicher Aufnahme fremder Völker kaum vermischt. Denn einst kam derjenige nicht über Land, sondern mit Schiffen, der eine neue Heimat suchte. Und der Ozean, der bis ins Unendliche reicht und gewissermaßen auf der anderen Seite liegt, wird nur selten von Schiffen aus dem Römischen Reich besucht. Wer hätte zudem trotz der Gefahr des schrecklichen und unbekannten Meeres Asien oder Afrika oder Italien verlassen und Germanien besuchen wollen, ungestaltet an Land, rau im Klima, trostlos für den Anbau wie für den Anblick, es sei denn seine Heimat?«

Für einen Römer war Germanien, das Land jenseits von Rhein und Donau, das sich nach Norden und Osten in unbekannte Weiten erstreckte, eine schauerliche Wildnis. Dort hausten Wilde in ihren dürftigen Hütten und betrieben ihre ärmliche Landwirtschaft, die sie mühsam dem von Wäldern, Sümpfen und kaltem Klima geprägten Land abringen mussten. Immer wieder brachen Menschen in dieser unattraktiven Landschaft zu Wanderungen auf, begaben sich Familien, Sippen und Stämme auf die Suche nach besseren Lebensbedingungen. Wenn Tacitus die Germanen als Ureinwohner bezeichnet, hat er jedoch

Tacitus und die *Germania*

In der Mitte des 15. Jahrhunderts fand man im Kloster Hersfeld im Hessischen Bergland eine dünne Handschrift, die eine Schrift des römischen Historikers Publius Cornelius Tacitus enthielt: *De origine et situ Germanorum, Über Ursprung und Sitz der Germanen.* Es war die einzige bis heute gefundene Abschrift des kurz vor 100 nach Chr. entstandenen Werkes und damit ungeheuer wertvoll. 1455 kamen die Pergamentblätter nach Italien, wo der Text 1470 in Venedig mit den neuesten technischen Errungenschaften des Buchdrucks gedruckt wurde. Drei Jahre später erschien eine gedruckte Ausgabe auch in Deutschland. Es sollten noch etliche Jahre vergehen, bis deutsche Humanisten den besonderen Wert der *Germania*, wie sie auch genannt wurde, entdeckten. Das 1400 Jahre alte lateinische Büchlein nahmen sie zum Anlass, in den darin beschriebenen Barbaren die frühesten Deutschen zu sehen.

Am Wert des Werkes ändert diese falsche nationale Vereinnahmung nichts, ist es doch als Abhandlung über ein Barbarenvolk in der antiken Literatur der Römer und Griechen einmalig.

Der Verfasser Tacitus lebte von etwa 55 bis 120 nach Chr. und bekleidete wichtige politische Ämter, unter anderem das eines Konsuls und eine Statthalterschaft. Man feierte ihn als eloquenten Redner, der Nachwelt galt er als großer Geschichtsschreiber. In den *Annalen* und *Historien* schildert er

nicht ganz Unrecht: In dem Gebiet zwischen Weser und Oder, zwischen dem Nordrand der deutschen Mittelgebirge und dem südlichen Skandinavien bestand nach archäologischen Erkenntnissen eine lange Siedlungskonstanz, was heißt, dass Dörfer und Bauernhöfe über viele Jahrhunderte durchgehend bewohnt wurden.

Für die relativ informationsarme Vorgeschichte der ausgehenden Steinzeit um 2000 vor Chr., der Bronzezeit und seit etwa 500 vor Chr. der Eisenzeit lassen sich Aufschlüsse nur über archäologische Funde gewinnen. Sprachzeugnisse, Berichte und Schilderungen über jene Mittel- und Nordeuropäer existieren nicht. Im 3. Jahrtausend vor Chr. gab es die Kultur der Großsteingräberleute, die ihre Toten in großen Steinbauten bestatteten und monumentale Tempelanlagen schufen. Dann wanderten die nach ihrer auffallenden Keramik auch Schnurkeramiker genannten Streitaxtleute ein, die das eingesessene Volk dominierten. Ihre Nachfahren erlebten um 1000 vor Chr. mit der Bronzezeit eine Blütezeit, die von Wohlstand und weiten Handelsverbindungen geprägt wurde. Spätestens um 500 vor Chr. kam es in der Eisenzeit zu einer deutlichen Verarmung der Menschen. Zu ihnen zählt man auch

die Ereignisse des 1. Jahrhunderts bis in seine unmittelbare Gegenwart. Auch in diesen Werken spielen die Kriege gegen die Germanen eine herausragende Rolle.

Die *Germania* ist eine ethnografische Abhandlung. Zwar entspricht sie nicht modernen wissenschaftlichen Ansprüchen, gleichwohl ist es keine bloße Fabelei. Nicht selten stießen Archäologen auf Funde, die die Schilderungen des Tacitus bestätigten. Wie kam er zu seinen Informationen? Zum einen griff er auf historische Schriften wie Caesars *Bellum Gallicum* und das umfangreiche Werk von Plinius dem Älteren zurück. Zum anderen befragte er Augenzeugen, die mit germanischen Stämmen unmittelbaren Kontakt gehabt hatten: Soldaten, Beamte, Kaufleute, wobei Letztere am weitesten herumkamen. Ob er selbst im Grenzgebiet an Rhein oder Donau war, ist nicht bekannt. Doch Tacitus hatte noch eine andere Quelle: allgemeine Klischees über die Barbaren, die man in der Antike als unzweifelhafte Wahrheiten ansah, die aber aus heutiger Sicht den Blick auf die wirklichen Lebensbedingungen der Germanen verstellten. Aus diesem Grund verbinden sich bei Tacitus Fantastereien mit realistischen Berichten.

Was er mit der *Germania* bezweckte, ist umstritten. Eine bloße Informationsschrift sollte es mitnichten sein, und auch hinter ihr stünde eine persönliche Sichtweise. So bleiben nur Fragen und Mutmaßungen: Wollte er Rom vor den Germanen warnen und zum Krieg gegen sie antreiben?

die Leute der Jastorf-Kultur, die vom Elbegebiet bis zur Oder siedelten. In ihnen sehen die Archäologen die unmittelbaren Vorfahren der Germanen.

Mit der Eisenzeit kamen die Kelten ins Spiel, die als Meister des Schmiedehandwerks galten. Ihre Produkte, vom Schwert bis zur Gewandfibel, waren Meisterleistungen und wurden zu begehrten Luxusgütern. Die Stämme in Norddeutschland und Südskandinavien hatten dem nichts entgegenzusetzen, denn ihre Fähigkeiten, Eisen zu gewinnen und qualitätsvoll zu verarbeiten, blieben um Jahrhunderte hinter dem hohen keltischen Standard zurück. Je näher man deshalb dem Rhein und der Donau kam, desto deutlicher wurde der Einfluss der keltischen Kultur. Selbst weit im Norden, etwa in Jütland und auf den dänischen Inseln, ist er deutlich festzustellen. Keltische Meisterwerke wie ein Wagen, der wohl zu Kultzwecken verwendet wurde, und ein kostbar gearbeiteter Bronzekessel wurden dort gefunden. Wahrscheinlich ebenfalls nach keltischem Vorbild bildete sich in den ärmlichen Bauernkulturen nördlich und östlich von ihnen eine besondere Häuptlingsschicht heraus. Ausgegrabene Dorfgrundrisse zeigen von nun an

Wollte er sie als unvernünftige Barbaren, als unbelehrbare Wilde darstellen? Wollte er den zivilisierten, doch dekadenten Mitbürgern ein Beispiel geben von einem einfachen Volk, dem Tugenden wie Kriegerehre und Keuschheit noch etwas galten? Die Römer sahen das Bild der Fremden und Wilden ethnozentrisch wie mancher moderne Europäer oder Amerikaner. Der Historiker geht so weit, dass er in der »Interpretatio Romana« selbst die Götter und Stammesinstitutionen mit römischen Begriffen benennt. Trotzdem stellt die Schrift eine außerordentlich wichtige Quelle für die Kultur der Germanen im 1. Jahrhundert nach Chr. dar.

Tacitus geht dabei nach einem strengen Muster vor. In der Einleitung spricht er vom germanischen Land, vom Ursprung des Volkes und von seinen Eigenarten. Dann behandelt er das öffentliche Leben: Wirtschaft, Heer, Religion, die Volksversammlung, die Rechtsvorstellungen, die Kriegergefolgschaft und ihre Pflichten. Es folgen die Erscheinungen des privaten Lebensbereichs: Siedlungen und Häuser, Kleidung, die Ehe, die Erziehung der Kinder, das Erbrecht, Fehdewesen und Gastfreundschaft, das häusliche Leben, Essen und Trinken, die Spiele, die Schicht der Unfreien, die Bearbeitung der Felder und die Sitten der Totenbestattung. Im zweiten Teil seiner Schrift widmet sich Tacitus ausführlich den Völkerschaften und Stämmen Germaniens, von den Grenzgebieten zum Imperium über das Landesinnere bis zu den kaum bekannten Völkern im Norden und Osten.

Die germanischen Stämme zur Zeit des Tacitus

eine Eigenart, die sich über Jahrhunderte erhält: Ein großes Haus ragt unter den üblichen Hütten hervor und zeigt an, dass hier der Chef des Dorfes mit seiner Familie »residierte«.

Viele Jahrhunderte lebten die Vorfahren der Germanen in ihren Dörfern und auf ihren Bauernhöfen. Sie wie Tacitus als »unvermischt« anzusehen entspricht allerdings dem römischen Klischee vom »reinen« Wilden – einem Bild, das später fälschlicherweise als Rassebegriff verwendet wurde. Ihre Vorfahren waren wie die späteren germanischen Stämme stets vielen äußeren Einflüssen ausgesetzt. Nicht immer mussten Wanderungen und Bevölkerungsverschiebungen zu Wandel und Veränderung führen. Mehr noch waren es die Übernahme bestimmter Sitten und Bräuche und das Aufgreifen von Modeerscheinungen, die als »chic« galten. Ersteres äußerte sich etwa in der Bestattung der Toten. In einer Zeit, die noch keine Hochreligion kannte, waren Änderungen recht problemlos einzuführen: Man konnte vom Verbrennen der Leichen zur Körperbestattung wechseln, man konnte den Toten mehr oder weniger Beigaben ins Grab legen. Dagegen erlauben Modetrends durchaus den Vergleich mit unserer Gegenwart: Wer es sich leisten konnte, drückte seinen Reichtum unter anderem in seiner Kleidung aus, die Frauen durch Schmuck, die Männer durch Schmuck und ihre Waffen. Hatte man lange Zeit Gewandnadeln getragen, übernahm man nun von den Kelten die Gewandfibel als prächtige Vorläuferin unserer Sicherheitsnadel. Somit gab es also keine »unvermischte« frühgermanische oder germanische Kultur. Unzählige Anregungen übernahm man von außen und gestaltete sie gegebenenfalls um: von den Kelten, von den Römern, von den Steppenvölkern des Ostens, vom Christentum.

Genauso verhielt es sich mit den zwischenmenschlichen Beziehungen. Strenge nationale Trennungen waren unbekannt. Ehen und Verwandtschaften mit anderen Sippen, Stämmen und Völkern galten nicht als ungewöhnlich. Zudem spielte damals wie heute das Prestige eine bedeutende Rolle. Mittel- und Nordeuropa waren nicht von wenigen großen Völkern und Nationen bewohnt, sondern von einer unüberschaubaren Vielzahl mal kleinerer, mal größerer Stämme und Völkerschaften. Deren Häuptlinge scharten eine Gruppe von Kriegern und Gefolgsleuten um sich. Nur zu häufig erfuhr ein kleiner Stamm seine Machtlosigkeit. Dagegen gab es ein Mittel: Man schloss sich mit anderen zusammen. Und da auch der frühgeschichtliche Mensch religiös war, aber ebenso an die Wirkung von Magie und Zauber glaubte, versuchte er sich mit jemandem zusammenzutun, der einen guten Ruf hatte, als besonders tapfer galt, einen alten Stammbaum hatte oder dessen Herrscher und Götter Heil versprachen. Man scharte sich um eine Gruppe mit einem Traditionskern, so nennt man dieses Phänomen.

Einen solchen Traditionskern hatten die Sueben, die ersten Germanen, mit denen es Caesar zu tun bekam. Ihr Anführer Ariovist trug allerdings einen keltischen Namen, sprach keltisch, war mit einer Keltin verheiratet und zu seinen Kriegern gehörten ebenfalls Kelten! Dies beweist, dass es auf ethnische Unterschiede nicht ankam. Die Hoffnung auf Erfolg vereinte Germanen, Kelten und andere zur großen Gruppe der Sueben. Deren Ruf war so hervorragend, dass sich ihre typische Haartracht, der Suebenknoten, weit verbreitete. Später waren es die Goten, die einen derartigen Traditionskern darstellten und viele Stämme unter ihrem Namen vereinten. Selbst der Germanenname hat nicht »Karriere« gemacht, weil man mit ihm zivilisatorische Glanzleistungen verband, sondern den Ruf von Kampftüchtigkeit. Deshalb ging er von einer kleinen Gruppe am Niederrhein aus und wurde zur Bezeichnung eines ganzen Volkes, wie Tacitus berichtet: »Übrigens soll die Bezeichnung Germanien jung und erst vor einiger Zeit aufgekommen sein. Die ersten nämlich, die den Rhein überquerten und die Gallier vertrieben, die jetzigen Tungrer, seien damals Germanen genannt worden. So habe sich der Name eines Stammes, nicht der eines ganzes Volkes, verbreitet. Zuerst wurden alle nach dem Sieger aus Furcht vor ihm Germanen genannt. Bald nannten sie sich auch selbst Germanen, nachdem der Name aufgekommen war.«

Germanische Stämme waren also nie uralt, sondern stellten im Gegenteil aktuelle Neubildungen dar. Tacitus spricht dagegen von einem alten Mythos, nach dem die Herkunft der Germanen erklärt wird: Ein Gott namens Tuisto sei ihr Urahne, sein Sohn Mannus habe drei Nachfahren gezeugt, nach denen sich die großen Stammesgruppen benannten. Dieses Herkunftsschema ist unter vielen Kulturen Europas und Asiens verbreitet und sehr alt. Aber es sagt nichts über die Entstehungszeit der Germanen aus, waren es doch gerade sehr junge Gruppierungen, die auf diesen traditionsreichen Mythos zurückgriffen. Die drei Stammesgruppen stellten vielleicht Kultverbände dar, deren Anführer zu gemeinsamen kultischen Feiern zusammenkamen. Die Ingävonen bezeichnete man später nach ihren Wohngebieten als Nordseegermanen, die südlich von ihnen siedelnden Istävonen als Rhein-Weser-Germanen, die Herminonen schließlich als Elbgermanen. Rechnet man noch im Oder-Weichsel-Raum die Ostgermanen und in Skandinavien die Nordgermanen hinzu, hat man die germanische Welt komplett.

Wer waren also die Germanen? Eine Vielzahl von Stämmen in Mittel- und Nordeuropa, deren Eigenschaften sich in den Jahrhunderten vor der Zeitenwende herausschälten, ohne dass sie tatsächlich ein zusammenfassendes Identitätsbewusstsein gehabt hätten. In der Buntheit ihres Stammeslebens sind es gewisse ähnliche Züge ihrer bäuerlichen

Lebensformen, ihrer Religion und Kultur, schließlich und vor allem ihrer verwandten Sprachen, die sie als Gruppe zwischen Kelten und Skythen auszeichnen. Langsam dehnten sie ihr Gebiet gegen die Kelten aus, was für ihre kriegerischen Qualitäten spricht. Aber ähnlich wie später Rom lockte sie die keltische Welt, die für sie reich und entwickelter war. Viele frühen Germanen hatten keine Probleme damit, voll und ganz Kelten zu werden, keltisch zu leben und die keltische Sprache anzunehmen. Hätte Caesar nicht die freien gallischen Keltenstämme unterworfen und damit der Romanisierung ausgesetzt, wären die Germanen vielleicht immer keltischer geworden. Tatsache ist, dass die römischen Legionäre der keltischen Kultur in Gallien ein Ende bereiteten und dass die unterentwickelten germanischen Stämme das Ziel ihrer Wünsche verloren. Gleichzeitig gewannen sie mit Rom ein neues. Dessen Einfluss wurde von nun an entscheidend für die Entwicklung der Vielstammeswelt im Norden.

Germanen als Sprachgemeinschaft

Am deutlichsten fassbar sind die Germanen als Sprachgruppe, und das bis heute. Man weiß, dass fast alle europäischen Sprachen miteinander verwandt sind – zu den wenigen Ausnahmen zählen das Baskische im Westen, Finnisch, Lappisch und Estnisch im Norden, Ungarisch im Osten. Alle anderen Sprachen einschließlich iranischer und indischer Idiome werden auf eine gemeinsame Grundsprache zurückgeführt: das Indogermanische, auch Indoeuropäisch genannt. Spätestens im 2. Jahrtausend vor Chr. ließen sich deren Sprecher zwischen dem Himalaja und dem Atlantik nieder. Die genannten Schnurkeramiker oder Streitaxtleute sprachen wahrscheinlich diese indogermanische Sprache. Die Frage nach ihrer Urheimat ist ungeklärt. Das Germanische entwickelte sich als Untergruppe des Indoeuropäischen im Laufe des 1. vorchristlichen Jahrtausends. Genaueres lässt sich dazu nicht sagen, weil es keine sprachlichen Zeugnisse aus dieser Zeit gibt. Der länger als ein Jahrtausend andauernde Prozess erstreckte sich über erschlossene Grundsprachen wie das »Urgermanische« und das »Spätgemeingermanische« zu Beginn der Völkerwanderungszeit über die Bildung diverser Stammesdialekte bis zur Entstehung der modernen Sprachen, die man heute als germanisch bezeichnet: das Deutsche, das Niederländische (einschließlich des Flämischen in Belgien), das Friesische, das Englische und die skandinavischen Sprachen Dänisch, Schwedisch, Norwegisch, Isländisch und Färöisch.

Kann der Deutschsprachige beim Vergleich mit dem Niederländischen und Englischen Ähnlichkeiten feststellen, so hat die Sprachwissenschaft viele Eigenschaften herausgearbeitet, die das Germanische von anderen indogermanischen Sprachen unterscheiden. Als wichtigste gilt die Germanische Lautverschiebung, nach der die indoeuropäischen Laute p, t und k zu f, th (englisch th) und ch werden. (Beispiele dafür sind Lateinisch pater und englisch father, lateinisch nepos und deutsch Neffe.) In der Aussprache zeigte sich eine Änderung darin, dass das Germanische seine Wörter meist auf der erste Silbe betonte. Der germanische Dichter reimte deshalb im so genannten Stabreim nicht die Endsilben, sondern die Anfangslaute, was wir noch in Wortpaaren wie »Mit Kind und Kegel« kennen.

Wenn die Germanen definiert werden können, dann am ehesten als untereinander verwandte Sprachgruppe. Wie wenig allerdings die gemeinsame Sprache mit einer gemeinsamen Identität zu tun haben kann, belegen Beispiele aus der Gegenwart: Auch wenn in Österreich Deutsch gesprochen wird und eine lange gemeinsame Geschichte mit Deutschland existiert, so verstehen sich doch die Österreicher als eigenständige Nation. In der Schweiz dagegen bilden Angehörige unterschiedlicher Sprachgemeinschaften eine Nation. Und auf dem Balkan sind mit den Serben, Kroaten und Bosniern Menschen mit eng verwandten Sprachen zutiefst verfeindet.

Ähnliche Verhältnisse bestanden auch vor zwei Jahrtausenden: Die Germanisch sprechenden Menschen verstanden sich noch untereinander. Die weitergehende Entwicklung in die Einzelsprachen hatte soeben erst begonnen. Doch diese sprachliche Nähe führte nicht zu einem Gemeinschaftsbewusstsein; im Gegenteil: Nur zu oft waren die Stämme untereinander zerstritten, war das Miteinander häufiger von der kriegerischen Auseinandersetzung bestimmt als vom Frieden. Der Anschluss an Gruppen mit angesehenen Traditionskernen erfolgte nicht aus Verwandtschaftsgefühlen, sondern weil man sich davon mehr Ruhm, Reichtum und Macht versprach, oder – profaner ausgedrückt – Beute, Geld und Land.

Die internationalen Germanen

Insofern ist die Frage, ob Pytheas von Massalia auf seine Reise im Jahre 325 vor Chr. auf Germanen gestoßen sein könnte, nur von theoretischem Wert. Denn die Germanen sind damals noch gar nicht fassbar. Wahrscheinlich lebten ihre Vorfahren schon tausend Jahre dort, wo sie der griechische Reisende traf. Doch was hatten sie mit den Menschen der Bronzezeit noch gemein? Geblieben war vielleicht der eine oder andere Mythos, doch Sprache, Kultur und gesellschaftliche Verhältnisse hatten sich verändert. Die Menschen in Südschweden und an der Elbe verband trotz ähnlicher Sprachen und ähnlicher Lebensweisen kein Zusammengehörigkeitsgefühl. Für sie war der überschaubare Stamm der wichtigste Bezugspunkt. Aber trotzdem lebten sie – entgegen der Behauptung des Tacitus – nicht isoliert, denn viele Einflüsse kamen auf den alten Handelswegen aus dem Süden und Osten zu ihnen. Es war der wachsende Reiz der keltischen Zivilisation, der die später Germanen genannten Stämme beflügelte, vermehrt dorthin zu ziehen, wo sie sich ein besseres Leben versprachen. Das war der Beginn der germanischen Wanderungen. Erst in der Auseinandersetzung mit der Großmacht Rom entstanden die großen Stammesverbände, aus denen sich im Mittelalter die Deutschen, die Niederländer, die Engländer und die skandinavischen Nationen entwickelten.

Die Germanen in ihrer Stammesvielfalt wären isoliert eine bescheidene bäuerliche Gesellschaft in ständiger Existenznot gewesen. Erst ihre Lage am Rande weiter entwickelter Kulturen brachte sie selbst in Bewegung. Aber sie waren weder bloße Aneigner fremder Kulturen noch verstockte Barbaren, die sich gegen den Fortschritt stemmten. Das sind genauso neuzeitliche Interpretationen wie das unhaltbare Bild einer eigenständigen Hochkultur, die sich mit der griechischen und römischen Antike vergleichen ließe. Die Germanen waren Barbaren, die sich gegenüber dem Imperium Romanum als erstaunlich renitent erwiesen, ohne jedoch gegen seine Kultur resistent zu sein. Ihre Kunst, ihre Dichtung, ihre gesellschaftlichen Verhältnisse, ihre Bestattungsarten und religiösen Vorstellungen entsprangen häufig Anregungen aus der keltischen, römischen oder der steppennomadischen Sphäre. Vielem davon gaben sie eine ausgeprägte eigene Form, die man als typisch germanisch bezeichnen kann. Das Faszinierende an den germanischen Stämmen und Völkern ist der Übergang zwischen Randkultur und Hochkultur und ihre Mobilität und Flexibilität, die auch nicht davor zurückschreckte, eine traditionelle Identität zugunsten einer neuen völlig aufzugeben. Beispiele dafür sind die niederrheinischen Germanen zu Zeiten Caesars, die sich vollständig die keltische Kultur aneigneten, und ein Jahrtausend später die Wikinger in Russland, deren Häuptlinge einheimische Adlige heirateten, slawisch sprachen und sich wie der Rest der eingewanderten Skandinavier bald nicht mehr von den Russen unterschieden. Gerade die Germanen, die als Einheit nie bestanden, scheinen völlig ungeeignet zu sein für die nationalistischen Volkstums- und Rasseideologien des 19. und 20. Jahrhunderts, die sie so sehr in Verruf brachten.

Genauso wenig lassen sie sich nur mit einer einzelnen Nation in Zusammenhang bringen. Die Germanen waren weder die ersten Deutschen noch die ersten Skandinavier. Sie sind mit anderen die Vorfahren vieler europäischer Völker. An Nationen dachte man in ihrer Zeit nicht, und die Deutschen entstanden mit dem Bewusstsein ihrer Identität erst nach der Zeit der Germanen, erst nachdem sich deren Stämme weiterentwickelt hatten zu größeren christlichen Kulturen oder nachdem sie sich anderen Gesellschaften assimiliert hatten. Das frühgeschichtliche, spätantike und frühmittelalterliche Volk der Germanen fand damit ein Ende, ging mit Romanen, Slawen und anderen Völkern auf in den europäischen Nationen. Neben Deutschland können deshalb die meisten Länder Europas auf eine germanische Geschichte zurückblicken, auf einen Abschnitt ihrer Historie, in dem Germanen eine Rolle spielten. In England sind dies die Königreiche der Angeln und Sachsen und die Eroberung durch die (romanisierten christlichen) Normannen; in Frankreich ist es der Gründerkönig Chlodwig aus dem Geschlecht der Merowinger, dessen Volk, die Franken, dem alten Gallien seinen neuen Namen France gaben; in Spanien waren es die Westgoten, die 711 den Arabern unterlagen, aber zugleich mit dem Widerstand begannen, der schließlich zur Reconquista führen sollte; in Italien ist es das Königreich der Langobarden; Russland hat seinen Namen vom schwedischen Volk der Rus erhalten. Diese Liste belegt die Bedeutung der Germanen am Beginn der mittelalterlichen Geschichte und Kultur, die in vielem bis in unsere Gegenwart weist.

2. Die Kimbern und Teutonen bedrohen Rom

Rom im Jahre 121 vor Chr.: Die Hauptstadt der Römischen Republik hat zu dieser Zeit noch nicht das imperiale Flair des Kaiserreichs. Noch laufen hier nicht alle Straßen und Wege der Mittelmeerwelt zusammen. Aber Rom existiert schon mehr als 600 Jahre, davon fast 400 Jahre als ehrwürdige Republik. Und es hat seine Herrschaft von den sagenhaften sieben Hügeln am Tiber kontinuierlich ausgedehnt: Die Republik wächst – zunächst über die italienische Halbinsel, dann durch Zugewinn neuer Stützpunkte an den Küsten des Mittelmeers. Ernsthafte Konkurrenten wie die Etrusker in der Toskana und die Karthager in Nordafrika wurden in mühsamen und langen Kriegen von den Heeren der Römer und ihrer Verbündeten besiegt, unterworfen und schließlich vernichtet. Es gab keine Skrupel, zugunsten des eigenen Aufstiegs andere Städte und Reiche dem Erdboden gleichzumachen, Widerstand Leistende zu massakrieren und den Rest der Bevölkerung zu versklaven. Im Jahre 121 liegt es erst kurze Zeit zurück, dass der erbitterte Widerstand der Iberer in Spanien gebrochen wurde, die stets uneinigen Hellenen durch die Zerstörung Korinths unter Roms Herrschaft gezwungen wurden und Rom das Reich von Pergamon in Kleinasien »erbte«. Die meisten Küstenstreifen und Hinterländer des Mittelmeeres stehen unter römischer Kontrolle. Die Gründung des Romulus schickt sich an, die Weltmacht Nr. 1 ihrer Zeit zu werden.

Noch ist es ein beschwerlicher und blutgetränkter Weg dorthin. Nicht nur für die Soldaten jenseits der Stadt und der Apenninenhalbinsel, sondern auch in Rom selbst. Gerade im Jahre 121 erschüttern bürgerkriegsähnliche Unruhen seine Straßen. Die Menschen zahlen den Preis der rasanten politischen Entwicklung: Zahlreiche Bauern ziehen in den Krieg, ihre Felder bleiben unbestellt, und im römischen Stadtgebiet entsteht durch die einsetzende Landflucht eine verarmte Unterschicht, die Plebs. Deren politische Vertreter kämpfen mit dem traditionsreichen Stadtadel und den neureichen Rittern um Mitbestimmung im Staat, um Macht und bessere Lebensbedingungen. Vieles davon erinnert an moderne Verhältnisse und Probleme.

Was aber hat es mit den Germanen zu tun? In diesem Jahr werden weit entfernt von Rom Entschlüsse gefasst, die die Schicksalslinien der Römer und Germanen aufeinander zulaufen lassen. In diesem Jahr beginnt eine Entwicklung, die Römer und Germanen gegeneinander führt, die sie aber auch Jahrhunderte nebeneinander und miteinander leben lässt – bis schließlich Germanen die Nachfolger und Erben Roms werden!

Stämme auf der Suche nach Land

In Jütland, an der dänischen Nordseeküste, leben viele kleinere Stämme, von denen man in Rom nichts weiß. Sie kennen keine großen Städte, keine monumentalen Tempel, noch nicht einmal Häuser aus Stein. Man lebt bescheiden von dem, was der eigene Bauernhof mit seinem Vieh und seinen Feldern erbringt. Fast alle Menschen sind Bauern, einige wenige sind ihre Häuptlinge. Diese Fürsten residieren in hölzernen Hallenhäusern und zeigen ihre Reichtümer: goldene Kessel, edle Gläser und prunkvolle Schwerter – von Händlern aus dem fernen Süden ins raue Skandinavien gebracht – aus Rom und aus Griechenland, von den Kelten und aus dem Skythenland der unendlichen östlichen Weiten.

Es gärt unter diesen Völkerschaften, die sich selbst als »Kimbern«, »Teutonen« oder »Ambronen« bezeichnen. Ungewöhnlich heftige Sturmfluten haben Land überschwemmt und Dörfer vernichtet in einer Zeit, in der die Böden weniger als sonst hergaben. Hunger droht. Die jungen Krieger der fürstlichen Gefolgschaft werden unruhig: Warum nicht südwärts ziehen, zu den Völkern, die in einer anderen Sprache reden und deren Häuptlinge auf großen Burgen mit mächtigen Steinwällen residieren? Dort werden die besten Schwerter geschmiedet, dort gibt es Silber und Gold in Fülle und fruchtbarere Böden als im kargen Norden. Das Land der Kelten lockte die Menschen an der Nordseeküste. Dort konnte man besser leben, dort konnten die Männer im Tausch für das begehrte Land in Söldnerdienste treten, oder man nahm es sich mit Gewalt. Diese Perspektive zog viele unter den drei Stämmen an. Lange Beratungen zwischen den Häuptlingen fanden statt, Streit kam auf und sogar die Götter wurden befragt. Schließlich teilte sich das Volk: Einige blieben zurück und erhielten Nachrichten vom Marsch ihrer Stammesbrüder. Die Erinnerung daran bestand noch hundert Jahre später, als sie eine Delegation zu Kaiser Augustus nach Rom sandten, die Sühne für den von den Vorfahren angerichteten Schaden leisten sollte. In Dänemark haben sich die Namen der Kimbern und Teutonen in den Landschaftsbezeichnungen Himmerland (früher auch Himberland) und Ty erhalten. Beide Gebiete liegen am Limfjord in Jütland. Die nordfriesische Insel Amrum lässt noch den Namen der Ambronen erkennen.

Viele Jüngere dieser Stämme brachen mit ihren Führern auf, Männer, Frauen, Kinder, auf kleinen Pferden, die den heutigen Islandponys ähnelten, auf Karren mit Ochsengespannen. Ein Treck mit Zehntausenden von Menschen zog durch Norddeutschland auf Wegen, die sich nicht mit den römischen Straßen vergleichen ließen. Aber sie wurden seit undenklichen Zeiten genutzt und führten südwärts. Die Land Suchenden kamen in den Herkynischen Wald, der von den Römern so genannt wurde und südlich der Alpen als Schreckensgebiet undurchdringlicher Wildnis galt. Es handelte sich um die breite, damals dicht bewaldete Mittelgebirgszone vom Schwarzwald bis zu den Karpaten. Ganz so Grauen erregend, wie sie die Menschen des Mittelmeeres sahen, waren die Gebirge allerdings nicht. Handelswege durchquerten sie, und Menschen fanden dort günstiges Ackerland. Doch die Germanen mussten feststellen, dass sie nicht überall willkommen waren. Die keltischen Boier, die selbst nach langen Wanderungen in Böhmen eine Heimat gefunden hatten, wollten den Ankömmlingen kein Land überlassen. Verhandlungen wurden ergebnislos geführt, schließlich sprachen die Waffen. Dabei erwiesen sich die boischen Krieger als so wehrhaft, dass sich ihre Gegner zum Weiterziehen entschlossen. Die alte Bernsteinstraße, die die Ostsee mit der Adria verband, führte sie an die Donau, in das Gebiet des modernen Ungarn und Österreich.

Barbaren lehren Rom das Fürchten

Schließlich erreichten die wandernden Massen die Ostalpen, wo sie auf das Reich der keltischen Noriker trafen. Diese wären einer unter den vielen Stämmen gewesen, denen die Kimbern, Teutonen und ihre Verbündeten begegneten, wenn die Noriker nicht in engen Beziehungen zu ihrem südlichen Nachbarn, zu Rom gestanden hätten. Damit kam die werdende Großmacht ins Spiel, damit waren ihre Interessen berührt. Offiziell riefen die Noriker, deren Kernland Kärnten war, römische Truppen um Hilfe. Ob dies tatsächlich geschah oder ob die Kelten

nicht eher mit den Eindringlingen verhandeln wollten, weiß man
nicht. Jedenfalls ließ der Konsul Cnaeus Papirius Carbo als höchster
Beamter der Republik und als Oberbefehlshaber des Heeres die Al-
penpässe besetzen. Er selbst zog mit zwei Legionen nach Noricum in
Kärnten. Bis zu diesem Zeitpunkt hatte man in Rom nichts von dem
großen Barbarenzug gehört, denn Nachrichten flossen nur spärlich
aus den Wäldern jenseits der Alpen. Was kümmerten das mächtige
Rom die Züge der Wilden! Jetzt aber war schlagartig seine Sorge er-
wacht. Denn vom Land der Noriker nach Oberitalien war es über die
Gebirgspässe ein kurzer Weg. Und in die Köpfe der Römer hatte sich
das Trauma der Gallierkatastrophe eingebrannt. Damals – im Jahre
387 vor Chr. – waren gallische, also keltische Horden in Italien vorgedrungen und hatten unter ihrem Anführer Brennus die ganze Stadt
Rom bis auf den Kapitolshügel geplündert. Mühsam gelang es, ihre
Nachfahren südlich der Alpen zu unterwerfen. Kein Wunder also, dass
der Konsul Carbo gen Norden zog, um jeglicher Bedrohung zuvor-
zukommen.

Von den Ereignissen berichten römische und griechische Geschichtsschreiber wie Diodor, Livius, Strabon und Appian. Aus ihren
Fragmenten ergibt sich ein aufschlussreiches Bild: Carbo traf auf die
Kimbern und Teutonen und erlebte eine Überraschung. Denn sie
gaben sich durchaus friedlich. Auf Carbos Feststellung, er müsse die
Noriker schützen, weil sie Freunde Roms seien, reagierten die Kimbern und Teutonen verständnisvoll. Ihre Boten teilten ihm mit, man
hätte nichts von diesem freundschaftlichen Verhältnis gewusst, man
wolle die Noriker nicht bedrohen und werde sie in Zukunft in Ruhe
lassen. Der Konsul drückte seine Zufriedenheit aus und entließ die
Botschafter. Dann beging er den größten Fehler seines Lebens, einen
Fehler, der ihm die schlechtesten Urteile römischer Historiker ein-
brachte. Er ließ die sich friedfertig gebenden Barbaren nicht etwa
unter vorsichtiger Beobachtung ihres Weges ziehen, sondern wollte
wohl ein für allemal klare Verhältnisse schaffen. In Eilmärschen rückte
er den kimbrischen Boten nach, bis er auf deren Heer und den gesamten Treck stieß. Der Feind war nicht zum Kampf gerüstet, er lagerte
noch und wurde deshalb vom römischen Angriff überrascht. Trotzdem gelang es den Legionären nicht, den Sieg zu erringen. Das war der
eigentliche schmachvolle Fehler Carbos. Es existieren keine ausführlichen Berichte über das Gemetzel, doch das Ergebnis war für Rom
erschreckend. Fast wären alle Männer verloren gewesen, wenn nicht
der Anbruch einer stürmischen Gewitternacht den Kampf beendet
hätte. So gelang es den überlebenden Römern, sich in den Wäldern zu
verstecken.

Mag sein, dass ihr Oberbefehlshaber die Masse der Barbaren und ihre Schlagkraft unterschätzt hatte. Für Zeitgenossen und spätere Generationen gehörte er zu den Verlierern der Geschichte, dem man sogar seine Falschheit vorwarf: »Er bezahlte den Wortbruch mit dem Verlust vieler Leute«, urteilt später Appian. Noreia, der Ort dieser Niederlage, wurde den Römern zu einem Begriff, mit dem sie eine zwölf Jahre währende Bedrohung verbanden. Für Carbo waren die Kimbern, Teutonen und ihre Mitstreiter Kelten vom Rande der Welt. Erst seit Caesar schien es klar zu sein, dass sie die ersten Germanen waren, mit denen es Rom zu tun bekam.

Im Jahre 113 vor Chr. ließ die direkte Bedrohung allerdings noch auf sich warten. Denn die Sieger beschlossen nicht etwa, ins reiche und fruchtbare Oberitalien zu ziehen. Sie blieben im Norden und durchquerten westwärts die Gebiete weiterer keltischer Völkerschaften, etwa die der Helvetier in der Schweiz. Warum die Germanen nicht in südlicher Richtung gegen Rom zogen, bleibt bis heute rätselhaft. Schätzten sie dessen militärische Kraft trotz ihres Sieges als zu groß ein? Oder konnten sie sich die Reichtümer im Süden überhaupt richtig vorstellen? Waren sie uneinig über ihre eigenen Ziele?

»Furor teutonicus«: eine Wanderlawine vom Ende der Welt

Welches Bild hat man sich vom Zug der Kimbern und Teutonen zu machen? Folgt man seinem Weg, gewinnt man den Eindruck eines ziellosen Naturphänomens, was es natürlich nicht war. Gleichwohl hatte es Rom nicht mit einer straff geordneten Volks- und Kriegerschar zu tun. Eher sollte man auf das Bild einer Wanderlawine zurückgreifen. Je länger der Zug ging, umso stärker veränderte er sich. Die ursprünglichen Kimbern, Teutonen und Ambronen erhielten Zulauf von vielen Seiten. Manch anderer Stamm zog als Ganzes oder doch teilweise mit, auf der Suche nach einer besseren Zukunft. Ob diese Menschen Germanen oder Kelten waren, spielte keine Rolle, entscheidend war das gemeinsame Ziel. Andererseits blieben kleinere Verbände des Trecks zurück und entschieden sich, in einer neuen Heimat zu siedeln. Diese Wanderlawine unterstand keiner einheitlichen Führung; ihr Weg beruhte auf Absprachen und Übereinkünften der Stammeshäuptlinge. Über die Zahl der Wandernden machen die antiken Autoren schwankende Angaben, die mit Vorsicht zu genießen sind. Aber 300 000 Menschen dürften nach einigen Jahren zusammengekommen sein. Diese beachtliche Größe wurde von manchem Keltenstamm verständlicher-

An Mooren und Gewässern opferte man Menschen und Tiere, wobei dem Pferd besondere Verehrung zukam. Archäologen gehen davon aus, dass schon zu Zeiten des Kimbernzuges an Opferplätzen derartige Gestelle errichtet wurden. An Holzpfählen aufgehängte Pferdehäute mitsamt Schädel und Extremitäten waren schaurige Kennzeichen.

weise als Bedrohung gesehen; dass die römischen Legionen allerdings überall als Beschützer gerufen wurden, ist schlichtweg Propaganda Roms. Manche Völkerschaften nutzten sogar den Kimbernzug, um sich gegen die übermächtig werdende Herrschaft der Römer zu erheben. Dies versuchten die Einwohner der Stadt Tolosa, des heutigen Toulouse, und die helvetischen Tiguriner.

Nach 113 vor Chr. sollten zwölf Jahre vergehen, bis die Römische Republik vom Schrecken des Furor Teutonicus, der »teutonischen Raserei«, befreit wurde. Eine Angst, die sich von Jahr zu Jahr steigerte, die immer wieder römische Niederlagen sah, mit denen sich die Feldherrengalerie der Verlierer erweiterte. Und was wusste man nicht alles an furchtbaren Grausamkeiten von den Barbarenhorden zu berichten! Schon ihr fremdartiges Aussehen schreckte ab, wurden sie doch mit Giganten verglichen. Zu ihren blauen Augen passte das blonde Haar, dessen befeuchtete Locken sie sich zu Hörnern drehten. Ihr Schlachtgeschrei war Schrecken erregend, schien es den Römern doch weniger menschliche als tierische Laute zu enthalten. Diese wilden Wesen sollten vom äußersten Ende der Welt gekommen sein, weit jenseits des

Herkynischen Waldes. Dort hausten sie an den Küsten des eisigen Nordmeeres in unheimlichen Eichenwäldern, in deren dunkle Schatten kaum ein Sonnenstrahl fiel. Kein Wunder also, dass schon der erste Dichter der Griechen, Homer, den lichtlosen Norden zum Vorbild für die Unterwelt der Toten nahm. Diese menschenähnlichen Wesen lebten wie Verbannte in ihrer kalten, schattenreichen Heimat, fern aller menschlichen Zivilisation.

Die römischen Soldaten mussten feststellen, dass die Barbaren im Kampf tapfer und tollkühn waren, doch sie waren ungezähmt in ihrer Wildheit, plump im Umgang mit ihrer Kraft und ungeschliffen in ihrem Charakter: ungeformt und zügellos, ohne Schranken und Disziplin. Im Kampf kannten sie keine Furcht. Aber wehe sie hatten eine Krankheit zu erdulden, da jammerten sie wie Kinder. Ihre ungezügelte Raserei trieb die Germanen mit Todesverachtung in die Schlacht, »mit der Schnelligkeit und Gewalt eines Feuersturms«, wie es heißt. Gefangene wurden auf grausame Weise den Göttern geopfert. Der Geschichtsschreiber Strabon hat davon eine ausführliche Schilderung gegeben: »Unter ihren Frauen, die an dem Heereszug teilnahmen, waren auch weissagende Priesterinnen mit ergrautem Haar, in weißen Gewändern, leinenen, mit Fibeln zusammengehaltenen Mänteln mit

Die Opferkessel der Kimbern

Der Historiker Strabon schildert, wie Priesterinnen der Kimbern über einem Bronzekessel Menschenopfer darbringen, indem sie gefangenen Römern die Kehle durchschneiden. Aus dem in den Kessel fließenden Blut weissagen sie die Zukunft. Metallene Kessel, meistens aus Bronze oder Silber, hatten für viele frühgeschichtliche Kulturen eine große Bedeutung. Ihnen dienten die oft kunstfertig und wertvoll gearbeiteten Gefäße weniger als Kochgeräte oder als Behältnis berauschender Getränke. Wenn aus ihnen getrunken wurde, dann zu besonderen religiösen Feiern. Schon in der Bronzezeit diente der Kessel dem Kult um Götter, Opfer und Jahresfeiern.

Die Kelten zeigten eine außergewöhnliche Vorliebe für diese Gefäße. Sie stellten sie in den meisten Fällen nicht selbst her, sondern erhielten sie als Geschenke oder durch Handel aus Griechenland und Süditalien. Ihre Tradition wurde in Irland noch lange gepflegt, und dort galten Kessel als Symbole des Reichtums. Für die Druiden und ihre Nachfahren waren sie sakrale Gegenstände aus einer anderen Welt; indem man in sie eintauchte, versinnbildlichte sich die Wiedergeburt, an die die Kelten glaubten.

Die Germanen haben die Kessel und die Vorstellung über ihre religiöse und magische Bedeutung von den Kelten übernommen. Noch die Wikinger

Bronzegürtel, barfüßig. Diese gingen im Heerlager mit gezückten Schwertern auf die Gefangenen zu, bekränzten sie und führten sie zu einem Bronzekessel, der etwa 20 Amphoren (über 500 Liter) fasste. Dort stand auch eine Leiter, die eine der Priesterinnen bestieg, um dann oberhalb des Gefäßes einem nach dem andern der Emporgereichten die Kehle durchzuschneiden. Mit dem in den Kessel fließenden Blut praktizierten sie eine Art Weissagung; andere schlitzten den Leib auf und prophezeiten aus den Eingeweiden, wobei sie ihren Leuten laut den bevorstehenden Sieg verkündeten. Während des Kampfes trommelten sie auf die Felle, die über die Wagenkörbe gespannt waren, sodass ein ungeheurer Lärm entstand.« Den Römern war dieser Feind in seiner Fremdheit, Wildheit und Ungezügeltheit unheimlich und erschreckend. Dabei entsprach er in den meisten Eigenschaften dem Bild, das man sich von den Kelten machte, allerdings erheblich verstärkt. Denn eine Regel antiker Geografen lautete: Je weiter aus dem Norden, umso größer und wilder. Natürlich waren die Germanen keine Riesen, wenn sie auch größer als der Durchschnittsrömer waren. Doch in Rom verbreiteten sich Gerüchte, die Realität und Fantasie kräftig vermischten.

glaubten 1000 Jahre später, der den Dichter inspirierende Skaldenmet sei einem Kessel entnommen. Auch die Germanen importierten Kessel aus dem Süden, was sich in der Geschichte des Wortes zeigt: Kessel ist kein ursprüngliches germanisches Wort, sondern aus dem Keltischen und Lateinischen entlehnt.

Der berühmteste Kessel der europäischen Frühgeschichte wurde in einem Moor nahe der dänischen Gemeinde Gundestrup gefunden. Vor mehr als zweitausend Jahren stellte ihn ein begabter Schmied aus insgesamt fast neun Kilogramm schweren Silberplatten her. Sie alle zeigen reiche Darstellungen von Göttinnen und Göttern, von exotischen und fabelhaften Tieren wie Elefanten, Delfinen, Löwen und Greifen. Ein Geweih tragender Gott stellt Cernunnos, den keltischen »Herrn der Tiere« dar. In einer anderen Szene wird ein Mann vor einer Schar von Kriegern kopfüber in ein kesselartiges Gefäß gesteckt. Das Bild erinnert an die Menschenopfer der Kimbern. Zu dem wenigen, das man vom Gundestrup-Kessel weiß, gehört, dass er keine germanische Arbeit ist. Die Qualität und die für die keltische Kunst typischen Götterdarstellungen sprechen für die Vorstellungen des südlichen Nachbarvolkes. Weil Einzelheiten sogar auf östliche Einflüsse weisen, vermutet man als Herkunftsgebiet des Kessels das keltische Grenzland in Südosteuropa.

Die Katastrophe von Arausio

In der Gerüchteküche gärte es in den nächsten Jahren immer heftiger. Nach Noreia überschritt ein Großteil der germanisch-keltischen Wanderlawine den Rhein in Richtung Gallien, wo man in bekannter Art und Weise mit den einheimischen Stämmen verhandelte oder kämpfte. Zeugnisse für eine Ansiedlung von Kimbern und Teutonen wurden in der Rhein-Main-Gegend am Rande des Odenwaldes gefunden. Auf dem Greinberg bei Miltenberg am Main stand um 200 nach Chr. eine fast fünf Meter hohe Steinsäule. Die Entschlüsselung ihrer Inschrift wies sie als Grenzstein zwischen den Teutonen, Kimbern, Ambronen und Haruden, einem weiteren Germanenstamm, aus. Auf dem Heiligenberg bei Heidelberg wurden zur selben Zeit einem »kimbrischen Merkur« Weihesteine errichtet. (Die Römer bezeichneten mit dem Namen Merkur den germanischen Gott Wodan.) Stammesteile der Germanen blieben also in diesen Gegenden zurück und zogen um 110 vor Chr. nicht mit der Masse nach Gallien. Später wurden sie keltisiert und romanisiert, aber ihre Namen blieben erhalten.

Der Haupttreck wird in dieser Zeit in vielen Teilen des heutigen Frankreich erwähnt, ohne dass diese Menschen eine neue Heimat ge-

Diese Region streiften auch die Kimbern und Teutonen auf ihrer großen Wanderung, die 121 vor Chr. in Dänemark ihren Anfang nahm. Gundestrup, der Fundort des Kessels, liegt in Himmerland, in der alten Heimat der Kimbern. Die Umherziehenden können das wertvolle Gefäß an die daheim Gebliebenen gesandt haben, vielleicht als Beute, als Geschenk eines keltischen Fürsten oder als durch Handel erworbenen Gegenstand. Die meisten Darstellungen blieben den Germanen im Norden fremd. Aber der Silberkessel war für sie eine Kostbar-

Unter seinen germanischen Eigentümern hatte der Gundestrup-Kessel ein bewegtes Schicksal: Er wurde in seine Einzelteile zerlegt und in der Erde vergraben – entweder als Opfer für die Götter oder als Versteck in unruhigen Zeiten.

keit aus dem fernen Süden, der ihre Fantasie anregte. Dass er bei ihnen hohe Verehrung genoss, zeigt sich in einer römischen Überlieferung: Als im Jahre 5 vor Chr. eine Gesandtschaft der Kimbern zu Kaiser Augustus nach Rom reiste, um die Taten ihrer Vorfahren zu sühnen, übergab sie ihm das heiligste Gefäß des Stammes, einen Kessel.

funden hätten. Also zogen sie wieder südwärts und stießen diesmal direkt an römische Grenzen. Südlich des Genfer Sees, im Rhône-Gebiet, hatte Rom erst wenige Jahre zuvor im Keltenland mit der Gallia Narbonensis eine eigene Provinz eingerichtet. Unsicher genug, da ständig von Aufständen der einheimischen Gallier bedroht, drohten hier nun auch die Kimbern und Teutonen mit ihren Scharen. Erneut verhielten sie sich ganz anders als die von den Römern beschriebenen Barbaren. Sie baten geradezu freundlich um Land, das sie hätten besiedeln können. Diese Anfrage kam im Jahre 109 vor Chr. bis vor den Senat in Rom und damit vor das höchste Entscheidungsgremium der Republik. Doch der Senat lehnte ab. Er sah keine Möglichkeit, hunderttausende Barbaren auf römischem Gebiet anzusiedeln.

Wiederum machte sich ein Konsul mit Legionen auf den Weg, um den Feind zu schlagen und die Gefahr zu bannen. Sein Name war Marcus Iunius Silanus, und auch er musste eine Niederlage hinnehmen. Doch erneut schienen die Sieger wenig entschlossen, die Gunst der Stunde zu nutzen. Römer und Germanen standen sich nun auf gallischem Boden unmittelbar gegenüber. Die Legionäre beobachteten argwöhnisch jede Unruhe unter den Tausenden, und es folgte noch manches kleine Gemetzel, das für die Römer unglücklich verlief. Der erste germanische Zug gegen Rom sollte nicht nur durch die glanzvollsten römischen Siege beendet werden, sondern auch mit einer der furchtbarsten Niederlagen in der langen Geschichte Roms verbunden werden. Ihr Tag, vor den Nonen des Oktobers, der sechste Oktober, galt in Rom auf immer als Unglückstag.

Der Unglücksort war Arausio, eine Siedlung an der Rhône, in der Gallia Narbonensis. Daraus entstand das moderne Orange in der Provence, dessen gut erhaltenes Amphitheater noch heute für Aufführungen genutzt wird. Den Römern sollte der Name Arausio in schlechter Erinnerung bleiben. Denn wenn Noreia und die folgenden Niederlagen beunruhigende Debakel waren, so musste das, was sich am 6. Oktober 105 vor Chr. bei Arausio ereignete, als furchtbarste Katastrophe angesehen werden. Es war für Rom das schrecklichste Ereignis der Kimbern- und Teutonenbedrohung. Wer sich am Tiber bisher noch in Sicherheit gewiegt hatte und geglaubt hatte, die Barbaren seien weit entfernt und Italien nicht bedroht, der wurde eines anderen belehrt. Danach herrschte in ganz Rom die Furcht, die Barbaren, die man zu der Zeit noch für Gallier hielt, könnten ungehindert auf die Hauptstadt marschieren.

Was war geschehen? Die Kimbern hatten sich mit den Teutonen und ihren kleineren Verbündeten der Führung ihres Königs Boiorix unterstellt. Nach Streifzügen in Innergallien heerten und plünderten sie auf der Suche nach Land in der römischen Provinz und verwüsteten das Rhônetal. Zwei große römische Heere sollten sie aufhalten. Das eine stand unter dem Oberbefehl des Konsuls Cnaeus Manlius, das andere führte der Prokonsul Quintus Servilius Caepio. Rom hatte Zehntausende von Soldaten aufgeboten, die der Bedrohung Herr werden sollten. Was sich allerdings im Angesicht der feindlichen Massen unter den Römern abspielte, klingt absurd, ist jedoch durch den griechischen Geschichtsschreiber Cassius Dio verbürgt: Die beiden Befehlshaber gerieten in Streit. Denn der ehrgeizige Prokonsul Caepio wollte gegen den Konkurrenten bestehen und glaubte sich des Sieges sicher. Er prahlte mit seinen Erfahrungen und Fähigkeiten. Angeblich lehnte er eine gemeinsame Planung sowie ein gemeinsames Vorgehen beider Heere ab, was fatale Folgen hatte: Die Römer waren ohne einheitliches Konzept erheblich geschwächt und konnten dem Ansturm der Barbaren nichts entgegenhalten. Ihre Verteidigungslinien brachen zusammen, die Katastrophe war perfekt. In Rom machte man später Caepio auch für die besondere Wut des Feindes verantwortlich, hatte er ihn doch mit seiner arroganten Überheblichkeit zusätzlich gereizt: »Auch die Gesandten der Kimbern, die um Frieden nachsuchten und um Ackerland und Saatgetreide baten, jagte er auf so schimpfliche Weise davon, dass sie die Hoffnung auf Frieden aufgaben und wieder zu den Waffen griffen.« (So das Urteil des römischen Historikers Granius Licinianus.)

Das Ergebnis war furchtbar: Angeblich bedeckten am Ende dieses Oktobertages mehr als 100 000 gefallene Legionäre und leicht Bewaffnete das Schlachtfeld bei Arausio. Die Zahl mag übertrieben sein, aber sie drückt das Ausmaß der Katastrophe aus, so wie sie sich spätere Geschichtsschreiber vorstellten. Nicht die exakte Zahl der toten Römer war entscheidend, sondern die Tatsache, dass beinahe zwei Heere aufgerieben worden waren. Schlimmer noch waren die Berichte darüber, was die Sieger mit den Überlebenden gemacht hatten. Die Wiedergabe des Historikers Strabon wurde bereits angeführt. Das Bild von den am Bronzekessel aufgeschlitzten Römern prägte sich tief ein. Unter den Kimbern und Teutonen kam es zu regelrechten Opferorgien, denn nichts an Beute sollte erhalten bleiben und kein Gefangener sollte überleben. Alles wurde den blutdürstigen Göttern geopfert. Kleidungsstücke wurden in ungeheurer Wut zerrissen und fortgeworfen. Die Panzer der Legionäre, der Brustschmuck der Pferde wurden zerhauen und zerhackt und in die Rhône geschleudert. Sogar mit kostbaren Gegenständen aus Gold und Silber verfuhr man so. Selbst die Pferde verschonte man nicht, sondern ertränkte sie im Fluss. Diejenigen Römer, die dem Opfertod über dem Kessel entgingen, bekamen einen Strick um den Hals und wurden an Bäumen aufgehängt – auch sie als Opfer der Götter. »Dem Sieger wurde keine Beute, dem Besiegten wurde kein Mitleid zuteil.« So beurteilte man die Erbarmungslosigkeit der Barbaren. Dies erfuhr auch ein hochrangiger Legat, ein Adjudant des römischen Heeres, der gefangen genommen und vor die Heeresversammlung gebracht wurde. Dort warnte er die Sieger davor, über die Alpen nach Italien zu ziehen. Dadurch fühlten sich die Germanen herausgefordert und töteten ihn – sei es auf Befehl des Königs Boiorix oder durch den Hieb eines jungen »Hitzkopfs«. Sein Tod ist eines der wenigen überlieferten Einzelschicksale. Unter den wenigen Überlebenden war ausgerechnet der Prokonsul Caepio, dem man bei seiner Rückkehr nach Rom die Schuld an dem Geschehenen gab. Ihm wurde das militärische Kommando entzogen und sein Vermögen konfisziert. Doch die katastrophale Niederlage konnte dadurch nicht wieder gutgemacht werden. Der Weg nach Norditalien lag nun für die Kimbern und Teutonen offen.

Aber ihr Zug bewegte sich nicht in östlicher Richtung entlang der Mittelmeerküste nach Italien, sondern in westlicher nach Massalia (Marseille). Für die Römer war dies nur mit barbarischer Dummheit, ja Tollheit zu erklären. Gerechter wird man der germanisch-gallischen Wanderlawine allerdings, wenn man sie als das sieht, was sie von Anfang an war: ein riesiger uneinheitlicher Marsch unterschiedlicher Gruppen, die nicht auf einen Befehl hin steuerbar waren. Nur vorübergehend hatte man sich der Führung des Boiorix unterstellt, was sich nach Arausio zeigte: Der Zug teilte sich. Die Teutonen versuchten im Norden Galliens ihr Glück; die Kimbern zogen über die Pyrenäen auf die spanische Halbinsel. Noch einmal hatte Rom ohne eigenes Zutun Zeit gewonnen. Ein vielleicht letztes Mal konnte es versuchen, das Problem zu lösen und die Gefahr aus dem Norden endgültig zu bannen.

Roms Retter in der Not? Konsul Marius

Während die Germanen und ihre Verbündeten sich teilten, entschieden sich die politischen Kreise Roms zu einem ungewöhnlichen Schritt. Sie schlugen der Volksversammlung einen Mann als Konsul vor, der nicht unumstritten war: Gaius Marius zählte einiges über fünfzig Jahre und entstammte einer Ritterfamilie, worunter man damals die Neureichen und Emporkömmlinge, nicht den alten Stadtadel verstand. Aber Marius war nicht nur gering geachteter Herkunft, er hatte schon einmal das Konsulatsamt innegehabt. Seine Amtszeit betrug ein Jahr, und eine erneute Wahl war nicht üblich. Bei ihm machte man eine Ausnahme, denn fünf Jahre hintereinander blieb er Konsul. Rom brauchte einen Retter des Vaterlandes. Nicht nur drohten vom Norden die kimbrischen und teutonischen Barbaren, auf Sizilien war zudem ein Sklavenaufstand ausgebrochen.

Marius schien der richtige Mann in dieser äußerst bedrohlichen Situation zu sein, konnte er doch auf militärische Erfolge verweisen. Nachdem mehrere Konsuln gegen die barbarischen Horden versagt hatten, bedurfte es eines neuen Helden. Und der war er! Erst jüngst hatte er im westlichen Nordafrika, in der Nachbarschaft der römischen Gebiete in Tunesien, das zu mächtig gewordene Numiderreich in die Knie gezwungen und dessen König Jugurtha als Gefangenen im Triumphzug durch Rom geführt. Das war ein Jahr nach Arausio, und es war Balsam für die geängstigten Römerseelen. Für den Sieger Marius ging man das Risiko einer ungewöhnlichen Machtfülle eines Mannes ein.

Der Feldherr und Oberbefehlshaber nutzte sie für eine radikale Reformierung des römischen Heeres. Er schuf die Legionen, die mit ihrer militärischen Stärke die Grundlage des Römischen Reiches bilden sollten. Eine fundamentale römische Neuordnung traf mit dem ersten Auftreten der Germanen zusammen. Das Heerwesen der Republik beruhte bis Marius auf dem Prinzip des Volksheeres; das heißt, römische Bürger kamen ihrer Wehrpflicht nach. Allerdings mussten sie finanziell in der Lage sein, für ihre Ausrüstung und Verpflegung selbst aufzukommen. Damit kam die große Masse der Unterschicht für den Heeresdienst nicht infrage. Und die Begüterteren konnten ihn sich immer weniger leisten. Es ging ja schon lange nicht mehr um die Verteidigung Roms oder Italiens. Es ging um lange Einsätze in Spanien, Nordafrika oder Griechenland. Unzählige kleine Bauern kämpften an diesen fernen Fronten, während ihre Felder verwahrlosten. Mit der zunehmenden Verarmung sank auch die Kampfmoral, was sich in den Kämpfen gegen die Kimbern und Teutonen gezeigt hatte. Für Marius war dieses System nicht mehr Erfolg versprechend. Er machte einen radikalen Schnitt und schuf ein Berufsheer, dessen Soldaten er überwiegend aus der Unterschicht rekrutierte. Marius bot ihnen nach sechzehn Jahren Dienst Anspruch auf ein Stück Land, das sie als Veteranen bewirtschaften konnten. Wegen dieses Angebots strömten die Männer zuhauf ins Heer.

Während der harten Ausbildung lernten die angehenden Legionäre den Umgang mit dem Wurfspeer, dem Pilum, und dem kurzen Hiebschwert, der Spatha. Zum Schutz kamen ein lederbezogener Holzschild, ein Panzerhemd aus Lederstreifen und Eisenplatten und ein Helm hinzu. Das dreißig Kilogramm schwere Marschgepäck umfasste auch Verpflegung, Kochgeschirr und für den Lagerbau Schanzpfähle und Werkzeug. Neben der Ausbildung des Legionärs nahm sich Marius die Ordnung der Kampfeinheiten vor. Um die Legion, die aus bis zu 6000 Kämpfern zu Fuß bestand, übersichtlicher und flexibler zu machen, gliederte er sie in 10 Kohorten, 30 Manipel und 60 Zenturien zu hundert Mann. Unterstützung erhielt sie von Reitertruppen und leicht bewaffneten Bogenschützen.

Marius wusste aus eigener Erfahrung und aus den Berichten anderer, welche Kampfweise er von den Barbaren zu erwarten hatte. Sie kämpften nach ihren einzelnen Volksheeren, bewaffnet mit Schwertern und Speeren, mit Schilden als Schutz. Eine Rüstung wie die Römer trugen sie nicht. Nach den Berichten der antiken Historiker war es unter ihnen sogar üblich, mit entblößtem Oberkörper oder völlig unbekleidet zu kämpfen. Geordnet waren sie allenfalls nach Hundertschaften und nach den Gefolgschaften der Häuptlinge. Ansonsten stürmte jeder los und versuchte, so viele Feinde wie möglich zu töten. Marius neues Heer und die Germanen: Das war Ordnung gegen Chaos, möglichst kühler Verstand gegen entfesselten Kampfrausch.

Schlacht im Rhônetal

Zwei Jahre hatte der Konsul für die Durchsetzung seiner Heeresreform Zeit gehabt. Dann näherten sich die Kimbern und Teutonen, diesmal mit der Absicht, endgültig in Italien Land zu gewinnen. In Spanien waren die ersten auf den erbitterten Widerstand der kriegerischen Keltiberer gestoßen, sodass sie es vorzogen, nach Gallien zurückzuziehen. Sie vereinigten sich wieder mit den Teutonen und anderen Gruppen. Die meisten fanden keine neuen Siedlungsgebiete und zogen nach Südosten Richtung Oberitalien. Auf dem Weg entschied man, sich erneut zu trennen. Deshalb konnte Marius nacheinander gegen beide Züge vorgehen. Die Teutonen und Ambronen hatten den kürzeren Weg. Sie zogen entlang der Westalpen in die Gallia Narbonensis, wo sie wenige Jahre zuvor den großen Sieg von Arausio erstritten hatten. Die Kimbern hingegen zogen am Nordrand der Alpen entlang, um über den Brennerpass direkt zur Poebene vorzustoßen. Wären beide zur gleichen Zeit in Italien eingefallen, hätte selbst Marius große Probleme bekommen. So bündelte er seine militärischen Kräfte und stellte sich im Jahre 102 vor Chr. zuerst dem Teutonenzug entgegen.

Er rechnete mit ihm im Rhônetal und ließ dort ein befestigtes Lager errichten, das er mit seinen 35 000 Mann besetzte. Zu seiner Taktik gehörte, die Ankunft des Feindes abzuwarten, seine Männer im Lager zu halten und sich nicht vorschnell zur Schlacht provozieren zu lassen. Die heranziehenden Heere der Teutonen und Ambronen mit dem Treck ihrer gesamten Völker müssen auf die Legionäre einen unvergesslichen Eindruck gemacht haben. Da waren sie also: die Bezwinger des Carbo und Caepio, die Sieger und Totschläger Zehntausender römischer Soldaten, die Bedrohung Roms seit mehr als einem Jahrzehnt. Die Geschichtsschreiber werden nicht müde, den Anblick, der sich den Römern von den Wällen herab bot, zu schildern: Unermesslich sei ihre Zahl gewesen, abscheulich ihr Aussehen, die fremdartigen heiseren Laute aus ihren Kehlen glichen eher denen von Tieren als menschlichen Stimmen. Ohne Zweifel umfasste der Treck ein Mehrfaches an Kopfzahl des römischen Heeres. Ebenso sicher verursachte er mit Tausenden von Pferden, mit den schweren Ochsenkarren und mit den mehr als hunderttausend Menschen eine gigantische Staubwolke sowie höllischen Lärm. Dazu kam der Eindruck von Schlachtgesängen und Kriegsrufen, von großwüchsigen blonden Kriegern, die eine Art Kriegsbemalung trugen.

Die Germanen entdeckten das Lager und sahen, dass sie freie Bahn hatten. Darum besetzten sie die Ebene am Fluss und boten Marius den Kampf an. Dass er nicht reagierte und sein Heer hinter den Wällen und Verschanzungen versteckt blieb, dürfte sie mit Verachtung erfüllt haben. Denn für die Barbaren war die Schlacht die persönliche Aufgabe eines jeden Kämpfers; im Zweikampf, den er suchte, ging es um Sieg und Ehre. Dies belegt folgende Überlieferung: Danach lief ein Teutone vor den Wall und forderte den römischen Befehlshaber zum Zweikampf heraus. Abgesehen davon, dass der Konsul nicht mehr der Jüngste war, dachte er natürlich nicht daran, sich mit einem Wilden zu messen. Er ließ ihm antworten: »Wenn er sterben wolle, könne er sein Leben mit dem Strick beenden.« Auch wenn man bezweifeln darf, dass die lateinische Botschaft den Barbaren sinngemäß erreichte, so ist es doch eine Anekdote, die belegt, dass Marius den Bräuchen der Teutonen nur sehr wenig Beachtung schenkte. Es blieb jedoch nicht bei einzelnen Aktionen. Immer mehr Barbaren stürmten gegen den Wall an und schleuderten ihre Speere. Die Legionäre hielten sie dennoch auf Distanz. Zu Marius' Plan gehörte es, seine Soldaten mit dem Anblick der Feinde vertraut zu machen. Sie sollten sich im Sinne einer psychologischen Kriegsführung an die ungeheure Menge fremdartiger Gestalten gewöhnen. Insofern erfüllte die Festung, die ausreichend mit Vorräten bestückt war, ihren Zweck.

Sorge bereiteten dem Konsul allerdings die eigenen Männer, die sich zusehends herausgefordert fühlten: »Seinen Leuten aber nahm der tägliche Anblick nicht nur einen Teil der Bestürzung, sondern angesichts der Drohungen der Barbaren und ihrer unerträglichen Prahlerei stieg Zorn in ihnen auf und entflammte sie zu heller Wut, da die Feinde nicht nur ringsherum alles ausraubten und plünderten, sondern sogar gegen den Wall mit großer Unverfrorenheit und Waghalsigkeit Angriffe vortrugen.« So berichtet der Historiker Plutarch. Die Legionäre fragten sich, wofür sie ihre harte Ausbildung ertragen hätten, ob Marius an das Schicksal seiner Vorgänger denke und deshalb ängstlich sei. Doch ihm gelang es, die Legionäre zu beruhigen, indem er an ihren Patriotismus appellierte. Es gehe um die Rettung Italiens, argumentierte er. Einen Vaterlandsverräter nenne er, der sich von wild gebärdenden und schreienden Barbaren zum Kampf reizen lasse. Erst, wenn sie sich derart provozieren ließen, bestehe Gefahr, das Schicksal der anderen römischen Heere zu erleiden.

Mit dieser rhetorischen Meisterleistung gelang es, die Besatzung des Lagers zu beruhigen. Die Teutonen und Ambronen hatten mittlerweile eingesehen, wie wenig ihnen ein Ansturm gegen die Wälle brachte. Da sie von dort auch keinen Ausfall mehr erwarteten, beschloss der teutonische König Teutobod, Heer und Volk daran vorbeiziehen zu lassen und den Marsch nach Italien fortzusetzen. Angeblich dauerte es sechs Tage, bis alle Germanen vorübergezogen waren, was eine Übertreibung sein dürfte. Aber sicherlich zeigte der lange Treck mit seinen Kriegern, mit den Ochsenkarren und dem Vieh den Legionären, wie groß die Masse der Feinde war.

Auch bei diesem Vorbeimarsch hielten sich die Barbaren nicht zurück, die Römer hinter ihrer Verschanzung zu reizen. Sollen sie sie doch laut einer Überlieferung lachend gefragt haben, ob sie ihren Frauen in Rom etwas ausrichten könnten, denn schon bald seien sie bei ihnen. Solche und andere Beleidigungen schrien sie radebrechend hinüber, solche schmachvollen Worte gaben die Übersetzer den römischen Legionären weiter. Ein weiteres Mal musste Marius seine Männer beschwichtigen, dann war auch diese Herausforderung überstanden.

Der Oberbefehlshaber ließ den Treck ständig durch Späher beobachten und folgte in sicherem Abstand mit seinem Heer. Jede Nacht errichteten die Legionäre ihr Lager, für das sie Schanzen aushoben und das sie mit den Pfählen ihres Marschgepäcks sicherten. Nördlich von Massalia lag in einer Talmulde die erst zwei Jahrzehnte alte römische Gründung Aquae Sextiae, das moderne Aix-en-Provence. Hier entlang führte die Barbaren der kürzeste und unbeschwerlichste Weg nach Italien.

Deshalb entschied Marius, den Feinden an dieser Stelle die Entscheidungsschlacht anzubieten. Er wählte oberhalb eines kleinen Flusses einen Lagerplatz, den er sofort sichern ließ. Die Teutonen und Ambronen lagerten unten am Ufer. Die römischen Geschichtsschreiber sind sich in ihren ausführlichen Schilderungen der Schlacht und ihrer Vorbereitungen nicht sicher, ob man es Marius als Fehler anrechnen solle oder ob es wiederum eine strategische Meisterleistung war. Seine Soldaten mussten jedenfalls feststellen, dass sie sich auf einer sicheren Anhöhe befanden, dass sie aber keinen Zugang zum Fluss und damit kein Wasser hatten. Als ihm dies die Legionäre sagten, soll der Konsul auf Fluss und Feinde gedeutet haben mit den Worten: »Von dort müsst ihr es euch holen.« Wasser gebe es gegen Blut. Wenn es von Anfang an in seiner Absicht lag, die durstigen Männer auf diese Weise zum Kampf anzuspornen, war dies ein riskantes Manöver. Aber es gelang: Zuerst wagten sich einige leicht Bewaffnete des römischen Trosses an den Fluss, um dort Wasser zu schöpfen und ins Lager zu bringen. Die meisten waren damit erfolgreich, trafen sie doch nur auf kleine Gruppen von Germanen, die sie angriffen. So entwickelten sich lediglich einzelne, kleinere Gefechte, die nicht mehr als ein Vorgeplänkel der bevorstehenden Schlacht darstellten.

Denn die Masse der Feinde war nicht kampfbereit – auch darin sahen die Römer den Ausdruck kindlicher Wildheit. Der Grund für die Nachlässigkeit der Barbaren lag darin, dass am Fluss warme Quellen entsprangen, die die ursprünglichen Skandinavier als Wunder ansahen. Ausführlich erquickten sie sich in ihnen und gönnten sich anschließend ein ausgiebiges Frühstück.

Die Ambronen, die als die tüchtigsten germanischen Kämpfer galten, waren die ersten, die den Legionären entgegentreten wollten. In ihrer Zahl immerhin 30 000 Mann stark. Die römischen Berichte wollen glauben machen, sie hätten sich zu sehr dem Wohlleben der Provence hingegeben: »Ihre Körper waren vom reichlichen Essen schwer, aber ihr Sinn war heiter und ausgelassen durch den ungemischten Wein.«

Ob dies tatsächlich der Realität entsprach, sei dahingestellt. Marius hatte aber ein Überraschungsmoment für sich zu nutzen gewusst. Die Barbaren waren alles andere als auf den Kampf vorbereitet. Dazu trat eine gewisse Überheblichkeit, die in den bisher geschlagenen Schlachten auf römischer Seite zu finden gewesen war. Deshalb rüsteten sich nur die Ambronen zum Kampf. Sie allein schienen den Römern mehr als gewachsen zu sein. Als die Germanen für den Kampf gerüstet waren, stürmten sie nicht wie andere barbarische Heere ungeordnet los. Die Ambronen bildeten eine Linie und schlugen rhythmisch die Waffen zusammen, Speer und Schild, Schwert und Schild, Speer und Schwert. Dabei sprangen sie in gleichmäßigen hohen Sprüngen vorwärts und riefen dabei wie mit einer Stimme ihren Volksnamen »Ambronen«. Auch dies war ein fremdartiges und beeindruckendes Kampfritual, das jedoch unter den Römern kaum noch Eindruck machte. Der von Marius geplante lange Gewöhnungsprozess zahlte sich aus.

Um den Feind zu erreichen, mussten die Ambronen den Fluss durchqueren, was in ihren Reihen zu Unordnung führte. Darauf hatten die Ligurer, die mit den Römern verbündete Bevölkerung dieser Gegend, gewartet. Sie stürzten sich mit Schlachtgeschrei und im Sturmlauf auf die Germanen und brachten ihre Reihen erheblich ins Wanken. Die Legionäre Roms folgten ihrem ligurischen Sturmbock und machten das Chaos unter den ambronischen Kriegern perfekt. Nun geschah, worauf man fast zwölf Jahre hatte warten müssen: Der anscheinend unbesiegbare Feind brach zusammen und suchte sein einziges Heil in der Flucht. Furchtbar muss das Gemetzel im Fluss gewesen sein. Jeder versuchte, sich in Sicherheit zu bringen, die Ambronen behinderten sich gegenseitig, viele stürzten und wurden den Römern und ihren Verbündeten ein leichtes Opfer. Bald war das Wasser voll Leichen und Blut. Die Überlebenden flüchteten sich zu ihren Karren, die man zu einer Wagenburg formiert hatte und wo sich die Frauen mit den Kindern verschanzt hielten. Dort spielten sich Szenen ab, deren Schilderung die römischen Kommentatoren mit Fassunglosigkeit erfüllten. Sie waren die brave, zurückgezogen im Haus lebende Ehefrau gewöhnt, die die Sittengesetze und die Macht des Ehemannes anerkannte. Was aber taten die Germaninnen?

Als sie ihre fliehenden Männer und die sie verfolgenden Feinde auf das Lager zustürmen sahen, stellten sie sich allen, mit Äxten und

Die Waffen der Germanen

Tacitus' Berichte über die germanischen Kämpfer klingen nüchtern und unspektakulär: »Auch an Eisen ist kein Überfluss, wie die Art der Bewaffnung zeigt. Nur wenige haben ein Schwert oder eine größere Lanze. Sie tragen Speere oder, wie sie selbst sagen, Framen, mit schmaler und kurzer Eisenspitze, die jedoch so scharf und handlich ist, dass sie dieselbe Waffe je nach Bedarf für den Nah- oder Fernkampf verwenden können. Selbst der Reiter begnügt sich mit Schild und Frame; die Fußsoldaten werfen auch kleine Spieße, jeder mehrere, und sie schleudern sie ungeheuer weit: Sie sind nackt oder tragen nur einen leichten Umhang. Prunken mit Waffenschmuck ist ihnen fremd; nur die Schilde bemalen sie mit auffallenden Farben. Wenige haben einen Panzer, kaum der eine oder andere einen Helm oder eine Lederkappe.«

Wie so oft schildert die *Germania* die Verhältnisse grundsätzlich richtig, doch auch hier muss differenziert werden: Der hölzerne Speer mit der

Schwertern bewaffnet, in den Weg. Konnten sie die eigenen Krieger nicht bewegen, sich wieder dem Kampf zu stellen, so mussten diese damit rechnen, von ihren Frauen verletzt oder gar erschlagen zu werden. Dabei schrien die Frauen mit »fürchterlichem, wütendem Gekreisch«. Den Römern schienen sie entfesselte Furien zu sein. Sie griffen ohne Zögern die Legionäre an, sogar mit bloßen Händen griffen sie in die Schwertklingen oder rissen die Schilde herunter. Auch durch tiefe Wunden ließen sie sich nicht abhalten. Die meisten Frauen starben mit ihren Männern.

Auf diese Weise hatten die Römer einen ersten Sieg errungen. Aber nur der kleinere Teil des Feindes war geschlagen, die Masse hatte sich überhaupt noch nicht in den Kampf eingemischt. So ließ Marius am Ende des Tages seine Männer sich zum Lager auf der Höhe zurückziehen, hinweg über Tausende von Leichen, von Verstümmelten, über ein Feld von Blut. Dieser Rückzug dürfte fast schweigend erfolgt sein, denn Siegesstimmung kam in Anbetracht des immer noch riesigen Teutonenheeres nicht auf. Eher erfüllten Schrecken und Unruhe die Soldaten, die den Fanatismus der Ambroninnen noch in Erinnerung hatten. Hinzu kam, dass das Lager nur provisorisch gesichert war und weder einen Graben noch einen Erdwall aufwies. Einem massiven nächtlichen Ansturm der Teutonen hätte es nicht standgehalten. Unter den Barbaren erhob sich dagegen wegen der Niederlage der Ambronen »ein Klagegeschrei, das nicht dem Weinen und Stöhnen von Menschen glich; vielmehr ergoss sich von einer solchen Masse ein geradezu tierisches

scharfen Eisenspitze gehörte zur Grundausstattung des germanischen Kriegers. Das eiserne Schwert – von dem prächtige Exemplare geschmiedet wurden – war durchaus populär und seine ruhmvollste Waffe. Schon um die Zeitenwende kann man die beiden Schwertformen unterscheiden, die zur germanischen Bewaffnung gehörten: das kurze Stoßschwert, das sich für den Nahkampf eignete und dessen Vorbild der Gladius der römischen Legionäre war, und das lange Hiebschwert, das wohl keltischen Vorbildern folgte. Je nach der Bewaffnung des Feindes und nach den Erfordernissen der Kampfführung wurde die kürzere oder die längere Form verwendet. Der Sax entwickelte sich später zur beliebtesten Form des Kurzschwertes, die Spatha war das typische Langschwert. Je nach Länge steckte es in einer hölzernen Scheide, die am Gürtel oder an einem quer über die Schulter liegenden Gehänge getragen wurde. Die Streitaxt kam erst gegen 200 auf, die bei den Franken geschätzte Wurfaxt, die Franziska, sogar erst im 5. Jahrhundert. Auch Pfeil und Bogen wurden erst später von den Germanen benutzt.

Gebrüll und Geheul, untermischt mit Drohungen und Totenklagen«.
Vor diesem »schauerlichen Lärm« soll sogar Marius erschrocken sein,
fürchtete doch auch er, die Teutonen könnten wie im Rausch über das
Lager herfallen. Aber dies geschah nicht.

Beim frühesten Tageslicht sah man, wie sich der Feind zum Kampf
rüstete. Marius hatte bei allen Befürchtungen nicht seine strategischen
Fähigkeiten eingebüßt. Noch in der Nacht sandte er dreitausend Legionäre in den Rücken der Teutonen, wo sie auf bewaldeten Höhen
Schutz fanden und nicht bemerkt werden konnten. Den Rest des
Heeres ließ er sich am nächsten Morgen in Linie vor dem Lager aufstellen, wie es vor dem Feldzug intensiv geübt worden war. Wohl
überlegt ordnete er nicht den Vormarsch in die Ebene an, wo die Germanen warteten. Seine Männer hatten nicht nur den Vorteil der Höhe,
die Feinde mussten auch gegen Sonne, Wind und Staub ankämpfen.
Lediglich die römische Reiterei ritt ihnen entgegen. Aber die Barbaren warteten nicht auf die Römer, sondern stürmten voll Wut und
Rachegedanken den Hügel hinauf. Die Legionäre hatten ein leichtes
Spiel: Sie schleuderten zuerst ihre Wurfspeere und lichteten die Reihen der Feinde. Dann rückten sie langsam hügelabwärts vor, Schild
an Schild, mit dem Schwert kämpfend. Auf diese Weise wurden die
Teutonen auf die Ebene zurückgedrängt, ungeordnet, den Halt ver-
lierend, übereinander stolpernd und sich gegenseitig behindernd. Der
disziplinierten Militärmaschinerie des Marius konnten sie nichts entgegensetzen.

Schilde waren die einzigen Schutzwaffen, die die einfachen Krieger benutzten. Sie waren aus Holz gefertigt, mit Leder überzogen und üblicherweise bunt bemalt. Ein Schildbuckel aus Metall schützte die empfindliche
Stelle, an der sich der Handgriff befand. Als kleinere und größere Schildfor-
men kannte man runde und ovale Schilde, auch rechteckige waren möglich. Der Schild war umso notwendiger, weil der Germane in seiner alltäglichen Kleidung in den Kampf zog oder sich sogar unbekleidet dem Feind
stellte. Vor allem durch römische Einflüsse wurde es beim Adel üblich, eiserne Panzerhemden zu tragen, die aus unzähligen kleinen Ringen zusam-
mengeschweißt oder -genietet wurden. Helme waren selten und wurden
ebenfalls nur bei Häuptlingen und reichen Adligen zu finden. Den legendären Hörnerhelm trugen weder die Germanen noch die Wikinger. In der
Merowingerzeit gab es wertvolle Spangenhelme, die sich jedoch kein ge-
wöhnlicher Krieger leisten konnte. Natürlich war es zu allen Zeiten üblich,
Bewaffnungen anderer Völker wie der Kelten oder der Römer zu benutzen,
die als Beute, als Geschenk oder als Handelsgut zu den Germanen kamen.

In dieser Situation war die Zeit der dreitausend in den Wäldern Versteckten gekommen. Sie fielen den ohnehin übersichtslos vor sich hin kämpfenden Germanen in den Rücken und sorgten unter ihnen für heillose Verwirrung. Von beiden Seiten angegriffen, leisteten sie nicht mehr lange Widerstand und versuchten zu fliehen, was nicht vielen gelang. War das Gemetzel des Vortages an den Ambronen schon furchtbar gewesen, so fand jetzt ein noch grausameres Massaker statt. Die Zahlenangaben über die gefallenen Germanen schwanken zwischen 100 000 und 200 000 Toten. Sie dürften stark übertrieben sein, drücken aber die Erinnerung an einen großen Sieg und an eine furchtbare Niederlage der Barbaren aus. Einige Zehntausend von ihnen überlebten immerhin, wurden gefangen genommen und als Sklaven einem tristen Schicksal überlassen. Auch die teutonischen Frauen beeindruckten die Sieger und prägten Roms Bild von den Germaninnen. Sie baten Marius, er möge sie den vestalischen Jungfrauen, den Priesterinnen der Göttin Vesta, schenken, damit sie dort keusch leben könnten. Es ist zu bezweifeln, dass die Teutoninnen so gut über römische Religion informiert waren. Dass sie den Konsul um Schutz baten, ist jedoch plausibel, wussten sie doch, dass ihnen als Frauen von den siegreichen Legionären Missbrauch, Schande und Sklavendasein drohten. Dies gehörte zum grausamen Erfolgsbonus der Soldaten, deshalb lehnte Marius das Ansinnen ab. Die Germaninnen begingen daraufhin gemeinsam Selbstmord, indem sie sich erhängten. Voll Achtung kommentiert ein späterer römischer Historiker: »Hätten es die

Die leichte Bewaffnung erwies sich beim Überraschungsangriff auf die schwerfälligeren römischen Legionen als großer Vorteil. In unübersichtlichen Situationen zeigten sich die germanischen Krieger flexibel und schnell; man denke nur an die Varusschlacht. Anführer wie Marbod und Arminius bewiesen mit ihren gegliederten Heeren nach römischem Vorbild, dass Traditionen durchaus aufgegeben werden konnten. Diese Art militärischer Gelehrsamkeit zeichnete die germanischen Stämme aus.

Trotzdem spielten alte Stammestraditionen noch lange eine wichtige Rolle. Dazu gehörten der Schlacht vorausgehende kultische Handlungen wie Kriegstänze, Kriegsgesänge, Gelage und Prophezeiungen, aber ebenso die Weihung des Feindes an eine Gottheit, die mit Menschenopfern verbunden war. Auch die Magie war von Bedeutung, finden sich doch die allerersten Runenzeichen auf Waffen, so auf einem Speerblatt die Inschrift »Erprober«, was auf die Schärfe der Waffe deutet. In den Heldensagen sind es oft zauberkräftige und Unglück verheißende Schwerter, die das Schicksal vieler Helden bestimmen.

teutonischen Männer der Willensstärke ihrer Frauen nachgetan, dann
wäre unser Sieg über die Teutonen ungewiss geworden.« So fielen den
Römern nur die Wagen mit ihrer Ausrüstung, das Vieh und die Waffen der Besiegten in die Hände. Von diesen ließ Marius die besten
Stücke auswählen, der Rest wurde als Dankopfer für die Götter verbrannt.

Im Gebiet von Massalia, in der Gegend von Aquae Sextiae, erhielt
sich aber die Erinnerung an die Größe und Furchtbarkeit der Schlacht
in einer makabren Überlieferung. Nach ihr zäunten die Einwohner mit
den Knochen der gefallenen Germanen ihre Weingärten ein. Und die
Erde sei, als die Leichen in ihr verwesten und dann im Winter Regengüsse darauf herniederfielen, so fett geworden und habe sich bis in die
Tiefe so mit der eingedrungenen Fäulnis vollgesogen, dass sie jahrelang
eine überwältigende Fülle von Früchten hervorbrachte.

Die Kimbern in Oberitalien

Der Konsul Marius hatte einen überwältigenden Sieg errungen. Er
wurde noch größer, als die mit den Römern befreundeten keltischen
Sequaner in Gallien meldeten, sie hätten den nach der Schlacht geflohenen Teutonenkönig Teutobod und weitere Anführer gefangen genommen und stellten sie Rom zur Verfügung. Mit den Tausenden von Gefangenen und der gewonnenen Beute hatte Marius alles zur Verfügung,
was einen Triumphzug durch Rom ausmachte. Diese Ehrung wollten
der Senat und das römische Volk dem siegreichen Feldherrn auch
bieten, doch der lehnte ab. Er hatte Nachrichten von seinem Mitkonsul
Catulus erhalten, äußerst schlechte Nachrichten, »die wie eine Wetterwolke an einem stillen, heiteren Tag wiederum neue Schrecken und
Stürme für Rom heraufführten«, wie es der Historiker Plutarch bildhaft ausdrückte. Denn noch war der Zug der Kimbern nicht gestoppt,
noch war die große Gefahr nicht endgültig gebannt.

Diese Germanen waren nördlich der Alpen entlanggezogen und
hatten diese am Brenner überquert. Konsul Catulus hatte sich vorab
entschieden, seine Truppen nicht an mehreren Pässen aufzustellen und
somit ihre Kräfte aufzuteilen. Er entschied sich für die Etsch als Verteidigungslinie und errichtete an den wichtigsten Furten auf beiden Ufern
Befestigungen. Eine Brücke über den Fluss sollte die gegenseitige Hilfe
der Truppenteile erleichtern. Nach den Berichten, die Marius erhielt,
war dieses Verteidigungskonzept völlig zusammengebrochen. Es gab
keine Verteidigungslinie mehr, Oberitalien lag offen und ungeschützt

vor den Barbarenmassen. Was war geschehen? Die Nachrichten, die Rom über den Vormarsch erreichten, waren geradezu abenteuerlich und enthielten manches Fabulöse. Danach sollten die Germanen für ihre Feinde, die Legionen der römischen Republik, nur Verachtung und Hochmut übrig gehabt haben. Ihnen sollte es mehr darum gegangen sein, ihre Stärke und ihren Mut zu demonstrieren, als sich um die notwendige Organisation des Kampfes zu kümmern, die für die Römer das wichtigste war. Von ihrer Alpenüberquerung erzählte man sich Dinge, die – ob sie zutrafen oder nicht – zu den Bildern gehörten, die man auf immer mit diesem Zug verband. Nackt hätten sie sich einschneien lassen und seien über glatten und tiefen Schnee auf die Berggipfel geklettert. Dort oben hätten sie ihre Schilde unter die Körper geschoben, hätten sich kräftig abgestoßen und seien in rasender Fahrt die Bergwände hinuntergeschossen. Die Germanen als Erfinder des Snowboards? Vielleicht ist hier die Fantasie mit den Berichterstattern durchgegangen. Andererseits hatten Mutproben, um die es sich gehandelt haben kann, für die Krieger eines Naturvolkes einen größeren Stellenwert als für das durchorganisierte römische Heer. Jedenfalls hinderten solche Spiele die Kimbern nicht, bis zur Etsch vorzustoßen, wo sie auf die Befestigungswerke des Catulus stießen. In der Nähe der Römer errichteten sie ihr Lager und stauten die Etsch. »Wie Giganten« rissen sie Hügel auf und schleppten Bäume, Felsbrocken und Steine zum Fluss. Gegen das Brückengebälk ließen sie große Stämme in die Strömung, die die Brücke ins Wanken brachten. Darauf räumten die Römer ihr Hauptlager, und das Kastell auf dem anderen Etschufer nahmen die Kimbern nach kurzem Kampf ein. Allerdings gewährten sie den Legionären »in Bewunderung ihrer Tapferkeit«, wie es hieß, freien Abzug. Darüber wurde ein Vertrag geschlossen, den die Barbaren bei einer ihnen heiligen Figur, einem metallenen Stier, beschworen. So konnte Catulus mit seinen Männern froh sein, halbwegs ungeschoren abziehen zu dürfen. Noch einmal hatten die Germanen Rom eine Schmach zugefügt. Sie überquerten die Etsch und plünderten das Land aus.

Nachdem Marius diese Schreckensmeldungen gehört hatte, brach er sofort von Rom auf. Aus der Provence, der Gallia Narbonensis, ließ er seine Truppe nach Italien ziehen. Dann versuchte er entlang des Po die Eindringlinge vom südlicheren Italien abzuhalten und sie zur Schlacht zu stellen. Die Kimbern wichen ihr aus und zogen westwärts, angeblich, weil sie sich mit dem Teutonenzug vereinigen wollten. Nach den römischen Gewährsmännern hatten sie noch nichts von dessen Untergang erfahren. Was Marius zu zynischem Spott veranlasste. Als die Kimbern nämlich wie viele Male vorher für sich und die Teutonen

Land forderten, soll der Feldherr ihnen geantwortet haben: »Lasst nur eure Brüder! Die haben Land und werden es in alle Ewigkeit behalten; von uns haben sie es bekommen.« Er zeigte ihnen die gefangenen Teutonenhäuptlinge, wodurch sie die bittere Wahrheit erfuhren. Es ist zweifelhaft, dass im Juli 101 vor Chr., mehr als ein Dreivierteljahr nach der teutonischen Katastrophe von Aquae Sextiae, die Nachricht von diesem Ereignis noch nicht zu den Kimbern gedrungen war. Jedenfalls hatten sie auf der Suche nach Land keine andere Wahl, als in Italien vorwärts zu ziehen. So kam es am 30. Juli des Jahres 101 vor Chr. zur alles entscheidenden letzten Schlacht des Kimbernzuges, der zwanzig Jahre vorher im fernen Jütland begonnen hatte.

Auf den Raudischen Feldern bei der Siedlung Vercellae, dem modernen Vercelli südwestlich von Mailand, trafen die Germanen mit den vereinten Truppen des Marius und des Catulus zusammen. Beide Konsuln verfügten gemeinsam über 50 000 Mann, die Feinde dürften ihnen an Kopfstärke überlegen gewesen sein. Auch bei Vercellae wurde Marius vom Gegner angesprochen. Der kimbrische König Boiorix ritt mit wenigen Kriegern vor das Legionslager und forderte dessen Befehlshaber auf, Tag und Ort der Schlacht zu bestimmen. Marius antwortete, die Römer hätten es noch nie nötig gehabt, sich mit den Feinden um die Schlacht zu beraten. Aber er wolle den Kimbern entgegenkommen und entscheide darum nach ihrem Wunsch. Allerdings legte er die Schlachtaufstellung so fest, dass die Barbaren gegen die gleißende Julisonne anmarschieren mussten. Die Legionen des Catulus bildeten die Mitte der Aufstellung, Marius ordnete seine Legionäre an beiden Flügeln an. Ihnen rückte eine unübersehbare Masse von Kimbern entgegen. Deren Fußvolk stand in einer Frontlinie von fünf Kilometern Länge, und genauso lang war seine Tiefe. Diese Angabe klingt nach kräftiger Übertreibung der Römer, trotzdem ist eine große Zahl an Germanen glaubhaft.

Die kimbrische Reiterei, 15 000 Mann stark, bot ein prächtiges und exotisches Bild: »Mit Helmen, die dem aufgesperrten Rachen fürchterlicher Bestien und seltsamen Fratzen von Tieren glichen und auf die sie hoch ragende Federbüsche gesteckt hatten, wodurch sie noch größer erschienen; mit eisernen Panzern waren sie gerüstet, und Glanz ging von ihren weißen Schilden aus. Jeder hatte einen Wurfspieß mit doppelter Spitze, und zum Nahkampf benutzten sie große, schwere Schwerter.« Die farbenprächtige Kavallerie griff die römischen Linien zunächst an, täuschte dann jedoch einen Rückzug vor. Die Römer stürmten siegessicher nach und trafen auf die ihrerseits angreifenden germanischen Fußkämpfer. Eine nicht ungefährliche Situation, die wegen der Hitze und wegen der dichten Staubwolken der ausgetrockneten Erde zu einem völligen Durcheinander führte. Pikant war, dass Marius in diesem Staub die Orientierung verlor und einige Zeit ziellos in der Ebene zwischen den vieltausenden Kämpfern herumirrte. So geschah es angeblich ohne sein Zutun, dass die Legionen Roms über den Feind die Oberhand behielten. Eher waren es Sonne und Hitze, welche die dieses Klima ungewohnten Germanen in die Knie zwangen.

Der Katastrophe der Teutonen und Ambronen folgte nun eine Katastrophe der Kimbern. Der größte Teil ihres Heeres, angeblich weit über 100 000 Männer, wurde erschlagen. 60 000 Krieger wurden gefangen genommen. Unglaubliches weiß der Historiker Plutarch zu berichten: Die Kämpfenden der vordersten Reihe waren durch lange Ketten miteinander verbunden, die sie an ihren Gürteln befestigt hatten. Auf diese Weise hatten sie nur eine Alternative: zu siegen oder zu sterben. Die Germanen in der hinteren Reihen konnten dagegen die Flucht ergreifen. Von den Römern verfolgt, erreichten sie ihre Wagenburg, an der sich furchtbare Szenen abspielten: »Die Frauen standen schwarz gewandet auf den Wagen und töteten die Fliehenden, die einen ihre Männer, die anderen ihre Brüder, wieder andere ihre Väter. Ihre kleinen Kinder erwürgten sie mit den Händen und warfen sie unter die Räder oder unter die Füße der Zugtiere; dann brachten sie sich selbst um. Eine Frau, sagt man, hing an einer aufgerichteten Deichsel; ihre Kinder hatte sie, mit Stricken an ihren Knöcheln festgebunden, zu beiden Seiten erhängt. Die Männer sollen, da es an Bäumen mangelte, den Strick um ihren Hals an den Hörnern der Rinder oder auch an deren Beinen angebunden, dann die Rinder mit Stacheln angetrieben haben und zu Tode geschleift oder getrampelt worden sein.« Am Abend dieses heißen Julitages war das oberitalienische Schlachtfeld übersät von den Leichen der Erschlagenen und derer, die sich – Männer wie Frauen – selbst das Leben genommen hatten. Sei es wegen ihrer verlorenen Ehre, sei es aus Furcht vor der Sklaverei. Die Raben hätten angeblich nie mehr Leichen zu fressen gehabt als nach der Kimbernschlacht.

Gegenüber dieser monumentalen Niederlage wirkt der anschließende Streit zwischen den römischen Befehlshabern wie eine Randnotiz: Catulus wollte sich den Sieg zuschreiben, nicht dem in der Schlacht herumgeirrten Marius. Wem der Ehrentitel des Siegers der Wahrheit entsprechend zugesprochen werden müsste, wer könnte es entscheiden? Im Sommer 101 vor Chr. hatte der Konsul Marius die besseren Karten. Jubel und Begeisterung in Rom und ganz Italien waren grenzenlos. Freudenfeste fanden in jedem Haus, in jeder Familie statt. Die Menschen feierten auf den Straßen und Plätzen. Die Masse des Volkes nannte Marius einen neuen Gründer Roms, denn die Gefahr sei nicht geringer gewesen als der »Keltenschrecken« vor fast 300 Jahren. So geehrt, wurde er als Bezwinger der Kimbern und Teutonen bezeichnet und ging damit in die römische Geschichte ein.

Dass diese wilden und gefährlichen Barbaren in ihrer Mehrzahl gar keine Kelten waren, sondern zu einem anderen Volk gehörten, diese Erkenntnis setzte sich erst in den folgenden Jahrzehnten durch. Ob der Kontakt mit den kimbrischen und teutonischen Sklaven dazu führte oder ob es Berichte der Gallier waren, weiß man nicht. Seit Caesar aber wusste man in Rom, dass Marius der erste Germanensieger war. Mit ihm beginnt die vielhundertjährige Auseinandersetzung zwischen dem Römischen Reich und den Völkern der Germanen.

3. Julius Caesar:
Entdecker oder Erfinder der Germanen?

Der Gallische Krieg: mehr als eine spannende Schullektüre

»Gallia est omnis divisa in partes tres, quarum unam incolunt Belgae, aliam Aquitani, tertiam qui ipsorum lingua Celtae, nostra Galli appellantur.« (»Ganz Gallien zerfällt in drei Teile, deren einen die Belger bewohnen, den zweiten die Aquitaner, den dritten diejenigen, welche in der eigenen Sprache Kelten, in unserer Gallier genannt werden.«). Dieser lateinische Satz schreckte viele Schülergenerationen, begann doch mit ihm ein hundert und mehr Seiten umfassender Leidensweg, der über die Beschwernisse von lateinischer Deklination, Konjugation und Syntax führte. Dies ist bedauerlich, da die *Commentarii de bello Gallico* des Gaius Julius Caesar, die *Aufzeichnungen über den Gallischen Krieg*, kurz *Bellum Gallicum*, *Gallischer Krieg* genannt, alles andere als ein nüchterner Unterrichtstext sind: Es geht darin um die Karriere eines Politikers, der zu einem der Großen der Weltgeschichte werden sollte, und es wird von der Unterwerfung eines Landes berichtet, das in einem »Kampf der Kulturen« zivilisiert werden sollte. Darum sind die Aufzeichnungen spannende Tatsachenberichte aus Caesars Perspektive über Feldzüge, Schlachten und Eroberungen, über Verrat und Heldenmut, über Leben und Sitten fremder Völker. Er ist der erste Autor, der bewusst und konsequent von den Germanen berichtet. Sein Werk ist so etwas wie die Geburtsurkunde dieses Volkes und bietet die ältesten ausführlichen Angaben über die Barbaren jenseits der Alpen.

Der Machtmensch Caesar: Abriss einer Karriere

Der Staatsmann und Feldherr Caesar, dessen Name sich im deutschen »Kaiser« und im russischen »Zar« findet, hat stets die Menschen fasziniert, und seine Liaison mit der ägyptischen Königin Kleopatra gehört zu den populärsten Liebesgeschichten. Caesars Titel als oberster Priester Roms, Pontifex maximus, trägt bis in die Gegenwart der Papst als Oberhaupt der römisch-katholischen Kirche.

Als Abkömmling einer der ältesten Patrizierfamilien der Republik zählte der 100 vor Chr. Geborene den sagenhaften Trojaner Aeneas zu seinen Ahnen und den mächtigen Marius, den Kimbern- und Teutonensieger, zu seinen Verwandten. Als junger Mann wurde er in den Bürgerkrieg verstrickt, der Rom wieder erschütterte und ihn fast das Leben gekostet hätte. Nach der Befriedung Roms durchlief Caesar in den folgenden zwei Jahrzehnten alle Verwaltungsämter, die einem jungen Patrizier offen standen, ohne ihn allerdings reich zu machen. Im Gegenteil erforderten sie große Investitionen, bis in weiter Ferne Gewinn winkte. Im Jahre 59 vor Chr. wurde er schließlich Konsul; das heißt, gemeinsam mit einem Kollegen war er für ein Jahr höchster Repräsentant römischer Staatsgewalt. Danach übernahm Caesar, wie es üblich war, die Statthalterschaft in drei Provinzen in Oberitalien und Südfrankreich, die im Zentrum der Betrachtung stehen wird.

Doch zunächst sei ein Blick auf sein weiteres Geschick geworfen: Den Krieg in Gallien nutzte er zur Stärkung seiner Macht, die zum Konflikt mit dem Senat führte. Es kam zum Bürgerkrieg, dessen siegreiche Schlachten der Eroberer Galliens in Griechenland, Ägypten, Tunesien und Spanien schlug. Caesar triumphierte als Konsul und schließlich als Diktator auf Lebenszeit über seine Gegner. Aber an den Iden des März 44 vor Chr., am 15. März, streckten ihn während einer Senatssitzung mehr als zwanzig Dolchstiche einer Oppositionsgruppe nieder. Die Republik konnte trotzdem nicht gerettet werden, und einige Jahre später wurde Caesars Großneffe Octavian als Augustus erster römischer Kaiser. Die Kaiserzeit sollte zum Inbegriff des Imperium Romanum, des Römischen Reiches, werden und ein halbes Jahrtausend währen. In diesen fünf Jahrhunderten entwickelten sich die Germanen zum wichtigsten Faktor römischer Politik. Auch sie waren Caesars Vermächtnis!

Caesars Statthalterschaft: ein Ruheposten als Karrieresprung

Als Konsul dachte Caesar 59 vor Chr. an seine weitere Karriere, was nur heißen konnte, eine ergiebige Statthalterschaft zu übernehmen. In diesem Amt boten sich viele Möglichkeiten, an Geld und Reichtum zu gelangen. Er entschied sich für die Provinzen Gallia Cisalpina, Gallia Narbonensis und Illyricum, die ihm auch gewährt wurden. Mit der

Gallia Cisalpina, dem »Gallien diesseits der Alpen«, verfügte er über Oberitalien mit der fruchtbaren Poebene, die schon die Kimbern ange-lockt hatte. Das sich östlich anschließende Illyricum (die dalmatinische Küstenregion) war genauso Grenzland gegen Keltenvölker wie die Gallia Narbonensis im Westen. Dieses Gallien trug seine Bezeichnung nach der Provinzhauptstadt Narbo (Narbonne), war allerdings in Rom bekannter unter dem Namen »Provincia«, der sich bis heute als »Pro-vence« erhalten hat. Die Provinz hatte eine außerordentliche Bedeu-tung, weil sie entlang der Mittelmeerküste die Verbindung zwischen Italien und dem römischen Spanien herstellte und weil ihr Gebiet einen langen Korridor die Rhône aufwärts bis zum Genfer See bildete – weit ins keltische Gallien hinein.

Caesars Wahl war also wohl überlegt: Nicht nur, dass zumindest Teile der Provinzen reich waren und einiges abwarfen. Er wahrte zudem eine größtmögliche Nähe zum Geschehen in Rom. Schließlich boten die Grenzgebiete genug Anlässe, Meriten zu erwerben und Beute zu machen. Unruhige Nachbarvölker wie die Keltenstämme stellten eine Möglichkeit dar, Krieg zu führen, über Eroberungen und Tribut-zahlungen zu Geld zu kommen und damit die eigene Popularität unter den Legionären und im Volk zu steigern. Möglicherweise beherrschte der Kriegsgedanke Caesar von Anfang an, denn jenseits der nördlichen Grenzen der Gallia Narbonensis lag mit Gallien das riesige unkontrol-lierte Keltenland, dessen Völker nicht ungefährlich waren. Sie boten einem ehrgeizigen Politiker und Feldherrn die Möglichkeit, Ruhm und Prestige zu erwerben.

Gallien: die Welt der Kelten

Gallien war für Caesar und Rom das große Gebiet zwischen dem Ozean im Norden und Westen, den Pyrenäen im Südwesten, dem Mittelmeer bzw. der Gallia Narbonensis im Süden und Alpen und Rhein im Osten. Die Bewohner dieses Landes kannten die Römer nicht nur seit der Gallierkatastrophe von 387 vor Chr., sondern auch aus Berichten römischer und griechischer Kaufleute, die von Massalia aus weite Teile des nördlichen Nachbarns bereisten. Gallien war darum für Caesar keine Terra incognita.

Die Gallier wurden als groß, kräftig und weißhäutig geschildert. Ihr Haar tauchten sie in Kalkwasser und kämmten es nach hinten. Da Haarwäsche nicht üblich war, wurde es im Laufe der Zeit so dick, dass es einer Pferdemähne glich. Ein anderes Kennzeichen des keltischen

Mannes war der lang und buschig gewachsene Schnauzbart, der weit über den Mund hing und Essensreste und Getränkespuren in sich behielt, wie antike Autoren pikiert erwähnen.

Bekamen es die römischen Legionäre mit gallischen Kriegern zu tun, bot sich ihnen folgendes Bild: Hinter einem hohen, mit fremdartigen Mustern und grellen Farben versehenen Schild verbarg sich der Kelte, dem ein reich verzierter Bronzehelm ein geradezu Ehrfurcht gebietendes Aussehen verlieh. Hörner und Tierfiguren schmückten die Helme, so der Eber als Vorbild an Mut und Verwegenheit. Einige kämpften im eisernen Kettenpanzer, andere als Zeichen ihrer Tapferkeit nackt. Speere und Schwerter schwangen sie alle, und mit ihren Kriegstrompeten erzeugten sie »einen eigentümlichen, barbarischen Klang«, der so manchem Feind durch Mark und Bein ging.

In der Schlacht benutzten sie zweigespannige Pferdewagen. Unmittelbar vor dem Kampf und angesichts der Feinde verhielten sie sich so, wie es die Römer bei Kimbern und Teutonen kennen gelernt hatten: Einzelne Krieger traten hervor und prahlten mit ihren Heldentaten, während sie den Feind mit allen Mitteln zu schmähen versuchten. Eine Sitte beeindruckte die Menschen in den Mittelmeerstädten ganz außerordentlich: Die Kelten waren begeisterte Kopfjäger. Sie schlugen ihren gefallenen Feinden die Köpfe ab und hängten sie ihren Pferden an den Hals. Mit dieser blutigen Beute und den errungenen Waffen kehrten sie umjubelt heim. Die Häupter besonders vornehmer und berühmter Gegner wurden einbalsamiert und über Generationen aufbewahrt. Angeblich mochte noch so viel für manchen antiquarischen Helden-

Die germanische Gesellschaft

Die Germanen stellten primitive Gesellschaften dar, die nicht mit modernen Staaten vergleichbar sind. Einen Staatsapparat mit Beamten, Polizei, Schulen und dergleichen gab es nicht. Die Masse der Bevölkerung lebte als freie Bauern auf ihren sich selbst versorgenden Höfen. Diese wehrfähigen, also Waffen tragenden Männer hatten das Recht, das Ding, die Vollversammlung des Stammes, aufzusuchen und ihre Meinung kundzutun. Dort wurde der junge Germane auch in feierlicher Weise in den Kreis der Krieger aufgenommen, indem er von einem Stammesführer, seinem Vater oder einem anderen Verwandten Schild und Frame, den typischen Speer, erhielt.

Doch stets gab es eine Oberschicht, die letztendlich die Herrschaft ausübte. Dies geschah auf unterschiedliche Art und Weise: Vor allem in den Randgebieten, zum Beispiel in Skandinavien, herrschten Könige, deren Macht und Ansehen auf ihrer vermeintlich göttlichen Herkunft beruhten.

kopf geboten werden, ein Gallier lehnte den Verkauf gegen alles Gold der Welt ab. Bei solchen barbarischen Bräuchen verwundert es nicht, dass die antiken Informanten auch von Menschenopfern aller Art berichten. Selbst Kannibalismus wurde den Kelten nachgesagt, etwa den fernen Bewohnern Irlands. Es ist also verständlich, dass der gepflegte und zivilisierte Südländer dieses Volk mit seinem exotischen Aussehen, seiner fremden, rau und kehlig klingenden Sprache und seinen seltsamen Sitten als Furcht einflößend ansah.

Und doch ließen sich mit ihm gute Geschäfte machen. So sollen die Gallier den Wein bis zur hemmungslosen Trunksucht geschätzt haben, und da er bei ihnen nicht wuchs, war der Rebensaft für römische Kaufleute eine ergiebige Handelsware. Auf der Rhône brachten sie ihn mit ihren Schiffen ins Landesinnere, wo sie für nur einen Krug einen Sklaven eintauschten. Nicht zuletzt wegen dieses reichlichen Weingenusses galten die Barbaren dem gesitteten Südländer als raue, zur Prahlerei neigende und leicht in Wallung zu bringende Gesellen, die einem Kampf nicht auswichen.

Doch diese durchaus glaubwürdigen Nachrichten bieten nur die halbe Wahrheit. Zu erwähnen ist auch, dass die Kelten als vorzügliche Metallschmiede und Kunsthandwerker galten, deren eiserne Schwerter und goldener Schmuck sogar in Rom begehrt waren. Nach südlichem Vorbild kursierten in Gallien Münzen als Zeichen einer monetären Wirtschaft. Im Frankreich vor über 2000 Jahren kannte man nördlich der römischen Provincia allerdings keine großen Städte. Über den Bauernhof, das Dorf und den kleinen Fürstensitz, die es alle

Sie umgab deshalb eine geradezu heilige Aura. Im Westen, wohl unter keltischem Einfluss, kam das Heerkönigtum auf: Herrschaft gründete sich nicht mehr auf Traditionen, sondern darauf, wie erfolgreich der König im Krieg war, wie viele Kämpfer aus verschiedenen Stämmen er um sich scharte. Die lange Zeit der Auseinandersetzungen mit Roms Legionen war die Epoche der Heerkönige, an deren Anfang der Suebe Ariovist stand und in der der Markomanne Marbod ein großes Reich schuf. Neben den verschiedenen Arten germanischer Monarchien, es wird sogar von Herrschaften zweier Könige berichtet, gab es viele Stämme, die überhaupt keine Monarchen kannten.

Überall herrschte das Prinzip des Wettbewerbs. Die Gefolgsleute wetteiferten um die Gunst ihres Herrn. Die Gefolgsherren wiederum stritten darum, die größte und erfolgreichste Gefolgschaft zu haben. Denn diese war ein deutliches Zeichen von Macht und Ansehen. Zu Recht spricht deshalb Tacitus davon, dass sie im Frieden eine Zier, im Krieg der Schutz des Gefolgsherrn sei. Und er berichtet von Herren, die weit über die Stammes-

gab, hatte man sich indes schon weiterentwickelt. Die gallische Stadt war das »Oppidum«, ein befestigter Siedlungsplatz, mit Vorliebe auf einer Anhöhe, den mehr als tausend Menschen bewohnen konnten. Wenn auch ihre Gebäude nur einfache Fachwerkhäuser waren, so stellten die Oppida doch zu Caesars Zeit die Zentren Galliens und der ganzen keltischen Welt dar. In ihnen residierte ein Fürst, dort arbeiteten die besten Handwerker und dorthin kamen Kaufleute aus allen Himmelsrichtungen, um Handel zu treiben. Geblieben ist von all dem nur die Befestigungsmauer der Siedlungen, von der Caesar schrieb, sie suche in der Welt ihresgleichen. Der Murus Gallicus (die »Gallische Mauer«) stellte eine geschickte Kombination aus Steinen, Erde und Holzpfosten dar. Sie wurden abwechselnd so geschichtet, dass selbst ein Feuer dem Wall nichts anhaben konnte. Deshalb wurde die »Gallische Mauer« zu einem Synonym für keltisch-gallische Befestigungskunst.

Die Oppida in Gallien machte Caesar im *Bellum Gallicum* berühmt, etwa Gergovia bei Clermond-Ferrand, Alesia am Mont Auxois unweit der Seinequelle, Bibracte bei Autun oder Lutetia auf einer Pariser Seineinsel. Im ehemaligen Osten Galliens bieten der Titelberg in Luxemburg und der so genannte Hunnenring im Saarland Beispiele für große keltische Siedlungen.

Durch Caesar errang auch die eigenartige Priesterkaste der Druiden Berühmtheit, die in der gallischen Gesellschaft große Macht hatte. Denn sie vollzogen die religiösen Rituale und Opfer für die zahlreichen Gottheiten, entschieden aber auch bei Rechtshändeln. Ihre Geheim-

grenzen berühmt waren. Sie wurden durch Gesandte umworben und mit reichen Geschenken geehrt.

In Friedenszeiten zogen junge Adlige zu anderen Völkerschaften, die gerade Krieg führten, um dort Ruhm und Ansehen zu ernten. Ein großes Gefolge ließ sich nur durch Gewalt und Krieg unterhalten: Die Männer erwarteten von ihrem Herrn ein Pferd und die Frame, außerdem galt ihnen die Verpflegung an seinem Hof als selbstverständlich. Die Mittel, eine Gefolgschaft zu unterhalten, waren also recht groß und am ehesten durch Krieg und Beute zu beschaffen. Das Leben in den Dörfern und Stammesgemeinschaften war deshalb nicht gerade friedfertig und wurde auch ohne Römer von Kämpfen untereinander geprägt.

Den Alltag bestimmte jedoch das Leben auf dem Bauernhof, den die Mehrheit der freien Männer gemeinsam mit ihren Familien bewirtschaftete. In den germanischen Hallenhäusern wohnten keine Großfamilien, sondern eher kleine Gemeinschaften. Monogamie war die Regel, höchstens Könige hatten mehrere Frauen. Die Schar der Kinder sollte man sich nicht

lehren von der Erde und den Gestirnen, von den Göttermythen und den Erscheinungen der Natur gaben sie untereinander ausschließlich mündlich weiter. Die Druiden, deren Name die »Eichenkundigen« bedeutet, prägten das keltische Leben. Wer in Gallien eingriff, der hatte es nicht nur mit den Kriegern zu tun, sondern auch mit den mächtigen Priestern als den eigentlichen Trägern der keltischen Kultur. Ein Indiz für ihren langen Widerstand gegen Rom ist das Verbot ihres Amtes durch Kaiser Claudius im Jahre 54 nach Chr.

Niederlage der Helvetier – Blutzoll für den gallischen Krieg

Als Caesar im Jahre 58 vor Chr. seine Statthalterschaft antrat, war die politische Situation des freien Gallien geprägt durch die Rivalität zweier großer Stämme: der romfreundlichen Haeduer, deren Gebiet mit dem Oppidum Bibracte (bei Autun) zwischen Loire und Saône lag, und der Sequaner, ihrer östlichen Nachbarn, deren Zentrum bei Besançon war. Ihre Feindschaft sollte dem Römer die entscheidende Begründung für seine Intervention liefern.

Einen ersten Grund für ein militärisches Eingreifen boten ihm die Helvetier, die schon von den Unruhen des Kimbern- und Teutonenzuges betroffen worden waren. Von ihren Sitzen in Süddeutschland hatten sie seither den Hochrhein überschritten; ihr neues Stammesgebiet erstreckte sich zwischen Rhein, Genfer See und Alpen etwa über

zu groß vorstellen, da die Kindersterblichkeit erschreckend hoch war. Weil auch die allgemeine Lebenserwartung niedrig war, stellten noch lebende Großeltern auf dem Hof die Ausnahme dar. Häufiger traf man unverheiratete Geschwister an, daneben gab es eine Anzahl von Knechten und Mägden. Die berühmte germanische Sippe hatte im Alltag nur wenig Bedeutung. Sie verband Verwandte in einer Rechtsgemeinschaft, die vor allem bei Streitigkeiten und Verhandlungen auf dem Ding wichtig wurde. Dass man sich allerdings nicht zu sehr auf bedingungslose Sippentreue verlassen durfte, beweisen die Familienkämpfe um Arminius, der einem Anschlag der eigenen Verwandten zum Opfer fiel.

Neben Kriegszügen, feindlichen Überfällen und den ruhmsüchtigen Kriegergefolgschaften trugen das Prinzip der Blutrache und immer wieder aufflackernde Fehden, die oft von ehrgeizigen Jungkriegern angezettelt wurden, dazu bei, das bäuerliche Leben hart und unruhig zu gestalten.

Außer der kleinen Oberschicht, die Macht, Reichtum und ihre Kriegergefolgschaften auszeichneten, und der Masse der Freien lebten in der ger-

die heutige Schweiz. Nach Caesar fühlte sich das ursprünglich kriegerische Volk in dieser geografischen Lage zu eingeschränkt, um Züge gegen Nachbarn unternehmen zu können. Deshalb betrieben sie ihre Auswanderung im großen Stil mit ihren Familien und der gesamten Habe. Was nicht mitgenommen werden konnte, wurde verbrannt; dann zogen die helvetischen Scharen Richtung Gallien. Sie wählten eine brisante Route durch das Land der Allobroger, denn deren Siedlung Genava (Genf) verfügte über eine Brücke, die das helvetische mit dem allobrogischen Rhôneufer verband. Diese Brücke machte den Zug ins zentrale Keltenland zu einem recht leichten Unternehmen. Ein Nachteil war jedoch, dass Genava und das Gebiet der Allobroger Teil der Gallia Narbonensis und damit römisches Territorium waren. Hier war der Statthalter gefragt, der sofort reagierte. Nachdem Caesar vom Vorhaben der Helvetier Nachricht bekommen hatte, hob er in Oberitalien fünf Legionen aus. Mit ihnen zog er auf möglichst kurzen Wegen über die Alpen zum Lacus Lemanus, dem Genfer See. Seine mobilen und trainierten Soldaten erreichten vor dem schwerfälligen Wagentreck aus dem Norden die Rhône und brachen die Brücke ab. Um den helvetischen Kriegern auch die Durchquerung des Flusses zu verwehren, ließ Caesar Befestigungswerke errichten und setzte damit ein deutliches Signal: Der Feind entschied sich notgedrungen für den beschwerlicheren Weg über das Juragebirge und durch das Land der Sequaner. Der römische Statthalter hatte also sein Ziel erreicht: Die Gefahr war von der Provinz abgewehrt worden. Die Legionäre konn-

manischen Gesellschaft auch Unfreie. Obwohl sie die unterste Stufe der Gesellschaft bildeten, bewirtschafteten sie doch ihren eigenen Hof. Verpflichtungen gegenüber ihrem Herrn bestanden vor allem in der Abgabe eines Teils der Ernte und des Viehs sowie von Tuchwaren. Entgegen römischen Verhältnissen war der Hörige selten unmittelbarer Gewalt ausgesetzt. Schlug allerdings ein Germane seinen Sklaven tot, ging er straffrei aus.

Die oft genannte Freiheit der Germanenvölker jenseits der Grenzen des römischen Imperiums bezog sich kaum auf den Einzelnen, der vielen Zwängen ausgesetzt war: der Standeszugehörigkeit, dem biologischen Geschlecht, den Regeln von Sippe und Familie, den Gesetzen des Stammes und religiösen Bestimmungen. Andererseits scheinen Standesgrenzen nicht hermetisch abgeschlossen gewesen zu sein, ein gewisser Aufstieg war durchaus möglich. Außerdem waren die Germanen gegenüber Fremden recht aufgeschlossen, häufig nahmen sie Fremdlinge in den Stamm auf.

ten wachsam weiterhin die Stellung an der Rhône halten, und über
gallische Informanten konnten genaue Berichte über die Unternehmungen der Helvetier eingeholt werden.

Gaius Julius Caesar hatte aber noch keinen Grund, zufrieden zu
sein. War das der Anlass, um sich die erwünschten Meriten zu erwerben, um jenseits der Reichsgrenzen die Erfolge zu erringen, mit denen
man in Rom wuchern konnte? Caesar argumentiert selbstverständlich
nicht mit persönlichem Ehrgeiz, sondern mit der Sicherheit der Res
publica, des »römischen Gemeinwesens«: Die Helvetier seien ein ag-
gressiver Faktor in unmittelbarer Nachbarschaft zur Reichsgrenze, sie
gewähren zu lassen, sei ein Sicherheitsrisiko. Auch heute ist das Argument der »Sicherheitszone« ein beliebtes Mittel von Politikern und
Militärs, beim Nachbarn intervenieren zu müssen. Die Helvetier boten
dem Römer den Anlass, in das keltische Gallien einzumarschieren.
Die folgenden Kämpfe des Sommers 58 sollen hier nicht das Thema
sein. Die Helvetier, die durchaus Verbündete unter anderen gallischen
Stämmen hatten, wurden schließlich in einem Gemetztel bei Bibracte,
dem Hauptsitz der Haeduer, gestoppt. Caesar hieß die Überlebenden,
in die von ihnen selbst zerstörte Heimat zurückzukehren. Laut seinen
Angaben hatten von über 350 000 Menschen dieses Zuges, der Helvetier
und einige kleine Stämme umfasste, nur etwas über 100 000 überlebt.
Mit der üblichen Vorsicht bei solchen Zahlenangaben dürfte mindestens das Zahlenverhältnis glaubhaft sein. Danach waren mehr als zwei
Drittel der Teilnehmer dieser binnengallischen Wanderung umgekom-
men. Es war ein furchtbarer Blutzoll, der als Fanal für den gallischen
Krieg dienen sollte. Die Überlebenden zogen also in das Land zwischen Alpen, Rhein und Jura zurück und gaben ihm bis heute einen
seiner Namen: Helvetien.

Ariovist und die Germanen:
ein willkommener Anlass zur Eroberung Galliens

Caesar aber ließ sich feiern. Noch nicht triumphal in Rom, aber dafür
umso Erfolg versprechender in Gallien. Denn dort reisten viele Stammesfürsten zum Helvetierbezwinger, um ihm zu danken, da doch
dieses gewalttätige Volk sie alle bedroht hätte. Fraglich ist, ob der über-
schwängliche Dank der Wahrheit entsprach oder dem eigenwillig agie-
renden Statthalter als glaubwürdige Rechtfertigung in Rom diente.
Den gallischen Führern kam es wohl eher darauf an, den neuen starken
Mann zu taxieren und auf alle Fälle für Wohlwollen zu sorgen. In

seiner Darstellung fragten sie bei ihm ergebenst um die Erlaubnis einer Häuptlingsversammlung nach, die er ihnen gewährte. Was danach geschah, wirkt endgültig inszeniert, auch wenn es im Kern historisch zutreffend sein dürfte:

Die Kelten warfen sich weinend dem Römer zu Füßen, ihn anflehend, nichts von dem gleich zu Hörenden nach außen dringen zu lassen. Sonst wären sie verloren! Das Wort ergriff darauf der Haeduer Diviciacus, ein Druide und romfreundlicher Adliger, der sogar auf Roms Seite gegen seinen Bruder Dumnorix gestanden hatte: Er verwies auf die in Gallien seit jeher konkurrierenden Parteien der Haeduer und Sequaner. Die Letzteren hätten sich schon vor Jahren außergallische Hilfe für die innergallischen Auseinandersetzungen geholt und jenseits des Rheins germanische Krieger als Söldner angeworben. Diese »wilden und barbarischen Menschen« hätten so viel Gefallen an der gallischen Lebensart gefunden, dass ihre Zahl innerhalb der letzten zehn Jahre von 15 000 auf 120 000 Mann angewachsen sei. Solche immensen Feindesscharen hätten zugunsten der Sequaner eingegriffen und den Stamm der Haeduer in eine katastrophale Situation gebracht. Er habe durch den ungleichen Kampf fast den gesamten Adel und den größten Teil seiner Krieger verloren. Man habe den Feinden Geiseln stellen müssen, habe Eide schwören müssen, das befreundete Rom nicht um Hilfe zu bitten, man habe sich ganz und gar unterwerfen müssen. Allein er, Diviciacus, habe dies nicht getan und sei seitdem auf der Flucht.

In der Tat überliefert der römische Staatsmann Cicero, der gallische Druide Diviciacus sei in Rom gewesen, habe mit ihm selbst gesprochen und sich mit der Bitte um Beistand an den Senat gewandt. Damit war ihm allerdings damals, im Jahre 61 vor Chr., kein Erfolg beschieden. Drei Jahre später nennt er Caesar den ersten Germanen, der gewisse historische Konturen annimmt: Der Suebe Ariovist ist der Rex Germanorum, der »König der Germanen«, die zunehmend den gallischen Osten beherrschen. Anscheinend hatten sie sich von bescheidenen Söldnern der Sequaner zu deren Herren gemausert, die sich bereits ein Drittel ihres Landes angeeignet hatten. Immer mehr Scharen – so Diviciacus – würden den Rhein überschreiten und ihre arme und trostlose Heimat verlassen. Ariovist schildert er mit den üblichen Barbarenklischees: Er sei ein überheblicher und grausamer Herrscher, ein jähzorniger Barbar eben, der vor Brutalität gegenüber den gallischen Geiseln nicht zurückschrecke.

Caesar argumentiert erneut wie im Falle der bezwungenen Helvetier: Es könne nicht im Interesse des Staates liegen, wenn unkontrollierte wilde Barbarenhaufen durch Gallien zögen und es eroberten.

Als schlagendes Argument bringt er den Modellfall des Kimbern- und Teutoneneinfalls: Damals hätten Germanen zum ersten Mal gezeigt, wie unberechenbar sie seien, wie sehr sie die römischen Provinzen in Gefahr bringen könnten. Caesar verkauft so seine anhaltende Intervention in Gallien, die offiziell illegal ist, als notwendige Präventivmaßnahme.

So kommt es im Sommer 58 vor Chr. zur ersten großen Konfrontation mit einem germanischen Feind. Das Zusammentreffen eines römischen Feldherrn mit einem germanischen König birgt indes einige Überraschungen, denn Caesar schickt Gesandte zu Ariovist mit der Botschaft, man möge zu einem Gespräch zusammenkommen. Er verweist ausdrücklich darauf, der Germanenherrscher habe doch erst vor einem Jahr, während Caesars Konsulat, den Ehrentitel »rex et amicus populi romani« (König und Freund des römischen Volkes) erhalten. In Rom war also der »Barbar« kein Unbekannter: Seit vierzehn Jahren war er mit seinen Kriegerverbänden in Ostgallien, nicht weit von den römischen Grenzen präsent. Der verliehene Ehrenname beweist die Absicht, Ariovist in das politische System der Republik einzubinden. Denn nach römischem Verständnis war der Titel »König und Freund« nicht umsonst. Der Germane war König, weil er der Freund des römischen Volkes war, also Herrscher von Roms Gnaden. Das sah der von Caesar derart Angesprochene ganz anders: Des Römers ultimative Forderungen, die Einwanderung über den Rhein zu stoppen, den Galliern ihre Geiseln zurückzugeben und die Feindseligkeiten zu unterlassen, konterte der *rex et amicus* mit dem Hinweis auf das Recht des Stärkeren: Er, Ariovist, habe diesen Teil Galliens erobert und könne darüber schalten und walten, wie er wolle. Schließlich respektiere er dieses Recht für die Römer auch in deren Teil Galliens. Im Übrigen denke er nicht daran, Geiseln zurückzuschicken, die ihm die Besiegten zur Sicherheit gegeben hätten. Damit war der Ferndialog zwischen den Kontrahenten aufs Erste beendet. Das von Caesar geforderte Gespräch lehnte der Germane aus Sicherheitsgründen ab. Das, was er über die gegenseitigen Einflusssphären sagte, die sein Gallien und Roms Gallien unterschieden, das mochte akzeptabel und nicht unvernünftig klingen. Für den Senat und die Führungsschicht in Rom war es eine Unverschämtheit. Dies hat Caesar bei seiner Darstellung wohl bedacht. Ein Barbar, der sich »Freund des römischen Volkes« nennen durfte, damit aber auch seine Abhängigkeit deutlich machte, ein solcher Barbar maßte sich an, sich mit Rom auf eine Stufe zu stellen. Kein Römer konnte dies akzeptieren.

Caesar befand sich nach dem Sieg über die Helvetier noch im Haeduergebiet an der Saône, in der Nähe des heutigen Autun. Ario-

Wie in der Darstellung dieser kolossalen Statue ist Caesar wahrscheinlich im Kampf gegen die Germanen aufgetreten: Über dem Panzer trägt er einen prächtigen Purpurmantel, der ihn als Feldherrn auszeichnet.

vist lagerte im Land der Sequaner, irgendwo zwischen Vogesen, Jura und Oberrheintal. Zwei Nachrichten bewogen den Statthalter, seine Legionen in Marsch zu setzen und möglichst rasch eine Entscheidung zu suchen: Die Treverer berichteten vom Mittelrhein, riesige suebische Verbände planten, den Fluss zu überqueren. Von Ariovist hörte er, dessen Heer marschiere auf Vesontio (Besançon) zu, um es einzunehmen. Dieses größte Oppidum der Sequaner war gut gesichert und lagerte Vorräte, die für die Legionen lebensnotwendig waren. Umso mehr trieb Caesar seine Männer an und konnte Vesontio erfolgreich besetzen und unter die eigene Kontrolle bringen. Danach war sein Ziel, die Vereinigung der neu eintreffenden Scharen mit Ariovist zu verhinden, ihn bestenfalls schon vorher zu besiegen.

In Richtung Nordosten zog er ihm entgegen. Nach siebentägigem Marsch meldeten die Kundschafter, die Germanen seien nur noch 24 Meilen (etwa 36 km) entfernt. Ariovist bot nun von sich aus eine Unterredung der Oberbefehlshaber an, allerdings unter der Bedingung, dass Caesar auf die geübten römischen Fußtruppen als Begleitung verzichte. Beide Parteien sollten nur aus Berittenen bestehen. Der römische Feldherr erwies sich als flexibel; er ließ die Männer der von ihm geschätzten 10. Legion auf die Pferde der verbündeten gallischen Reiterei steigen und ritt mit dieser Bedeckung Ariovist entgegen. Vermutlich hat diese erste persönliche römisch-germanische Feldherrenbegegnung im Oberelsass in der Nähe der heutigen Stadt Mühlhausen stattgefunden.

Als Treffpunkt hatte man einen Hügel gewählt, der sich inmitten einer weiten Ebene erhob. Der Abstand zu den feindlichen Lagern war

Abbildung I: Diese Rekonstruktion, die auf Ergebnissen der experimentellen Archäologie basiert, zeigt, wie Dörfer und Weiler der Kimbern und Teutonen und anderer Germanen vor 2000 Jahren ausgesehen haben. Mit dem damals verwendeten Ritzpflug, der von einem Rind gezogen wurde, konnte man die Ackererde nur oberflächlich wenden, was neben dem ungünstigen Klima zu niedrigen Ernteerträgen führte. Traten noch Unwetter und Sturmfluten auf, drohte den Menschen Hungersnot.

Abbildung II: Der adlige Franke des 6. Jahrhunderts gibt sich durch seine prächtige Erscheinung zu erkennen: Er trägt einen wertvollen byzantinischen Spangenhelm aus Bronze und Gold mit einem Nackenschutz. Das Obergewand dürfte aus dem Süden stammen, während Hose, Bundschuhe und Wadenbinden zur traditionellen fränkischen Tracht gehören. Das Langschwert, die knapp einen Meter lange Spatha, steckt in einer hölzernen Scheide. Beide sind mit Almandineinlagen verziert. Die Wurfaxt Franziska und der Rundschild komplettieren die Hauptwaffen des Fürsten.

Abbildung III: Versenkung des Bootes im Moor von Nydam (4. Jahrhundert). Das 1863 entdeckte Nydam-Boot verdeutlicht nordgermanische Schiffsbaukunst 500 Jahre vor den Wikingern: Aus Eichenholz gearbeitet, misst es über 23 Meter in der Länge und mehr als 3 Meter in der Breite. Neben der so genannten Klinkerbauweise verwendete man Nägel und Niete aus Eisen. Vor wenigen Jahren wurden in Nydam zwei Holzstücke in Form grob geschnitzter Männerköpfe gefunden, die wahrscheinlich zum Festzurren der Taue dienten.

Abbildung IV: Ostgotische Funde in Italien wie die berühmte Adlerfibel von Dormanagno belegen den Einfluss der Steppenvölker. Typisch sind die Goldblechzellen mit Almandinfüllungen. Der Adler mit dem Brustkreuz war aber auch ein sichtbares Bekenntnis zum christlichen Glauben.

Abbildung V: Das untere Bild des mannshohen Bildsteins von Gotland zeigt ein prächtiges Wikingerschiff. Links oben ist Walhall als große Halle zu sehen. Rechts davon verweisen gefallene Krieger auf das Schlachtfeld, während ein Krieger oder Odin selbst auf dem achtbeinigen Pferd Sleipnir von einer Walküre empfangen wird. Bildsteine dieser Art wurden auf der Ostseeinsel Gotland bis zum Ende der Wikingerzeit im 11. Jahrhundert errichtet. Viele zeigen Darstellungen aus der Mythologie und aus Heldensagen.

Die römische Darstellung vermittelt das typische Bild eines Germanen. Die Figur zeichnet sich neben Hose und Gürtel durch den Umhang aus. Viereckige, aus Schafwolle gewebte Tücher wurden von einer Fibel zusammengehalten. Die oft kariert gemusterten Mäntel waren teure Prestigeobjekte der Häuptlingsschicht. Derart gekleidet und mit dem Suebenknoten im Haar traten die Anführer des Ariovist-Heeres den Römern entgegen.

etwa gleich groß. Caesar ließ seine 10. Legion 300 Meter vor dem Hügel halten. Zum Gespräch begleiteten ihn ebenso wie Ariovist nur zehn Berittene. Dann standen sich der Römer und der Germane Aug in Aug gegenüber. Im folgenden Dialog wiederholten beide ihre schon bekannten Forderungen. Der Römer mit den deutlichen Hinweisen auf die Ehren und Geschenke, die Ariovist von Rom erhalten habe, mit dem Vorwurf der Undankbarkeit und dem Verweis auf die unverbrüchliche Freundschaft zu den Haeduern. Der Germane argumentierte, er und sein Heer seien von den Galliern gerufen worden. Dafür habe er seine Heimat aufgegeben, um von denen, die seine Hilfe wünschten, auf einmal angegriffen zu werden. Und was Rom beträfe: Dessen Legionen seien noch niemals so weit in den Norden vorgerückt. Dies sei nun einmal sein Gallien, Roms Gallien läge im Süden. Er habe sich außerdem von der Freundschaft mit dem römischen Volk Vorteile versprochen. Wenn dem nicht so sei, scheue er Feindschaft und Krieg nicht. Caesar hält erneut die größeren historischen Rechte der Römer dagegen. Er schließt jedoch – wieder mit Blick auf die Innenpolitik – mit dem Resümee, der Senat habe beschlossen, Gallien müsse frei bleiben, und dem habe man zu folgen. Aber auch der Barbar Ariovist hat ein beachtliches Argument aus der römischen Innenpolitik: Wenn er Caesar töte, werde er vielen vornehmen und einflussreichen Römern gefällig sein. Das hätten sie ihm durch Botschafter übermitteln lassen. Durch Caesars Tod könne er ihre Gunst und Freundschaft erringen.

Natürlich ist es der Statthalter selbst, der dies im *Bellum Gallicum* mitteilt. Natürlich will er damit seine nicht wenigen Gegner in Rom treffen. Aber glaubwürdig muss es für die Zeitgenossen doch gewesen sein. Roms Führung stand also nicht in geschlossener Front gegen die Barbaren. Seine Parteien bedienten sich ihrer in den internen Auseinandersetzungen. Schon Ariovist war ein Faktor römischer Innenpolitik, und viele Germanen sollten ihm darin folgen.

Als Caesar erfuhr, aus Ariovists Begleitung in der Nähe des Hügels seien Steine und Speere gegen die Legionäre geworfen worden, brach er die Verhandlungen endgültig ab. Nun sollten die Waffen sprechen. Allerdings schickte er zwei Gesandte ins Heer der Germanen, einen jungen Mann, der über gallische Sprachkenntnisse verfügte, und einen Römer, der zuvor schon Ariovists Gastfreundschaft genossen hatte. Beide wurden diesmal gefangen genommen – für Caesar ein weiteres Zeichen germanischen Barbarentums!

Die siegreiche Schlacht mit den Sueben

Die nun unvermeidbare Schlacht begann nicht sofort. Ihr gingen tagelange taktische Geplänkel voraus. Caesar hatte für seine mittlerweile sechs Legionen und die leicht bewaffneten Hilfstruppen das typische Feldlager errichten lassen, das von Graben, Erdwall und darauf aufgepflanzten Schanzpfählen geschützt wurde. Daran ließ der Germanenkönig seine Krieger vorbeiziehen – nicht zuletzt, um seine Übermacht zur Schau zu stellen. Nur wenige Kilometer entfernt errichtete er eine Wagenburg und lieferte von dort aus den Römern kleinere Gefechte. Wie dies geschah, schildert Caesar als typisch germanisch: Sechstausend Reitern waren ebenso viele Fußkämpfer zugeordnet, die den Berittenen Schutz und Hilfe boten. Stürzte einer vom Pferd, nahmen sie ihn in ihre Mitte und brachten ihn in Sicherheit. Mussten sich die Reiter zurückziehen, hielten die Nichtreiter mit ihnen Schritt und hielten sich an der Mähne des Pferdes fest. Später erfuhr Caesar, warum die Germanen die Entscheidung verzögert hatten: Wie bei den Kimbern und Teutonen spielten auch bei ihnen die Frauen eine wichtige Rolle: Als Wahrsagerinnen entschieden sie über den günstigsten Zeitpunkt, und der lag diesmal nicht vor Neumond.

Der nüchterne Stratege aus Rom nutzte die Zeit, um hinter Ariovists Lager eine kleinere Verschanzung errichten zu lassen, die er mit zwei Legionen und Hilfstruppen belegte. Auf diese Weise wurden die Sueben und ihre Verbündeten in die Zange genommen. Am nächsten Tag ließ Caesar die Besatzung der beiden Lager zum größten Teil herausmarschieren und sich in bewährter Schlachtordnung aufstellen. Endlich nahm Ariovist das Angebot an. Seine Scharen formierten sich nach ihrer Stammeszugehörigkeit: Haruden, Markomannen, Triboker, Vangionen, Nemeter, Sedusier und schließlich die Sueben. Ihre gesamte Masse wurde an den Seiten und auf der Rückseite von den Wagen des Zuges begrenzt, nach Caesar nicht etwa zum Schutz, sondern um eine Flucht einzelner Krieger zu verhindern. Auf den Karren standen die Frauen der Germanen, die ihre Kämpfer daran erinnerten, dass ihre Niederlage den überlebenden Kindern und Frauen Sklaverei und Schande brächte.

Doch es fruchtete nichts. Ihre Männer, Väter und Söhne verließen das Schlachtfeld bei Mühlhausen als Geschlagene. Caesar als einziger überlieferter Zeuge macht davon nicht viele Worte. Seine Legionäre stürmten so heftig voran, dass ihnen die mit den Schilden gebildete Phalanx der Germanen kein dauerhaftes Hindernis war. Alles ging so rasch, dass kaum das Pilum, der Wurfspeer, zum Einsatz kam. Die Römer griffen gleich zu ihrem Kurzschwert und brachten die Reihen des

Feindes zum Wanken. Und dann war nur noch alles wilde Flucht: Die Besiegten versuchten, den über sieben Kilometer entfernten Rhein zu erreichen, um sich am anderen Ufer in Sicherheit zu bringen, was nur wenigen gelang. Wer nicht auf dem Weg zum Fluss von der nachsetzenden römischen Reiterei und ihren Hilfstruppen niedergemacht wurde, der ertrank im Rhein oder wurde am anderen Ufer von keltischen oder germanischen Bewohnern erschlagen, die nicht an diesem Kriegszug beteiligt waren. Ariovist erreichte ein Boot und überquerte so den Strom. Seine beiden Frauen kamen nach Caesars Angaben um. Mit der verheerenden Niederlage der Germanen fand sein erstes Statthalterjahr außerhalb der römischen Grenzen einen glorreichen Abschluss. Nachdem er Besatzungstruppen – oder Schutztruppen – im Land der Sequaner stationiert hatte, kehrte er zum Überwintern nach Oberitalien zurück. Die Scharen der Geschlagenen verschwanden in den unbekannten Wäldern jenseits des Rheins.

Die Wanderlawine der Sueben

Doch die Sueben waren damit nicht auf Nimmerwiedersehen verloren gegangen. Der letztlich glücklose Ariovist erscheint nicht mehr auf der historischen Bühne. Der Stammesname allerdings blieb erhalten, hat er doch in der Bezeichnung der Schwaben 2000 Jahre überdauert. Caesar sollte sich wenige Jahre später so intensiv mit ihnen beschäftigen, dass er einige Abschnitte seines *Bellum Gallicum* ihnen widmet: »Der Stamm der Sueben ist der größte und kriegerischste aller Germanen. Angeblich haben sie hunderte Gaue, von deren jedem jedes Jahr tausend Bewaffnete zum Kriegführen ausziehen. Die Übrigen bleiben zu Hause und sorgen für die Ernährung. Im Jahr darauf tauschen sie die Aufgaben. Auf diese Weise werden weder Ackerbau noch Kriegsführung unterbrochen. Es gibt bei ihnen jedoch kein Privateigentum an Land, und die Wohnsitze mit dem Ackerland müssen jedes Jahr gewechselt werden. Von angebauten Früchten ernähren sie sich sowieso weniger als von Milch und Vieh und der Beute der Jagd. Durch Ernährung, Übung und ungebundenes Leben werden die körperlichen Kräfte gefördert. Was zur Folge hat, das die Sueben zu ungeheurer Größe heranwachsen. Trotzdem sie in sehr kalten Gegenden leben, tragen sie nur Felle, die ihre Blöße lediglich gering bedecken. Wie abgehärtet sie sind, zeigt sich auch darin, dass sie trotz der Kälte in den Flüssen baden.« Weiterhin berichtet Caesar von Kaufleuten – sie dürften seine Hauptinformanten gewesen sein –, die zu den Sueben reisen, aber dort kaum etwas verkaufen können: weder Pferde, die die Germanen in kleiner und hässlicher Rasse selbst züchten, noch Wein, den sie prinzipiell ablehnen. Als höchste Auszeichnung gelte bei ihnen, die Länder ihrer Nachbarn zu verwüsten. Viele Stämme unterwarfen sie sich durch diese Aggressionen. Bis zu 900 km seien verwüstet. Noch Tacitus widmet sich 150 Jahre später in seiner Germanenethnografie den Sueben, die er als größte Gruppe dieses Volkes ansieht. Zugleich betont er, sie seien kein einzelner Stamm, sondern umfassten deren viele.

Tatsächlich muss diese große Stammesgruppe schon zu Caesars Zeit eine herausragende Rolle gespielt haben. Ohne Zweifel setzte sie sich aus einer Vielzahl kleinerer Völkerschaften zusammen. Ihre ursprüngliche Heimat lag im Elbegebiet und erstreckte sich bis zur Oder. In Brandenburg siedelten die Semnonen, die Tacitus als die Ältesten und Angesehensten unter den Sueben bezeichnet. Die von Caesar mit ihnen 58 vor Chr. im Elsass besiegten Stämme bestätigen die Anziehung des Suebennamens, stammten sie doch bis aus Jütland. Mit dem Volk des Ariovist muss großer Ruhm verbunden worden sein, denn Suebe galt fast als Ehrenname. Ein Beweis dafür ist der von Tacitus berichtete germanische Brauch, sich die langen Kopfhaare auf einer Seite zu einem Suebenknoten zu binden. Sicherlich steckte dahinter mehr als eine Modeerscheinung. Die Sueben galten als erfolgreiche Krieger und ihr Haarschmuck war das Zeichen für Kriegerprestige. Viele Funde des Suebenknotens sprechen dafür, dass seine ursprünglichen Träger in ihrer Zeit »in« waren.

Dabei waren die Sueben ein multiethnischer Kriegerbund, ausgeprägter noch als die Kimbern und Teutonen. Ihr Ziel waren Gallien und die keltischen Grenzgebiete im Rheinland, wo es Luxus und Reichtum gab. Ariovist, der aus der Dunkelheit der germanischen Wälder 72 vor Chr. auftauchte, um 14 Jahre später wieder in diesen zu verschwinden, war ein König neuen Typs. Keiner, der wie die traditionellen Häuptlinge wenig zu sagen hatte und eher eine Art Priester war, sondern einer, der als erfolgreicher Führer im Kampf die Spitze erklomm. Ihn zeichnete kein alter Adel aus, sondern Tüchtigkeit und Erfolg. Nach der katastrophalen Niederlage von Mühlhausen war sein Nimbus dahin. Solchen Germanenherrschern sollte jedoch die Zukunft gehören. Ariovist trug einen keltisch geprägten Namen, denn die suebischen Krieger waren mit ihren Sippen und Familien drauf und dran, zu Galliern zu werden. Caesars Sieg verhinderte dies. Was er von der Selbstgenügsamkeit der Sueben schreibt, entspricht nicht der historischen Realität. Die germanischen Krieger, auf die er traf, waren kaum von den Galliern zu unterscheiden.

Caesar erklärt den Rhein zur Völkergrenze

Der römische Feldherr stellt dies bewusst anders dar, denn er behauptet im *Bellum Gallicum*, der Rhein sei die Grenze zwischen Gallien und Germanien. Dieser folgenreichste Satz der ganzen Schrift hatte bis in die jüngste Vergangenheit fatale Auswirkungen. Nationale Kreise beider Länder übertrugen ihn auf Frankreich und Deutschland und leiteten daraus eine uralte Erbfeindschaft ab. Die Wirklichkeit sah anders aus: Caesar benötigte gegenüber Rom und dem Senat eine klare Grenzlinie, die es für ihn zu sichern galt und hinter der, östlich des Rheins, nur wüstes Barbarentum herrschte. Archäologische Funde belegen dagegen nichts, was für den Rhein als starre Grenze spricht. An beiden Ufern fand sich keltische Kultur. Erst ein gutes Stück Richtung Ostdeutschland werden die Funde ärmlicher, sprich germanischer. Wenn sich Germanen im Linksrheinischen ansiedelten, wie die von Caesar genannten Germani cisrhenani, die »diesseitigen Germanen« zwischen Niederrhein und Maas, waren sie innerhalb weniger Generationen keltisiert. Sie sprachen keltisch, trugen keltische Namen,

Der Name der Germanen

Der griechische Historiker Poseidonios aus dem syrischen Apameia, einer der gelehrtesten Männer seiner Zeit, nennt um 80 vor Chr. in seinen *Historien* als erster den Namen der Germanen, die bei ihm »Germanoi« heißen. Allerdings verdankt man ihm lediglich eine Angabe über ihre Frühstücksgewohnheiten, die sich durch Unmengen an gebratenem Fleisch mit Milch und purem Wein auszeichneten. Caesar macht drei Jahrzehnte später den Namen der »Germani« in seinen Berichten über den Krieg in Gallien populär. Als Tacitus im Jahre 98 nach Chr. mit der *Germania* ein ganzes Buch über die Barbaren im Norden schreibt, sind diese berühmt und berüchtigt. Von den griechischen und römischen Gelehrten der Antike sind keine tief greifenden Gedanken darüber erhalten, was dieser Name eigentlich bedeutet. Über die Etymologie des Wortes, über seine Herkunft und Bedeutung, zerbrach man sich nicht den Kopf.

Das taten erst die Gelehrten in der Zeit der Romantik um 1800, die frühen Sprachforscher, die sich wie später die Germanistik mit den fernen Vorfahren der Deutschen beschäftigten. Seit ihrer Zeit fragen sich Forscher, was die Bezeichnung »Germanen« ursprünglich bedeutet haben könnte. Viele gelehrte Dispute wurden darüber ausgetragen und halten in der Gegenwart an. Einige Vorschläge der letzten zweihundert Jahre seien vorgestellt. Im Übrigen ist auch umstritten, aus welcher Sprache der Name

sahen aus wie Kelten, lebten wie Kelten. Worauf sie sich höchstens noch beriefen, war ihre germanische Tapferkeit.

Die von Caesar postulierte Grenze war somit ein Konstrukt. Galt dies auch für das Volk der Germanen? Woher hat er den Namen und die Vorstellung einer eigenen Barbarengruppe zwischen Kelten und Skythen, die vierzig Jahre vorher beim Ende der Kimbern und Teutonen niemand in Rom kannte? Tatsächlich bildeten die Germanen mit ihrer eigenen Sprache und ihrer geringer entwickelten Kultur eine andere Völkergruppe als die Kelten, was man im Rheinland allerdings kaum wahrnahm. Der Volksname ist weder im fernen Norden noch in uralter Zeit entstanden, weil sich die Germanen selbst gar nicht damit bezeichneten. Wahrscheinlich waren es nur die keltisierten linksrheinischen Germanen am Niederrhein, die sich so nannten. Die benachbarten Gallier griffen das Wort auf, um die etwas suspekten, anfangs unterentwickelten Neusiedler damit zu bezeichnen. Irgendwann wurde es als Name für die Masse jener wilden Stämme verwendet, die weit im Osten lebten und die Gallier immer wieder bedrohten. Die Bezeichnung eines Teils wurde somit zum Namen der ganzen Völkergruppe.

stammt. Aus dem Germanischen oder aus dem Keltischen, vom Lateinischen oder aus den Sprachen lange vergangener Völker wie der Ligurer und Illyrer?

Welche Bedeutung hat der Name der Germanen?

- »Ger-Mannen«, das heißt »Speer-Träger«. Ein romantischer, lange populärer Vorschlag, den die Sprachhistoriker ablehnen, weil im 1. Jahrhundert vor Chr. das germanische Wort für Speer nicht »ger«, sondern »gaisaz« gelautet haben muss.
- Die »Verwandten, die Wahren, die Echten« nach der Bedeutung eines lateinischen Wortes »germanus«.
- Nach einem Tal Germanasca im italienischen Ligurien.
- Nach einem keltischen Wort für »warm«, wonach Germanen »die von den warmen Quellen« bedeutet.
- »Die Grimmigen« oder »die furchtbaren Angreifer«.
- »Die Leute unseres Dings und Rechts«. Danach wäre das Wort »Germanen« entfernt mit unserem »Garten« verwandt.
- »Die Hervorragenden«.
- »Das gesamte Volk«.
- »Die Sold Begehrenden«.
- »Die das Erwünschte bringen«.

Ein solches Phänomen findet man auch in der Gegenwart, wenn zum Beispiel die Deutschen im Französischen als Allemands, »Alemannen«, bezeichnet werden. Den neuen Volksnamen gaben die Gallier an die Römer weiter; vielleicht wiesen die Druiden ausdrücklich auf den Gegensatz zwischen Galliern und Germanen hin. Denn diese nichtkeltischen Völkerschaften kannten das Druidenwesen nicht und hätten deshalb für die Macht der gallischen Priesterkaste trotz fortschreitender Keltisierung eine Gefahr darstellen können. Als im Jahre 61 vor Chr. der Druide Diviciacus Rom besuchte, sprach er mit vielen Politikern. Er hätte dabei auf die Germanen aufmerksam machen können.

Kämpfe gegen Gallier, keltische Germanen und Germanen

Darum war für Caesar im gallischen Krieg das Vorgehen an der Ostgrenze klar: Jenseits des Rheins lebten Germanen, die stets herüber wollten, und die er abwehren musste. Diesseits lebten höchstens aufrührerische Gallier, die zu unterwerfen waren. In den folgenden Jahren bekam es der große Feldherr mit deren angeblich tapfersten zu tun, den Belgern, die sich ebenfalls auf eingewanderte Germanen zurückführten. Gegen sie zogen die Legionäre 57 vor Chr. in ein Gebiet, das sich von der unteren Seine bis zum Niederrhein erstreckte. Dort siedelten, oft in unzugänglichen Sümpfen, die wilden Nervier, die Atrebaten, die Aduatuker, die von den Kimbern und Teutonen abstammen sollten, die Menapier und viele andere mehr. Jahre sollte es dauern, bis sie unterworfen waren.

Am Niederrhein kam es, drei Jahre nach dem Sieg über Ariovist, zur nächsten Konfrontation mit Germanen bzw. »Halb-Kelten«. Dort wurden die belgischen Menapier von den Usipeten und Tenkterern bedrängt, die Caesar als Germanen identifizierte. Sie selbst waren von den übermächtigen Sueben angegriffen worden und hatten ihr Heil am Rhein gesucht. Die Belger siedelten an beiden Flussufern – ein deutlicher Beweis gegen die Rheingrenze! Nachdem sie sich auf das linke Ufer zurückgezogen hatten, mussten die Neuankömmlinge wegen fehlender Boote und Fähren ihren Plan aufgeben und sich wieder ein Stück ins Landesinnere begeben. Dahinter verbarg sich jedoch eine Kriegslist, denn als die Menapier wieder ihre Dörfer rechts des Rheins in Besitz genommen hatten, wurden sie von der schnellen Reiterei der Germanen überrascht und besiegt. Nun verfügten die Angreifer über die Mittel, um mit ihrer ganzen Bevölkerung (angeblich über 400 000 Menschen) in Gallien einzudringen. Zwischen Rhein und Maas breiteten sie sich rasch aus, ein Teil ihrer Reiterei zog sogar noch westlich über die Maas hinaus. Jetzt musste Rom als Ordnungskraft und Schutzmacht auftreten – zur Sicherheit seiner gallischen Provinz, die Caesar mit dem bis dahin freien Gallien verknüpft hatte. Indirekt sagt er selbst, dass hinter dem Zug der Usipeten und Tenkterer etwas anderes gesteckt haben mochte. Er beklagt sich über die Geschwätzigkeit, den Wankelmut und die Unzuverlässigkeit der Gallier, die offenbar teilweise die Germanen eingeladen hatten, noch weiter ins Innere Galliens vorzudringen. Anscheinend versuchten die Gegner einer römischen Oberherrschaft, Germanen als Söldner anzuwerben und sie durch Landversprechungen gegen Rom zu gewinnen.

Caesar wollte auch Verbündete seiner keltischen Feinde ausschalten. Deshalb trat er schnell den Marsch ins nördliche Gallien an, wo ihm nach einigen Tagesmärschen Gesandte der Germanen entgegenkamen. Sie boten Frieden an, bekräftigten aber zugleich, den Krieg nicht zu scheuen. Dass sie flexibel waren, beweist ihr Angebot, gegen gallisches Land in Roms Dienste zu treten. Dies lehnte Caesar mit dem Hinweis ab, wer vor den Sueben flüchte, der könne keine Forderungen stellen, und auf jeden Fall müssten sie sich über den Rhein zurückziehen. Er wolle bei den Ubiern – römerfreundlichen Germanen zwischen rechtem Rheinufer und Westerwald, von denen noch zu sprechen sein wird – ein gutes Wort für sie einlegen, dass sie bei ihnen eine neue Heimat erhielten. Mit dieser Botschaft kehrten die Gesandten zu ihren Stämmen zurück. Dann kam es zu einem Zwischenfall, der die Kampfhandlungen eröffnete: Von Caesar vorausgeschickte 5000 Reiter trafen auf germanische Berittene. Obwohl diese nur 800 Mann waren, griffen sie sofort an. Sie stifteten in der völlig unvorbereiteten Truppe große Verwirrung und bewiesen ihre Tapferkeit, indem sie in die römische Kavallerie hineinsprengten. Zu ihrer Kampfweise gehörte, von den Pferden herabzuspringen und die feindlichen Tiere von unten zu durchbohren. Viele Reiter stürzten und wurden eine leichte Beute der germanischen Kämpfer. Der Rest ergriff voll Schrecken die Flucht und ritt so lange, bis das Hauptheer zu sehen war. Caesar interpretierte den für die Römer wenig schmeichelhaften Teilerfolg der Feinde nicht als Zeichen ihrer Tapferkeit, sondern als Indiz für ihre Hinterlist, da man noch miteinander verhandelte.

Weil die Germanen für ihn nicht mehr glaubwürdig waren, entschloss er sich, am nächsten Tag anzugreifen. Umso verwunderter sah er am folgenden Morgen die Häuptlinge und Ältesten sowohl der Usipeten als auch der Tenkterer ins römische Lager kommen. Sie wollten für das von ihrer Seite verursachte Reitergefecht um Entschuldigung bitten und weiter verhandeln. Doch in den Augen des Römers war dies nur eine weitere List, und er ließ die Männer gefangen nehmen. Ob List, Zufall oder unterschiedliche und missverständliche Kampfbräuche – Caesar kam es zupass, die gesamte Führung des Feindes in der Hand zu haben. In aller Hast ließ er die Legionen und die am Vortag gedemütigte Reiterei auf das Lager der Germanen vorrücken. Nun wurden diese völlig überrascht, wähnten sie doch die Häuptlinge zu Friedensgesprächen. Deshalb hatten sie kaum eine Chance: Die römischen Soldaten brachen in das Lager ein und rächten sich für die Niederlage. Unter den sich verzweifelt wehrenden Männern und den schutzlosen Frauen und Kindern richteten sie ein Gemetzel an. Am von Caesar so genannten Zusammenfluss von Maas und Rhein endete für die meisten die wilde Flucht, viele ertranken in den Fluten. Caesar hatte einen weiteren Sieg über die Germanen errungen.

Politik der Abschreckung: Caesars Rheinüberquerungen

Die Gebiete jenseits des Rheins standen entsprechend Caesars Grenzziehung nicht unter römischer Kontrolle. Die dort lebenden, überwiegend germanischen Völkerschaften boten Flüchtlingen Schutz und Roms Feinden militärische Hilfe. Dies musste der Statthalter im Jahre 55 vor Chr. feststellen, als überlebende Reiter der vernichtend geschlagenen Usipeten und Tenkterer über den Rhein gelangten und gastliche Aufnahme bei den Sugambrern erfuhren, deren Wohnsitze sich entlang des Niederrheins und des nördlichen Mittelrheins erstreckten. Auf dem Petersberg bei Bonn wird ihnen von den Archäologen eine Höhenbefestigung zugeschrieben. Von dort, wo zweitausend Jahre später die deutsche Bundesregierung ihre Staatsgäste bewirtete, hielten die Germanen Ausschau nach den Römern. Denn Caesar hatte von ihnen die Auslieferung der Flüchtlinge gefordert, worauf die Sugambrer antworteten, seine Macht höre am Rhein auf. Wieder ist es bei dieser Schilderung des *Bellum Gallicum* der geschickte Politiker, der dem Senat klarmachen will, dass ein Exempel statuiert werden müsse und auch die Rheingrenze keine unüberschreitbare Linie sein dürfe. Es ging darum, die Germanen Respekt zu lehren, ihnen zu zeigen, dass sie jederzeit in der Reichweite der Macht Roms waren.

Was konnte besser die Überlegenheit römischer Zivilisation beweisen, als der Bau einer Brücke über den Rhein? Wahrscheinlich fand dieser erste Brückenschlag in der Nähe von Neuwied statt. Caesar weist ausdrücklich auf die Breite, Tiefe und reißende Strömung des Flusses hin, dem innerhalb von zehn Tagen mit Holzpfählen und

Balken eine Übergangsmöglichkeit für mehrere tausend Legionäre abgerungen wurde. Dieser Brückenschnellbau, der ungefähr 10 000 Legionären einen trockenen Weg über den Strom bot, war ohne Zweifel eine Meisterleistung an Baukunst, aber auch an militärischer Logistik und Organisation.

Staunend werden dies die sugambrischen Kundschafter von den benachbarten Westerwaldhöhen wahrgenommen haben. Zugleich warnten sie ihr Volk, das sich in die Berge und in die unzugänglichen Wälder zurückzog. Die Soldaten der Expedition schadeten ihnen, indem sie ihre Dörfer und Gehöfte abbrannten und ihr Getreide abmähten, was ihre Ernährung über den Winter schwieriger machte. Von den befreundeten Ubiern erfuhr Caesar, dass sich im Hinterland, im Gebiet der Sueben, ein großes Germanenheer versammelt hätte, um den in die Wildnis vorrückenden Römern einen Hinterhalt zu legen. Doch Caesar hatte sein Ziel erreicht, er dachte nicht daran, sich in eine Falle locken zu lassen, in die über ein halbes Jahrhundert später Varus tappte. Er hatte gezeigt, wozu die Legionen fähig waren, und kehrte nach 18 Tagen mit seinen Soldaten auf das linke Rheinufer zurück – natürlich nicht, ohne die Brücke abreißen zu lassen.

Als sich zwei Jahre später große Teile Galliens im Aufruhr befanden und wiederum Unterstützung rechtsrheinischer Germanen erhielten, ließ Caesar eine zweite Brücke über den Rhein schlagen, und zwar erneut im Neuwieder Becken am Mittelrhein. Auf bewährte Weise führte der Feldherr seine Truppen ans andere Ufer, wo er von den Ubiern empfangen wurde. Von ihnen erfuhr er, die Sueben hätten aufständische Treverer unterstützt, sich jetzt aber in ihre Wälder zurückgezogen, in denen sie auf das römische Heer lauerten. Wieder ließ sich Caesar zu keinem Abenteuer im wilden Germanenland provozieren, aber ein deutliches Signal wollte er gleichwohl setzen: Er befahl, die Brücke vom linksrheinischen Ufer aus in den Rhein hinein stehen zu lassen und nur die Hälfte zum anderen Ufer abzureißen. Zudem wurde auf seiner Seite ein vierstöckiger Turm errichtet und stark befestigt. Schließlich blieb eine Besatzung zurück, die sowohl das gallische als auch das germanische Ufer kontrollierte.

Caesar führt die Germanen in die Geschichte ein

Durch die Kämpfe mit den Sueben des Ariovist, die ständigen Auseinandersetzungen mit germanischen Völkerschaften am Rhein und die beiden Rheinübergänge hatte Caesar eine Vielzahl von Erkenntnissen und Nachrichten über die germanischen Barbaren gewonnen. Wenn auch subjektiv und nach taktischen Gesichtspunkten ausgewählt, so sind seine Schilderungen doch die frühesten Nachrichten über die Germanen und darum von großem Wert. Er betont den Unterschied zu den Galliern, der sich an erster Stelle im Fehlen der Druidenkaste zeigt. Die religiösen Vorstellungen der Germanen liegen in ihrer Bescheidenheit weit vom reichen Pantheon der Kelten entfernt: »Zu den Göttern zählen sie nur die, welche sie wahrnehmen und durch deren Macht ihnen deutliche Hilfe zuteil wird, nämlich Sonne, Feuer und Mond. Von anderen Göttern haben sie noch nicht einmal gehört.« Ihr Leben bestehe nur aus der Jagd sowie aus Kampfübungen und Krieg. Diese Härte wird durch sexuelle Enthaltsamkeit gesteigert: »Vor dem zwanzigsten Lebensjahr mit einer Frau geschlechtlich verkehrt zu haben, ist für sie die größte Schande.« Auch in der Beschränkung des Ackerbaus und im Herumziehen beweist das Volk seine harte Lebensführung.

»Den Stämmen gilt als größter Ruhm, möglichst weit um sich herum durch Verwüstungen Einöden zu haben. Für sie ist es ein Zeichen von Tapferkeit, wenn sie Nachbarstämme aus deren Land vertreiben und wenn es niemand wagt, sich in ihrer Nähe anzusiedeln. Gleichzeitig glauben sie auf diese Weise mehr Sicherheit zu gewinnen, da sie keinen Überraschungsangriff fürchten müssen. Führt ein Stamm einen Krieg zur Verteidigung oder als Angriff, werden Führer (Caesar bezeichnet sie mit einem römischen Wort als Magistrate) zur Kriegsleitung gewählt, die über Leben und Tod entscheiden. In Friedenszeiten gibt es keinen Magistrat. Dann sprechen die Fürsten der Landstriche und Gaue Recht und schlichten Streit. Raubzüge außerhalb des eigenen Stammesgebietes gelten nicht als Schande. Sie gelten sogar als Übung für die jungen Männer und als Mittel gegen die Trägheit. Wenn ein führender Mann in der Versammlung sich zum Dux (»Anführer«) erklärt und zur Gefolgschaft aufruft, erheben sich diejenigen, welche ihm folgen wollen und sein Unternehmen unterstützen. Wer seine Zusage nicht einhält, gilt als Verräter. Gegen einen Gast Gewalt auszuüben, gilt ihnen nicht als statthaft. Wer aus welchem Grund auch immer zu ihnen kommt, den schützen sie vor Angriffen und behandeln ihn als unverletzlich. Alle Häuser stehen ihm offen, und die Nahrung teilt man mit ihm.« Während die Gallier für Caesar wegen der Nähe zur römischen Kultur verweichlicht sind, leben die Germanen in barbarischer Armut. Ihre Anspruchslosigkeit macht sie jedoch als Krieger den verwöhnten Kelten gegenüber zu Siegern.

Vielen Schilderungen und Informationen, die Caesar mitteilt, ist durchaus zu glauben. Sie vermitteln das Bild einer primitiven Stammeskultur, die besonders vom Kriegerideal geprägt ist. Krieg zu führen und Beute zu machen waren Idealvorstellungen einer Kriegerschicht. Der germanische Bauer, dem Caesar aus seiner militärischen Perspektive nur wenig Aufmerksamkeit schenkt, hatte es dagegen schwer. Unfruchtbare Böden und häufige Stammeskriege machten Germanien zu keinem Schlaraffenland. Vergleiche mit den traditionellen und oft noch aktuellen Verhältnissen etwa in afrikanischen Ländern bieten sich an. Es gab keine staatliche Gewalt, die Stämme und ihr andauerndes Fehdewesen verhinderten jede Entwicklung. Aber es kam immer wieder zu Bündnissen unter gemeinsamen Anführern, wofür die Kimbern und Teutonen sowie die Sueben Beispiele sind. Sie zeigen, welche Schlagkraft von solchen riesigen Barbarenhaufen ausgehen konnte.

Vom Land der Germanen weiß Caesar Absonderliches zu berichten: Für den Menschen aus der lichten Mittelmeerwelt war das Gebiet des Herkynischen Waldes eine endlose, düstere Wildnis, in deren Schatten die größten Gefahren lauerten. Dieser Urwald nahm Züge an, die an unsere Märchenwälder erinnern. Seine Ausmaße waren nicht bekannt und, da es angeblich keine Wege gab, auch nicht zu erfahren. Es gab laut Caesar niemanden am Rhein, der jemals an das andere Ende des sagenhaften Waldes gelangt sei – auch nicht nach 60-tägiger Wanderung. Und kein Mensch könne einem sagen, wo er ende. Aber die Fama ging um von seltsamen Tieren, die in ihm lebten. Sie erscheinen selbst dem Feldherrn so ungewöhnlich, dass er drei von ihnen näher beschreibt:

»Ein Rind in der Gestalt eines Hirsches gibt es, auf dessen Stirn zwischen den Ohren ein Horn wächst, höher und gestreckter als die uns bekannten Hörner. Von seiner Spitze breiten sich weite Verästelungen aus … Es gibt auch Tiere, die Elche genannt werden. In Gestalt und Vielfarbigkeit der Felle sind sie Ziegen ähnlich, allerdings etwas größer. Die Hörner sind verformt, und sie haben Beine ohne Knöchel und Gelenke. Darum legen sie sich zum Schlafen nicht hin. Wenn sie durch ein Missgeschick umfallen, können sie nicht wieder aufstehen und auf die Beine kommen. Ihnen dienen Bäume als Schlaflager. An sie lehnen sie sich und schlafen etwas zur Seite geneigt. Wenn die Jäger die gewöhnliche Ruhestätte entdecken, lockern sie die Bäume durch Aufgraben der Wurzeln oder indem sie sie ansägen. Lehnen sich die Tiere wie gewohnt daran an, bringen sie die Bäume zum Umstürzen und sie fallen selbst mit zu Boden … Eine dritte Gattung sind die Auerochsen. Ihre Größe ist etwas geringer als die von Elefanten, und sie haben das Äußere, die Farbe und die Gestalt eines Stieres. Ihre Kraft wie ihre Schnelligkeit sind groß. Weder Mensch noch Tier verschonen sie, wenn sie sie erblicken. Eifrig werden sie in Fallgruben gefangen und getötet. Durch diese Mühe härten sich die heranwachsenden Männer ab, und durch solcherart Jagd bleiben sie in Übung. Wer die meisten Auerochsen getötet hat, zeigt als Beweis öffentlich ihre Hörner und empfängt viel Lob. An Menschen gewöhnen kann man nicht einmal die Tiere, die ganz jung gefangen wurden. Die Hörner unterscheiden sich nach Größe, Aussehen und Form stark von denen unserer Rinder. Sie werden eifrig gesammelt, am oberen Rand in Silber gefasst und auf Gelagen als Trinkgefäße benutzt.«

Soweit Caesars zoologische Exkurse, die realistische Angaben mit Fabelhaftem vermischen. Beim einhornigen Rind wurden wohl Nachrichten über skandinavische Rentiere mit sagenhaften Vorstellungen des Einhorns kräftig vermengt. Den Elch konnte man zu Caesars Zeiten noch in den mitteleuropäischen Wäldern antreffen. Die Geschichte von seiner Jagd ist ein frühes Beispiel des bis heute beliebten Jägerlateins. Der äußerst selten gewordene Auerochse oder Ur kam den Germanen schon vor 2000 Jahren nicht oft zu Gesicht, was den Wert seiner begehrten Hörner steigerte. Von ihnen haben sich etliche Exemplare erhalten, die sich als Trinkhörner großer Beliebtheit erfreut haben dürften.

Das Ende des keltischen Gallien – Der Anfang des römisch-germanischen Kontaktes

Im Jahre 52 vor Chr. brach in Gallien ein letzter Aufstand los, der Caesars Herrschaft in Bedrängnis brachte. Unter der Führung des Arvernerhäuptlings Vercingetorix brachten die Gallier Roms Legionen die Niederlage von Gergovia bei, um dann schließlich in der Schlacht von Alesia endgültig besiegt zu werden. Vercingetorix wurde Jahre später in Rom hingerichtet, Gallien wurde von jeglichem Widerstand brutal gesäubert. Dem teilweisen Völkermord folgte die Ausbeutung des Landes, dessen große Goldressourcen und Sklavenverkäufe Caesar zum reichen Mann machten und seine Karriere entscheidend förderten. Der relativ hohe Entwicklungsstand Galliens war seiner Bevölkerung zum Verhängnis geworden. Wege erleichterten den Legionären ihre Eroberungsmärsche, die Oppida als Zentren des Landes waren gut einzunehmen. Als Caesar Gallien verließ, war es ein ausgeblutetes Land. Aber es sollte sich in wenigen Jahrzehnten unter Roms Herrschaft zu einer Vorzeigeprovinz des Imperiums entwickeln, zu einem reichen und kultivierten Land, das weiter die Germanen anlockte.

Die saßen in ihrer riesigen Mehrzahl jenseits des Rheins und stellten fest, dass sie es mit einem anderen Gegner oder Partner zu tun hatten.

Schon Caesar hatte germanische Hilfstruppen in den gallischen Kämpfen eingesetzt. Und nicht nur das: Im folgenden römischen Bürgerkrieg kämpften Germanen auf allen Seiten und in vielen Teilen des Reichs, sei es in Spanien oder gar in Ägypten. Nur wenige Jahre waren sie den Römern bekannt und doch schon mit deren Geschichte eng verbunden.

4. Die Germanenkriege unter Augustus – Durch den Sieg des Arminius bleibt Germanien frei

In den Jahrzehnten nach Caesars Gallienkrieg blieben die germanischen Stämme rechts des Rheins mehr oder weniger sich selbst überlassen. Natürlich war die Kunde in die fernsten Winkel ihrer Welt gedrungen, nach Dänemark und an die Ostseeküsten, an die Elbe, nach Böhmen und über die Oder hinaus: Weit im Westen hatte ein neuer Nachbar das Sagen. Reicher sei er als die Keltenfürsten, aber auch viel mächtiger. Brücken vermochte er in Windeseile über die breitesten Ströme zu bauen; Kriegerscharen mit blitzenden Waffen entsandte er an den Rand der großen Wälder. Doch größer als die Sorge vor einem unbesiegbaren Gegner war der weiterhin lockende Reichtum Galliens, war die Aussicht auf Kampf, Beute oder Sold und Ansehen. Während Caesars Erben um seine Nachfolge kämpften, ließen sich germanische Gruppen nicht davor abschrecken, den Rhein zu überqueren. Manche auf der Suche nach fruchtbarem Land, andere auf räuberischem Beutezug oder als Söldner. Die Treverer an Mosel und Mittelrhein erwiesen sich gegenüber der Herrschaft Roms immer wieder als unbotmäßig und riefen Germanen gegen Lohn zu Hilfe. Im Verhältnis zu den Kimbern, Teutonen oder Sueben waren dies jedoch keine erschütternden Massenzüge; darum schienen sie kontrollierbar zu sein.

Agrippa romanisiert Germanen

Eine geschickte Hand bewies wenige Jahre nach Caesars Ermordung dessen Adoptivsohn und Mitstreiter um sein Erbe, Octavian, der zukünftige Kaiser Augustus. Er sandte seinen alten Freund Marcus Vipsanius Agrippa als Statthalter nach Gallien. Dieser begnadete Feldherr und Organisator kümmerte sich nicht nur um den Ausbau wichtiger Straßenverbindungen wie der von Lugdunum (Lyon) ins rheinische Grenzland. Er folgte dem großen Caesar, indem er ebenfalls eine Brücke errichten ließ, um den unruhigen Germanen die Legionen Roms zu präsentieren. Er tat ein Weiteres, das ihn bis heute in einer deutschen Stadt populär bleiben ließ: Im Jahre 38 vor Chr. gab er den traditionell romfreundlichen Ubiern Wohnsitze links des Rheins. Dort, wo fast zwanzig Jahre zuvor der Eroberer Galliens die Eburonen so gut wie ausgerottet hatte, erhielten die Germanen neues und sicheres Land. Ihr Zentrum wurde – ganz ungermanisch, weil städtisch – das Oppidum Ubiorum, die Stadt der Ubier, aus der sich schließlich Köln entwickelte. Obwohl der Stamm durch die Nachbarschaft zu den Galliern einiges an Zivilisation gewöhnt war, dürfte seine Menschen doch überrascht haben, wie römische Feldvermesser eine Mustersiedlung anlegten. Manche Straßenführung der Kölner City geht auf diese Ubiersiedlung zurück. Die Ubier wurden die ersten romanisierten Germanen. Aber die meisten Stämme jenseits des Rheins folgten ihnen nicht, was sich zuerst bei den schon gegen Caesar renitenten Sugambrern erweisen sollte, den alten rechtsrheinischen Nachbarn der Ubier.

Die Pax Augusta kümmert keine Barbaren

Im Jahre 17 vor Chr. beging man in Rom große Feierlichkeiten, mit denen eine neue Epoche ihren Anfang nahm, die man als Zeit des Friedens und Wohlstands unter römischer Führung ansah. Die Pax Romana, der »Römische Frieden«, war eine Pax Augusta, die Octavian dem Universum gegeben hatte. Der Triumphator des Bürgerkriegs, der Sieger über Antonius und Kleopatra, trug seit einem Jahrzehnt den Ehrentitel Augustus, der »Erhabene«. Alle bedeutenden Ämter des Staates vereinte er in seiner Person und wurde schließlich zum »Kaiser«. Das Zentrum Rom war unter seiner Herrschaft gewachsen und erhabener geworden: Straßen waren gebaut worden, Wasserkanäle wurden verlegt, und die gefürchteten Tibersümpfe legte man trocken. Das erste aus Stein erbaute Amphitheater stand; auf dem Forum war ein Triumphbogen zu Ehren des Augustus errichtet worden. Der Ubierumsiedler Agrippa hatte sich auch in Rom als Bauherr verewigt: Er ließ die ersten öffentlichen Thermen anlegen und legte damit den Grundstein für die römische Badekultur. Er errichtete das Pantheon zur Verehrung aller Götter, das 150 Jahre später unter Kaiser Hadrian zum größten Kuppelbau der Antike vollendet werden sollte. Dieses Rom opferte unter großen Feierlichkeiten den Göttern, dankte ihnen für die Herrschaft des Imperators und pries den von ihm geschaffenen Frieden, der nicht nur in Rom herrschen sollte, sondern im gesamten

Reich des Augustus, das sich damals von den Ufern des Niederrheins bis zu den Katarakten des Nils, von Portugal bis nach Palästina erstreckte.

Aber an den langen Grenzen des Imperiums lebten viele barbarische Völkerschaften, die auf die Verkündung des Weltfriedens nichts gaben. Zu den ersten Unruhestiftern gehörten die Sugambrer, als sie ein Jahr nach dem großen Friedensfest römische Soldaten, die sie in ihrem rechtsrheinischen Gebiet antrafen, gefangen nahmen und kreuzigten. Diese brutale Hinrichtungsart war römischer Herkunft; vielleicht stellte ihre Anwendung eine Verhöhnung Roms dar. Zudem schweißte die Untat die verbündeten Usipeten und Tenkterer umso mehr mit den Ersteren zusammen.

Die Krieger der drei Stämme überquerten den kaum gesicherten Rhein, drangen nach Gallien ein und plünderten, wo immer sich Beute machen ließ. Nach einigen Geplänkeln mit Legionären stießen die Germanen auf den gallischen Statthalter Marcus Lollius und sein Heer. Er war ein Vertrauter des Augustus und von diesem schon mit vielen Aufgaben betraut worden. Die Sugambrer und ihre Verbündeten griffen ihn so überraschend an, dass sich die Römer geschlagen geben mussten und der Statthalter die Flucht ergriff. Besonders schmachvoll war der Verlust des Legionsadlers, der als Ehren- und Erkennungszeichen einer Einheit galt. Der Schaden blieb aber begrenzt, da sich die Stämme über den Rhein zurückzogen, einen Friedensvertrag akzeptierten und sogar die obligatorischen Geiseln stellten. Zu diesem Rückzug veranlasste sie nicht nur Lollius mit einem neuen Heer, sondern vor allem Augustus, der persönlich mit seinen Legionen anrückte.

Rom und das tiefe Germanien

Der Imperator war ein vorsichtiger und weit blickender Mann. Er erkannte die grundsätzliche Gefahr der Rheingrenze, die zu ungesichert war, um die Bedrohung aus dem Osten auf Dauer bannen zu können. Die unübersichtlichen Barbarenhaufen jenseits des Stromes stellten einen ständigen Unsicherheitsfaktor dar, den Rom nicht länger akzeptieren konnte. Darum ist das Jahr 16 vor Chr. ein Wendepunkt in den römisch-germanischen Beziehungen. In Augustus reifte seitdem der Plan, auch das rechtsrheinische Germanien zu unterwerfen und vielleicht sogar zu einer Provinz zu machen. Es folgten mehr als dreißig Jahre, in denen römische Legionäre unbekannten Boden betreten sollten und mit einer fremden Welt konfrontiert wurden. Der Krieg im

Inneren des Germanenlandes sollte zu einer Zeit der Heldentaten werden, aber auch zu einer der furchtbarsten Katastrophen der römischen Geschichte führen, zu einer Schlacht, die bis heute als sagenhafter Gründungsmythos einer ganzen Nation – nämlich der deutschen – angesehen wird. Wenn diese Interpretation auch falsch ist, so sind die Jahre nach dem Beschluss des Augustus doch eine Phase mit bemerkenswerten Auswirkungen.

Drusus stößt weit in Germanien vor

Doch nach dem Rückzug der Sugambrer, Usipeten und Tenkterer galt es als Erstes, die Rheingrenze endgültig zu sichern. Ohnehin war Augustus nach Gallien gekommen, um die Verwaltung der Provinz neu zu organisieren. Im Inneren des ehemaligen Keltenlandes sah er keinen Bedarf mehr für seine Legionen, deshalb verlegte er sie zum größten Teil an den Rhein. Dort entstanden die ersten Legionslager, die später Keimzellen rheinischer Städte werden sollten: Vetera (Xanten), Novaesium (Neuss), Mogontiacum (Mainz). Vetera am Niederrhein und Mogontiacum am Mittelrhein kam dabei aufgrund ihrer geografischen Lage an Lippe- respektive Mainmündung eine besondere Bedeutung zu. Beide Flüsse, von den Römern Lupia und Moenus genannt, führten ins Innere Germaniens und boten sich als schiffbare Einfallschneisen an, von denen aus die Wildnis mit Kastellen erschlossen werden konnte. Gleichzeitig nahm Rom Einfluss auf das rechtsrheinische Stammesleben: Gruppen wie die Ubier wurden auf das linke Ufer umgesiedelt, denen die Bataver folgten. Andere Stämme hatten in die entvölkerten Gebiete nachzurücken, mancher Grenzsaum sollte sogar unbesiedelt und damit besser kontrollierbar bleiben. All dies geschah in wenigen Jahren.

Aber die nächste Gefahr drohte der römischen Herrschaft, als Augustus Gallien wieder verließ und es erneut unter den keltischen Großen gärte. Möglicherweise von diesen aufgestachelt, bereiteten sich die Sugambrer vor, den Rhein zu überqueren. Doch diesmal waren die Römer vorbereitet. Dies war das Verdienst eines Mannes, dem Augustus die Verantwortung übertragen hatte: Nero Claudius Drusus war gerade Mitte zwanzig und der Stiefsohn des Kaisers. Militärische Meriten hatte er schon bei der Unterwerfung der Alpenvölker erworben, darum waren ihm die Sympathien des Augustus gewiss.

Dass er sie verdiente, bewies er als neuer Statthalter Galliens und als Oberbefehlshaber am Rhein: Den Sugambrern stellte er am Rhein eine

Falle und schlug sie zurück. Im Jahre 12 vor Chr. überschritt er den Niederrhein und drang so weit nach Germanien vor wie noch kein römischer Offizier vor ihm. Zuvor ließ er seine Legionen ein Meisterstück römischer Organisation vollbringen: Mit dem Bau eines Kanals vom Alten Rhein zum Seengebiet im Bereich des heutigen Ijsselmeeres verschaffte er der Rheinflotte einen direkten Zugang zur Nordsee. Zu Land drangen die Truppen des Drusus in das Land der Usipeten ein, gegenüber der Bataver-Insel, wie die antiken Geografen das Mündungsgebiet des Rheins bezeichneten. Damit schlugen sie um das südlicher gelegene Stammesgebiet der Sugambrer einen Bogen und griffen sie von einer unerwarteten Seite an. Ihr Ziel war eine weitgehende Verwüstung des Landes, um die Unruhestifter endgültig zu besiegen. Zugleich fuhr eine Flotte römischer Kriegsschiffe rheinabwärts durch den Kanal in die Nordsee. Sicherlich wurde die Mündung der Amisia (Ems) erkundet, vielleicht unternahm man erste Vorstöße zur Visurgis (Weser) und Albis (Elbe). In Ostfriesland verhandelte Drusus mit den Friesen und gewann sie als Verbündete. Dieser bodenständige germanische Stamm gehörte seitdem zu den treuesten Bundesgenossen Roms jenseits des Rheins.

Bei den Chauken

Auch zu deren östlichen Nachbarn, den Chauken, drang Drusus mit seiner Flotte vor. Ihr Siedlungsgebiet erstreckte sich von der unteren Ems über das Oldenburger Land und die Weser bis an die Elbe. Von ihnen hat einige Jahrzehnte später der römische Gelehrte Plinius der Ältere eine anschauliche Schilderung gegeben, in der er über das vom Mittelmeer unbekannte Phänomen der Gezeiten, über die künstlichen Siedlungshügel der Wurten und von der Torfgewinnung spricht: »Dort leben die Chauken, ein armer Volksstamm, der auf hohen Hügeln oder aufgeschichteten Erhöhungen wohnt. Nach den Erfahrungen mit der höchsten Flut wurden die Letzteren mit bloßen Händen errichtet. Wegen der darauf erbauten Hütten ähneln diese Menschen Seefahrern, wenn das Wasser ringsum alles bedeckt, und Schiffbrüchigen, wenn es zurückgeht. Im Umkreis ihrer Hütten versuchen sie die mit dem Meer fliehenden Fische zu fangen. Weder können sie wie ihre Nachbarn Vieh halten und sich von Milch ernähren noch können sie Wild erlegen; denn in der ganzen Umgebung wächst kein Unterholz. Aus Schilf und Sumpfgewächsen knüpfen sie Stricke für Fischnetze. Mit den eigenen Händen zusammengetragenen Schlamm lassen sie mehr von den Winden als von der Sonne trocknen. Mit diesem Erdzeug kochen sie und wärmen ihre vom Nordwind erstarrten Eingeweide. Nur Regenwasser haben sie zu trinken, das sie in Gruben am Hauseingang sammeln.« Für Plinius war es unverständlich, warum ein Volk in derart erbärmlichen Lebensumständen nicht begeistert die römische Herrschaft und Zivilisation annahm.

Drusus mag dies alles im Jahre 12 vor Chr. kennen gelernt und als barbarische Kuriosität abgetan haben. Die Gezeiten der Nordsee wären ihm fast zum Verhängnis geworden: Wahrscheinlich beachteten seine Navigatoren nicht die Warnungen der Barbaren – prompt blieb die ganze Flotte bei einsetzender Ebbe auf dem Trockenen liegen, möglichen Angriffen hilflos ausgeliefert. Die Friesen retteten den Feldherrn, der darauf Germanien verließ und über den Winter nach Rom zurückkehrte.

Drusus »Germanicus« und die Vielstämmewelt der Barbaren

Schließlich reifte in Drusus die Idee, zum Germanicus, zum »Unterwerfer der Germanen« zu werden. Dafür nahm er für sich und seine Soldaten ungeheure Mühen und Gefahren in Kauf und drang zu wenig bekannten Stämmen vor. Zu deren größten zählten die Cherusker im Gebiet des Teutoburger Waldes und an der oberen Weser sowie die Chatten im Hessischen Bergland, deren Stammesbezeichnung sich im Namen der Hessen erhalten hat. Überall »geisterte« noch der Suebenname herum, denn das große Sammelvolk hatte sich von der Niederlage gegen Caesar längst erholt und stellte in den Tiefen Germaniens eine ständige Gefahr dar.

Drusus sammelte sein Heer erneut in Vetera und zog mit drei Legionen und Hilfstruppen die Lippe aufwärts. Wieder mussten die zähen und unbotmäßigen Sugambrer Verheerungen erleiden, diesmal als Durchmarschgebiet auf dem Weg zur Weser und zum Land der Cherusker. Der Vormarsch wurde durch das gegenseitige Misstrauen der Germanen und ihre ständigen Kriege untereinander begünstigt. Denn die häufig zuerst von der römischen Macht bedrohten Sugambrer hatten voll Wut mit ihrem gesamten Heer die benachbarten Chatten angegriffen, weil diese sich angeblich nicht mit ihnen gegen die Römer hatten verbünden wollen. Traditionelle Stammesanimositäten bestimmten das alltägliche Leben seit jeher: Welche Grenzen wie Wälder oder Flüsse gab es zu achten? Auf welche Nachbarn hatten die jungen Krieger sich Übergriffe erlaubt, etwa Viehdiebstahl oder gar die Entführung von Frauen? Wie reagierte der Stamm? Welche Racheaktionen unternahm er? Racheakte spielten von der ältesten Zeit bis zu den Isländern im frühen Mittelalter in der Geschichte der Germanen eine große Rolle. Dabei waren sie weniger eine Angelegenheit zwischen Stämmen als unter einzelnen Personen, hinter denen Familien und Sippen standen, die untereinander zur Rache und Rachehilfe verpflichtet waren.

Solch einen Konflikt nutzte Drusus aus und gelangte unbehelligt bis an die Weser, die er gern überquert hätte, um noch weiter ins Unbekannte zu ziehen. Doch die Verpflegung des Heeres und der nahende Winter standen dem entgegen: Sich mitten in einer unzugänglichen Wildnis voller Feinde vom schrecklichen Winter des Nordens überraschen zu lassen, wäre einem Selbstmord gleichgekommen. Darum rückten die Römer nicht weiter vor, denn schon jetzt im Spätsommer wurde die Lage gefährlicher, und mancher Legionär mag sich angesichts der dunkler und kälter werdenden Tage zum Rhein zurückgewünscht haben. Natürlich hatten die Stämme in der Zwischenzeit vom langen Römerzug durch ihre Gebiete erfahren und sich verständigt, gegen den gemeinsamen Feind vorzugehen. Zumal dieser reiche Beute und Opfer für die Götter versprach. Aber sie machten den alten barbarischen Fehler: Die mit Begeisterung und Kampfeswut heranstürmenden Krieger unterlagen den disziplinierten Römern. Die Legionäre schlossen ihre Schildreihen, rückten vor und gingen im Nahkampf den verwirrten Feinden mit dem Kurzschwert zu Leibe.

Drusus wollte weitere Zeichen setzen und römische Präsenz für jeden deutlich machen. Er ließ im Jahre 11 vor Chr. zwei Kastelle errichten, von denen eines identifiziert und ausgegraben werden konnte. Nach antiken Berichten lag es dort, wo ein Fluss Ellison in die Lippe fließt, heute mitten in Oberaden zwischen Dortmund und Hamm. Wo die Seseke in die Lippe fließt, entstand ein 2,7 km langer Wehrzaun aus Holzpfählen, der einen Wall aus Holz und Erde bekrönte. Vor ihr war ein bis zu drei Meter tiefer Graben ausgehoben worden. Hinter dieser Verschanzung konnten sich drei Legionen mit ihren Hilfstruppen aufhalten, also gut 20 000 Mann oder mehr. Damit zeigte Rom mitten im germanischen Gebiet die Adlerstandarten seiner Legionen. Auf die Germanen muss selbst dieses mit einfachen Mitteln errichtete Truppenlager monumental gewirkt haben.

Pikante Details lieferte ein besonders ergiebiger archäologischer Forschungszweig: Die Untersuchung der antiken Latrinen ergab, dass im römischen Oberaden die Feinheiten mediterraner und exotischer Küche genossen wurden. Man speiste Weintrauben, Oliven, daneben

Mandeln, Feigen und sogar indischen Pfeffer. Auch im Kulinarischen trennten Römer und Germanen Welten. Die damaligen Bewohner Westfalens waren froh, wenn sie neben ihren häufigen Brei- und selteneren Fleischportionen auch Walderdbeeren genießen durften.

Drusus konnte jedenfalls sein zweites germanisches Jahr im Triumph abschließen, denn die rechtsrheinischen Germanen waren weiter denn je davon entfernt, Gallien zu bedrohen.

Weitere Züge des Drusus und sein Schicksal in den germanischen Wäldern

Seine letzten beiden Züge führten den Römer gegen die Chatten, deren Stammesländer im von Lahn und Fulda durchflossenen Mittelgebirge lagen. Einer ihrer Unterstämme, die Mattiaker, hatte sich eng an Rom angelehnt und besiedelte die Gegend um Wiesbaden.

Tacitus bescheinigt den Chatten in seiner *Germania*, dass sie mehr als andere Germanen Bergbewohner seien und aus diesem Grund über festere Körper, sehnigere Glieder und einen regsameren Geist verfügten. Er vergleicht sie in ihrer Diszipliniertheit und in ihrem Organisationsgeschick mit den Römern. Sie gehorchen den Befehlen ihrer Anführer, stehen in fester Schlachtordnung und verschanzen sich über Nacht wie römische Legionäre. Ferner spricht Tacitus von einem germanischen Brauch, der bei den Chatten zur allgemeinen Sitte wurde: »Wenn sie herangewachsen sind, lassen sie sich Haar und Bart wachsen. Erst nachdem sie einen Feind getötet haben, legen sie diese Haartracht ab, die sie einer Gottheit versprochen haben. Über dem Getöteten und den Beutewaffen machen sie die Stirn frei und verkünden, jetzt hätten sie für ihre Geburt bezahlt, jetzt seien sie ihres Stammes und ihrer Eltern würdig. Die Feigen und Unreinlichen bleiben dagegen ungepflegt. Ein überaus Tapferer trägt zusätzlich einen eisernen Ring wie eine Fessel, bis er einen Feind erschlägt. Sehr vielen gefällt dieser Brauch, sodass sie ihn noch als Ergraute pflegen.« Der Historiker unterstreicht die besondere Verehrung, die diese Männer nicht nur im eigenen Stamm, sondern auch bei den Feinden genießen. Sie galten als so herausragende Kämpfer, dass es nur ihnen zukam, die vorderste Reihe zu bilden und die Schlacht zu beginnen. Sie seien immer dem Kampf verschrieben und selbst Friedenszeiten besänftigten nicht ihr Gemüt. Keiner dieser Männer hatte Familie und eine eigene Behausung, noch ging er irgendeiner Arbeit außerhalb des Krieges nach. Von den anderen Chatten wurden sie deshalb als Gäste aufgenommen und beköstigt.

Der Bericht des Tacitus erinnert an spätere Nachrichten von germanischen Kriegerkasten, bis zu den gefürchteten Berserkern der Wikinger, denen Unverträglichkeit und geheimnisvolle Riten nachgesagt wurden. Vermutlich wurden also die Römer unter Drusus nicht nur mit dem bereits bekannten Feind konfrontiert, sondern auch mit verwegenen Streitern, die nichts außer dem Krieg kannten und unberechenbare Gesellen waren. Dennoch fielen die Römer in das Gebiet der Chatten ein und kämpften sich bis zu den fernen Sueben vor. Aber nur unter großen Mühen bezwangen die Truppen allen Widerstand, jeder Sieg musste teuer erkauft werden. Zudem gelang es nicht, den Sueben eine entscheidende Niederlage beizubringen.

Der Versuch des Drusus, die Taktik der verbrannten Erde anzuwenden, bewirkte bei den nicht verwöhnten Germanen wenig, solange man ihrer nicht habhaft werden konnte. Also zog das Heer in das Gebiet der Cherusker, setzte über die Weser und rückte unter Verwüstungen bis zur Elbe vor. Noch weiter wollte den Feldherrn sein Ehrgeiz vorantreiben, aber der Fluss widersetzte sich einem Übergang. Darum ließ Drusus lediglich ein römisches Siegeszeichen errichten und trat den Rückzug zum Rhein an. Das einsame Symbol des Imperium Romanum mag sich in der Wildnis seltsam ausgenommen haben, aber den Barbaren sollte es ein deutlicher Hinweis sein, wie weit Roms Macht reichte.

Über das, was auf dem Rückmarsch im Jahre 9 vor Chr. zwischen Elbe und Rhein geschah, ergehen sich die antiken Gewährsmänner in schicksalsvollen und dunkel-abergläubischen Schilderungen. Tatsache war, dass Drusus wenig heldenhaft vom Pferd fiel und sich dabei töd-

Recht und Gesetze

Das Gewohnheitsrecht der germanischen Stämme beruhte auf langen Traditionen und wurde auf die Götter zurückgeführt. Oberste Instanz in rechtlichen Angelegenheiten und bei schwer wiegenden Streitfällen war die Volksversammlung. Dort wurden Gesetze erlassen und Recht gesprochen; dabei kam den Häuptlingen ein starkes Gewicht zu. Wenn eine Entscheidung zur Abstimmung gebracht wurde, zählte man die Stimmen nicht einzeln aus. Bei Ablehnung wurde gemurrt, bei Zustimmung wurden die Speere zusammengeschlagen.

Von den Verhandlungen auf dem Ding berichtet Tacitus, dort könnten Anklagen erhoben werden, über die auf Leben und Tod entschieden würde. Verräter, Überläufer, Feiglinge und solche, die gegen die Moral verstießen, müssten ihr Leben lassen. Bei leichteren Vergehen käme man dagegen mit der Zahlung von Pferden oder Rindern davon. Ein Teil dieser

lich verletzte. Um dieses im Grunde profane Geschehen wurde im Nachhinein kräftig orakelt. Mitten in der germanischen Wildnis sei ihm plötzlich eine Frau von übermenschlicher Größe entgegengetreten und habe ihn angesprochen: »Wohin treibt es dich, unersättlicher Drusus? Nicht alles hier ist dir vom Schicksal zu sehen vergönnt. Kehre um! Denn nahe ist das Ende deiner Taten und deines Lebens.« Der Vermittler dieser Worte, der Grieche Cassius Dio, kommentiert dazu, es sei verwunderlich, dass jemand eine solche Rede von einer Gottheit zu hören bekam. Für glaubwürdig hält er es, weil die Prophezeiung durch den Unfalltod des Drusus in Erfüllung ging. Aber er fand noch andere Bestätigungen: Wölfe schlichen in seiner Todesstunde heulend um das Lager, zwei junge unbekannte Männer ritten mitten hindurch, Klagerufe von Frauen waren zu hören, und Sternschnuppen gingen am Himmel nieder. Nicht verwunderlich ist für ihn die lateinische Ansprache der geheimnisvollen Riesin. Durchaus wahrscheinlich ist, dass so manche barbarische Frau Drusus germanische Flüche zugeschrien hat. Ob durch germanische Magie oder römisches Schicksal – ein gefährlicher Feind verließ Germanien als Toter.

Nachfolger wurde sein älterer Bruder Tiberius, der wie Drusus das Wohlwollen des Kaisers genoss. Als Soldat hatte er von Spanien bis Armenien viele Aufgaben im Römischen Reich übernommen, auch gegen die nördlichen Barbaren hatte er an der Donau Erfahrungen gesammelt. Der von Augustus über den Rhein entsandte Tiberius konnte den Toten nur noch aus Germanien herausbringen und nach Rom eskortieren. Die Leiche wurde in ehrendem Respekt von Zentu-

Strafe gehöre dem König oder dem Stamm, ein anderer Teil gehöre den Geschädigten oder deren Verwandten. Todesstrafen scheint es selten gegeben zu haben, sogar Kapitalverbrechen konnten mit Bußzahlungen gesühnt werden. Entscheidend war, dass man sich mit der Sippe des Opfers verständigte; andernfalls drohte deren Blutrache.

Als sich germanische Stämme im Römischen Reich niederließen, gerieten sie zunehmend unter den Einfluss römischer Rechtsvorstellungen, zu denen später das Christentum trat. Eine Konsequenz war die Niederschrift und Sammlung der überlieferten Stammesrechte. Diese Volksrechte wurden zwischen dem 5. und dem frühen 9. Jahrhundert überwiegend lateinisch zu Pergament gebracht. Nur die germanischen Rechtsbegriffe nannte man in der Stammessprache. Die Skandinavier folgten erst Jahrhunderte später, formulierten ihre ausführlichen Gesetzessammlungen aber in den jeweiligen Volkssprachen.

rionen, Militärtribunen und den vornehmsten Männern aus einzelnen Städten getragen. Am Rhein ehrte man ihn durch einen Triumphbogen und ein Kenotaph, ein Grabmonument, das an ihn erinnerte, aber nicht seine Gebeine barg. Andernorts ehrte man den »Bezwinger Germaniens«, indem man ihm Standbilder errichtete und ihm und seinen Nachkommen den Beinamen Germanicus verlieh.

Trügerischer Frieden in Germanien

Tiberius übernahm den Oberbefehl der Truppen am Rhein, im folgenden Jahr überschritt auch er den Fluss. Die Erfahrungen hatten die benachbarten Germanenstämme gelehrt, dass Friedensverhandlungen sinnvoller waren als ein römisches Heer in ihren Ländern. Darum schickten sie Gesandte, die ihren Friedenswillen bekunden sollten. Doch Augustus wollte nur einen Frieden akzeptieren, dem die Sugambrer beitraten, und ausgerechnet diese Feinde in der Nähe des Rheins zierten sich. Als sie schließlich doch Verhandlungsführer entsandten, kam es zu einem tragischen Zwischenfall: Augustus ließ sie gefangen nehmen und in mehrere gallische Städte deportieren – vielleicht mit der Absicht, die Feinde seine harte Hand spüren zu lassen. Die gefangenen Sugambrer aber brachten sich um. Nach diesem Zwischenfall konnten die Römer diesen Stamm nicht mehr für sich gewinnen, auch wenn er sich vorerst ruhig verhielt.

Tiberius zeigte in Germanien erneut die Macht Roms. Als Sieger soll er durch die Länder der Barbaren gezogen sein, ohne dass seinem Heer Verluste entstanden. Germanien soll dabei in eine nahezu »tributpflichtige Provinz« verwandelt worden sein. Damit schien von den Germanen keine Gefahr mehr auszugehen, die aufwändige und kostspielige Expeditionen rechts des Rheins erforderte. Kaiser Augustus ordnete den Rückzug auf die Rheinlinie an, auch das Lager von Oberaden wurde aufgegeben. Die germanischen Stämme blieben für fast ein Jahrzehnt wieder sich selbst überlassen. Aber der römische Einfluss bestand auch ohne militärische Interventionen weiter, denn nun entwickelten sich friedliche Kontakte: Man handelte miteinander, die Römer traten als Vermittler und Schiedsrichter in innergermanischen Streitigkeiten auf, nicht wenige Häuptlinge fanden Gefallen am römischen Luxus und an der Herrschaft des Imperiums, die ihnen als Verbündeten ebenfalls mehr Macht verhieß.

Germanien verändert sich: das Reich Marbods

Doch der Eindruck, in Germanien herrschten Ruhe und Frieden, war trügerisch. Denn die Expeditionen des Drusus und Tiberius hatten das labile Gleichgewicht der Stämme jenseits des Rheins erheblich gestört. Durch die Umsiedlung der Ubier und Bataver entstanden herrschaftslose Räume, in die Völkerschaften aus dem Inneren einrücken wollten. Ihnen folgten wieder andere, und so ging es weiter. Auch wenn die Römer bereits großen Einfluss auf die germanischen Stämme ausübten, so war ihre Macht doch nicht groß genug, um ein Übergreifen des Stammeschaos auf Gallien und andere Gebiete verhindern zu können.

Hinzu kam, dass die Germanen seit einem halben Jahrhundert neben römischer Lebensart und Kultur auch römische Organisation und Kampftaktik kennen lernten. Das Vorbild der straff geführten Legionen versprach mehr Macht, als der Heerkönig Ariovist besessen hatte. So entstand die absurde Situation, dass Roms Vorbild den Legionen zur Gefahr werden konnte. Als die Offensiven auf Befehl des Kaisers eingestellt wurden, machte sich ein Germane daran, Roms Beispiel in die Tat umzusetzen.

Über diese Zeit schreibt Velleius Paterculus, als römischer Offizier ein naher Zeitzeuge: »Nichts gab es mehr in Germanien zu besiegen als den Stamm der Markomannen.« Dieser suebische Teilstamm, der das Land zwischen Main und Donau bewohnte, hatte seine Siedlungen aufgegeben und war tief ins Landesinnere gezogen, in eine Gegend, die ganz und gar vom Herkynischen Wald umgeben war und Boihaemum genannt wurde. Dieses uns als Böhmen bekannte Land war weit von den römischen Grenzen entfernt und damit vor römischem Einfluss und vor Überraschungsangriffen ungleich sicherer.

Der Mann, der das römische Beispiel in die Tat umsetzte, war der Markomanne Marbod, der anscheinend im römischen Heer Dienst getan und viele Erkenntnisse über das Wesen der Römerherrschaft gewonnen hatte. Er war von vornehmer Abstammung, besaß einen kräftigen Körperbau und einen unbezähmbaren Willen. Velleius Paterculus nennt ihn mehr nach seiner Herkunft als nach seinem Verstand einen Barbaren, was ein gutes Maß römischer Akzeptanz voraussetzt. Seine Königsherrschaft muss er aufgrund seiner edlen Abstammung gewonnen und bei den Markomannen ohne Putsch gegen die Aristokratie ausgebaut haben. Er muss ein geschickter Politiker gewesen sein, um diese Machtfülle zu erringen.

Marbod führte sein Volk nach Böhmen, unterwarf dort die Reste keltischer Boier und überredete benachbarte Germanenstämme zu Bündnissen. Zu seinem Reich gehörte bald eine beachtliche – nicht nur germanische – Völkerschar, unter anderem Semnonen, Langobarden, Hermunduren, Lugier und die Goten an der Weichsel. Seine Krieger sollen in ständigen Kampfübungen beinahe römische Disziplin erworben haben. 70 000 Fußsoldaten und 4 000 Reiter hatte er unter seinem Befehl – ein Ausmaß, das selbst in Rom als bedrohlich galt. In ständigen Kriegen mit Nachbarn bereitete er sie auf eine größere Aufgabe vor. Zunächst jedoch hielt er sich diplomatisch zurück, denn seine Gesandten an Augustus und Tiberius stellten ihn mal als Bittenden dar, ein anderes Mal als einen den Römern Gleichgestellten. Trotz aller Freundschaftsbekundungen gegenüber den Römern fanden Flüchtlinge vor Roms Herrschaft bei ihm immer Zuflucht. Marbods Reich im Herzen Europas bot die Möglichkeit, nach mehreren Seiten hin zu intervenieren: in Germanien, aber auch in den Römergebieten am Rhein und südlich der Donau.

Das böhmische Reich des Marbod war ein für Germanen seltsames Gebilde, das mehr als zwei Jahrzehnte bestand. Der Markomannenherrscher residierte hier in einem Königssitz, wahrscheinlich einem alten keltischen Oppidum. Marbod schuf ein Reich mit einem gut gerüsteten Heer, mit Handelszentren und Verkehrswegen in alle Himmelsrichtungen. Im Norden spielte es eine herausragende Rolle: Durch Böhmen liefen die Nord-Süd-Verbindungen, und am Hofe Marbods weilten folglich viele Händler aus Rom, um gute Geschäfte zu machen. Auf diesen Wegen strömte eine Fülle südlicher Waren ins Land, was reiche archäologische Funde von Münzen und Bronzegeschirr in Tschechien belegen. Marbod errichtete als erster Germane erfolgreich ein Königreich mit einheitlichen Gesetzen und einer obersten Herrschaft. Als Kriegsherr schützte er auch den friedlichen Handel. Es ist kein Zufall, dass dieses außergewöhnliche Reich in einem Land entstand, in dem noch keltische Bevölkerung mit ihren Traditionen lebte. Denn Marbods Reich war germanisch-keltisch – sein Vorbild war Rom.

Germanenzüge und Siege des Tiberius

Im Jahre 4 nach Chr. wurde trotz eines Zerwürfnisses mit dem Kaiser der alte Germanenkämpfer Tiberius wieder aktiviert. Erneut drang er tief in das Landesinnere ein und ließ jenseits der Weser ein Winterlager anlegen, was von erstaunlicher Selbstsicherheit der Römer zeugt. Fühlten sie sich so überlegen, oder war der germanische Widerstand erlahmt? Sahen die Stammeshäuptlinge Roms Legionen als Gegengewicht zu Marbods Zentralreich an?

Die römische Kriegsmaschinerie rollte jedenfalls durch das Land zwischen Rhein und Elbe und unterwarf im folgenden Jahr die Chauken. Eine davon überlieferte Szene zeigt die stolzen, kampfgierigen Jungkrieger des Stammes, die sich vor den Siegern geradezu demütigen: Obwohl sie eine große Schar kräftiger junger Männer waren, warfen sie sich nach der Übergabe ihrer Waffen vor dem Hochsitz des Tiberius nieder. Die waffenglänzenden Legionäre umringten sie dabei, stolz auf den Feldherrn und stolz auf ihre Leistung. Auch die Langobarden mussten ihren Widerstand gegen Rom aufgeben. Schließlich gelangte das römische Heer bis an die Elbe und vereinigte sich dort mit der römischen Flotte, die die Nordseeküste entlang und den Fluss aufwärts gefahren war.

Der Offizier Velleius Paterculus schildert als Augenzeuge ein Erlebnis, das trotz seiner Subjektivität einen Blick in die Psyche der Germanen erlaubt: Die Römer hatten das diesseitige Elbufer besetzt und ein Lager errichtet. Am anderen Ufer standen germanische Jungkrieger, die ihre Waffen schwangen und Beschimpfungen herüberschrien. Bei Anstalten der Legionäre, ihre Schiffe zu besteigen und überzusetzen, zogen sie sich allerdings rasch zurück und gingen einem Scharmützel aus dem Weg. Schließlich bestieg ein älterer Barbar, dem Äußeren nach ein hoch gestellter Häuptling, den bei den Germanen üblichen Einbaum und ruderte allein bis zur Mitte des Stromes. Von dort rief er den Römern die Bitte zu, man möge ihn in Frieden an ihr Ufer kommen lassen, damit er Tiberius sehen könne. Dies wurde ihm gewährt. Nachdem er angelegt hatte, führte man ihn vor den Feldherrn. Diesen betrachtete er lange schweigend, um dann sein Unverständnis über die jungen Stammeskrieger zu bekunden. Seien die Römer außer Landes, würden sie wie Götter verehrt. Aber jetzt, wo sie doch hier vor ihnen stünden, fürchteten sie ihre Waffen, wollten sich aber doch nicht unter ihren Schutz begeben. Er selbst habe heute die Götter – die Römer nämlich – gesehen, von denen er bisher nur gehört habe. Auf sein Bitten hin erlaubte man ihm, die Hand des Tiberius zu berühren. Danach stieg er in das Boot und fuhr wieder ans andere Elbufer zurück.

Die geschilderte Szene belegt, dass innerhalb der Stämme unterschiedliche Meinungen herrschten, wie man sich den Eindringlingen gegenüber verhalten sollte. Die Stammesältesten neigten eher zum Frieden und zur Unterwerfung unter die römische Herrschaft. Die jungen stürmischen Krieger hingegen, die auf Kampf und Ruhm aus waren, wollten allenfalls ihre Waffendienste an Rom verkaufen, aber niemals auf ihre Freiheit verzichten, gegen wen auch immer in den Krieg zu ziehen. Die Unstimmigkeiten in den Stämmen trugen zum

Erfolg der Tiberiuszüge dieser Zeit bei. Als Sieger konnte Tiberius seine Legionen ins Winterlager führen.

Das so weit befriedete Germanien zwischen Rhein und Elbe bot dem Feldherrn im Jahre 6 nach Chr. den Anlass, endlich gegen den so mächtigen wie listigen Marbod vorzugehen. Von zwei Seiten sollte sein Reich angegriffen werden: Der Legat der Rheinarmee, Sentius Saturninus, führte seine Legionen durch das Gebiet der Chatten nach Böhmen. Tiberius wollte mit seinen Truppen von Carnuntum, dessen Reste noch heute östlich Wiens zu sehen sind, nordwestwärts gegen Marbod ziehen. Ein Winterlager war schon an der Donau errichtet worden, und sowohl Saturninus wie Tiberius standen mit den Legionen noch fünf Tagesmärsche von den Markomannen entfernt. Ob Marbod dieser gewaltigen Zangenbewegung widerstanden hätte, ist fraglich. Wahrscheinlich hätte er Herrschaft und Reich verloren. Doch dazu kam es nicht, denn – wie die römische Quelle bemerkt – manchmal zerschlägt die Schicksalsgöttin Fortuna die Pläne der Menschen. Im Rücken der Heere erhob sich im schon sicher römisch geglaubten Pannonien, dessen Kerngebiet das westliche Ungarn bildete, ein großer Aufstand, der nach Dalmatien übergriff und sogar Italien bedrohte. Tiberius blieb nichts anderes übrig, als an den böhmischen Grenzen den viel versprechenden Feldzug zu beenden, mit Marbod einen Friedensvertrag zu schließen und schleunigst zur Donau zu marschieren, um die große Rebellion niederzuwerfen. Drei Jahre sollte es dauern, Jahre, in denen auf dem Balkan germanische Verbündete Rom hilfreich zur Seite standen und mancher Germane eine Soldatenkarriere machte.

Schleichende Romanisierung: Städte in Germanien

In wenigen Jahren vollzog sich unter westlichen Germanenstämmen wie den Chauken, den Chatten oder den Cheruskern ein beachtlicher Wandel, denn römische Soldaten, römische Händler, Macht und Kultur des Imperium Romanum breiteten sich in den einst unzugänglichen Gebieten aus. An Lippe und Lahn, im Taunus und in vielen anderen Regionen entstanden Militärlager, an Wegen Straßenstationen nach römischem Vorbild und an den Flüssen kleine Flottenstationen. Der Historiker Cassius Dio spricht von stadtähnlichen Siedlungen im Germanenland, eine Aussage, die lange als Fabelei gesehen wurde, heute jedoch als gesichert gilt. Es waren zentrale, über normale Militärlager hinausgehende Siedlungen, die noch im Schutze der Legionen lagen, aber dennoch einen eher zivilen Eindruck machten.

Beim hessischen Waldgirmes an der Lahn sind die Archäologen auf die Reste eines solchen Ortes gestoßen. Schutz gewährte dem etwa 250 mal 300 Meter umfassenden Lager einen Holz-Erde-Wall, vor dem man einen Spitzgraben ausgehoben hatte. Das Innenareal war durch typisch römische Straßenzüge geordnet und offenbar dicht bebaut. Im Zentrum der Siedlung erhob sich unter den üblichen Holz- und Lehmhäusern ein großer Zentralbau, dessen Steinfundamente erhalten geblieben sind. Er bildete das für Römerstädte typische Forum, den Mittelpunkt der Siedlung. In seinem Innenhof fand sich ein bronzenes, vergoldetes Reiterstandbild, das wahrscheinlich Kaiser Augustus darstellte. Mit Holz verschalte Abwasserleitungen sorgten für die Annehmlichkeiten mediterraner Zivilisation auch an der Lahn. Töpferöfen bezeugen die Tätigkeit versierter Handwerker aus dem Süden. Eine große Menge germanischer Keramik, die nicht auf der Töpferscheibe hergestellt wurde, blieb ebenfalls in unzähligen Scherben erhalten. Dies alles spricht dafür, dass das Lager von Waldgirmes kein gewöhnliches Soldatenlager war, sondern dass es für Zivilisten errichtet wurde, die dort ihre Waren herstellten und mit den Germanen des Umlandes Tauschhandel pflegten. Der Ort ist mit seinen spektakulären Funden bisher einmalig im rechtsrheinischen Deutschland. Er beweist: Die »Städte« des Cassius Dio waren planmäßig angelegte Marktplätze und zukünftige Verwaltungszentren, mit deren Hilfe die Chatten und die anderen Barbarenstämme über Handelswege erschlossen und romanisiert werden sollten – zumindest so weit, dass sie keine Gefahr mehr darstellten.

Die Pax Romana sollte Profit abwerfen, der Frieden sollte die Germanen überzeugen, wie gut man unter der Herrschaft des Augustus lebte. Natürlich bedeutete das auch die Anerkennung römischer Autorität und römischer Gesetze. Die jungen Krieger durften nicht mehr losziehen, um ihre Nachbarn zu überfallen, gegenseitige Rachezüge wurden untersagt. In den Stämmen hatten die Parteigänger Roms das Sagen. Aufenthalte im Rheinland, in Gallien oder gar in Italien machten sie mit südlicher Lebensart, mit lateinischer Sprache und mit dem Akzeptieren kaiserlicher Gesetze vertraut. Viele germanische Adlige kamen in den Besitz prächtiger Luxusartikel.

Der spektakuläre Hildesheimer Silberschatz ist das herausragendste Beispiel dafür. Silbernes Tafelgeschirr für gehobenste Ansprüche findet sich in ihm: Am kostbarsten ein Gefäß, das zum Weinmischen gedacht war, der so genannte Reliefkrater. Auf seinen filigranen Reliefs tummeln sich zwischen Blütenranken Tiere und jagende Eroten. Neben herrlichen Bechern in vielfältigen Formen birgt der Schatz Schalen mit Darstellungen der Göttin Athena oder des Helden Herakles, einen Humpen mit Tierkampfszenen und vieles mehr. Ein fein gearbeiteter

So kann man sich das Lagerleben des römischen Waldgirmes mitten im Germanenland vorstellen: Auf dem Forum ist Markttag. Germanen treiben Vieh heran, bieten ihre Keramik an und handeln mit römischen Händlern um die Wunderwaren aus dem Süden, wahrscheinlich Glas, Schmuck und römische Töpferware. In den wenigen Jahren seiner Existenz bot das Lager ein sehr ziviles Bild.

Dreifuß mit einer Platte diente als Serviertisch. Wie immer die Hildesheimer Silberstücke nach Germanien kamen, als Mitbringsel eines Barbaren, als aufwändiger Hausrat eines Legionsoffiziers oder als Beutestücke – wer sie besaß, musste sich um sein Prestige im Stamm keine Sorgen machen.

Die unterworfenen Germanen hatten aber auch Tribute zu zahlen; so lieferten die Friesen Felle. Hinzu kam als übliches Sicherheitspfand die Stellung von Geiseln, die sich aus den Knaben der Aristokratie rekrutierten. Sie konnten zudem als romanisierte Germanen zu ihrem Stamm zurückgeschickt werden. Schließlich hatten die Germanen Truppen zu stellen, die auf Seiten Roms kämpften. So mancher Germane zog nur zu gern für guten Sold im Dienste des Kaisers in den Krieg.

Cassius Dio schildert die Situation unter den Germanen in den ersten Jahren nach der Zeitenwende so: »Die Barbaren passten sich der römischen Lebensweise an, besuchten die Marktplätze und hielten friedliche Zusammenkünfte ab. Allerdings hatten sie nicht die Sitten ihrer Väter, ihr angeborenes Wesen, ihre unabhängige Lebensweise und die Macht ihrer Waffen vergessen. Solange sie aber nur allmählich und auf behutsame Weise hierin umlernten, fiel ihnen der Wechsel ihrer Lebensweise nicht schwer, ja sie fühlten die Veränderung nicht einmal.«

Statthalter Varus:
Germanien soll Teil des Römischen Reiches werden

In dieser Situation allmählicher Romanisierung wurde im Jahre 7 Publius Quinctilius Varus Statthalter in Germanien. Der Patrizier mit verwandtschaftlichen Verbindungen zum Kaiserhaus war damals Anfang fünfzig und konnte auf eine Reihe von Ämtern in vielen Teilen des Römischen Reiches zurückblicken: So übernahm er Aufgaben in der nordafrikanischen Provinz Africa und war Statthalter in Syrien, wo er einen jüdischen Aufstand in Jerusalem niederschlug. Trotzdem galt er mehr als Mann der Verwaltung, dem eher ein sanftes Gemüt nachgesagt wurde und der für das überschaubare Lagerleben geeigneter schien als für den Kampf. Gerade deshalb war er als Machthaber geeignet, denn die Germanen hatten in letzter Zeit ihre Friedfertigkeit und ihren Kooperationswillen gezeigt. Und traten nicht immer mehr Barbaren in die Hilfsverbände der Legionen ein? Verkehrten nicht Männer vieler Stämme in den rheinischen Militärlagern und Siedlungen? Hatte man nicht in den meisten Völkerschaften Häuptlinge gefunden, die für Rom gewonnen waren – durch offizielle Titel, durch Freundschaftsbekundungen, durch reiche Geschenke, durch die Erziehung ihrer Söhne? Stand Germanien nicht an der Schwelle zum Status einer römischen Provinz wie Gallien?

Dementsprechend ging Varus vor. Er stützte sich auf die Legionen und sah seine eigentliche Aufgabe in der Schaffung eines Verwaltungsapparates und in der Durchsetzung des römischen Rechts. Ob Friese oder Chattuarier, ob Marser oder Brukterer, ob Chatte oder Cherusker – jeder hatte das Gesetz des Kaisers zu respektieren. Es garantierte ein friedliches Zusammenleben sowie Wege und Marktplätze, in denen Händler in Ruhe ihren Geschäften nachgehen konnten.

Wie weit sich Varus schon glaubte, zeigt die Errichtung einer »Ara Ubiorum« in der frühkölnischen Ubiersiedlung, einer zentralen Kultstätte, wo der Kaiser als gottgleiches Wesen verehrt wurde. Dieser religiöse Mittelpunkt galt für das rechtsrheinische Germanien, und ein junger Adliger aus dem Stamme der Cherusker, Segimundus, soll der Priester dieser römischen Weihestätte für die Barbaren gewesen sein. Zugleich baute der Statthalter die Präsenz seiner Legionen weiter aus:

Vor allem entlang der Lippe entstanden mehrere Lager, deren Zentrum das Hauptlager von Haltern war. Darüber hinaus existierten Marinebasen, in denen die Boote in Schiffshäusern geschützt an Land lagen und gewartet werden konnten.

Auch in Haltern an der Lippe, dessen Reste ausgegraben wurden, lag eine derartige Basis. Das fast rechteckige Lager befand sich auf einer Anhöhe darüber und wurde von einer Mauer sowie Gräben geschützt. Aber es war nicht nur zweckmäßig, sondern auch repräsentativ, davon zeugt das »Praetorium« als Wohnhaus des Kommandanten oder die »Principia« als Gebäude des Legionsstabes. Auch die Kasernen für die Soldaten und die Häuser für die Offiziere, ein Lazarett, ein Tempel und zivile Werkstätten beweisen dies. Die Fülle an Prachtbauten ist außergewöhnlich für ein Legionslager. Neben Zeugnissen für gehobenen römischen Wohnkomfort, etwa Bleirohre für Wasserleitungen und teure Keramik, ist sie ein Indiz dafür, dass Varus diesen Teil Germaniens nicht mehr als akutes Kampfgebiet ansah. In Haltern sollten bald die Grundsteine für eine Römerstadt an der Lippe gelegt werden. Der Statthalter Roms sah sich auf dem besten Weg, der Provinz Gallia eine Germania Romana zur Seite zu stellen.

Arminius: ein Paraderömer?

Der Traum währte zwei Jahre, dann endete er blutig mit Tausenden römischer Toter, mit der Vernichtung sämtlicher Lager und Marktplätze rechts des Rheins. Brandschichten legen noch heute Zeugnis davon ab.

Und Varus? Ihn erwartete nicht etwa Ruhm als Gründungsvater des römischen Germanien, sondern ein elender Tod und die Verdammung der antiken Geschichtsschreiber. Schwerfällig sei er gewesen, töricht und korrupt. Sprichwörtlich hieß es von seiner syrischen Statthalterschaft, arm sei er in eine reiche Provinz gekommen und reich habe er eine arme Provinz verlassen! In Gier und Dummheit habe er die germanischen Stämme falsch eingeschätzt. Er glaubte, Menschen vor sich zu haben, die außer Sprache und Aussehen nichts Menschliches an sich hätten. Gleichwohl meinte er, wer sich mit dem Schwert nicht zähmen lasse, könne durch das Recht besänftigt werden. Er behandelte sie nicht nur wie Untertanen, sondern wie Unterworfene, denen man beliebig Tribute abverlangen könne. Auf diese Weise reizte er sie in kurzer Zeit so sehr, dass ihre Geduld ein Ende fand und die Katastrophe ihren Lauf nahm.

Diese Katastrophe hat einen Namen, der bis heute in Deutschland mit einem der wichtigsten Ereignisse der vermeintlich nationalen Geschichte verbunden wird: die Schlacht im Teutoburger Wald im Jahre 9 nach Chr. Ihr siegreicher Held ist »Hermann der Cherusker«, dem 1875 bei Detmold ein monumentales Denkmal von mehr als 53 Metern Höhe gesetzt wurde (siehe auch S. 263). Die Bronzefigur des ersten Befreiers der »Deutschen« trägt einen Flügelhelm und reckt mit der Rechten ein elf Zentner schweres Schwert in den Himmel. Mehr als 125 Jahre nach der Einweihung, bei der Kaiser Wilhelm I. höchstpersönlich sich die Ehre gab, ist das wilhelminische Monstrum noch immer ein beliebtes Ausflugsziel. Historisch ist jedoch nichts Wahres an dem Riesengermanen: Ein Flügelhelm, eher in den Fundus einer Wagneroper passend, wurde nie von einem Germanen getragen. Den Recken Hermann hat es nie gegeben, allenfalls hieß er Arminius, und der erste »deutsche« Nationalheld war er auch nicht; denn bis die Deutschen sich selbst entdeckten, sollten noch 1000 Jahre vergehen. Mittlerweile weiß man auch, dass die Schlacht im Teutoburger Wald gar nicht in diesem bis ins 17. Jahrhundert Osning genannten Mittelgebirge stattgefunden hat, sondern lediglich in dessen weiterer Umgebung. Als historische Tatsache des Jahres 9 bleibt aber eine in der Tat denkwürdige Niederlage Roms.

Die Ereignisse dieses Jahres rücken einen germanischen Stamm ins Licht der Geschichte und mit ihm einige Personen. Zum ersten Mal treten in der antiken Geschichtsschreibung Germanen als Persönlichkeiten stärker hervor. Die Cherusker, was »Hirschleute« bedeuten könnte, siedelten im Gebiet von Teutoburger Wald und Weser, etwa bis zum Harz. Den Römern ging der Stamm lange Zeit aus dem Weg.

Für seine Berühmtheit mag ein Vertrag verantwortlich sein, in dem Tiberius auf dem Germanienfeldzug die Cherusker zu Verbündeten machte. Die vornehmste Sippe des Stammes war von diesem Entschluss offenbar überzeugt, denn der Gauhäuptling Sigimer ließ zwei seiner Söhne in römische Dienste treten. Sie wurden so integriert, dass nur ihre lateinischen Namen überliefert sind: Flavus und Arminius. Beide kämpften als römische Offiziere in den Heeren Roms, und von Letzterem wissen wir, dass er eine herausragende Karriere machte: Unter anderem bewies er beim Pannonischen Aufstand seine Treue und seinen Mut, vielleicht sogar in der Funktion eines Präfekten über cheruskische Auxiliareinheiten, also Hilfstruppen. Arminius kannte sich aus in der römischen Welt, mit Sicherheit in den Provinzen, vielleicht sogar in Rom. Die lateinische Sprache beherrschte er fließend. Selbst vor Römern dürfte er eine gute Figur gemacht haben, besaß er doch das römische Bürgerrecht und den Rang eines Ritters. Dennoch zeigte er auch seine barbarische Seite, so als er dem Häuptling Segestes dessen Tochter Thusnelda raubte und sie zur Frau nahm. Dies lässt tief in die Stammesbräuche blicken und brachte Arminius die Todfeindschaft seines Schwiegervaters ein.

Aus Pannonien zurückgekehrt bewies er weiterhin seine Verbundenheit zu Rom, denn er bewegte sich im unmittelbaren Umfeld des Varus und begleitete ihn auf seinen Zügen durch das Land. Arminius und sein Vater Sigimer werden sogar als Tischgäste des Statthalters bezeichnet. Er scheint ihnen vollständig vertraut zu haben, vor allem Arminius, der ihm lateinisch sprechend und als Römer gekleidet gegenübertrat. In den Plänen des Varus spielte er eine wichtige Rolle und sollte im zukünftigen Provinzialgermanien zentrale Aufgaben übernehmen.

Dies alles änderte sich schlagartig im Spätsommer des Jahres 9. Die römischen Historiker werfen dem Statthalter bodenlosen Leichtsinn und eine völlige Verkennung der Situation vor: Er vertraute den Germanen blindlings, wo sie doch bei aller Wildheit äußerst schlau seien und zudem von Geburt an zur Lüge neigten. So vermieden sie zwar den offenen Aufstand, weil sie am Rhein und im Inneren Germaniens die römischen Legionen wussten. Sie täuschten vor, hinter allen Forderungen des Varus zu stehen. In Wahrheit aber wollten die Stammeshäuptlinge wieder ihre traditionelle Macht erringen und die fremde Tyrannei beenden.

Folgende konkrete Ereignisse sind überliefert: Die germanischen Adligen, vor allem die Cherusker, hatten Varus ihre vollständige Loyalität zugesichert. Sie vermittelten ihm den Eindruck, auch ohne militärische Gewalt seinen Anordnungen und den Gesetzen Roms zu folgen. Auf diese Weise lockten sie ihn weit in das Gebiet der Cherusker bis zur Weser. Der Anführer dieser Verschwörung war ausgerechnet Arminius. Der Fast-Römer, der römische Offizier und Kenner des kaiserlichen Heeres redete wortreich davon, dass die Legionen mit ihren Hilfstruppen besiegt werden könnten. Dazu bot er die richtige Strategie an – unter einer Bedingung: Den Oberbefehl über die Verbände der Aufständischen sollte er führen. Nur Übersicht und römische Disziplin gewährleisteten den Erfolg des gesamten Unternehmens.

Die Katastrophe im Teutoburger Wald

Das Vertrauen des Varus muss grenzenlos gewesen sein. Ausdrücklich wurde er vorher von germanischer Seite gewarnt, man berichtete ihm von den Übereinkünften der Verschwörer und benannte Arminius als deren Anführer: »Dies wurde Varus durch einen treuen Mann aus berühmter cheruskischer Familie, Segestes nämlich, angezeigt. Doch das Schicksal hatte ihm jeglichen Verstand genommen. Er weigerte sich, der Sache Glauben zu schenken, und erklärte, dass er die Erwartung auf Loyalität ihm gegenüber nach den Verdiensten eines Mannes einschätze.« Varus nahm Arminius in Schutz, weil er natürlich das feindliche Verhältnis zwischen Schwiegervater und Schwiegersohn kannte und in den Vorwürfen des Ersteren lediglich dreiste und plumpe Angriffe sah. Der Rom stets loyale Segestes musste die brüske Abweisung bitter zur Kenntnis nehmen.

Im Sommer zog Varus mit der 17., 18. und 19. Legion und ebenso vielen Reitereinheiten und Infanteriekohorten als Hilfstruppen von den Lagern an Rhein und Lippe ins Land der Cherusker. Der kilometerlange Heerwurm von 20 000 bis 30 000 Mann schleppte noch einen hinderlichen Tross von Frauen, Kindern und Zivilisten mit sich. Auch dies war ein Zeichen, dass der Statthalter eher an Repräsentation denn an Krieg dachte. Von germanischer Seite hatte man ihn um Hilfe gebeten. Er möge Truppen in entlegene Stammesgebiete schicken, die dort für Ruhe und Ordnung sorgen könnten. Auch sollte er gegen herumziehende Räuberbanden vorgehen und schließlich Nahrungslieferungen an die Germanen sichern. Daraufhin teilte Varus seine Truppen auf, was aus militärischer Sicht ein unentschuldbarer Leichtsinn war. Aber der Römer verstand sich eben weniger als Soldat denn als Ordnungsstifter einer dem Gesetz gehorchenden Gesellschaft.

Gegen Ende des Sommers teilten ihm die Cherusker mit, weit entlegen an der Weser hätten sich Stämme erhoben und sorgten für erhebliche Unruhe. Ein solches Vergehen gegen die öffentliche Ordnung schien Varus bedenklicher als der nahende Einbruch der dunkleren, kälteren und regenreichen Jahreszeit zu sein. Er brach also mit dem gesamten Heer in östlicher Richtung auf, um ein für alle Mal für Ruhe zu sorgen. Von Anfang an war Arminius mit anderen germanischen Edlen und eigenen Truppen beim römischen Heer und begleitete Varus als Ratgeber. Nun verabschiedete er sich, denn die unruhigen Stämme gehörten zu seinem Plan. Mit diesem Argument sollte der römische Heerzug in die Falle gelockt werden. Die germanischen Begleiter blieben kurze Zeit nach dem Aufbruch zurück, um angeblich die Streitkräfte der mit Rom Verbündeten zusammenzuziehen und Varus gegebenenfalls so schnell wie möglich zu Hilfe zu kommen. Doch kaum hatten sie sich vom Haupttheereszug getrennt, töteten sie die bei ihnen verbliebenen römischen Soldaten.

Ahnungslos machte sich Varus nach der enttäuschenden Expedition – natürlich hatte man die Aufrührer nicht gefunden – auf den Rückweg.

Es war mittlerweile September geworden und dementsprechend widrig waren die Umstände, wie sie der Historiker Cassius Dio schildert:

»Das Gebirge war reich an Schluchten und uneben, die Bäume standen dicht und waren sehr hoch gewachsen, sodass die Römer schon vor dem feindlichen Überfall mit dem Fällen der Bäume, dem Bauen von Wegen und Brücken, wo es erforderlich war, große Mühe hatten. Sie führten zudem viele Wagen und Lasttiere mit sich, als seien sie im Frieden. Dazu folgten ihnen nicht wenige Kinder und Frauen sowie der übrige riesige Tross. Schon deshalb mussten sie weit auseinander gezogen marschieren. Gleichzeitig brachen heftiger Regen und Unwetter los und zersprengten sie noch mehr. Der Boden, der um die Wurzeln und unten um die Baumstämme schlüpfrig geworden war, machte jeden einzelnen Schritt für sie zu einer Gefahr, und abgebrochene und herabstürzende Baumkronen schufen ein großes Durcheinander. Während sich die Römer in einer solchen verzweifelten Lage befanden, kreisten sie die Barbaren, die alle Pfade kannten und plötzlich selbst aus den dichtesten Wäldern hervorkamen, von allen Seiten ein. Anfangs schossen sie nur aus der Weite, dann aber, als sich keiner wehrte und viele verwundet wurden, begannen sie den Nahkampf. Denn da die Römer nicht geordnet marschierten, sondern mitten zwischen den Wagen und dem unbewaffneten Tross, sich zudem nicht leicht formieren konnten und darum den immer wieder angreifenden Feinden jeweils an Zahl unterlegen waren, erlitten sie viele Verluste, ohne selbst dagegen irgendetwas auszurichten. Als sie einen geeigneten Platz gefunden hatten, soweit dies in einem Waldgebirge überhaupt möglich war, schlugen sie dort ein Lager auf. Sie verbrannten die meisten Wagen und alles andere, was sie nicht unbedingt brauchten, oder ließen es zurück. Am nächsten Morgen brachen sie in besserer Ordnung auf, sodass sie bis zu einer Lichtung kamen; doch ihr Abzug war nicht ohne Verluste vor sich gegangen. Von dort brachen sie erneut auf und gerieten wieder in die Wälder. Sie wehrten sich zwar gegen ihre Angreifer, doch brachte gerade dies ihnen Verluste; denn wenn sich auf dem engen Raum Reiter und Fußsoldaten zusammenschlossen, um sie anzugreifen, kamen sie zu Fall, weil sie entweder übereinander oder auch über die Baumwurzeln stolperten. So brach der vierte Tag ihres Marsches an, als wiederum starker Regen und furchtbarer Sturm aufkamen, sodass sie weder vorwärts kommen noch gesichert auf der Stelle stehen, ja nicht einmal ihre Waffen nutzen konnten. Denn Pfeile, Wurfspieße, selbst die Schilde waren, da völlig durchnässt, kaum zu benutzen. Die Feinde dagegen, die größtenteils leicht bewaffnet waren und ohne Gefahr die Möglichkeit zum Angriff und Rückzug hatten, traf das weniger. Dazu konnten sie die Römer leicht umzingeln und niederhauen.

Denn ihre Anzahl nahm stetig zu, die der Unsrigen nahm ab. Da entschlossen sich Varus und die anderen hohen Offiziere aus Furcht, lebendig gefangen oder gar von ihren erbittertsten Feinden umgebracht zu werden, zumal sie bereits verwundet waren, zu einer schrecklichen, aber notwendigen Tat: Sie töteten sich selbst. Als dies bekannt wurde, da gab auch jeder andere, selbst wenn er noch bei Kräften war, seinen Widerstand auf. Die einen folgten dem Beispiel des Feldherrn, die anderen warfen die Waffen weg und ließen sich von dem ersten Besten töten, denn an Flucht war nicht zu denken, selbst wenn man es gewollt hätte. So wurde denn ohne eigene Gefahr alles niedergemetzelt.«

Andere Quellen bestätigen diese Darstellung: Varus habe mehr Mut zum Selbstmord als zum Kampf gehabt. Ein anderer Offizier gab ein unrühmliches Beispiel, indem er kapitulierte, dem Opfertod gewiss. Ein Dritter schließlich verhielt sich schlichtweg feige, weil er mit der Reiterei fluchtartig abrückte und die noch um ihr Leben kämpfenden Legionäre ihrem Schicksal überließ. Wer dem Gemetzel entging und in die Hände der Germanen fiel, den erwarteten furchtbare Foltern und ein grausamer Tod: »Den einen stachen sie die Augen aus, den anderen hieben sie die Hände ab; einem wurde der Mund zugenäht, vorher aber die Zunge herausgeschnitten. Diese hielt der Barbar in der Hand und sagte: ›Endlich hast du Natter aufgehört zu zischen.‹« Dem verstümmelten Leichnam des Varus wurde der Kopf abgeschlagen. Arminius ließ ihn als Zeichen seines Triumphes zu Marbod bringen. Der selbst in dieser Situation vorsichtige Markomannenkönig sandte ihn zu Augustus nach Rom, wo er im Grab seiner Familie beigesetzt wurde.

Rätsel um den Ort der Varusschlacht

Wo aber fand dieses Massaker statt? Tacitus gibt in seinen *Annalen* am Ende des 1. Jahrhunderts eine vage Ortsangabe. Jahre später sei ein römisches Heer in diese Gegend gekommen, habe die äußersten Teile des Bruktererlandes erreicht und dort im Land zwischen Ems und Lippe alles verwüstet. Das sei nicht weit vom Teutoburger Wald gewesen (»haud procul Teutoburgiensi saltu«), in dem die Überreste des Varus und seiner Legionäre noch unbestattet lagen. Seitdem sich die das vermeintliche deutsche Erbe suchenden Humanisten um 1500 mit dem römischen Historiker beschäftigten, stellte sich die große Frage, wo denn der berühmte Schlachtort gelegen haben könnte. Seit dem 17. Jahrhundert glaubte man den Teutoburger Wald eindeutig identifizieren zu können und gab ihm den alten Namen, den er noch heute trägt. Die Methoden und Theorien der Schlachtfeldsuche haben sich seitdem verfeinert, allein fündig ist man dadurch nicht geworden.

Der Hypothesen gab es Hunderte, kaum ein Ort zwischen Ruhr und Hunte, zwischen Ems und Weser, der nicht auf seine Schlachttauglichkeit geprüft wurde: Werl und Veldrom, Damme und Dümmer, Habichtswald und Dörenschlucht und so weiter. Mancher begeisterte Heimatforscher hatte sich zur Lebensaufgabe gemacht, den Platz zu finden, wo die letzte Stunde des Varus schlug. Aus der Zeit vor 2000 Jahren kam so gut wie keine Hilfe. Als einzigen archäologischen Beweis der Schlacht fand man im alten Legionslager von Xanten einen Gedenkstein. Er erinnert an Marcus Caelius, einen Zenturio der 18. Legion, der mit seinem Oberbefehlshaber in jenem schrecklichen September des Jahres 9 gefallen war. »Bello Variano« heißt es in der Inschrift, »im Varuskrieg«. Aber wo die Schlacht stattgefunden hat, vermeldet auch sie nicht.

Klarheit bestand schon lange darüber, dass die Schlacht kein konzentrierter Kampf gewesen sein konnte. An einem übersichtlichen Ort hätten sich die Legionen in gewohnter Weise wie die Soldaten des Teutonenbezwingers Marius aufstellen können. Doch die letzte Schlacht des Varus war ein Marschgefecht, das sich vier Tage hinzog und sich auf einer Strecke von etwa 20 Kilometern abspielte.

Die vielleicht wichtigste Stelle dieses langen Gemetzels hat man 1987 gefunden. Sie liegt 16 Kilometer nordöstlich von Osnabrück am nördlichen Rand des Wiehengebirges und ist damit ein gutes Stück vom Teutoburger Wald entfernt. Die Kalkrieser-Niewedder Senke erstreckt sich über sechs Kilometer in West-Ost-Ausdehnung zwischen den Flüssen Hase und Hunte, nicht weit vom Ort Bramsche entfernt. Noch heute muss man Arminius über die strategische Auswahl dieser Stelle Anerkennung zollen, denn das Große Moor im Norden und der Kalkrieser Berg im Süden bilden in der Senke einen Engpass, der an seiner schmalsten Stelle gerade einen Kilometer breit ist. Diesen musste das Heer des Varus auf dem Rückweg von der Weser passieren. Sie bewegten sich damit auf einer bedeutenden Route, die vom römischen Grenzsaum am Rhein nach Osten in die Tiefe Germaniens führte und auf der auch die barbarischen Stämme verkehrten. Der römischen Besatzung muss diese Verbindung zwischen Ems und Weser bekannt gewesen sein. Varus bewegte sich also nicht in unbekannter Wildnis, sondern auf dem üblichen Trampelpfad.

Für die Cherusker und ihre Verbündeten war entscheidend, genau an der richtigen Stelle zuzuschlagen. Die Römer konnten hier nur vorwärts marschieren, denn rechts von ihnen lag das unzugängliche Sumpfgebiet und links war der Abhang des Berges. Ihn hätte man

zwar hinaufstürmen können, aber die Germanen hatten vorgesorgt:
Sie hatten aus Grassoden über einen halben Kilometer einen zwei Meter hohen Wall errichtet, hinter dem sie sich verbergen und ihre Speere
schleudern konnten. Somit war die Falle perfekt. Den östlichen Zugang zur Senke machten germanische Krieger dicht, am westlichen
Ausgang lagen sie in Bereitschaft. In der Senke waren die Legionäre
und ihre Hilfstruppen schutzlos den Angriffen vom Berg ausgesetzt.
Verzweifelt versuchten sie, den Wall zu nehmen. Es gelang ihnen nicht.
Eine Verbindung zwischen Varus und seinen Offizieren dürfte kaum
möglich gewesen sein. Von Unstimmigkeiten und Fehlern, von Feig-
heit und Flucht berichten die antiken Autoren. Die Überlebenden vermochten sich aus der Senke zu retten, verloren aber die Orientierung
oder waren sich uneinig. Ihre Spuren teilen sich in Richtung der Hase.
Ein Teil verlief sich in völlig unzugängliches Gelände und wurde vernichtet. Ein anderer konnte sich zwar länger behaupten, hatte aber
ebenfalls keine Chance. Für das Varusheer war dies eine furchtbare
Katastrophe.

Weit verstreut fanden sich römische Münzen im Boden, in Gold, Silber und Kupfer, das als Kleingeld des Alltags benutzt wurde. Tausende
Menschen trugen ihre Barschaft mit sich, ihren Sold und ihr Ersparres.
Viele versuchten, ihre kleinen Schätze zu verbergen, sicher in der Hoffnung, sie später retten zu können. Dass hier ein Heer Roms zugrunde
ging, belegen die Spuren deutlich: Archäologen konnten sogar winzige
Teile der Kleidung und Ausrüstung von Legionären und ihren Hilfstruppen zuordnen. Sie identifizierten die eisernen Sohlennägel der
typischen Ledersandalen, Helmbuschträger als Teile von Infanterie-
helmen, Relikte der Panzer, die Legionäre trugen, bronzene Rand-
einfassungen der Holzschilde, deren restliches – organisches – Material
verrottet ist. An Waffenresten gab die Erde Schleuderbleie, Fragmente
von Dolchen, Schwertern und Speeren preis. Dem Tross zuordnen
kann man Waagen mit ihren Gewichten, Tonscherben, die früher einmal Geschirr bildeten, Schlüssel, Schreibgeräte, Spielsteine, die einst
zur Unterhaltung dienten. Ein Silberlöffel wird zum Essbesteck eines
Offiziers gehört haben. Dass im Heer des Varus mindestens ein Me-
dicus gewirkt hat – mit Sicherheit waren es mehrere – beweisen ein
so genannter Knochenheber und ein chirurgisches Messer.

Auch die Reste eines Maultierwagens nebst dem Zugtier selbst über-
dauerten die Jahrtausende. Einen besonders wertvollen Fund stellt die
eiserne, ursprünglich mit Silber überzogene Maske eines Gesichts-
helms dar. Sie wurde keine Beute der Germanen, weil sie unter einem
Teil des eingestürzten Walls lag. Der Fundplatz belegt die Dramatik
des Kampfes. Bis hier oben hatte ein römischer Offizier seine Männer

geführt, um die Cherusker und ihre Verbündeten anzugreifen. Aber umsonst: Er fiel, und seine Prunkmaske wurde verschüttet. Sie blieb als metallenes Antlitz des Verzweiflungskampfes erhalten. Inzwischen wurden in Kalkriese die Überreste menschlicher Gebeine gefunden.

Auch die archäologische Datierung dieser Funde passt exakt zum Jahre 9. Darum kann es kaum noch Zweifel geben: Kalkriese stellt zumindest einen Teil der Schlacht im vermeintlichen Teutoburger Wald dar. Auf ihren Spuren werden die Archäologen sicher auf weitere Funde und manche Überraschung stoßen.

Die Folgen der Schlacht

Die sicher geglaubte römische Kontrolle über die germanischen Gebiete zwischen Rhein und Elbe brach mit der Varusschlacht völlig zusammen. Alle Kastelle und Marktplätze in Germanien wurden überrannt oder von den Römern eiligst aufgegeben. Um sie nicht den Barbaren in die Hände fallen zu lassen, legten ihre bisherigen Herren selbst dort Feuer. Einzig Haltern an der Lippe scheint sich noch einige Zeit unter germanischer Belagerung gehalten zu haben. Arminius ließ die Köpfe getöteter Legionäre aufspießen und als grausiges Zeichen seines Triumphs ans Lager herantragen. Gequält von solchen Aktionen, von Hunger und stürmischem Wetter, wagten die Römer schließlich in einer Nacht mit Frauen und Kindern einen Ausfall, der ihnen sogar gelang. Sie erreichten den Rhein und damit die Sicherheit der Legionslager.

Diese Rettung war ein kleiner Lichtblick inmitten der Katastrophe. Die Geschichtsschreiber schildern dementsprechend die Reaktionen in Rom. Nicht nur verfiel der alternde und kränkelnde Augustus in die sprichwörtlich gewordenen Klagerufe »Varus, Varus, gib mir meine Legionen wieder«. Er zerriss sich seine Kleidung und fiel in tiefen Schmerz angesichts des Verlustes von drei Eliteeinheiten. Bezeichnend ist, dass diese drei Legionen nie wieder aufgestellt wurden. Ihre Namen blieben Erinnerungen an die schreckliche Niederlage. Da nun Gefahr für Gallien, Italien und sogar für Rom drohte, ließ Augustus mit Massenaushebungen von Männern im wehrfähigen Alter beginnen, unter Androhung von Vermögenseinziehung und Verlust der Bürgerrechte. Sogar zu Hinrichtungen soll es gekommen sein. Die Germanen, die in Rom als Soldaten Dienst taten oder aus anderen Gründen in der Stadt lebten, wurden deportiert und mussten die Hauptstadt sofort verlassen. Feierlichkeiten und Volksfeste sagte man ab. Rom war mit seinem vergöttlichten Herrscher in tiefer Trauer und Sorge.

Die Germanen gewannen derweil zwischen Rhein und Elbe ihre Stammesfreiheit zurück. Auch wenn wenige Jahre später Roms Legionen noch einmal auf Vergeltungszügen ihre Gebiete durchzogen, wurde das große Ziel der Provinzialisierung Germaniens doch aufgegeben. Dies hatte weit reichende Konsequenzen für das spätere Deutschland und Europa: Eine konsequente Romanisierung wie in Gallien fand östlich des Rheins nicht statt. Eine Folge davon ist die Tatsache, dass es in Mitteleuropa romanische Sprachen wie das Französische und germanische Sprachen wie das Deutsche und Niederländische gibt. Die westlichen Germanen blieben sich vorerst selbst treu und verwandelten sich doch. Auch wenn sie der römischen Herrschaft nicht unterworfen waren, so waren sie dennoch ohne Rom nicht mehr denkbar. Die Römer kamen nicht mehr nach Germanien, aber die Germanen kamen ins Römische Reich.

Die Motive des Varusbezwingers

Nach der Vertreibung der Römer erlebten alte germanische Traditionen und alter Glaube, die alte Herrlichkeit des Kriegers ihre Wiedergeburt. Die Feinde Roms hatten das Sagen, im Mittelpunkt stand Arminius, der Sieger des Kampfes gegen Varus. Seine Gestalt beschäftigte immer wieder die Literatur, die Kunst und die Wissenschaft. »Befreier Germaniens« nannte ihn schon Tacitus, und in der Neuzeit ist man dem Römer häufig in dieser Benennung gefolgt. Ob der Cherusker das wirklich sein wollte, ist äußerst fraglich. Schließlich war er zunächst ein loyaler Römerfreund und gehörte zu den Gewinnern der römischen Herrschaft. Warum brachte gerade er Rom seine katastrophalste Niederlage gegen die Germanen bei?

Sein überraschender Wechsel erinnert an moderne Verhältnisse, die ähnliche Überraschungen bieten: Nicht wenige der Freiheitskämpfer der Dritten Welt oder viele Führer des islamischen Fundamentalismus kannten die westlichen Länder, hatten lange in ihnen gelebt und waren mit dem amerikanischen oder europäischen Leben bestens vertraut. Und trotzdem wurden sie zum Gegner der westlichen Werte oder der Kolonialherrschaft. Ähnlich kannte Arminius die Vorteile der römischen Zivilisation und die Nachteile seiner cheruskischen Stammeskultur. Diese Vorteile wollte er auf sein Volk übertragen, allerdings ohne die Herrschaft Roms. Sicherlich sah er sich anfangs nicht als der mögliche Freiheitsheld der unzähligen germanischen Völkerschaften. Vielleicht wollte er nur einen Aufstand der Hilfstruppen im römischen

Dienst anzetteln, um dann – was nicht ungewöhnlich war – über bessere Soldkonditionen zu verhandeln. War dies seine ursprüngliche Absicht, missriet sie ihm völlig. Nachdem man drei Legionen massakriert hatte, konnte man schlecht als »Tarifpartner« argumentieren.

Denkbar ist, dass sich der selbstbewusste Halbrömer von einem Zeitgenossen inspirieren ließ. Der Markomanne Marbod hatte gezeigt, dass man im Schatten des Imperium Romanum ein machtvolles germanisches Königtum aufbauen konnte. Damit wollte auch Arminius sein Heil versuchen. Dieses für Germanen zu allen Zeiten wichtige Heil verband sich mit dem Sieger, mit dem Erfolgreichen. Ihm waren die Götter gewogen. So entschloss sich der ehrgeizige Cherusker zu einer anderen Karriere als der im Dienste Roms. Er wollte nach römischem Vorbild germanischer König werden, Herrscher über möglichst viele Stämme, Bezwinger des renitenten Adels und Nachfolger Marbods. Darum schickte er diesem als grausiges Siegeszeichen den Kopf des Varus, um ihm zu zeigen: Sieh her! Mein Heil und mein Ruhm sind größer als deine Taten! Ich habe den Kampf aufgenommen, und ich war siegreich. Seitdem er den Schädel des Statthalters erblickt hatte, wusste der Markomanne, dass ihm neben Rom ein gefährlicherer Feind erwachsen war: Arminius.

Rachefeldzüge der Römer

Arminius galt mit einem Mal in Rom als der gefährlichere Feind, dem dringend Einhalt zu gebieten war. Wiederum schickte der Kaiser Tiberius an den Rhein, denn er konnte als Grenze gehalten werden. Größere germanische Verbände versuchten zu keinem Zeitpunkt, ihn zu überqueren. Ein Zeichen dafür, dass Arminius zuerst versuchen musste, das erneut entfachte Stammeschaos zu ordnen und seine Macht zu konsolidieren. Tiberius nutzte die Chance und ordnete das Heer im Rheinland neu, wobei er seine Stärke auf acht Legionen erhöhte. Legionslager und Kastelle wurden ausgebaut und verstärkt, auch vor Strafzügen nach Germanien schreckte er nicht zurück. Der Feldherr war dabei vorsichtig genug, so viel Land wie möglich zu verwüsten, ohne seine Truppen in Gefahr zu bringen.

Bald schon trat ihm ein junger Mann zur Seite, der die Galerie der römischen Germanenkämpfer unter Augustus komplettieren sollte: Germanicus, Sohn des Drusus und Adoptivsohn des Tiberius, kampferprobt und willens, seinem Vater wie seinem Namen alle Ehre zu machen. Im Jahre 13 übernahm er den Oberbefehl am Rhein. Ein Jahr später hatte er eine erste große Bewährungsprobe zu bestehen. Kaiser Augustus, der »Erhabene«, der Vergöttlichte, war nach mehr als 40-jähriger Herrschaft gestorben, und Tiberius wurde sein Nachfolger. Wie oft bei Regierungswechseln gärte es in den Legionen und Hilfstruppen, kam es sogar an der gefährdeten Rheingrenze und während einer Expedition nach Germanien zu Meutereien. Germanicus musste befürchten, dass die nichtrömischen Hilfstruppen sich mit germanischen Aufständischen verbündeten. Der Feldherr meisterte die brenzlige Situation, indem er an die Schmach der Varusniederlage erinnerte und den Legionären einen geeigneten Feind anbot: die Marser, einen Stamm, der zwischen Ruhr und Lippe siedelte. Germanicus ließ eine Brücke über den Rhein schlagen und führte 12 000 Legionäre, 26 Kohorten der Bundesgenossen und acht zuverlässige Reiterschwadronen gegen die Germanen.

Diese waren völlig unvorbereitet auf einen römischen Angriff: Einerseits hatten sie von den Meutereien gehört und zudem bereiteten sie ihre Herbstopferfeiern vor, eines ihrer größten Jahresfeste. Die in Eilmärschen herangeführten Truppen des Germanicus umstellten deshalb unbemerkt die Siedlungen der Marser. Weiter heißt es in den *Annalen* des Tacitus, man habe sie mit Posten und Kundschaftern umgeben, während sie noch von den Feierlichkeiten erschöpft waren und nicht einmal Wachtposten aufgestellt hatten. Dann verteilte der Oberbefehlshaber die Legionen in vier Keile, um die Verheerung weit auszudehnen, und ließ ein großes Gebiet »mit Feuer und Schwert« verwüsten. Angeblich wurden weder Frauen noch unbewaffnete Männer, weder Kinder noch Alte geschont. Alle Häuser und Anwesen wurden vernichtet. Die Germanen sahen es als Sakrileg, dass sogar ein der Fruchtbarkeitsgöttin Tanfana geweihtes Heiligtum vernichtet wurde. Hierbei bewiesen die Römer, wie wenig sie gewillt waren, die Regeln und Tabus germanischen Stammeslebens zu achten. Diese untersagten, einen Feind bei religiösen Feiern, in einer für ihn heiligen Zeit, anzugreifen. So aber boten die Marser ein leichtes Opfer für die von Rachegedanken beherrschten Soldaten Roms. Dieser Feldzug endete mit einem Massaker, von dem selbst Tacitus behauptet: »Ohne Verletzung blieben die Soldaten, die Halbschlafende, Unbewaffnete oder Versprengte erschlagen hatten.«

Auf dem Rückweg erlebten die Sieger, wie gefährlich es jederzeit in Germanien werden konnte und wie schnell einem römischen Heer das Schicksal der Varuslegionen drohte. Auf dem Marsch durch Waldgebiete griffen Brukterer, Tubanten und Usipeten den Zug immer wieder dort an, wo er am empfindlichsten war: an den Flanken und bei der Nachhut. Doch Germanicus erwies sich als guter Organisator und

Motivator, denn seine Soldaten, an ihrer Ehre gepackt, widerstanden den Attacken und zogen sich am Waldrand in ein schnell errichtetes Lager zurück. Damit war die Gefahr eines schutzlosen Überfalls gebannt. Der restliche Weg zum Rhein verlief ruhig.

Zwei Jahre noch führte Germanicus Krieg in Germanien, zuletzt mehr getrieben von Ehrgeiz und Rachegedanken als von römischer Politik. Tiberius, der neue Kaiser und alte Germanenkämpfer, drängte immer stärker, von Interventionen jenseits des Rheins abzusehen und die Barbaren ihrer »internae discordiae«, ihrer »inneren Zwietracht«, zu überlassen.

Nach Siegen des Germanicus über die Chatten erreichten Boten aus dem Cheruskerland den Sohn des Drusus. Segestes bat die Römer um dringende Hilfe, was die Situation im Volk der Sieger von Kalkriese zeigte: Weiterhin ging ein Riss quer durch den Stamm. Arminius war bemüht, die Kräfte zu sammeln und die Herrschaft zu übernehmen, aber Männer wie Segestes leisteten ihm erbittert Widerstand. Sie wollten mit Rom verhandeln und an die alten Beziehungen unter der Pax Romana wieder anknüpfen. Dass die Fraktionsgrenzen quer durch die Familien verliefen, bewies die cheruskische Gesandtschaft. Zu ihr gehörte Segimundus, jener Sohn des Segestes, der bei den Ubiern Priester des Kaiseraltars gewesen war. Nachdem er sich auf die Seite des Arminius geschlagen hatte, wurde er nun reumütig von seinem Vater zu Germanicus geschickt, mit der Bitte um Gnade – die ihm auch gewährt wurde. Die Tragik dieser familiären Verstrickungen offenbarte sich, als man ins Cheruskerland zog und den von Anhängern des Arminius belagerten Segestes nebst Verwandten und Gefolgsleuten befreite. Unter ihnen befand sich Thusnelda, die schwangere Frau des Arminius, die Segestes gewissermaßen zurückgeraubt hatte. Sie war ihm nicht freiwillig gefolgt und stand zu ihrem Gatten – ein Zeugnis mehr für die Zerrissenheit der germanischen Stämme.

Die Kämpfe des Arminius gegen Germanicus

Arminius war zutiefst in seiner Ehre verletzt, denn seine Frau und sein Kind waren in der Hand des Feindes. Nie muss ihm Rom verhasster gewesen sein. Umso mehr versuchte der Cherusker, ein germanisches Bündnis auf die Beine zu stellen: Noch sähe man doch in den heiligen Hainen die römischen Feldzeichen, die er, Arminius, den Göttern geweiht habe. Er bete zu den eigenen Gottheiten und nicht wie sein Schwager Segimundus zu einem Kaiser aus Rom. Und er habe doch das

Land zwischen Rhein und Elbe von der Gewaltherrschaft befreit. Mit derartigen Argumenten wiegelte er die Germanen auf. Die Mehrheit der Cherusker und andere Stämme schlossen sich wiederum Arminius an. Dazu gehörte auch sein Onkel Inguiomerus, ein bislang Rom treuer Häuptling.

Germanicus war entschlossen, den germanischen Unruheherd nicht vor sich hin brodeln zu lassen. Mit großem Aufwand folgte er den Spuren seines Vaters und des Tiberius. Den Caecina sandte er mit vierzig Kohorten durch das Bruktererland bis an die Ems. Die Reiterei führte der Präfekt Pedo durch das Gebiet der Friesen. Er selbst ließ vier Legionen einschiffen und fuhr mit ihnen die Lippe aufwärts. Alle drei Truppenteile stießen mitten in Germanien an einem vorher bestimmten Fluss zusammen. Während die Chauken als Verbündete gewonnen wurden, schlug man die Widerstand leistenden Brukterer in die Flucht. Durch ihr Land gelangten die Soldaten schließlich an jene Stelle, wo die Überreste des Varus und seiner Legionen noch unbestattet lagen.

Tacitus hat die düstere Szenerie festgehalten: »Caecina wurde vorgeschickt, um die versteckten Schluchten des Waldgebirges zu durchforschen und Brücken und Dämme in diesem feuchten Sumpfland zu errichten. Dann gelangten sie an die traurigen Stätten, die für den Anblick wie für die Erinnerung grauenvoll waren. Das erste Lager des Varus ließ an seinem großen Umfang und an der Absteckung des zentralen Platzes die Leistung von drei Legionen erkennen. Dann sah man an dem halb eingestürzten Wall und dem niedrigen Graben die Stelle, an der sich die schon zusammengeschmolzenen Reste festgesetzt hatten. Mitten auf dem Feld lagen bleichende Knochen, zerstreut oder haufenweise, je nachdem ob sie von Flüchtigen oder von einer noch Widerstand leistenden Truppe stammten. Daneben lagen zerbrochene Waffen und Pferdegeripp, an Baumstämmen waren Schädel befestigt. In benachbarten Hainen standen die Altäre der Barbaren, an denen sie die Tribunen und die Zenturionen ersten Ranges geschlachtet hatten. Männer, die jene Niederlage überlebt hatten und aus der Schlacht oder der Gefangenschaft entkommen waren, berichteten, hier seien die Legaten gefallen, dort seien die Legionsadler erbeutet worden, wo Varus die erste Wunde erhalten, wo er durch einen mit unseliger Hand selbst geführten Stoß den Tod gefunden habe, von welcher Höhe herab Arminius zu dem versammelten Heer gesprochen, wie viele Kreuzbalken für die Gefangenen, welche Gruben er habe machen lassen, und wie er im Übermut die Feldzeichen und Adler verspottet habe. So bestattete das römische Heer sechs Jahre nach der Niederlage die Gebeine der drei Legionen. Da niemand wusste, ob er die Reste Fremder oder die von Angehörigen mit Erde bedeckte, begruben sie sie alle als Freunde und Verwandte, unter wachsendem Zorn gegen die Feinde, trauernd und zugleich erbittert. Das erste Rasenstück für den Grabhügel legte Germanicus hin. So erwies er den Toten den größten Liebesdienst und bekundete den Lebenden seine Teilnahme an ihrer Trauer.«

Nach diesen Eindrücken musste Germanicus seine Soldaten kaum motivieren. Sein Ziel war, endlich Arminius zu einer Entscheidungsschlacht zu stellen. Aber der wich mit seinen Verbänden stets aus, zog sich in die Wälder zurück und griff nur in unübersichtlichen Situationen an. Mehrfach gerieten die Römer in jenem Sommer des Jahres 15 in prekäre Situationen, die ihnen ein Schicksal wie das ihrer Kameraden sechs Jahre zuvor hätten bescheiden können. Caecina konnte dem auf dem Rückmarsch zum Rhein nur entgehen, weil sich seine Männer verschanzten und es unter den Cheruskern zu Meinungsverschiedenheiten kam. Arminius wollte der bewährten Taktik folgen, die Römer abziehen lassen und sie dann in unwegsamem Gelände angreifen. Diese Strategie erforderte Geduld und Disziplin, wie die Varusschlacht gezeigt hatte. Ausgerechnet Inguiomerus machte einen Gegenvorschlag: Mehr Ruhm verheiße es, das Lager von allen Seiten anzugreifen. Man

Die Germaninnen

Die Germanengesellschaft war eine Männergesellschaft, in der die Männer das politische Leben bestimmten und auch die rechtlichen Verhältnisse zu ihren Gunsten verstanden wurden. Ihre Frauen hat man seit den Zeiten des Tacitus als keusche und züchtige Gattinnen und Mütter gesehen, die sich als Hausherrinnen großer Achtung erfreuten. Allerdings verwendet schon der römische Geschichtsschreiber dieses Bild als Klischee. Sicherlich lebten die Germanen in einer patriarchalischen Ordnung. Die Mehrheit der Frauen ging den Tätigkeiten auf dem Bauernhof nach, und ohne Zweifel konnte sich eine Frau schwerlich einen Ehebruch leisten. Auch beim Abschluss einer Ehe hatte sie wenig mitzureden. Der Brautkauf war üblich, und den Brautraub hatte schon Arminius bei seiner Frau Thusnelda ausgeübt. Ungewiss ist darüber hinaus, inwieweit Frauen erbberechtigt waren.

Trotzdem scheint die Germanin in der Gesellschaft eine bedeutendere Rolle gespielt zu haben, insbesondere die Frauen der Oberschicht. Sie hatten beachtliches persönliches Eigentum, wie allein schon die reichen Grabbeigaben aus vielen Jahrhunderten verraten. Nach der religiösen Verehrung weiblicher Gottheiten wie der Matronen im Rheinland und der Disen in Skandinavien waren die Vorstellungen von Frauen als höheren Schutzmächten unter der Bevölkerung sehr beliebt. Man sprach diesen weiblichen Wesen des Jenseits große Macht zu, die nordeuropäischen Nor-

werde es leicht erobern, werde viele Gefangene und viel Beute machen. Dem stimmten die Krieger begeistert zu. Das Ergebnis war, dass sie den damit rechnenden Römern in die Falle gingen und zu einem großen Teil vernichtet wurden. Inguiomerus verließ den Kampfplatz schwer verletzt. Arminius ritt davon, vermutlich den Kopf schüttelnd über das Unverständnis seiner germanischen Kämpfer. Die Legionen aber waren einer Katastrophe entgangen. Trotzdem endete das Jahr nicht gut, denn ein weiteres Mal war eine römische Flotte auf der Nordsee in größte Seenot geraten und konnte sich nur mit Mühe retten.

Im nächsten Frühjahr bereitete Germanicus alles für den entscheidenden Schlag vor. Er schickte Truppen zu den Chatten, er selbst sicherte erneut die Lippe-Linie, um schließlich im Sommer mit einer Flotte durch den alten Kanal seines Vaters zu fahren und entlang der Küste die Ems anzusteuern. Von dort ging es zu Fuß gegen die Cherusker weiter. An der Weser standen sich die Römer und die Cherusker mit Arminius und anderen Häuptlingen gegenüber. Der erste erbat sich über den Fluss hinweg ein Gespräch mit seinem Bruder Flavus, der treu zu Rom gestanden hatte und nun im Heer des Germanicus

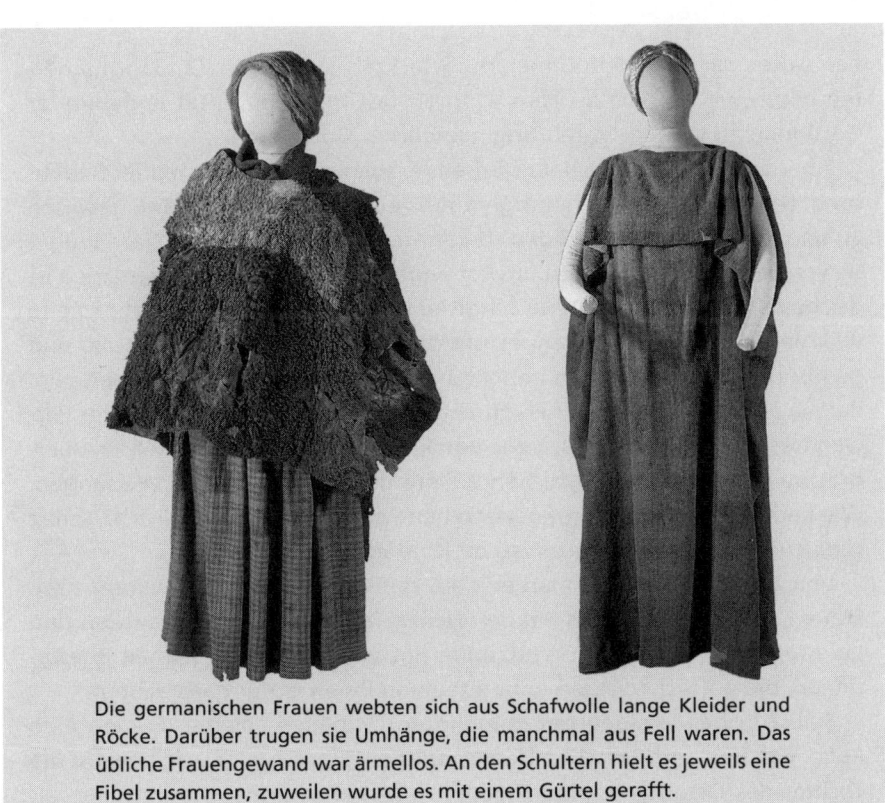

Die germanischen Frauen webten sich aus Schafwolle lange Kleider und Röcke. Darüber trugen sie Umhänge, die manchmal aus Fell waren. Das übliche Frauengewand war ärmellos. An den Schultern hielt es jeweils eine Fibel zusammen, zuweilen wurde es mit einem Gürtel gerafft.

Dienst tat. Tacitus hat uns den kurzen Dialog überliefert: Flavus verwies auf seine Verdienste und die Ehrungen, die er erhalten hatte, stellte die Größe und Großzügigkeit Roms heraus und die Macht des Germanicus. Arminius nannte ihn einen Verräter an seinem Volk und an der alten Stammesfreiheit, einen, der die eigenen Götter und die Herkunft von seiner Mutter verraten habe. Diese Sätze über den Fluss sollen in üblen gegenseitigen Beschimpfungen geendet haben, wahrscheinlich in steigender Erregung wechselnd zwischen lateinischer und germanischer Sprache. In tiefster Zerstrittenheit hätten die Brüder wahrscheinlich am liebsten ihre Schwerter gezogen. Arminius war vom Verbündeten und Diener Roms endgültig zu dessen Todfeind geworden.

Auf einer Ebene an der Weser kam es zur Schlacht zwischen Germanicus und Arminius. Doch sie stand unter anderen Vorzeichen als die von Kalkriese. Mit Idistaviso wird der Name des Ortes überliefert, eine germanische Bezeichnung, die wohl »Ebene der Schicksalsfrauen« bedeutet und frühe Vorgängerinnen der von den Wikingern bekannten Walküren meint. Die Weser-Walküren des Jahres 16 entschieden sich für den Schlachttod der Cherusker. Denn die Germanenscharen bra-

nen galten gar als Knüpferinnen des Schicksals. Aus den ersten Jahrhunderten hören wir bei den antiken Autoren fast mehr vom Kult angebeteter Göttinnen als von der Verehrung männlicher Gottheiten.

Aber es existierten auch im Diesseits Frauen mit herausragender Bedeutung. Die Wahrsagerei scheint geradezu eine weibliche Domäne gewesen zu sein. Eine Frau, die die Zukunft kannte, hatte auch Macht: Gern wurde sie von den Stammesführern um Rat angegangen. Veleda von der Lippe ist das beste Beispiel dafür. Diese Jungfrau vom Stamme der Brukterer spielte während des Bataveraufstandes um das Jahr 70 eine wichtige Rolle und genoss großes Ansehen. Ein hoher Turm soll ihre Behausung gewesen sein, der man sich nur in höchster Ehrfurcht nähern durfte. Ein auserwählter Verwandter stellte den Kontakt zur Rat suchenden Außenwelt her. Er überbrachte als Mittler des göttlichen Willens ihre Antworten und Weisungen. Wie bedeutend Veledas Einfluss gesehen wurde, zeigt die Nachricht, selbst römische Befehlshaber hätten zu ihr Kontakt aufgenommen.

Von Zauberinnen hört man erst aus der Wikingerzeit. Sie waren weise Frauen, die sich besonders mit den Heilkräften der Natur auskannten und bei Krankheiten wie bei Geburtshilfe Rat wussten. Hinzu kamen Priesterinnen, die göttliche Wesen anbeteten und ihnen Opfer darbrachten.

Selbst in den ureigensten männlichen Domänen spielten Frauen eine Rolle. Was den germanischen Herrscherinnen alles möglich war, beweist die Tochter des Ostgotenkönigs Theoderich, Amalaswintha, die in Italien als

chen in gewohnter Manier hervor und stürmten auf den Feind. Germanicus aber befahl einem Teil der Reiter, sie in der Flanke zu attakieren, ein anderer Teil sollte sie umgehen und hinterrücks angreifen. Gleichzeitig rückte das Fußvolk vor. So waren auf einmal die Germanen überraschend eingekesselt. Arminius soll sich inmitten der Kämpfenden gehalten haben. Er kannte die Taktik des Feindes und lieferte einen Verzweiflungskampf. Schließlich suchte er zu Pferd die Flucht, das Gesicht angeblich mit Blut beschmiert, um unerkannt zu bleiben. Zu einem zweiten Treffen kam es am Angrivarierwall. Wiederum siegten die Römer, aufs Neue musste Arminius sein Heil in der Flucht suchen. Germanicus bereitete neue Züge gegen aufständische Germanen vor, um das Land östlich des Rheins wieder unter römische Kontrolle zu bringen.

Ein Machtwort aus Rom stoppte ihn: Kaiser Tiberius mahnte zur Beendigung der Feldzüge und zur Rückkehr in die Hauptstadt. Es sei genug gekämpft gegen die Barbaren, nun müsse die Rheingrenze gesichert werden. Mit dieser deutlichen Anweisung endete die Epoche der direkten Intervention jenseits des Rheins. Ein Jahr später erhielt Germanicus den obligatorischen Triumphzug durch Rom, auf dem Gefan-

Regentin die Nachfolge ihres Vaters antrat. Unter den Merowingern prägten die Machtkämpfe zwischen den Königinnen Brunichild und Fredegund die Geschichte des Frankenreiches und wurden Stoff der Heldensage.

Frühe Schilderungen bezeugen die weibliche Kampffertigkeit. Danach waren für Frauen Waffen beileibe nicht tabu. Der Geschichtsschreiber Jordanes berichtet von gotischen Frauen in Osteuropa Unerhörtes: Von ihren Männern zurückgelassen, wurden sie von Feinden überfallen, wehrten den Angriff aber tapfer ab. Danach ergriffen sie die Waffen und wählten sich zwei Anführerinnen, eine blieb zur Verteidigung der Heimat mit anderen Kämpferinnen zurück. Die andere zog mit dem Frauenheer aus und unterwarf mehrere Völker. Um ihre Nachkommenschaft zu sichern, trafen sich die Gotinnen einmal im Jahr mit Männern aus benachbarten Völkern. So gezeugte Söhne übergaben sie den Vätern, die Töchter aber behielten sie bei sich und erzogen sie zu Kriegerinnen. Erzählte der Historiker nur die alte Sage von den Amazonen, oder steckt doch mehr an historischer Wahrheit dahinter? In Ostpolen fand man in einem gotischen Siedlungsgebiet nur Frauengräber. Wo wurden die Männer bestattet? Lag dort der historische Kern des Jordanes-Berichts? Das *Hunnenschlachtlied*, das in Island im hohen Mittelalter niedergeschrieben wurde, führt in die Völkerwanderungszeit zurück. In ihm tritt die Schwester des Königs als Landesverteidigerin auf, die im Kampf gegen die Hunnen fällt. Diese nur blassen Spuren lassen kämpfende Germaninnen möglich erscheinen.

gene, darunter Thusnelda und ihr Sohn, Beutestücke und Schlachtdar-
stellungen mitgeführt wurden. Zwar verstummten nie die Gerüchte,
Tiberius habe aus purem Neid seinen Adoptivsohn zurückgerufen.
Gleichwohl entsprang die Entscheidung klugem politischen Kalkül,
das sich in der nächsten Zeit bestätigen sollte.

Das Ende des Arminius

Arminius behielt trotz der verheerenden Niederlagen gegen Germanicus seinen Nimbus, ein Mann mit Heil zu sein. Er wusste jedoch, dass
er seine außerordentliche Macht im Frieden nicht zu halten vermochte.
Darum war sein nächstes Ziel der Angriff auf Marbod, der all die
kriegerischen Auseinandersetzungen in diplomatischer Zurückhaltung
überstanden hatte. Doch seine Macht hatte ihn bei den unter seiner
Herrschaft stehenden Stämmen nicht beliebt gemacht. Arminius dagegen galt immer noch als der Befreier von Rom. Schließlich fielen
suebische Stämme, Langobarden und Semnonen von dem Markomannen ab und verbündeten sich mit den Cheruskern. Der Triumph des
Arminius wäre perfekt gewesen, wäre ihm nicht erneut ein Verwandter
in den Rücken gefallen. Seinem Onkel Inguiomerus war die Macht des
Neffen zu groß geworden. Er fand es unter seiner Würde, sich einem so
jungen Mann unterzuordnen. Deshalb trat er mit seinen Gefolgsleuten
zu Marbod über.

Es kam zu einer Entscheidungsschlacht, von der uns Tacitus berich-
tet. Dass solche Berichte von innergermanischen Ereignissen ihren
Weg zu den rheinischen und donauländischen Legionslagern und nach
Rom fanden, ist insofern glaubhaft, als die Großmacht über genügend
Spione in Germanien verfügte. Die Schlacht zwischen Arminius und
Marbod war deutlich römisch geprägt: Auf beiden Seiten wurden die
Heere zur Schlacht geordnet, Feldzeichen verwendet, Truppen in der
Reserve gehalten und die Befehle der Feldherrn beachtet. Die verfein-
deten Romkenner zeigten deutlich, wo sie ihre Vorbilder fanden. Mar-
bod musste am Ende fliehen und hatte damit einen großen Teil seines
Heilsnimbus eingebüßt.

Auch von anderen Seiten wurde dem glücklosen Markomannenherrscher zugesetzt. Ein junger gotischer Adliger namens Catualda
brach mit seinen Kriegern in Böhmen ein und gewann die marko-
mannischen Edlen durch Bestechung. Gefahrlos erstürmte er die Kö-
nigsburg des Marbod, der schon das Weite gesucht hatte. Da er seine
einzige Zuflucht in Rom sah, überschritt der Flüchtling die Donau zur

Provinz Noricum und bat den Kaiser um »politisches Asyl«. Noch einmal versuchte er sich als Ebenbürtiger des Tiberius. Der zeigte ihm zwar die kalte Schulter, wies ihm jedoch als Wohnort Ravenna zu. Dort verbrachte der berühmte Marbod den Rest seines Lebens wohl behütet im großzügigen Asyl. Der junge Ursurpator Catualda wurde bald selbst vertrieben, und auch ihm gewährte Rom Zuflucht.

Arminius endete nicht so glücklich. Nach Marbods Vertreibung sah er die Chance, als König der Cherusker über ein ähnliches Gebiet zu verfügen. Denn unter den Germanen hatte er keine mächtigeren Feinde. Doch verkannte er wohl die Macht der alten Stammesaristokratie, die einen Oberherrscher ablehnte. Und so verwundert es kaum, wenn Tacitus lapidar vermeldet, Arminius habe durch den Verrat seiner Verwandten den Tod gefunden. Er soll damals 37 Jahre alt gewesen sein, etwa im Jahre 21 nach Chr. Sein kometenhafter Aufstieg und sein Ende durch Verrat machten ihn berühmt, und sein Name scheint lange Zeit in der Erinnerung der Cherusker und anderer Stämme erhalten geblieben zu sein. Etwa 80 Jahre später schreibt Tacitus: »Er war zweifellos der Befreier Germaniens und hat das römische Volk nicht wie andere Könige und Heerführer in seinen kleinen Anfängen herausgefordert, sondern als das Reich auf dem Höhepunkt seiner Macht stand. In Schlachten war er nicht immer erfolgreich, im Kriege blieb er unbesiegt. Noch heute besingen ihn die Barbarenstämme.«

5. Römer und Germanen –
400 Jahre Konfrontation und Koexistenz

Das freie Germanien und die Anziehungskraft Roms

Der tragische Ruhm des Arminius verblasste im Laufe der Jahre unter den Germanen zu einer fernen Legende. Das Ergebnis seines Strebens nach königlicher Oberherrschaft blieb dagegen bestehen und bestimmte über Jahrhunderte das Verhältnis zwischen dem römischen Imperium und den Barbaren östlich des Rheins: Germanien war und blieb frei.

Am Rhein entstanden nicht nur Legionslager und Kastelle, dort wuchsen auch Städte heran, die römischen Reichtum repräsentierten. Daraus ergab sich für die germanischen Stämme eine zwiespältige Situation: Die Mehrheit der adligen Herrscher wollte ihre ungebundene Macht behalten, aber zugleich Anteil an der antiken Zivilisation haben. Waffen, Münzen, Glas und Silbergeschirr, edles Tuch und Schmuck der Römer brachten den Häuptlingen Prestige, Ansehen und Macht.

Germanien blieb frei, aber Rom war präsent. In den anderthalb Jahrhunderten nach dem Tod des Arminius blieb die diffuse Stammeswelt jenseits von Rhein und Donau für den südlichen Betrachter relativ stabil. Dennoch herrschte zwischen Rom und den Germanen nicht unununterbrochener Friede. An der Nordseeküste zerbrach das Bündnis mit den Friesen; Chauken und Chatten wagten Überfälle nach Gallien. Die Cherusker verhielten sich dagegen friedlich, wofür symptomatisch ist, dass Kaiser Claudius ihnen einen Stammesherrscher bestimmte. Dieser Italicus war der Sohn des Flavus, der Rom gegen seinen Bruder Arminius die Treue gehalten hatte. Mit ihm stand ein Fast-Römer den Barbaren vor.

Das römische Reich wurde für immer mehr germanische Kämpfer ein verlockendes Ziel. Ganze Verbände traten mit ihren Anführern in römische Dienste und kehrten nach einigen Jahren reich beladen ins ferne Heimatdorf und auf den Familienhof zurück. Für sie bot sich ein Dienst in den römischen Hilfstruppen an, den so genannten Auxiliareinheiten, die sowohl Bewohnern eroberter Provinzen als auch anderen unterworfenen Völkern offen standen. Sie unterstützten die Fußtruppen der Legionäre als Späher, in kleineren Gefechten vor der Schlacht oder als Reiter.

Die römischen Unruhen des Jahres 69 und die Bataver

Die niederrheinischen Bataver hatten sich schon unter Augustus einen Namen gemacht, denn sie galten als vorzügliche und verwegene Reiter, die sogar den Rhein in voller Rüstung mit ihren Pferden zu durchschwimmen vermochten. Großen Ruhm hatten sie sich in Britannien im Kampf gegen unruhige Keltenstämme erworben. Rom lag so viel an seinen Batavern, dass entgegen der Heerestradition kein anderer Stammesangehöriger in batavischen Einheiten aufgenommen wurde, die zudem ausschließlich von eigenen Anführern befehligt wurden. Sie waren integrierte Teile des römischen Heeres, die nicht gegen das Römische Reich, sondern in dessen Diensten kämpften.

Ausgerechnet diese kampferprobten Stammeskrieger sollten sich in die Reihe der gefährlichen Feinde stellen und Roms Herrschaft im Rheinland – und darüber hinaus – gefährden.

Das Imperium entsprach ein halbes Jahrhundert nach dem Tod des Augustus schon lange nicht mehr dessen Friedensherrschaft. In Rom herrschten Machtkämpfe, Misstrauen, Verrat und Verschwörung. Einen besonders schlechten Ruf genießt bis heute Kaiser Nero, der sich zum unberechenbaren Despoten entwickelte. Mutter- und Gattinnenmörder, Brandstifter Roms und Christenverfolger sind nur einige Attribute des grausamen Imperators. So regte sich im Senat und unter den Heerführern in den Provinzen Widerstand: Im 15. Jahr seiner Regierung, 68 nach Chr., kam es zum offenen Aufstand der Legionen in Gallien, Spanien und Nordafrika. Der 65-jährige Servius Sulpicius Galba, Statthalter in Hispanien, wurde als Gegenkaiser ausgerufen und fand sofort die Unterstützung des politischen Establishments in Rom. Nero sah sich verloren und endete im Selbstmord. Trotz des lang erhofften Endes des Tyrannen ging das Jahr 69 als 4-Kaiser-Jahr unrühmlich in die römische Geschichte ein, als Beispiel dafür, wie einzelne Machthaber im Kampf um den Titel das Reich schwächten. Der Greis Galba wurde schon im Januar von der eigenen Prätorianergarde erschlagen, nachdem die Rheinarmee von ihm abgefallen war und sein ursprünglicher Verbündeter Otho sich selbst zum Kaiser machen wollte. Nach einem knappen Vierteljahr unterlag dieser dem Aulus Vitellius in einer Schlacht und nahm sich das Leben. Vitellius befehligte die Legionen am Rhein und hatte sich von Anfang an als eigentlicher Thronanwärter gesehen. Nach seinem siegreichen Einzug in Rom konnte er sich für den Rest dieses unseligen Jahres halten, musste aber gegen einen Rivalen kämpfen, gegen Titus Flavius Vespasianus, Befehlshaber im Osten und Sieger gegen die aufständischen Juden in Palästina. Siegreich blieb Vespasian auch über die Truppen seines römischen Widersachers, der schließlich seinen Anhang in der Hauptstadt verlor und wie viele vor ihm ein gewaltsames Ende fand. Der neue Imperator sollte ein Jahrzehnt lang herrschen.

Diese innerrömischen Ereignisse berührten unter den Germanen sicherlich nicht den schwedischen Bauern, und der Häuptling an der Oder dürfte wenig davon erfahren haben. Die Völkerschaften im heutigen Nordwestdeutschland und am Niederrhein, die seit Caesars Zeit als unmittelbare Nachbarn gegenüber Rom am exponiertesten waren, nahmen allerdings ganz anderen Anteil an diesem Geschehen. Zum einen beobachteten sie voller Interesse, wenn es unter den Legionen am Rhein zu Unruhen kam oder gar ein Teil der Truppen abrückte, wie im Falle des Vitellius. Zum anderen standen sie als Soldaten selbst im Dienste Roms und waren direkt von den Vorgängen berührt.

An allererster Stelle galt dies für die Einheiten der Bataver. Einem Adelsspross ihres Stammes kommt der Ruhm zu, im 1. Jahrhundert nach Arminius der gefährlichste Germane für Rom geworden zu sein: Von Julius Civilis kennt man wie bei dem Cherusker nur den lateinischen Namen, unter dem er als Kohortenpräfekt, als hoher Offizier, für das Reich kämpfte. Er und die batavischen Hilfstruppen waren in die Kämpfe um das Kaisertum involviert, die sich sehr bald im Rheinland verselbständigten und zu einem Aufstand führten, dem fast sämtliche Legionslager und Kastelle zum Opfer fielen, währenddessen ein separates gallisches Reich ausgerufen wurde. Tacitus bietet mit seinen *Historien* die einzige Quelle für die oft unüberschaubaren Ereignisse der Jahre 69 und 70.

Schon unter Nero scheint es Probleme mit batavischen Offizieren gegeben zu haben. Einer wurde hingerichtet, ein anderer, Julius Civilis, in Ketten nach Rom gebracht. Das Ende des Kaisers rettete ihm das Leben, denn Galba begnadigte ihn und ließ ihn in seine Heimat zurückkehren. Die batavischen Truppen hatte noch Nero aus Britannien nach Italien beordert. Nach seinem Ende erhielten sie den Rückmarschbefehl. Unzufriedenheit und Unruhe müssen unter den Männern vom Niederrhein geherrscht haben. Tacitus spricht von willkürlichen Aushebungen und Übergriffen gegen die Bataver, mehrmals kam es zu Reibereien zwischen römischen Legionen und batavischen Hilfstruppen.

Der Aufstand der Bataver

Am Niederrhein machte sich der zurückgekehrte Civilis zum Anführer der Unzufriedenen. Den Stammesadel und die Krieger versammelte er zu einem Gastmahl in einem Wald, der den Germanen heilig war. Dort erinnerte er an die Ruhmestaten der Vorfahren und an Stolz und Tapferkeit der Kämpfer. Wie viel Unwürdiges hätte man dagegen in jüngster Zeit von Rom erdulden müssen. Zu Sklaven sei das edle Volk der Bataver degradiert worden, ein Volk, das treuer und erprobter Bundesgenosse des Imperiums sei. Die römischen Legionäre und ihre Offiziere kämen mittlerweile wie die Räuber und hielten sich an ihren Verbündeten schadlos. Jetzt sei das Reich geschwächt wie nie, jetzt müsse man die Gelegenheit zur Erhebung nutzen. Auf diese Brandrede fand der Offizier in römischen Diensten begeisterte Zustimmung. Darauf vereidigte er alle Anwesenden nach alter Sitte und ließ sie die üblichen Schwurformeln sprechen. Die Position des Civilis wurde erheblich dadurch verbessert, dass er auch die batavischen Hilfstruppen, die zur Zeit in Mainz stationiert waren, für sich gewinnen konnte. Ebenso verbündeten sich die benachbarten Canninefaten und Friesen mit Civilis, überfielen zwei römische Kastelle und zerstörten sie. Chauken, Brukterer und Tenkterer schlossen sich dem Aufstand an. Mit den Treverern und anderen gallischen Stämmen waren schließlich der ganze Nordosten Galliens und das benachbarte Germanien beteiligt.

Wodan – Odin

Der Gott Wodan (auch Wotan) oder Odin, wie ihn die Nordgermanen nannten, ist bis heute der bekannteste Vertreter germanischer Religion. Im Aberglauben spielte er noch in der jüngeren Vergangenheit eine Rolle. Zur Zeit der heidnischen Germanen waren die Vorstellungen von ihm in allen Stämmen verbreitet, noch im 11. Jahrhundert opferten ihm die Schweden. Häufig werden ihm Menschenopfer zugeschrieben.

Wodan war stets eine dunkle, zwiespältige und sogar Furcht einflößende Gottheit. Darauf deutet schon sein Name, der mit »Wut« zusammenhängt. Wodan-Odin war der Wütende, der sich dem Rausch und der Ekstase hingibt. Die Germanen hatten den Glauben an solch einen Krieger- und Totengott von ihren Vorfahren übernommen. Unter den einfachen Bauern erfreute sich eine Gottheit dieser Art keiner großen Beliebtheit. Ihre Wünsche und Opfer richteten sich auf fruchtbare Felder, trächtiges Vieh und gesunde Familien. Darum rief man Fruchtbarkeitsgottheiten wie Freyja oder Freyr an. Auch Donar-Thor, dem zupackenden Gewittergott, der die

Julius Civilis muss dabei als Politiker gesehen werden, der sich in zwei Kulturen bewegte. Ohne Zweifel rief er nicht zur prinzipiellen Erhebung gegen Rom auf; er war kein batavischer »Fundamentalist«. Von Anfang an ergriff er im römischen Bürgerkrieg Partei und sah sich als Vertreter Vespasians. Die Vorwürfe gegen die Römerherrschaft am Rhein richteten sich gegen Vitellius, den Oberbefehlshaber der Legionen und kurzfristigen Kaiser. Civilis war »Vespasianer« und vereidigte alle zu ihm übertretenden Truppen auf den Thronanwärter aus dem fernen Osten. Aber er war auch Germane und damit seiner Stammeskultur und den rechtsrheinischen Barbaren verpflichtet. Denn Tacitus berichtet, der Bataver habe sich nach Beginn des Aufstands entsprechend einem Gelübde sein Haar lang wachsen lassen und rot gefärbt. Erst nach den Siegen habe er es wieder abgeschnitten. Die im Bruktererland lebende Weissagerin Veleda ging er um Rat an.

Im Jahre 69 stand das ganze Rheinland in Flammen, überall kam es zu Kämpfen. In dieser Zeit entsprachen die Auseinandersetzungen selbst in den Stämmen noch dem römischen Bürgerkriegsschema Vitellius-Vespasian. Schlaglichter des Aufstandes führen zu Namen wohl bekannter Städte:

So meuterten batavische Kohorten in Mainz und zogen nordwärts, um sich dem Aufstand anzuschließen. Vor dem Bonner Legionslager betonten sie, keinen Krieg gegen Rom zu führen, für das sie stets gekämpft hätten. Aber nach langem und mittlerweile nutzlosem Militär-

dämonischen Wesen vom Rande der Welt jagte, gehörten die Sympathien. Wodan jedoch fürchtete man. Trotzdem breitete sich sein Kult unter den Germanen aus. Immer gewichtiger wurde seine Stellung, bis er schließlich bei den Wikingern der Herrscher des ganzen Göttergeschlechts war.

Die wachsende Bedeutung des düsteren Gottes hing mit den germanischen Kriegerverbänden zusammen. Denn das Kriegertum gewann einen herausragenden Stellenwert und mit ihm sein Gott, der besonders von den Kämpfern verehrt wurde. Wodan entschied die Schlacht und bewirtete die Gefallenen im Jenseits, deshalb war es üblich, ihm das feindliche Heer vor Beginn der Schlacht zu weihen – gewissermaßen als Opfergabe. Es herrschte der Brauch, vor Kampfbeginn einen Speer über die feindlichen Scharen zu schleudern und damit ihre Weihung für den Gott deutlich zu machen. War einem der Sieg zugefallen, opferte man tote wie lebende Feinde samt ihren Waffen. In den germanischen Kriegerverbänden wurden zu Ehren Wodans geheimnisvolle Riten gepflegt, in denen sich die Krieger mithilfe von Rauschmitteln in Ekstase versetzten. In Skandinavien nannte man solche entfesselten Krieger Berserker, Bärenhäute, weil sie Felle trugen.

dienst sehnten sie sich zurück in die Heimat. Wenn sich ihnen niemand entgegenstelle, werde ihr Zug keinen Schaden anrichten. Hinter den Wällen jedoch sah man dies ganz anders. 3000 Legionäre und ihre belgischen Hilfstruppen, dazu Zivilisten und Angehörige des Trosses waren an Kopfstärke den Germanen deutlich überlegen. Sie stürmten aus allen Toren, um die Bataver zu überwältigen. Verkehrte Welt: Nun bewiesen die römisch gedrillten Barbaren ihren kühlen Verstand und ihre Schlachterfahrung. Sie vereinigten sich zu keilförmigen, nach allen Seiten gesicherten Formationen und durchbrachen auf diese Weise die dünne Linie der Ausfallenden. Alles drängte in Panik zurück, und so kam es zur Katastrophe: An den Verschanzungen und bei den Toren gab es die meisten Verluste. Die Gräben waren voller Leichen. Viele fielen nicht durch die Waffen der Gegner, sondern durch Stürze in den Graben und durch Verletzungen, die sie sich im Getümmel mit den eigenen Waffen zufügten.

Die siegreichen Bataver zogen, Köln umgehend, weiter zum Niederrhein. Die Schlacht bei Bonna entschuldigten sie damit, dass sie um Frieden gebeten und erst dann zur Selbsthilfe gegriffen hätten, als dieser abgelehnt worden sei. Mit dieser Erklärung unterstrichen sie, quasi demonstrierende römische Hilfstruppen zu sein und keine Feinde des Römischen Reiches. Civilis vereidigte dementsprechend die Kohorten auf Vespanian. Er lag mit seinen nun gestärkten Truppen vor dem Legionslager Vetera, dem Ausgangsort der Züge von Drusus, Tiberius

Das anschaulichste Bild Odins bietet die altnordische Mythologie am Ende des 1. Jahrtausends. Viele dieser Vorstellungen sind erst in der Wikingerzeit entstanden. Nach ihnen ist Odin nicht nur der traditionelle Krieger- und Totengott, er ist auch der Vater des göttlichen Asengeschlechts, über das er mit seiner Frau Frigg herrscht. Er gilt als Schöpfer des ersten Menschenpaares und wird als Ahnherr zahlreicher Königsfamilien angesehen. Eine Reihe von Attributen zeichnet den Götterherrscher aus: Er ist einäugig, mit einem Hut und einem weiten Umhang bekleidet. Sein wunderbares Pferd Sleipnir hat acht Beine, zwei Wölfe begleiten ihn und zwei Raben bringen ihm stets Neuigkeiten aus aller Welt. Sein Speer heißt Gungnir, und von seinem Goldring Draupnir tropfen jede neunte Nacht acht gleiche Ringe ab. Als Gott der gefallenen Krieger hat Odin in Skandinavien seine populärste Vorstellung gefunden: Er entsendet die Walküren, um die Krieger auszuwählen und zu ihm nach Walhall, der Halle der Gefallenen, zu bringen. Dort verbringen diese Einherjer ein herrliches Kriegerdasein bei ihrem Herrn, bei Speise und Trank und endlosen Übungskämpfen. Beim Weltuntergang ziehen sie aus, um gegen die Mächte der Finsternis zu kämpfen.

und Germanicus nach Innergermanien. Civilis forderte von den Legionären in Vetera den Eid auf Vespasian, der ihm verweigert wurde. Er sei ein Verräter; ihr oberster Kriegsherr sei Kaiser Vitellius.

Dieses Legionslager war während des Aufstandes von entscheidender Bedeutung. Lange hielt man den Angreifern stand, die Bataver und ihre rechtsrheinischen Verbündeten mussten einen hohen Blutzoll zahlen. Bemerkenswerterweise bedienten sie sich römischer Belagerungsmaschinen, wobei ihnen Gefangene und Überläufer halfen, Holz wie eine Brücke zusammenzufügen und es dann mittels untergelegter Rollen vorwärts zu schieben, sodass sie teils obenauf stehend wie von einem Wall aus kämpften, teils im Inneren verborgen die Mauern untergruben. Allerdings gelang es den Belagerten, mit von Wurfmaschinen geschleuderten Steinen diesen Bau zu zerstören. Darauf ließ Civilis die Krieger zurückholen und stellte sich auf eine lange Belagerung ein.

Das Rheinland in Flammen

Probleme für alle Beteiligten bereitete eine außergewöhnliche Trockenzeit, in der der Rhein kaum Wasser führte. Akuter Wassermangel und große Nachschubprobleme waren die Folgen. In dieser Situation fuhr sich ein römisches Rheinschiff fest, das Getreide geladen hatte.

Unter den Wikingern galt Odin auch als Gott der Skalden, ihrer kunstfertigen Dichter, denen er die poetische Gabe mit dem Skaldenmet verlieh. Odin ist der Gott der Magie, ein allwissender Herrscher, mit dessen Hilfe man mächtige Zauberei betreiben kann. Um die Geheimnisse der Runen zu erfahren, hängte sich der Gott neun Nächte lang an den Weltbaum Yggdrasill. Mit dieser Selbstopferung gewann er das Runenwissen. Dadurch nimmt das Bild Odins Züge an, die an die Praktiken nordeurasischer Schamanen erinnern.

Bei den südlichen Germanenstämmen wurde Wodan erheblich früher vom christlichen Gott verdrängt. Im Aberglauben des Volkes scheint sich jedoch die eine oder andere Erinnerung an ihn erhalten zu haben. Danach zog in der Mittwinterzeit um Weihnachten und Neujahr das gefürchtete »Wilde Heer« durch die Lüfte. Todverheißend war es den Unglücklichen, die ihm in diesen dunklen Nächten begegneten. Als Anführer der schrecklichen Schar galt in vielen Sagen und Überlieferungen Wodan, der alte germanische Krieger- und Totengott.

Von beiden Ufern aus versuchte man, die wertvolle Fracht zu gewinnen: vom rechten Germanen, vom linken Legionäre und Hilfstruppen. Im Streit um das Getreideboot kam es zu einer regelrechten Schlacht, die die germanischen Krieger für sich entschieden. Sie schleppten die Ladung in ihre weit verstreuten Dörfer, in denen Hunger herrschte.

Die Schlacht um das Schiff war nur eine Episode, in der die Römer eine Niederlage hinnehmen mussten. Bedenklicher war, dass sich die Treverer in Trier unter Julius Classicus, einem einheimischen Adligen, Präfekt einer Reitereinheit, erhoben und Civilis anschlossen. Er rief gar ein Imperium Galliarum aus, ein gallisches Sonderreich. Selbst die treuen Ubier, deren Siedlung erst vor zwei Jahrzehnten zur Colonia, zur Stadt erhoben worden war, schlossen sich den Unruhen an. Wie vielschichtig das große Bündnis war, das von antirömisch bis vespasiantreu reichte, zeigte das Begehren der Tenkterer, der rechtsrheinischen Nachbarn Kölns. Sie verlangten, die Ubier sollten ihre Stadt zerstören und die darin lebenden Römer töten. Die Frühkölner lehnten dies ab und fanden darin die Unterstützung von Civilis und Classicus. Beiden war an einem moderaten Vorgehen gelegen, beide waren zu sehr der römischen Welt verpflichtet, als dass sie ein derartiges Massaker befürwortet hätten.

Das Jahr 70 zeigte das Rheinland in germanischer und gallischer Hand. Civilis hatte das schließlich doch eingenommene Lager Vetera zu seiner Zentrale gemacht und in Trier regierte sein Verbündeter Julius Classicus. In Rom herrschte endgültig Kaiser Vespasian, der ein großes römisches Heer zum Rhein marschieren ließ, um wieder für Ordnung zu sorgen. Denn auch der ihm loyale Civilis stellte mit seinen germanischen Verbänden eine Gefahr dar und konnte zum unberechenbaren Feind werden. Darum setzte der Imperator aus Spanien, aus Britannien und aus Italien sechs Legionen in Bewegung. Ihr Oberbefehlshaber wurde Petilius Cerialis, mit Vespasian verwandt und sein Vertrauen genießend. Bei Riol im Moseltal schlug er die germanisch-gallischen Verbände zurück. Classicus musste feststellen, dass er in Gallien keinen Rückhalt hatte. Die Gallier und die Ubier standen zu Rom.

Die Entscheidungsschlacht am Niederrhein

Civilis zog sich nach Vetera zurück, wo es zwischen ihm und Cerialis zur Entscheidungsschlacht kam, in der sich wieder Germanen und Römer gegenüberstanden. Der Bataverfürst überflutete das flache Land um die heutige Stadt Xanten durch den Bau eines Dammes. Das Wasser war das Element seiner Krieger, den Legionären war es unvertraut. Diese mussten bestürzt zusehen, wie Waffen und Pferde von den tiefen Sümpfen verschlungen wurden. »Die Germanen tummelten sich an den ihnen wohl bekannten seichten Stellen, wobei sie meist die Front umgingen und im Rücken und an den Flanken angriffen. Man kämpfte auch nicht wie im Fußkampf Mann gegen Mann, sondern wie in einer Seeschlacht im Wasser herumirrend oder, sofern sich etwas Festes darbot, hielt man sich mit dem ganzen Körper daran fest. So umschlangen sich Verwundete mit Unverletzten, Schwimmer mit Nichtschwimmern zum gegenseitigen Untergang. Dennoch waren die Verluste geringfügiger, als man nach dem Getümmel hätte meinen sollen, weil die Germanen sich nicht aus dem Sumpf herauswagten und ins Lager zurückkehrten.« So endete er erste Tag. Beide Heerführer wollten am nächsten die Entscheidung suchen.

Am nächsten Morgen bildete Cerialis aus der Reiterei und den aus Hilfstruppen bestehenden Kohorten die Front, in die zweite Linie wurden die Legionäre gestellt. Civilis ließ in Keilen antreten und appellierte an seine Krieger mit dem Hinweis auf die Götter und die Stammesehre, was durch Aneinanderschlagen der Waffen und durch

Die Götterwelt der Germanen

Wie die anderen indogermanischen Völker, etwa die Inder, die Griechen oder die Römer, glaubten auch die Germanen an eine Vielzahl von Gottheiten. Menschengestaltig geschnitzte Pfahlfiguren, die an Mooren aufgestellt wurden, geben ein Bild davon, wie man sich die jenseitigen Wesen vorstellte. Caesar behauptet, die Barbaren jenseits des Rheins hätten im Gegensatz zu den Galliern überhaupt keine konkreten Vorstellungen göttlicher Mächte, sie beteten einfach die Kräfte der Natur wie die Gestirne an. Dass die germanische Religion so simpel nicht war, bezeugt Tacitus. Er geht mehrmals auf göttliche Wesen ein, wie sie sich die Germanen dachten.

Besonders großer Verehrung scheinen sich zu Tacitus Zeiten drei Götter erfreut zu haben, die er mit römischen Namen benennt: Als Merkur, den römischen Gott des Handels, wird der Kriegs- und Totengott Wodan bezeichnet. Hinter dem Zeussohn und antiken Helden Herkules verbirgt sich der Donnergott Donar. Drohte der griechisch-römische Heros mit einer Keule, so war Donars Waffe ein Hammer. Der Kriegsgott Mars steht für den alten Himmelsgott Ziu. Die Anbetung oder Nennung dreier Gottheiten taucht immer wieder unter den germanischen Stämmen auf, noch am Ende der Wikingerzeit im 11. Jahrhundert. Zwei der von Tacitus Genannten sind immer dabei, was für ihre weite Verbreitung spricht: Wodan, der skandina-

Kriegstänze mit Beifall begrüßt wurde. Zuerst beschossen sie die römische Front mit Steinen und Kugeln, um sie erneut in das Überschwemmungsgebiet hineinzulocken. Aber die Römer ließen sich nicht provozieren. Als dann die Germanen mit langen Lanzen angriffen, waren die Verluste unter den Auxiliareinheiten groß, die Legionen jedoch wurden geschont. Ausgeruht griffen sie auf festem Boden in den Kampf ein. Gleichzeitig hatte ein batavischer Überläufer zwei Reiterabteilungen in den Rücken der Barbaren gebracht. Damit waren sie in der Zange, und die Schlacht war entschieden. Die Germanen flohen über den Rhein, durch starke Regenfälle vor weiteren Verfolgungen vorerst geschützt. Civilis zog sich mit Classicus und anderen treverischen Adligen in sein Stammesgebiet zurück. Auch wenn seine Männer auf dem Rhein noch römische Schiffe erbeuteten, das Vordringen des Cerialis zu den Batavern konnten sie nicht verhindern.

Aber es ging dem Oberbefehlshaber der Legionen nicht um die völlige Vernichtung der Feinde. Als er durch seine Siege und den Vormarsch der Truppen eine günstige militärische Position errungen hatte, zeigte er diplomatisches Geschick. Er wandte sich in »geheimen Botschaften« an die Hauptbeteiligten: an Civilis, an die Häuptlinge der

vische Odin, und Donar, der Thor der Nordgermanen. Mit Sicherheit kannte und verehrte man noch andere Götter, doch ihre Namen und Mythen sind nicht erhalten geblieben.

Nach den Angaben des Tacitus gab es eine Fülle von Göttinnen, die je nach Stamm besondere Kulte und Riten genossen. Über die germanischen Völkerschaften an der Ostsee weiß er von einem aufwändigen Fruchtbarkeitskult zu berichten: Mehrere dieser Stämme verehrten eine Göttin Nerthus, eine Mutter Erde, von der sie glaubten, dass sie unter ihnen umherfahre. Auf einer Insel des Ozeans, damit ist wohl die Ostsee gemeint, weihten sie ihr einen heiligen Hain. Darin stand ein von Tüchern verdeckter, geweihter Wagen, den nur ein Priester berühren durfte. Er wusste, wann die Göttin in dem heiligen Gefährt eingetroffen war. Dann fuhr der Wagen, von Kühen gezogen, umher. Während der Zeit dieses Umzugs

Die Germanen und ihre Vorfahren verehrten menschenähnliche Holzpfähle, oft mit weiblichen oder männlichen Geschlechtsmerkmalen, als Götter und Göttinnen. Sie wurden als Fruchtbarkeitssymbole oder zum Schutz von Opferplätzen aufgestellt. Noch in der altnordischen Mythologie der Wikingerzeit erinnert der Name des Göttergeschlechts der Asen (ursprüngliche Bedeutung »Pfahl« oder »Balken«) daran.

Bataver und an Veleda im Bruktererland. Dem Ersten stellte er bei
seiner Kapitulation Gnade in Aussicht. Den Adligen seines Stammes
sicherte er Frieden zu, wenn sie zu Civilis auf Distanz gingen, sei dieser
doch ein hoffnungsloser Flüchtling, der dem Heil ihres Volkes im
Wege stünde. An die mächtige Seherin wandte sich Cerialis mit dem
Argument, sie könne das verlorene Kriegsglück und Wohlergehen wie-
dergewinnen, indem sie mit Rom Frieden schließe. Dieses Angebot
wurde von allen Beteiligten akzeptiert.

Die Bataver wandten sich von Civilis ab und dem römischen Kaiser
zu. Civilis ergab sich dem Cerialis und verbrachte wohl den Rest seines
Lebens politisch kaltgestellt, aber unter angenehmen Bedingungen in
einem fernen Ort des Imperiums. Veledas Schicksal ist nicht weiter
belegt, es liegt jedoch nahe, dass sie später von den Römern gefangen
genommen wurde und in einem süditalienischen Tempel als Dienerin
einer anderen Gottheit wirkte.

Der Bataveraufstand sollte für lange Zeit die letzte germanische Bedrohung für Roms Grenzregime sein. Ihm folgte eine Friedensepoche
in der römischen Provinz. In Rom hatte man allerdings die prinzipielle
Gefahr, die von den militärisch notwendigen barbarischen Hilfs-

herrschte nicht nur Festtagsstimmung, auch die Waffen hatten zu schwei-
gen. Abschließend wurden Wagen, Tücher und mit ihnen die Göttin in
einem abgelegenen See gereinigt. Dies war
die Aufgabe von Sklaven, die im selben See
den Tod fanden. Einen heiligen Schrecken
verbanden deshalb die Menschen mit diesem Gewässer. Wie als Bestätigung dieser
ausführlichen Schilderung entdeckte man
in Dänemark einen prachtvoll verzierten
Wagen, der von keltischen Handwerkern
gearbeitet worden war.

Die Friesen opferten einer Kriegsgöttin
Baduhenna in einem heiligen Hain,
wahrscheinlich fielen ihr sogar römische
Kriegsgefangene zum Opfer. Auch im
Landesinneren, zwischen Lippe und

Die Matronen (lateinisch: Mütter) wurden in den ersten Jahrhunderten nach Chr.
in vielen Provinzen des Römischen Reiches verehrt. Ein Schwerpunkt dieses
germanisch-keltischen Kultes lag im Rheinland, im Stammesgebiet der Ubier. Üblicherweise wurden sie auf Weihesteinen wie dem obigen aus Bonn als Dreiergruppe
dargestellt. Die auffallenden Kopfhauben weisen die äußeren Figuren als Ehefrauen
aus. Schalen mit Früchten sind ihre Attribute als Fruchtbarkeitsgöttinnen.

Abbildung VI: Die Funde von Oseberg gehören zu den schönsten Beispielen des Tierornamentik-Stils der Wikingerzeit. Die Pfosten in Gestalt phantastischer Tiere hatten wahrscheinlich kultisch-religiöse Bedeutung.

Abbildung VII: Diese alamannischen mit schlangenartigen Tieren geschmückten Särge standen mit den Toten in größeren Holzkammern, in die verschiedene Beigaben gelegt worden waren. Nach ihrer Wanderung aus dem Elbgebiet nach Südwestdeutschland hatten die Alamannen die traditionelle Verbrennung der Toten aufgegeben.

Abbildung VIII: Diese Rekonstruktion nach dem Befund des Chil-
derich-Grabes ergibt ein Bild, das den König als Herrscher zwischen
fränkischer Tradition und römischer Kultur ausweist: Die Kleidung
zeigt deutlich römische Elemente, während das lange Haar das germanische Kennzeichen der Merowinger ist.

Abbildung IX: Ein außergewöhnlich gut erhaltenes Mädchengrab des Gräberfeldes an der Fallward enthielt unter anderem diesen kunstvoll gearbeiteten, kleinen Speisetisch mit rechteckiger Platte und gedrechselten Beinen. Zu ihm gehörte ein Hocker.

Abbildung X: Der so genannte Thron stellt den Prunksessel eines germanischen Häuptlings dar. Er ist aus einem einzigen Baumstamm gearbeitet und mit reichen Verzierungen versehen. Wie die Funde aus dem Mädchengrab spricht auch dieser einzigartige Gegenstand für das hervorragende Können germanischer Tischler zu dieser Zeit. Die Fallward-Funde sind ein Hinweis dafür, dass die Geschichte der Germanen noch manche Überraschung bieten kann.

Abbildung XI: Grabbeigaben eines alamannischen Frauengrabes. Das Grab stellt mit anderen innerhalb eines großen Gräberfeldes den Bestattungsplatz einer reichen Adelsfamilie dar. Deren Gräber weisen langobardische Einflüsse auf; möglicherweise hatte eine Langobardin bei den Alamannen eingeheiratet. Die wertvollen Schmuckbeigaben, unter anderem eine Goldscheibenfibel, zwei Bügelfibeln und ein Kollier aus Amethyst- und Glasperlen, waren im modischen Trend der Zeit. Auch der fränkische Glasbecher ist eine wertvolle Totenbeigabe.

truppen ausging, erkannt: Nie wieder erhielten derartige Verbände Offiziere aus ihren eigenen Völkern. Zudem bestanden sie immer aus Angehörigen verschiedener Volksstämme.

Die Errichtung des Limes

Knapp zwei Jahrzehnte nach den Unruhen am Niederrhein griff Rom doch über die Rheingrenze nach Germanien und stellte einige Gebiete unter seine Herrschaft. Kaiser Domitian ging im Jahre 83 im Taunusgebiet gegen die unruhigen Chatten vor. Er begann mit der Errichtung eines Bauwerks, das bis heute als das größte seiner Art in Mitteleuropa zählt und über fast 2000 Jahre seine Spuren in der Landschaft hinterlassen hat. Der Limes war eine mehr als 500 km lange Grenze gegen die germanischen Stämme, die ausdrückte: Hier beginnt das Imperium Romanum, hier hat jeder Eindringling mit der Macht der Legionen zu rechnen. Diese markante Grenze nahm ihren Anfang bei Rheinbrohl am Mittelrhein, um dann die Ausläufer des Westerwaldes entlang-

Ruhr, wurden Göttinen angebetet, Tacitus erwähnt eine Tanfana. Schließlich zeigt auch der stark romanisierte und keltisierte Matronenkult im römischen Rheinland die Bedeutung weiblicher Gottheiten, die die Germanen kannten. In erster Linie wurden sie als Fruchtbarkeits- und Schutzgöttinnen angerufen, es existierten darüber hinaus Vorstellungen von weiblichen Schicksalsmächten, wie sie später die Nordgermanen als Nornen kannten.

Haine galten als heilige Orte, genauso wie einzelne Bäume, auffallende Steine, Moore, Quellen und Wasserfälle als Sitze göttlicher Mächte angesehen wurden. Dort wurden ihnen Opfer dargebracht, wurde den Göttern gedankt und wurden sie um Hilfe angerufen. Wahrscheinlich kannten die Germanen auch einfache Holzbauten für den Gottesdienst. Zumindest unter den letzten heidnischen Schweden soll es einen großen Tempelbau gegeben haben. Üblicherweise war das gewöhnliche Langhaus für den Kult gedacht, in dem Priester oder Priesterinnen die vorgeschriebenen Rituale ausübten. Als Altäre dienten außerhalb derartiger Gebäude einfache Steinhaufen und schmucklos gearbeitete Holzgestelle.

Welche geheimnisvollen Riten in den Hainen Germaniens vollzogen wurden, weiß Tacitus zu schildern. Danach wurde bei den Semnonen im heutigen Brandenburg ein heiliger Hain ganz besonders verehrt, wohin viele Stämme ihre Abgesandten schickten. Zur Ehrung des Gottes brachte man ein öffentliches Menschenopfer dar. Weiterhin pflegte man an diesem heiligen Ort einen seltsamen Brauch: Man durfte ihn nur in Fesseln be-

zuziehen, die untere Lahn zu kreuzen, den Taunus zu durchqueren und die hessische Wetterau zu umfassen. Von dort verlief die Linie südwärts zum Main, folgte dessen Lauf und schirmte den Odenwald. Weiter erstreckte sie sich in südliche Richtung bis zum württembergischen Lorch, wo der Obergermanische Limes in den Rätischen überging, dessen Richtung nach Osten lief, bis er bei Eining, westlich von Regensburg, die Donau erreichte.

Zu Beginn, etwa um das Jahr 85, ist der Limes recht einfach zu denken. Er stellte einen frei geschlagenen Grenzweg dar, an dem im Abstand von höchstens einem Kilometer Holztürme standen. Über 150 Jahre wurde an der Grenzbefestigung gebaut. Der Weg wurde durch einen Palisadenzaun gesichert, die Holz- durch stabilere Steintürme ersetzt. Schließlich hob man parallel zum Zaun einen durchgehenden Graben aus und schüttete einen Wall auf. Das war der Endzustand des Obergermanischen Limes. Sein Rätischer Nachbar bestand dagegen nur aus einer Mauer. Im Hinterland der Grenze entstanden um die achtzig Kastelle, die mit Hilfstruppen belegt waren. Am Rhein schließlich waren die Besatzungen der großen Legionslager zum Eingriff bei

treten, um auf diese Weise die göttliche Macht zu verdeutlichen. Stürzte ein derart Gefesselter zu Boden, durfte er nicht aufstehen, sondern musste sich auf der Erde liegend fortwälzen. Der Gott, dem sich germanische Krieger derart drastisch unterwarfen, war offenbar Wodan. Wie lange diese Vorstellung in der Erinnerung blieb, zeigt mehr als 1000 Jahre später ein isländisches Lied über den Helden Helgi; darin wird ebenfalls ein »Fesselhain« erwähnt.

In vielen Ortsnamen verbirgt sich die Bezeichnung einer alten germanischen Gottheit. Die dänische Stadt Odense etwa ist nach Odin benannt. Bad Godesberg im Rheinland heißt nach dem gleichnamigen Berg, dessen Name ursprünglich Wodansberg lautete. Und so mancher Donnersberg erinnert an Donar, den Gewittergott.

Noch häufiger treten germanische Götternamen in den Bezeichnungen unserer Wochentage auf. In den ersten Jahrhunderten nach Christus übernahmen die germanischen Stämme von den Römern die Gliederung der Siebentagewoche. Die römischen Tage wurden nach den Göttern benannt. Die Germanen übertrugen sie einfach auf ihre eigenen Gottheiten. Deshalb heißt der Dienstag nach Ziu oder Tyr, der Donnerstag nach Donar, der Freitag nach der Göttin Frija. Andere germanische Sprachen wie das Englische und das Niederländische erinnern mit der Bezeichnung des Mittwochs an einen weiteren Gott der Germanen: Wednesday und Woensdag tragen ihren Namen nach Wodan.

drohender Gefahr bereit. Der Limes stellte keinen massiven Grenzschutz dar, dessen eher geringe Besatzung einen Angriff wie den Zug
der Kimbern und Teutonen hätte aufhalten können. Aber die Späher
auf den Wachttürmen, die Besatzungen der Limeskastelle, wie etwa der
rekonstruierten Saalburg bei Bad Homburg, nahmen jede Bewegung
im Grenzgebiet wahr und stellten insofern ein Frühwarnsystem dar.
Bis um das Jahr 260 erfüllte er diese Aufgabe. Für rund 180 Jahre
markierte er dabei nicht nur den Grenzsaum des Imperiums, sondern
entwickelte sich auch zu einer Kontaktzone zwischen Rom und den
Germanen, in der bescheidener Handel getrieben wurde.

Archäologische Funde
beschreiben das Leben in Großgermanien

Das riesige, undurchschaubare Germanenland existierte mit seinen
Wäldern und Sümpfen Jahrhunderte neben dem Römischen Reich. Im
Großen und Ganzen blieben sich die Barbaren treu. Sie gründeten
keine Städte wie Trier oder Regensburg, legten keine Straßen wie die
Römer an, bauten keine Äquadukte für Wasserleitungen und pflegten
auch keine Badekultur, wie sie römische Thermen bis heute bezeugen.
Wie hätten ihnen solche zivilisatorischen Höchstleistungen in ihrer
unzugänglichen Wildnis auch gelingen können. Trotzdem waren die
germanischen Völker keinen unbelehrbaren Wilden.

Ausgrabungen belegen die Intensität des römischen Einflusses auf
das Großgermanien der ersten vier Jahrhunderte, die auch als »Römische Kaiserzeit« bezeichnet werden. Vor allem Gräber und weit
verbreitete Opferfunde sprechen eine klare Sprache.

So wurden im pommerschen Lübsow Grabstätten aus der ersten
Hälfte jener Epoche freigelegt. Ihre Toten waren nicht nach vorherr-
schender germanischer Tradition verbrannt, sondern in Baumsärgen
bestattet worden. Diese standen mit reichen Beigaben versehen in holz-
verkleideten Kammern, über die ein Hügel gehäuft wurde. Hatten sich
die Hinterbliebenen schon mit dem Grabbau große Mühe gemacht, so
beweisen außerdem die wertvollen Totenbeigaben, welcher Wertschät-
zung sich die Verstorbenen erfreuten: Zu finden sind silberne und
bronzene Fibeln, goldene Fingerringe, Perlen aus Glas und Bernstein,
prächtige Gürtelbeschläge, Kämme, Messer und Scheren für die Kör-
perpflege im Jenseits, Sporen und andere Teile des Pferdegeschirrs,
Trinkhörner für den obligatorischen Met und vieles mehr. Die meisten
dieser Gegenstände hatten germanische Handwerker hergestellt.

Zur Ausstattung der Fürstengräber vom Lübsow-Typ gehörte auch vielteiliges Silber- und Bronzegeschirr, das aus dem Imperium Romanum stammte. Zu diesen hoch angesehenen Statussymbolen zählten wie beim Hildesheimer Silberschatz Eimer, Becher und Kannen, große Becken und Teller, Schöpfkellen, aber auch Becher und Schalen aus filigranem Glas. Derartig reich ausgestattete Gräber fanden sich im germanischen Hinterland, in Böhmen, im östlichen Norddeutschland, im Oder- und Weichselgebiet und auf den dänischen Inseln. Selbst Germanen, die nie einen Römer zu Gesicht bekamen, wussten um das Prestige dieser kunstvollen Gegenstände. Nach dem Befund der Fürstengräber entstand über Hunderte von Kilometern in verschiedenen Stämmen eine reiche Adelsschicht, die eines gemein hatte: Sie wollte den römischen Lebensstil imitieren und damit Ansehen unter ihren Landsleuten gewinnen und stärken.

Überall im heidnischen Germanien wurde den Göttern geopfert. Dass dazu auch Menschenopfer zählten, belegen schon die Berichte über die Kimbern und Teutonen. Erschütterndere Zeugnisse dafür sind

Die Moorleichen

In vielen Mooren der nördlichen Niederlande, Nordwestdeutschlands und Schleswig-Holsteins sowie Dänemarks hat man in der jüngeren Vergangenheit immer wieder schreckliche Funde gemacht: Menschen, die vor 2000 und mehr Jahren allem Anschein nach im Moor versenkt wurden. Die darin enthaltenen organischen Säuren konservierten die Leichname. Gleichzeitig kam es zu einer Aufweichung der Knochen und zur dunklen Verfärbung der Haut. Dies alles erweckt beim unmittelbaren Fund einen schaurigen Eindruck. Zugleich bietet der teilweise sehr gute Erhaltungszustand der Toten ein realistisches Bild der Germanen und ihres Aussehens.

Hunderte von Moorleichen wurden bisher gefunden, eine große Zahl stammt aus der Zeit um Christi Geburt und den folgenden Jahrhunderten. Darunter befinden sich wenige Kinder, erheblich mehr Frauen, in der Mehrzahl jedoch Männer. Auch einzelne Köpfe wurden aus dem Moor geholt, und bei vielen von ihnen war das Haar zum Suebenknoten gebunden. Neben den Haaren blieb die Haut erhalten, auch Kleidungsstücke aus Wolle, Fell und Leder, sogar Stricke, mit denen die Toten gefesselt worden waren. Unter allen Moorleichen ragt die des Tollund-Mannes hervor, der in einem jütländischen Moor gleichen Namens gefunden wurde. Sein ungemein lebendiger Gesichtsausdruck suggeriert dem Betrachter den Eindruck eines lediglich Schlafenden. Wie die meisten männlichen Toten aus dem Moor trug er keinen Bart und macht bis heute einen gepflegten Eindruck. Der Tollund-Mann, mit ziemlicher Sicherheit ein Nachfahre oder gar unmittel-

allerdings die berühmten Moorleichen, die uns ein sehr reales Bild germanischer Männer und Frauen bieten. Quellen, Moore und Seen waren den barbarischen Stämmen heilig, ihnen übergab man nicht nur Übeltäter, sondern auch Gegenstände zuhauf.

Das Heilbad Bad Pyrmont im Weserbergland, nicht weit vom Teutoburger Wald gelegen, erfreute sich schon vor fast 2000 Jahren großer Beliebtheit. Allerdings existierte hier damals keine kultivierte Siedlung, und die Landschaft war geprägt von waldreicher Wildnis. Die Cherusker kannten bereits die Mineralquellen, denen sie heilkräftige Wirkung zusprachen und deren darin hausende Mächte sie günstig stimmen wollten. Darum pilgerten über viele Generationen Mann, Frau und Kind, Arm und Reich des Stammes, Bauer und Krieger zu den Quellen. Man hinterlegte unzählige Fibeln, jene mal einfacheren, mal kostbareren Gewandspangen. Eine zeigt einen Eber, auch später noch als Symboltier des Mutes angesehen und unter den Wikingern das Tier des Gottes Freyr. Eine andere stellt einen Hasen dar, der immer schon als Fruchtbarkeitssymbol galt. Exotisch wirkt eine Fibel aus dem Rö-

barer Verwandter der Kimbern und Teutonen, legt Zeugnis darüber ab, dass die Barbaren zwar verhältnismäßig groß gewachsen und gut trainiert waren; die titanischen Giganten der antiken Autoren waren sie jedoch nicht.

Was brachte die Germanen dazu, Menschen, in vielen Fällen wahrscheinlich Angehörige ihres Dorfes und ihrer eigenen Sippe, im Moor zu versenken? Am Hals des Toten aus Tollund blieb ein Strick erhalten: Der Mann wurde erdrosselt, bevor man seine Leiche dem Moor übergab. Ähnliches lässt sich auch an anderen Funden feststellen. Männer und Frauen wurden erhängt oder erdrosselt,

Der Tollund-Mann wurde rasiert, lediglich mit Lederkappe und Gürtel bekleidet und erdrosselt dem Moor übergeben – der Strick lag noch um seinen Hals.

mischen Reich, die als Delfin interpretiert wird, ein für binnenländische Cherusker sehr fremdartiges Geschöpf. Daneben gab man den Göttern römische Münzen, ein Brauch, der sich als Brunnenopfer für Glücksbringer an vielen Orten bis heute erhalten hat. Und schließlich schreckte ein reicher Germane, oder seine Frau, nicht davor zurück, eine prachtvoll emaillierte Schöpfkelle aus der römischen Provinz an den Quellen niederzulegen. Wie wird angesichts dieser Opfergabe von jenseits des Limes das einfache Volk gestaunt haben!

Die Atmosphäre im frühgeschichtlichen Pyrmont war friedlich und andachtsvoll. Anderes belegen viele Opferfunde in Südskandinavien und Schleswig-Holstein. Denn dort übergab man den Mooren und Seen neben zivilen Dingen wie Fibeln auch Unmengen von Waffen und Kriegerausrüstungen. Sie bezeugen unruhige Zeiten im hohen Norden.

Zu den bekanntesten Plätzen gehörte das Thorsberger Moor, heute nicht weit von Schleswig gelegen. Über 2000 Jahre hinweg war dieser Platz immer wieder ein heiliger Ort: In der bereits für Germanen fernen Vergangenheit der großen Steingräber fanden hier Bestattungen

einige erstach man, andere wurden erschlagen, manchen schlug man den Kopf ab. Es dürfte auch kein Zufall sein, dass der erhalten gebliebene Inhalt von Magen und Darm der Toten fast nie Fleischspuren enthält, sondern Gerste und Leinsamen, Knöterich und Unkrautsamen. Wurde den Todgeweihten eine »Henkersmahlzeit« germanischer Art vorgesetzt? Vieles legt den rituellen Charakter der Versenkung von Moorleichen nahe. So machte man sich die Mühe, Pfähle in den Moorgrund zu rammen und die Leichen daran zu befestigen. Zusätzlich wurden sie mit Steinen beschwert und mit Sträuchern bedeckt. Manche Leiche trug außerdem eine Augenbinde. Warum das alles?

Tacitus gibt in der *Germania* eine Antwort darauf: Er berichtet, die Germanen versenkten »Feiglinge, Kampfscheue und Unzüchtige« – wobei er unter Letzteren wohl Homosexuelle versteht – in Sumpf und Morast. Anschließend würde Flechtwerk darüber geworfen. Viele Hingerichtete dürften also wegen Verstößen gegen die Stammesgesetze getötet und ins Moor geworfen worden sein. Das aufwändige Ritual, soweit es sich archäologisch nachweisen lässt, und die Tatsache, dass auch Kinder derart getötet wurden, weisen die Moorleichen auch als Menschenopfer aus, die den Germanen nicht unbekannt waren. Die geheimnisvolle und erschreckende Atmosphäre der Moorlandschaft ließ sie als Ort jenseitiger Mächte erscheinen, denen schuldige oder unschuldige Opfer gebracht wurden. Unter allen Umständen sollten die Toten aber im Moor bleiben und nicht etwa zu rachesüchtigen Wiedergängern werden, deshalb ihre Beschwerung mit Steinen, ihre Befestigung an Pfählen und die Bedeckung mit Strauchwerk.

statt, in der Bronzezeit legten ihre Vorfahren Grabhügel an, und Jahrhunderte nach ihnen wurde noch ein Wikinger dort bestattet. In den ersten nachchristlichen Jahrhunderten führte ein Steg ins Moor, rammte man Pfähle in den unsicheren Grund und befestigte darauf Balken mit Reisig. Jeder Opfernde konnte darüber ein gutes Stück hinausschreiten in die schaurige Welt der höheren Mächte.

Drei Fundstücke aus Thorsberg erweisen sich in Germanien als einzigartig. Dazu zählen zwei Zierscheiben aus Kupfer und vergoldetem Silber. Sie zeigen Menschen- und Tierfiguren neben geometrischen Mustern und den römischen Kriegsgott Mars. Nur ein mächtiger und angesehener Stammeskrieger aus der Häuptlingsschicht konnte sich solchen Zierrat leisten, den er vielleicht am Geschirr seines Pferdes präsentierte. Er muss im Kampf gefallen sein, denn stets opferte man das Eigentum der Unterlegenen den Göttern.

Die wertvolle Zierscheibe aus Thorsberg, im Durchmesser 13 cm, wird einem germanischen Feinschmied zugeschrieben, der seine Werkstatt südlich der Ostsee hatte. Dort oder im Grenzland zum Römischen Imperium lernte er römische Handwerkskunst kennen.

Ein anderer Fürst oder reich beschenkter Gefolgsmann mag sich mit dem dritten Fundstück, einer silbernen Gesichtsmaske geschmückt haben, wie sie von den römischen Offizieren getragen wurde. Maske wie Zierscheiben waren Meisterstücke germanischer Handwerker, die das Kunstgeschick römischer Feinschmiede kannten. Sie waren gelehrige Schüler, die geschickt nachahmten, aber zugleich eine eigene germanische Note hinzufügten. Deshalb sprechen viele Moorfunde für die engen Beziehungen zwischen Rom und den Germanen und für den Einfluss der römischen Kultur.

Sie sind aber auch ein Zeugnis für die Kämpfe, die unter den Germanen ausgefochten wurden. Möglicherweise waren gerade an der westlichen Ostsee die Lebensbedingungen schlechter geworden. Schon die Kimbern und ihre Verbündeten waren Jahrhunderte vorher aus diesem Raum gekommen. In der Römischen Kaiserzeit kämpften anscheinend die Vorfahren der Dänen und Schweden untereinander um fruchtbares Land, günstige Plätze oder schlichtweg um Beute. Rom hatte damit nur insofern etwas zu tun, als aus seinen Werkstätten viele der Waffen stammten, die die Sieger ins Moor warfen.

Bei Nydam im südöstlichen Jütland lag damals ein See, der heute versumpft ist. Auch hier hat man über Generationen die Waffen der Besiegten geopfert, deren Reste in tausendfacher Zahl von Archäologen geborgen werden konnten. Durch solche Funde lässt sich ein dramatisches Ereignis aus der Zeit um 350 rekonstruieren: Damals lag in der Nähe Nydams, nicht weit vom Strand, ein kleines Dorf. Ihm näherten sich auf einem großen Boot etwa vierzig Krieger, die wahrscheinlich aus Südschweden kamen. Sie griffen die Ansiedlung an, unterlagen aber dem erbitterten Widerstand der Dorfbewohner. Es ist fraglich, ob einer der Angreifer dieses Gemetzel überlebte. Die Sieger hätten große Beute machen können, denn die Invasoren waren gut bewaffnet gewesen und hatten ein beeindruckendes Schiff ihr Eigen genannt. Es bestand aus Eichenholz und war über 23 Meter lang. In seiner geschmeidigen Bauweise und seinen beiden elegant hoch gezogenen Steven war es ein früher Vorläufer der berüchtigten Wikingerschiffe, wenn auch noch ohne Segel.

Doch die frühen Jütländer zogen das prächtige Schiff an Land, durchschlugen seine Planken und versenkten es im See (siehe Farbteil, Abbildung 3). Sie verbogen die Schwerter, zerschlugen die Schilde, zerstörten alle Waffen und opferten sie den Göttern. Ihr Dank für deren Schutz war ihnen wichtiger als die materiellen Interessen. Das »große Nydamschiff« ist nur ein Zeugnis für viele Ereignisse dieser Art, denn es war nicht das einzige Schiff, das im See von Nydam versenkt wurde.

Die Markomannenkriege

Die Donau grenzte die Provinzen Rätien, Noricum und Pannonien gegen das jenseitige Barbarenland ab, schützte also das Land von Bayern über Österreich bis in die ungarische Ebene. Hier waren romanisierte Gebiete mit überwiegend keltischer Bevölkerung entstanden, vergleichbar denen in Gallien. Unmittelbar am Fluss gelegen, kam dem Legionslager Vindobona eine herausragende Bedeutung zu, auf seinen Resten entstand später Wien. Etwas donauabwärts zeugen die stattlichen Ruinen von Carnuntum noch in der Gegenwart von der Pracht römischer Zivilisation in diesen Provinzen. In den jenseitigen Bergen und Wäldern erstreckten sich die Stammesgebiete der Markomannen und Quaden, wobei die ersten seit den Zügen des Tiberius und Germanicus als romanisiert und zuverlässig galten.

Von hier schien keine Gefahr für das Reich auszugehen, als 161 Mark Aurel Imperator wurde. Er gehört in die Ära der Adoptivkaiser, in der man nicht mehr dem biologischen Erbprinzip folgte, sondern der Beste durch Adoption des Herrschers zum Nachfolger bestimmt wurde. Mark Aurel galt als Philosoph, der nach den Lehren der griechischen Stoa in seinen »Selbstbetrachtungen« für Gleichmut und Selbstbeschränkung eintrat. Die sollte er stark in Anspruch nehmen; denn selten ist einem Herrscher mit vielen guten Vorsätzen eine solche Vielzahl an Plagen auferlegt worden. Kaum war er Herr des Imperiums fielen die Parther, die Nachfolger des mächtigen Perserreichs, in die östliche Provinz Armenien ein. Zeitweise schien der ganze Osten bis zur Mittelmeerküste für Rom verloren. Als schließlich die Legionen die Oberhand gewannen und die parthische Residenz Ktesiphon am Tigris zerstörten, brachten sie auf dem Rückmarsch die schlimmste Pestepidemie der Antike mit nach Rom, der auch der Kaiser zum Opfer fiel. Doch vorerst stellte der Krieg im fernen römischen Osten eine Auseinandersetzung zwischen zwei Großmächten um Grenzländer dar, der innere Frieden des Reiches, die Pax Romana, war dadurch nicht bedroht.

Doch im Jahre 166 überquerten die angeblich bündnistreuen Markomannen die Donau und zogen Angst und Schrecken verbreitend bis vor den Adriahafen Aquileja. Damit bedrohten sie unmittelbar Oberitalien, das Zentrum der römischen Herrschaft. Der Schock in Rom war groß. Seit den Kimbern und Teutonen waren barbarische Horden nicht mehr so weit nach Süden vorgedrungen. Die siegreichen Kämpfe und Feldzüge des Caesar, des Drusus, des Tiberius, auch des Germanicus – waren sie alle nutzlos gewesen?

Der Kaiser schlug die Germanen zurück. Mehrere Feldzüge führte er persönlich an der Donau und über den Fluss hinaus tief ins Barbarenland. Unzählige Schlachten wurden geschlagen, so auf der zugefrorenen Donau gegen die Jazygen und im Land der Quaden, wo nach den historischen Quellen ein Unwetter ein römisches Heer vor der Niederlage rettete.

Archäologische Befunde der betroffenen Gebiete belegen für viele Siedlungen und Lager deutliche Brandschichten aus dieser Zeit, die eindeutige Beweise der Katastrophe sind. Aufschlussreicher als die Kämpfe sind jedoch die Verhandlungen, die immer wieder mit den Barbaren geführt wurden. Der Kaiser war mehrmals an ihnen beteiligt, so nach einem Sieg über die Quaden, worüber der Historiker Cassius Dio Bericht erstattet: Mark Aurel sei in Pannonien geblieben, um sich selbst an den Verhandlungen mit den Gesandtschaften der Barbaren zu beteiligen. Die Geschlagenen boten Bündnisverträge an, die sie zu halten gelobten. Der Imperator nahm dieses Angebot offensichtlich an und zahlte ihnen sogar noch Tribut, um sich ihrer Loyalität künftig sicher zu sein. Damit verfolgte er auch das Ziel, die Germanen untereinander zu spalten.

Auch anderen wurde Frieden gewährt, sei es, um sie zu den gefährlichen Markomannen auf Distanz zu bringen, sei es, weil sie viele Pferde und Rinder geliefert hatten und weil sie zusicherten, alle Überläufer der Verbündeten Roms und alle römischen Kriegsgefangenen auszuliefern. Allerdings durften die Quaden nicht die Märkte im römischen Grenzland besuchen, um dort Handel zu treiben. Damit sollte verhindert werden, dass die weiterhin unbotmäßigen Markomannen und Jazygen sich als Quaden hinter die Grenze schmuggelten, alles auskundschafteten und Lebensmittel kauften.

Der römische Sieg über die Markomannen und ihre unruhigen Nachbarn war schließlich nach vielen Kriegsjahren vollendet. Die Legionen hatten nicht nur die Donaugrenze wieder hergestellt, sie waren darüber hinaus weit in Feindesland vorgedrungen. Der Kaiser trug sich sogar mit dem Plan, eine Provinz Marcomannia in Böhmen einzurichten. Da raffte ihn 180 der Pesttod hinweg. Sein Sohn und Nachfolger Commodus verfolgte die energische Politik des Vaters nicht weiter. Er schloss Friedensverträge und stellte den Status quo an der Donau wieder her. Die Sicherheit des Reiches schien vorerst gewährleistet.

Die Unkenntnis von der germanischen Welt und ein neues Großreich im Osten

Die Markomannenkriege waren mehr als eine Episode der Auseinandersetzungen zwischen Römern und Germanen. Sie waren auch nicht nur der größte Schock für Italien seit dem Kimbernzug. Aus dem Bericht des Cassius Dio lässt sich die wichtigste Tatsache entnehmen: Wenn die befriedeten Quaden nicht die römischen Märkte besuchen durften, weil sich feindliche Markomannen für sie ausgeben konnten, dann hatte Rom die Übersicht über die Germanen verloren. Nach 200-jährigem intensivem Kontakt mit den Barbaren war dies eine fatale Feststellung. Man kannte seinen gefährlichsten Gegner immer weniger.

Aus diesem Stammesdickicht begann erstmals Mark Aurel Menschen auf römischem Gebiet anzusiedeln. Er handelte Land gegen Grenzverteidigung und wies ganzen Stämmen Land in römischen Provinzen und in Italien an. Gleichwohl behielten die Germanen ihre Unberechenbarkeit, die sie erneut zu Feinden des Reiches machen konnte.

Weit im Osten, im Weichselgebiet, brach zu dieser Zeit das Volk der Goten auf, um bis ans Schwarze Meer zu marschieren. Ihr Zug muss für große Unruhe in Germanien gesorgt haben. Mancher Stamm verließ sein altes Land, um im reichen Donauraum neues zu gewinnen. Viele junge Krieger wurden unruhig. Mag sein, dass die Kunde von den verwegenen Goten bis zu ihnen gedrungen war, dass auch sie losziehen wollten, Ruhm, Ehre und Beute zu erringen. Wie konnte man das besser als im Kampf gegen Rom?

Das folgende 3. Jahrhundert war eine Epoche der Katastrophen. Nicht nur bot das Imperium selbst ein Bild tiefster Zerwürfnisse mit Bürgerkriegen, Putschen, Sezessionen von Reichsteilen usw. Zusätzlich war im Osten ein furchtbarer neuer Feind entstanden. Das Partherreich war vernichtet worden, in Erinnerung an die große Vergangenheit entstand ein neues persisches Reich, das Rom ein ebenbürtiger Gegner wurde. Nichts vermochte das deutlicher zu machen als die Ereignisse des Jahres 260 in Mesopotamien. Kaiser Valerian selbst hatte seine Truppen gegen den persischen Herrscher Schapur ins Feld geführt und war geschlagen worden. Was dann folgte, hatte es in der Geschichte des Imperium Romanum noch nicht gegeben: Valerian wurde als Gefangener vor seinen Kontrahenten geführt, der diesen Triumph weidlich auskostete. Bis heute kündet ein Relief bei Persepolis von diesem Sieg. Dem einstigen Kaiser war ein trauriges Schicksal bestimmt, er sollte nie befreit werden. Rom kämpfte zudem mit ganz anderen Problemen: Im selben Jahr, als der Kaiser im Osten Heer und Freiheit verlor, durchbrachen Germanen endgültig den Limes.

Die neuen germanischen Großstämme

Zwei neue Namen werden in diesen Jahren zum ersten Mal genannt: die Alamannen und die Franken. Man spricht von ihnen als Großstämmen, die sich neu gebildet hatten und die durch die Zahl und Konzentration ihrer Krieger eine vorher nicht gekannte Macht erreichten. Die Bezeichnungen selbst sind keine Völkernamen. Denn Alamannen (oder Alemannen) sind alle Männer, alle Krieger einer Gemeinschaft, und der Franken-Name verweist wahrscheinlich auf die Mutigen. Kleinere germanische Völkerschaften, deren Namen schon Tacitus überliefert, hatten alte Zwistigkeiten überwunden und sich zusammengeschlossen. Das gab es zwar auch vorher, wie die Sueben des Ariovist zeigten. Aber diesmal waren den Bündnissen Dauer und Erfolg beschieden.

Die Alamannen rekrutierten sich überwiegend aus dem Elbegebiet, wahrscheinlich mit den angesehenen Semnonen als Kern, und viele Gruppen des alten Suebenbundes traten ihnen bei. Abgeschlossen war diese Stammesbildung noch lange nicht. Man geht davon aus, dass die eigentliche alamannische Identität sich erst erheblich später in der neuen Heimat in Südwestdeutschland entwickelte. Die Krieger und ihre ehrgeizigen Anführer werden die Triebkräfte gewesen sein. Sie hatten viel von Rom gelernt: Sie kämpften mit dessen Schwertern, trugen dessen Panzer und stritten nach der Strategie der Legionen. Es bedurfte nur noch der Einigkeit, um die Grenzen des schwächer werdenden Imperiums zu überwinden. Tacitus erzählt über hundert Jahre früher von einem heiligen Semnonenhain. Dort wäre im Schutz der Götter der rechte Ort gewesen, das Bündnis zu besiegeln, zu beschwören, den Jenseitigen dafür zu opfern. Im Laufe der Wanderungen werden kleinere Gruppen weniger aufwändig aufgenommen worden sein.

Die Franken kamen vom Niederrhein und dem Hinterland bis zur Weser. Alte »Bekannte« der Römer, die Brukterer, die Amsivarier, die Chamaven, die Chattuarier und andere, wollten unter diesem programmatischen Namen ihre Tapferkeit beweisen.

Neben den beiden westgermanischen Verbänden sollte an der unteren Donau, zum Balkan hin, das schon erwähnte Volk der Goten dem Reich große Probleme bereiten.

Die Runen

Auch wenn die germanischen Völker erst mit der Annahme des christlichen Glaubens die lateinische Buchschrift verwendeten, so waren sie doch nicht schriftlos. Seit dem 2. nachchristlichen Jahrhundert kannte man zumindest in Skandinavien die Runenzeichen. Wie die Römer das Alphabet benutzten, so hatte man im Norden eine Reihe von 24 Zeichen. Diese Reihe wird als älteres Futhark bezeichnet, wobei sich der Name aus den ersten sechs Runen zusammensetzt (th steht für einen Laut, der dem th der modernen englischen Sprache entspricht). Jedes Runenzeichen repräsentiert einen bestimmten Laut, sodass die Germanen in der Lage waren, Wörter und Sätze zu schreiben.

Mit Runen schrieb man keine umfangreichen Texte, sie wurden geritzt: in Waffen wie Lanzenspitzen, Schwerter und Schildbuckel, in Schmuckstücke wie Fibeln und Ringe, auf Gebrauchsgegenstände wie Kämme, in Holzstücke, im Norden auch auf Felswände und Grab- und Gedenksteine. Die Runeninschriften waren meistens sehr kurz: »Erprober« oder »Der zum Ziel geht« heißt es auf Speerspitzen, auf Schmuckstücken steht oft nur ein Personenname, manchmal in Ausdrücken wie »Derjenige ritzte« oder »Derjenige machte das Stück«. Neben diesen alltäglichen Inschriften gab es auch andere mit religiösem oder magischem Inhalt. So heißt es auf einem in Rumänien gefundenen Goldring, der wahrscheinlich zum Kö-

Das 3. Jahrhundert besteht aus unzähligen Überfällen dieser neuen Stämme, zu denen sich noch eine Vielzahl anderer gesellte. Immer nutzten die Germanen ihre guten Informationen über römische Truppenabzüge und über Kriege mit den Persern. Ihre Züge nahmen dabei abenteuerliche Dimensionen an:

213 attackieren wahrscheinlich erstmals alamannische Gruppen den Rätischen Limes, den sie zwanzig Jahre später durchbrechen. Nach Plünderungszügen durch Gallien und Süddeutschland werden sie von Rom mit Mühe besiegt.

251 ziehen die erstmals 238 erschienenen Goten plündernd unter ihrem König Cniva durch den Balkan bis Nordgriechenland. Der römische Kaiser Decius stellt sich ihnen entgegen und fällt in der Schlacht. Wenige Jahre später plündern die Goten auf Schiffen die Küsten des Schwarzen Meeres und der Ägäis.

257 wird erstmalig der Name der Franken erwähnt, und kurz darauf durchqueren fränkische Scharen Gallien und überschreiten die Pyrenäen. In Spanien plündern und brandschatzen sie die Stadt Tarraco, das

nigsschatz der Westgoten gehörte: »Der Goten Besitztum, geweiht und unverletzlich«. Jede Rune stand nicht nur für einen besonderen Laut, sie repräsentierte auch einen bestimmten Begriff. Je nach Bedeutung konnte deshalb ein einzelnes Zeichen mit magischer Absicht geritzt werden: Die F-Rune stand für fehu »Vieh, Besitz« und galt als Glückszeichen. Mit der Th-Rune, die für die dämonischen Thursen, die Riesen, stand, sollte einem anderen geschadet werden. Die T-Rune, die ihren Namen vom Gott Tyr erhielt, sollte, auf Waffen geritzt, deren Wirkung verstärken.

Die Darstellung eines Reiters, der eine Waffe schwingt und von zwei Hunden begleitet wird, ist einer der ältesten Bildsteine mit Runeninschrift. Genannt wird der Name eines gefallenen adeligen Kriegers. Der Stein von Möjbro wurde ihm zu Ehren im 5. Jahrhundert errichtet. Kampf und Jagd gehörten zu den standesgemäßen Betätigungen vornehmer germanischer Krieger.

moderne Tarragona an der katalanischen Küste. Mit erbeuteten Schiffen setzen sie ihre Überfälle an der nordafrikanischen Küste fort.

259 fallen die Alamannen erneut in Rätien ein, zerstören große Teile des Limes, besetzen dessen Kastelle und zerstören mehrere Städte wie Kempten und Bregenz. Auch wenn sie zurückgeschlagen werden können, sieht man in Rom ein, dass die alte Grenze nicht mehr zu halten ist und man sich auf die Rhein- und Donaulinie beschränken muss.

263 erscheinen die Goten tief im Herzen der antiken Welt. Sie tauchen mit ihrer Flotte vor der kleinasiatischen Griechenstadt Ephesos auf, die sie plündern. Dabei beschädigen sie den berühmten Tempel der Göttin Artemis, eines der sieben Weltwunder, so stark, dass der Wunderbau nicht mehr aufgebaut wird. Wenige Jahre später fahren sie mit verbündeten germanischen Herulern auf angeblich 500 Schiffen die Schwarzmeerküste und die östlichen Mittelmeerküsten entlang, wobei so berühmte Städte wie Byzantion, Ilion (Nachfolgerin des alten Troja), Athen, Korinth und Sparta ihre Opfer werden.

275 zerstören die Franken Trier und viele andere gallische Städte.

Manchmal wurden Runenzeichen verschlüsselt, verdreht und als Geheimrunen benutzt, die nur eingeweihte Runenmeister zu deuten wussten. An diesen Brauch erinnert noch die Bedeutung des Wortes Rune, die »Geheimnis« lautet und mit dem Begriff »Raunen« verwandt ist. Im Laufe der Zeit scheinen die Zeichen allerdings immer stärkere Verwendung gefunden zu haben, sodass sie allgemein verständlich waren und von vielen Männern und Frauen geritzt wurden.

Wenn auch die Wikinger glaubten, die Kenntnis der Runen gehe auf den Gott Odin zurück, so bestehen doch keine Zweifel daran, dass sie von außergermanischen Vorbildern ausgingen. Wahrscheinlich lernten im 1. Jahrhundert Germanen, die engeren Kontakt mit den Römern hatten, die lateinische Schrift und regionale Alphabete des romanisierten Alpenraums kennen. Nach diesen Zeichen wurden die Runen geradezu erfunden. Von Anfang an lag ihr Zentrum in Skandinavien, vor allem auf den dänischen Inseln. Dort erfreuten sie sich in der Wikingerzeit besonders großer Beliebtheit. Im 8. Jahrhundert kreierte man eine neue, verkürzte Runenreihe aus 16 Zeichen, das jüngere Futhark. Mit den Wikingern kamen Runen bis nach Grönland und in den Mittelmeerraum. Bei ihnen blieben auch die längsten Inschriften erhalten, die immerhin bis zu 750 Zeichen enthielten.

Unter den Südgermanen fanden die Runen keine so große Verbreitung. Dort schätzten sie am meisten die Alamannen.

Die Spuren der Verwüstung

Die Chronik germanischer Beutezüge im Imperium Romanum ließe sich fortführen. Im Limesgebiet und im römischen Westen und Süden Deutschlands weisen Brandschichten in Militärlagern und zivilen Siedlungen auf das Ausmaß der Zerstörung nach 260 hin. Die komplette römische Infrastruktur brach zusammen: Kastelle wurden aufgegeben, Städte waren zerstört, die Landhäuser der Provinz verödeten, wenn sie nicht von den barbarischen Invasoren in Brand gesetzt worden waren. Auch die Hortfunde dieser Zeit sprechen eine deutliche Sprache. In unruhigen und gefährlichen Jahren versteckte man seinen wertvollsten Besitz, wenn man ihn schon nicht in Sicherheit bringen konnte. So kamen Münzen, edler Schmuck, Paraderüstungen, ganze Tempelausstattungen mit Götterstatuetten in die Erde. Manche Horte erweisen sich durch ihre wahllose Zusammensetzung als Beute germanischer Krieger, denen es verwehrt blieb, ihren Raub wieder auszugraben.

Die 24 Runenzeichen des älteren Futhark:

f u th a r k g w

h n i j ï p z/R s

t b e m l ng d o

(th entspricht dem englischen th; es gibt zwei i-Laute; z/R steht für einen s- und r-Laut)

In den Überfällen und Plünderungen dieser Katastrophenzeit zeigten die Barbaren in Massakern an der römischen Bevölkerung auch ihre dunkle Seite, die wenig gemein hat mit den Idealisierungen der *Germania* des Tacitus. Funde in der Nähe Regensburgs belegen dies in erschütternder Deutlichkeit: Irgendwann in der zweiten Hälfte des 3. Jahrhunderts kam im Verband mit größeren barbarischen Kriegergruppen eine Schar zu einem römischen Gutshof, einer »villa rustica«. Deren Bewohner waren nicht in der Lage, Widerstand zu leisten. Einige wurden sofort erschlagen, die anderen wurden Opfer eines brutalen Rituals. Männer und Frauen wurden zuerst gefoltert, dann skalpiert. Allen schlug man schließlich mit einer Axt die Stirn ein, einige köpfte man. Die zerstückelten Leichen von mehr als zwölf Menschen warf man in die beiden Brunnen des Hofes, wo sie viele Jahrhunderte später gefunden wurden. Allem Anschein nach wuteten die Germanen hier nicht nur in purer Mordlust, sondern begingen auch ein blutiges Ritual, das sie als Dankopfer an ihre Götter verstanden.

Das Römische Reich wird »germanisiert«

Aber die Beziehungen zwischen Römern und Germanen waren nicht nur von barbarischer Gewalt geprägt, denn die Germanen waren zugleich geschätzte Verbündete. Auch wenn seit Caesars Zeiten germanische Krieger für Rom kämpften, so nahm dies in den chaotischen Zuständen des späten Rom viel größere Ausmaße an. Kaiser Gallienus begann um 260 mit einer Heeresreform, der dann andere Herrscher folgten. Das Hauptproblem war, die langen Grenzen zu besetzen und zugleich eine »schnelle Eingreiftruppe« zu schaffen. Am schnellsten war man damals zu Pferde. Deshalb rückte man vom traditionellen Primat der Fußtruppen der Legionen ab und schuf berittene Verbände, die in Mailand stationiert wurden.

Zugleich wurden germanische Verbände geschaffen, die das Grenzland vor anderen Germanen schützen sollten. Dafür erhielten sie als Föderaten die Erlaubnis, in den römischen Grenzprovinzen zu siedeln. Nun setzte eine Barbarisierung des Rheinlands und des gallischen Nordens ein: Die römischen Soldaten übernahmen die runde Form des Germanenschildes, und sie führten Lanzen mit langen Widerhaken ein, wie sie die Barbaren benutzten. Eine weitere Konsequenz dieser teilweisen Germanisierung war, dass immer mehr Barbarenführer höhere militärische Dienstgrade und andere Würden übernehmen konnten.

Nach der Schlacht um das Kastell Gelduba 259: Im Hintergrund brennt bereits das Lager, davor sammeln siegreiche fränkische Krieger die Waffen der römischen Soldaten ein. Wie unter den Germanen üblich, wurden sie den Göttern geopfert oder ergänzten die eigene Ausrüstung. Die einfachen fränkischen Kämpfer tragen ihre alltägliche Kleidung. Schutz im Kampf boten ihnen allenfalls Schilde.

So erhielt der Heruler Naulobatus als Anführer herulischer Auxiliarverbände Konsulatswürden. Diese Ehrung war noch keinem Germanen vor ihm zuteil geworden. Kurz nach 300 nahm der Bataver Aurelius Ianuarius einen höheren Offiziersrang in Pannonien ein. Hundert Jahre später sollten Germanen an der Spitze des Imperiums stehen.

Neben der wichtigen Heeresreform betrieben die Kaiser Diokletian und Konstantin eine umfassende Reichsreform, die in letzter Konsequenz das Ende der Reichseinheit hinauszögerte. Immer weniger zählten die Bürgerideale der Res publica, immer mehr wurde das Imperium zu einem autokratischen Zwangsstaat, der streng hierarchisch auf den Kaiser hin orientiert war. Rom wurde christlicher und germanischer zugleich. Römer und Germanen waren eine Symbiose eingegangen, wobei die Römer sich zunehmend von den Germanen abhängig machten.

Dass eine deutliche Trennung zwischen Römern und Barbaren nicht mehr existierte, zeigt sich an vielen Beispielen. Eines der prägnantesten fand man im Krefelder Stadtteil Gellep am Niederrhein. Kurz nach dem Bataveraufstand, also nach 70, hatten die Römer hier ein Kastell mit Namen Gelduba errichtet. Das Lager wurde im Jahre 259 von den Franken niedergebrannt, Massengräber belegen die schrecklichen Kämpfe. Zwei Jahrzehnte später stand das Lager wieder, doch nun erstreckten sich in seinem Inneren die typischen germanischen Langhäuser, in den Menschen und Vieh unter einem Dach lebten. Fränkische Krieger mit ihren Familien hatten also in Gelduba den Grenzschutz übernommen. Aus dem Lager wurde eine mächtige römische Festung, doch Franken blieben in seiner Nähe, wie die Spuren eines Germanendorfes am Rand der Mauer beweisen. Sogar Hinweise auf eine Gruppe aus dem östlichen Steppenvolk der Sarmaten gibt es. In Gelduba verteidigten also multiethnische Verbände die Grenze des Römischen Reiches. Auch später blieben die Franken diesem Ort treu: In Gellep grub man eines der größten fränkischen Gräberfelder aus.

6. Die Völkerwanderungszeit

Barbaren in ungeheurer Zahl stürmen Roms Grenzen

»Erschreckende Gerüchte verbreiteten die Nachricht, die Völker des Nordens verursachten neue und ungewöhnlich große Bewegungen: Über das ganze Gebiet von den Markomannen und Quaden bis hin zum Schwarzen Meer sei eine Menge von unbekannten Barbarenvölkern mit unvorhergesehener Gewalt aus ihren Wohnsitzen verdrängt worden und ziehe im Donaugebiet in einzelnen Banden mit ihren Familien umher.«

Mit derart dramatischen Worten schildert Ammianus Marcellinus, der bedeutendste römische Historiker des 4. Jahrhunderts, die Ereignisse um das Jahr 375. Damals war man daran gewöhnt, mit den Barbarenvölkern zu leben. Trotzdem konnten sich Kaiser immer noch Ruhm erwerben im Kampf gegen herandrängende Stämme, die unkontrolliert in Gallien und andere Provinzen einzudringen versuchten. Erst 358 hatte der Imperator Julian bei Straßburg eine große, siegreiche Schlacht gegen die Alamannen geschlagen.

Doch das Jahr 375 stellt mit den treffenden Worten des Ammianus einen Epochenwandel dar. Die spätere Geschichtsschreibung hat sich dem angeschlossen und damit die Völkerwanderungszeit beginnen und mit dem Jahr 568 enden lassen. Diese vereinfachenden Daten wurden von vielen Schülergenerationen auswendig gelernt, und etliche Schlagworte verknüpfte man damit: Völkerwanderungszeit hieß Untergang Roms, Bezwingung des Reichs durch die Germanenvölker, germanische Reiche in allen Himmelsrichtungen der antiken Welt, Einfall der alles zerstörenden Hunnen usw. Häufig vergleicht man diese Epoche mit unserer Gegenwart, in der unzählige Menschen ihre Heimat verlassen und eine neue suchen, in der man glaubt, sich vor Einwanderern schützen zu müssen.

Wie alle Vergleiche bietet auch dieser erhebliche Schwierigkeiten. Dabei war die Völkerwanderungszeit kein singuläres Ereignis. Die gesamte bisherige Geschichte der Germanen war eine Geschichte von Wanderungen. Neu war lediglich die ungeheure Wucht der Völkerbewegungen, die seit 375 in Gang kamen. Weitgehend unbekannte Völker wie die Hunnen und Alanen drangen aus den zentralasiatischen Steppengebieten nach Westen vor. Mancher Hunne, der über die Donau gelangte, mochte weit im Osten gegen Soldaten des chinesischen Reiches gekämpft haben. Weitere germanische Völker drangen nach West- und Südeuropa vor: die schon vorher gefürchteten Goten, die Vandalen, die Burgunden, die Gepiden. Die Wissenschaft sollte sie später als Ostgermanen bezeichnen, im Unterschied zu den Westgermanen, mit denen es die Römer bisher fast ausschließlich zu tun bekommen hatten, und zu den Nordgermanen in Skandinavien. Diese Barbarenvölker überrannten in wenigen Jahrzehnten Rom und übernahmen eine entscheidende Rolle beim grundlegenden Wandel des Imperiums.

Die Hunnen – Volk aus den östlichen Steppen

Die Hunnen aus stammten aus den endlosen Tiefen der eurasischen und zentralasiatischen Steppen, aus denen auch andere Völker wie die Skythen, die Alanen, die Awaren, die Ungarn und die Mongolen die Reiche in West und Ost bedroht hatten bzw. bedrohen sollten. Bis auf wenige Ausnahmen bildeten diese Reiternomaden nie ein Großreich, sondern lockere Zusammenschlüsse und Koalitionen. Trotzdem gelang es ihnen auf ihren flinken, anspruchslosen Pferden, mächtige Heere in Bedrängnis zu bringen. Denn ihre Unberechenbarkeit, Schnelligkeit und Kunstfertigkeit, Pfeil und Bogen virtuos zu bedienen, machten sie fast unangreifbar. Das hatte schon ein halbes Jahrtausend zuvor das Reich der Mitte festgestellt, das sich vor ihnen nur durch den Bau der bis heute spektakulären Großen Mauer zu schützen wusste.

Den Römern war die Welt der Steppennomaden eine Terra incognita. Dem entsprachen auch die Nachrichten und Gerüchte, die sich im Imperium verbreiteten. Ammianus bietet ein gutes Beispiel dafür, wie sich übliche Barbarenklischees mit realistischen Informationen mischen: Nach ihm lebten sie jenseits von Sumpfgebieten in der Nähe des Eismeeres und zeichneten sich durch unglaubliche Wildheit aus. Das zeige sich schon im Umgang mit den Neugeborenen. Den Jungen würden sofort mit einem Messer tiefe Narben in die Wangen geschnitten, die den späteren Bartwuchs verhindern sollen. Ihre gedrungene Gestalt wirke so entstellt und gekrümmt, dass man sie für zweibeinige Bestien halten könne. Auch ihre Essgewohnheiten seien äußerst anspruchslos. Sie benötigten kein Feuer, sondern aßen die Wurzeln wilder Kräuter und halb rohes Fleisch, das sie zwischen ihre Schenkel und den Pferde-

Die Germanenreiche der Völkerwanderungszeit im Todesjahr Chlodwigs (511).

rücken legten und auf diese Weise kurz anwärmten. Sie durchstreiften ihr Leben lang ziellos Wälder und Berge, wobei sie in Begleitung ihrer Frauen und Kinder auch Wagen benutzten. Seit der Kindheit seien sie daran gewöhnt, Kälte, Hunger und Durst zu ertragen. Ihre Kleidung bestehe aus Leinen oder Fellen. Eine runde Kappe auf dem Kopf und Ziegenfelle als Beinkleider vervollständigten ihre einfachen Kleider. Mit ihren kleinen struppigen Pferden seien sie wie verwachsen: Auf ihnen aßen und tranken sie, dort vermochten sie sogar zu schlafen, ja selbst ihre natürlichen Bedürfnisse zu verrichten. Furchtlose Kämpfer, die sie waren, und gewöhnt an ihre Freiheit, beugten sie sich keinem König, sondern bestimmten ihre Häuptlinge selbst. Und noch ein Klischee: Ammianus vergleicht die Barbaren mit Tieren, denn auch sie seien vernunftlos. Sie kennen weder einen Treue- noch einen Ehrbegriff. In ihrem wankelmütigen Wesen seien sie völlig unzuverlässig und immer von der unersättlichen Gier nach Gold getrieben.

Nach der historischen Realität waren die Hunnen ein Barbarenvolk, das wie die Germanen am Rande von Hochkulturen lebte und bei allen völlig anderen Lebensbedingungen Anteil an deren Reichtümern gewinnen wollte. Sie waren tapfere Kämpfer und äußerst effiziente Beutemacher. Viele kulturelle Einflüsse übernahmen sie aus China, Persien oder der griechischen Welt. Die Ostgermanen sollten die ausgeprägte Pferdekultur von ihnen übernehmen, ihre Goldschmiede nahmen sich steppennomadischen Schmuck zum Vorbild. Diese Hunnen also stießen aus dem fernen Osten nach Westen vor. Das erste germanische Volk, auf das sie trafen, waren die Ostgoten im Norden des Schwarzen Meeres.

Die Goten – Volk zwischen Schweden und Schwarzem Meer

Von einem germanischen Volk der Goten wussten die antiken Autoren schon vor deren verheerenden See- und Landzügen zu berichten. Tacitus etwa erwähnt den Namen der Gotonen, die am nördlichen Meer leben. Im 6. Jahrhundert schrieb der Geistliche Jordanes eine Geschichte dieses Volkes. Der Bischof führte seine Familie auf die Goten zurück. Um 550 fasste er in Konstantinopel all das zusammen, was er in Erfahrung gebracht hatte:

Demnach hatten die Goten auf nur drei Schiffen unter König Berig ihre Heimatinsel Skandza verlassen, das Meer überquert und an der gegenüberliegenden Küste neues Land gefunden, das sie Gothiskandza nannten. Sie hatten die dortigen Stämme der Rugier und Vandalen vertrieben und sich angesiedelt. Vieles in der Schrift des gelehrten Goten ist erfunden und mit bunten Allerweltsmotiven gemischt, wie beispielsweise die drei Auswandererschiffe. Aber im Kern geht man doch davon aus, dass Jordanes die Wahrheit mitteilt. Wahrscheinlich um die Zeitenwende sind Goten von ihrer skandinavischen Heimat aufgebrochen. Welche schwedische Region ihre Heimat war, ist umstritten: Sowohl die Insel Gotland als auch das mittelschwedische Götaland erinnern an den Volksnamen. Gothiskandza lag an der pommerschen Küste, wahrscheinlich im Gebiet der Odermündung.

Nahm man früher an, das Gotenvolk sei in Massen über die Ostsee nach Pommern gefahren, ist man mittlerweile vorsichtiger geworden. Archäologische Funde zeigen zwar skandinavische Einflüsse, aber insgesamt scheinen doch nur begrenzte Gruppen gelandet zu sein. Wahrscheinlich zeigte der Gotenname ähnliche Wirkung wie weiter südlich der der Sueben. Er hatte einen guten Ruf – wie die Skandinavier in der germanischen Welt generell – und deshalb nahmen ihn viele Stämme an. So bedurfte es nur einer kleinen Gruppe des Volkes, um die sich immer mehr Krieger und Angehörige fremder Stämme scharten. Damit lässt sich auch die erstaunliche Ausbreitung der Goten bis ans Schwarze Meer erklären. Dies war Ende des 2. Jahrhunderts und führte zu den Unruhen in der germanischen Stammeswelt, die eine Ursache der Markomannenkriege bildeten. Polnische Archäologen sind ihren Spuren

Germanische Kunst

Die Arbeiten germanischer Künstler entwickelten sich in verschiedenen Techniken und Stilen über das gesamte erste nachchristliche Jahrtausend, sie fanden sich in allen Teilen der germanischen Welt, von Spanien bis in die Steppen Eurasiens, von Italien bis nach Skandinavien. Dabei entsteht Kunst nie als Selbstzweck, sondern in der Regel als Dekoration. Jedoch können auch Motive auftreten, die religiöse oder magische Bedeutung haben.

Zur Zeitenwende, als römische Legionen durch Teile Germaniens zogen, pflegte man geometrische Muster in Keramik zu ritzen. Nur langsam traute man sich an plastische Formen, die nicht selten auf keltische Vorbilder zurückgingen. Die Fülle und Qualität römischer Gebrauchsgüter, metallene Gefäße, Tonwaren, Gläser, und Schmuckstücke, zeigten den Germanen, was an Pracht und Kunstfertigkeit möglich war. In dürftigeren Zeiten versuchten sich germanische Handwerker selbst in der Nachahmung römischer Kunst, was im Laufe der langen

Die Germanen zwischen Elbe und Oder stellten schwarz glänzende Keramiken wie das obige Gefäß her. Statt figürlicher Verzierungen schmückten geometrische Motive die Gegenstände. Keramik wurde noch ohne Hilfe einer Drehscheibe geformt, obwohl man diese von den Kelten schon kannte.

gefolgt und kommen zu dem Ergebnis, dass das Vordringen Richtung Ukraine einer langsamen Ausbreitung entsprach.

Wie alle Germanen waren auch die Goten im Kern Bauern und lebten in ihren bescheidenen Höfen und Dörfen, von denen allenfalls die Erdverdunklungen der Pfostenlöcher Zeugnis ablegen. Nach einem Fundort zählt man sie zur Wielbark-Kultur, die in Mittelpommern die Spuren etlicher Steinkreise hinterließ. Aufgehäufter Erde gaben die Goten eine Kreisform, indem sie an den Rand große Steine senkrecht in die Erde setzten. In das Zentrum stellten sie ebenfalls einen Stein. Mehrere dieser Kreise, die bis zu 38 Meter Durchmesser zählten, bildeten regelrechte Anlagen. Sie dienten offenbar zu Dingversammlungen oder zu Ritualen wie Ernte- oder Kriegsopfern. Vielleicht opferte man an diesen heiligen Orten sogar Menschen, wie Jordanes zu berichten weiß. Die Sitte der Steinkreissetzung hatte man aus der skandinavischen Heimat mitgebracht. Grabbeigaben belegen, dass die Menschen der Wielbark-Kultur mehr als nur Bauern und ab und an Krieger waren. Einheimische Handwerker verarbeiteten Horn zu filigranen Kämmen, Schmiede und Kunstschmiede waren Meister ihres Fachs. Auch pri-

Koexistenz zwischen Römern und Germanen immer besser gelang. Unter den Barbaren fanden sich immer geschicktere Handwerker, die als Gold- und Silberschmiede nicht nur den Römern nacheiferten, sondern einen eigenen germanischen Stil fanden.

Die Kunstschmiede erwiesen sich besonders bei ihren Fibeln, den Gewandspangen, und bei Gürtelschließen als Meister ihres Fachs, später wagten sie sich auch an größere Halsringe und Anhänger. Sie beherrschten zunehmend die Filigranschmiedekunst, bei der sie feinen Gold- und Silberdraht auf eine metallene Fläche auflöteten. Bei der Granulation geschah dasselbe mit winzigen silbernen oder goldenen Kügelchen. Stammten diese Techniken aus der antiken Mittelmeerkultur, übernahmen die Goten am Schwarzen Meer zudem von östlichen Völkern die Kunst, Edelsteine, vor allem Almandine, und Glas in fein strukturierten Zellen auf Gold- und Silberblech einzulegen. So entstanden die berühmten gotischen Adlerfibeln.

Nur langsam eignete man sich die Darstellungen von Figuren an. Mit wachsender Zahl entstanden Tierbilder wie Pferde, Eber, Böcke, Wölfe und Hunde. Auf der dänischen Insel Seeland stellte man noch vor Beginn der Völkerwanderungszeit Silberkelche her, die ganze Jagdszenen zeigen. Jahrzehnte später fand sich auf dem Goldhorn von Gallehus eine Vielzahl von menschengestaltigen Wesen. Man fertigte Fibeln in Tiergestalt, Tierbilder zierten Schwerter und Scheiden, Schildbuckel und metallene Gürtelbeschläge. Häufig standen die Tiere im Zusammenhang mit einem bestimmten Gott, etwa der Eber mit Freyr.

mitive Glasherstellung ist durch viele einfache Glaskugeln, die als Schmuck dienten, belegt. Angesichts ihrer geografischen Lage zwischen Ostsee und Schwarzem Meer bot es sich geradezu an, als Händler tätig zu werden. Auf den Wegen der alten Bernsteinstraßen, die das begehrte fossile Harz nach Süden brachten, trieben auch gotische Kaufleute Handel zwischen Skandinavien und den Außenposten der antiken Welt. Funde römischer Militärausrüstungen, von Tonwaren und Münzen weisen darauf hin, dass die Erzeugnisse antiker Zivilisation auch in fernen Regionen bekannt und beliebt waren.

Um 200 drangen erste gotische Vorposten in das von Jordanes so genannte Skythenland vor, das in der Ukraine lag. Der Weg nach Südosten führte zu Reichtümern des Imperium Romanum, das sich bis an die untere Donau und an die Ufer des Schwarzen Meeres erstreckte. Wenige Jahrzehnte später begannen die ersten Beutezüge gotischer Scharen. In dieser Zeit kam es zu einer Teilung des Volkes: Die Gruppen, die heute als Ost- und Westgoten bekannt sind, hießen ursprünglich Austrogoti und Visigoti, wobei die eigentliche Bedeutung dieser Namen ungeklärt ist. Das Gebiet der Westgoten erstreckte sich nörd-

Aber ihren typischen Ausdruck fand die germanische Kunst nicht in solchen recht konkreten Darstellungen, sondern im geradezu abstrakten Tierstil, der auch als Tierornamentik bezeichnet wird, weil es eine verzierende Kunst war. Zuerst verwendeten ihn gegen Ende des 5. Jahrhunderts die Dänen, die Angelsachsen und die Alamannen in Südwestdeutschland. Dann erschien er bei fast allen germanischen Völkern, auch im fränkischen Merowingerreich und bei den Langobarden in Oberitalien. Spätestens mit der karolingischen Renaissance Karls des Großen gegen 800, die auf die römische Kunst zurückgriff, endete der Tierstil auf dem Kontinent. In England und vor allem in Skandinavien erlebte er dagegen noch eine Blütezeit, die sich über drei Jahrhunderte hinzog.

In der Tierornamentik wurden Tiere, aber auch Menschengestalten im Gegensatz zur römischen Kunst nicht realistisch dargestellt. Sie wurden gestreckt, in ihre Bestandteile zergliedert und aufs Neue zusammengefügt. Manchmal sind Menschen, Bären, Schlangen oder Pferde zu erkennen. In manchen Stilepochen der germanischen Tierornamentik wurde die Darstellung so verfremdet, dass kaum zu erkennende Fantasiefiguren, Flechtbänder und einzelne Körperglieder den Betrachter verwirren.

Die Wikinger wurden schließlich zu Meistern dieser Kunst, die sie auf Metall, Holz und Stein anwandten, so bei den kunstvollen Schnitzarbeiten im Oseberggrab, auf prächtigen Runensteinen und selbst bei Darstellungen von Christus (siehe Abbildungen VI und XV). Sogar die norwegischen Stabkirchen des Mittelalters stehen noch in dieser Tradition.

lich des Unterlaufs der Donau, im heutigen Rumänien, besonders im waldreichen Siebenbürgen. Sie waren damit zu unmittelbaren Nachbarn des Römischen Reiches geworden, das sie 332 zu Föderaten machte, also zu Verbündeten und Grenzschützern. Diese Nähe zeigte sich auch in ersten Christianisierungsversuchen unter dem Missionsbischof Wulfila.

Nordöstlich davon lag das weite Reich der Ostgoten, das nur ungefähre Begrenzungen kannte und wahrscheinlich Einflüsse bis zum Ural hatte. Es wurde von mächtigen Herrschern regiert und war eigentlich ein Steppengebilde, in dem sich gotisch-germanische und steppennomadische Elemente, vor allem der Sarmaten, kräftig mischten. Hier entstanden die großen Kunstwerke gotischer Handwerker wie die berühmten Adlerfibeln, in denen viele Einflüsse zusammentrafen (siehe Abbildung IV). Auch in der Bewaffnung zeigte sich der Einfluss der Reiterkrieger: Der Ostgote ritt in den Kampf, und er trug dabei die lange Reiterlanze, das Langschwert, Spangenhelm und Kettenpanzer, wie er es von den Sarmaten gelernt hatte. Das ostgotische Reich war im 4. Jahrhundert in den osteuropäischen Steppen zu einem herausragenden Machtfaktor geworden. Regiert wurde es von einem fast hundertjährigen Patriarchen, König Ermanarich.

Wulfilas Bibel

Als die Westgoten in ihren Siedlungen nördlich der unteren Donau vom römischen Imperium als verbündete Föderaten anerkannt wurden, erfuhren sie noch stärker dessen kulturelle Einflüsse. Dazu gehörte auch die christliche Religion, die sich im 4. Jahrhundert in Rom von einem verfolgten Untergrundglauben zu einem tolerierten Bekenntnis, schließlich sogar zur Staatsreligion entwickelte. Doch die Christen stritten auch untereinander um die einzig wahre Form ihres Glaubens. Besonders gewann die Lehre des Priesters Arius aus dem ägyptischen Alexandria an Gewicht. Sie sah Christus mit Gottvater nur wesensähnlich, nicht wesensgleich. Der Heiland wurde zum eher untergeordneten Gottessohn, der den Christen weniger als Erlöser denn als Vorbild dienen sollte. Die Vorstellung von Christus als menschlichem Helden gefiel den Germanen gut und führte viele vom Heidentum zunächst zum arianischen Christentum.

Als Erste bekehrten sich Teile der Westgoten, bei denen der Priester Wulfila als Missionar wirkte. Er war unter ihnen aufgewachsen, als Sohn eines Goten und einer Frau, die von kleinasiatischen Gefangenen der Goten abstammte. Wulfila erhielt eine umfassende römische Bildung und wurde um 340 Bischof der Westgoten. Mit dieser hohen Würde kehrte er in deren

Das Ende des Ostgotenreiches
und der Tod des römischen Kaisers

Als 375 aus dem Osten die Hunnen in die offenen Flanken des Reiches einfielen, war kaum Widerstand möglich. Der Angriff muss überraschend gekommen sein, und die Angreifer waren nicht auf Kompromisse aus. Denn sie wollten die Macht. Als Ermanarich feststellen musste, dass sein Reich zerfiel, soll sich der Greis selbst den Tod gegeben haben. Als tragische Figur wurde er deshalb in der Heldensage unsterblich. Seinen Ostgoten boten sich mehrere Möglichkeiten: zu kämpfen mit der sicheren Niederlage vor Augen, in Richtung der Westgoten abzuwandern oder die neuen Herrscher zu akzeptieren und unter ihnen zu leben. Nicht wenige Germanen haben diese letzte Möglichkeit gewählt. So etwa die Krimgoten, die sich bis ins 16. Jahrhundert nachweisen lassen.

Der Rest strömte nach Südwesten zu den Westgoten, die ihrerseits bald von hunnischen Heeren angegriffen wurden. Als Ausweg blieb der Übergang über die Donau, Ansiedlung und Schutz im Imperium. Kaiser Valens gewährte den Westgoten unter König Fritigern diesen Übergang und erlaubte ihnen, sich in Thrakien anzusiedeln. Nur we-

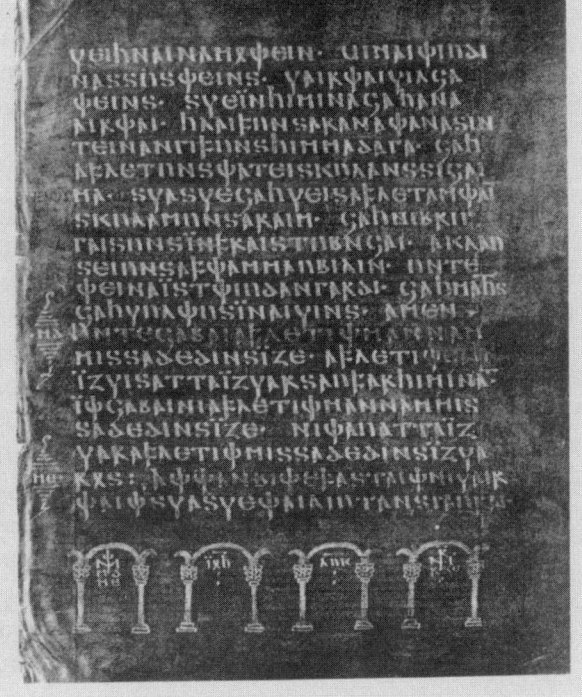

Das Matthäus-Evangelium auf Gotisch: »Atta unsar, Þu in himinam, weihnai namo Þein. Qimai Þiudinassus Þeins. WairÞai wilja Þeins, swe in himina jah ana airÞai. Hlaif unsarana Þana sinteinan gif uns himma daga ...« (»Vater unser, du im Himmel, geweiht werde dein Name. Dein Reich komme. Dein Wille werde, wie im Himmel so auf Erden. Unser täglich Brot gib uns heute ...«). Von ehemals 336 Blättern des Codex Argenteus blieben 187 erhalten.

nige Jahre später kam es zu Unruhen unter den Ostgermanen, die sich im Bündnis mit Rom benachteiligt fühlten. Dem westgotischen Heer stellte sich Valens mit seinen Truppen entgegen, um die Ordnung wieder herzustellen. Vor den Toren der Stadt Adrianopel kam es an einem heißen Augusttag des Jahres 378 zur Schlacht. Die Soldaten des Kaisers hatten dem ungestümen Angriff der Germanen nichts entgegenzusetzen, sie wurden von deren Speeren und Pfeilen durchbohrt oder von den gotischen Reitern niedergemacht. Nur jeder dritte römische Soldat soll diese Schlacht überlebt haben. Unter den Toten war auch Kaiser Valens zu beklagen. Der Imperator von den Barbaren getötet! Wen wunderte es, dass Ammianus diese Niederlage mit der von Cannae verglich, die die römische Republik gegen Hannibal erlitten hatte. Der Sieg der Germanen setzte ein Signal: Rom war schlagbar! Immer weniger Barbaren ließen sich von seiner Militärmacht abschrecken, immer mehr durchzogen die Provinzen des Reiches. Wenige Jahrzehnte später, im Jahre 410, gelang es westgotischen Kriegern unter ihrem König Alarich sogar, Rom zu plündern.

Land zurück und begann seine Missionsarbeit. Nur ein Teil des Volkes trat zur neuen Religion über, mit ihm musste der Bischof schließlich sogar vor heidnischen Traditionalisten auf Reichsgebiet flüchten. Trotzdem setzte sich der Arianismus in den folgenden Jahrzehnten unter den Westgoten durch.

Wulfila kommt das große Verdienst zu, die Bibel ins Westgotische übersetzt zu haben. Es ist die erste germanische Sprache, die in eine umfangreiche Schriftform gebracht wurde und damit auch die älteste, von der längere Texte erhalten geblieben sind. Dieses Unterfangen kostete den Bischof viel Mühe. Er schuf ein eigenes gotisches Alphabet, dessen Buchstaben er der griechischen Schrift und den germanischen Runenzeichen entnahm.

Fragmente dieser Bibelübersetzung sind in mehreren Handschriften erhalten geblieben. Die prächtigste ist der Codex Argenteus, die »Silberne Handschrift«. Sie besteht aus purpurgefärbten Pergamentblättern, auf die mit Gold- und Silberschrift die vier Evangelien niedergeschrieben wurden. Die wertvolle Handschrift entstand um 500 wahrscheinlich am Hofe des Ostgotenkönigs Theoderich in Ravenna. 1000 Jahre später entdeckte man sie im Kloster von Werden an der Ruhr. In den Wirren des Dreißigjährigen Krieges raubten sie 1648 schwedische Truppen. Heute wird der Handschriftschatz in der Universitätsbibliothek von Uppsala aufbewahrt.

Wandel und Teilung des Römischen Reiches

Das Reich konnte den Invasoren immer weniger Widerstand entgegensetzen. Schon seit vielen Jahrzehnten war es üblich geworden, mehrere Herrscher an die Spitze des Staates zu stellen. Als 395 Kaiser Theodosius starb, hatte er als Nachfolgeregelung wiederum an dieses Prinzip gedacht: Sein ältester Sohn Arcadius wurde Imperator des Ostens in

Konstantinopel, sein jüngerer Sohn Honorius übernahm den Westen. Unbeabsichtigt wurde die Herrschaftsteilung immer mehr zu einer Reichsteilung in Westrom und Ostrom, wobei in Letzterem die griechische Sprache eine zunehmende Renaissance erfuhr. Der lateinische Westen und der griechische Osten nahmen damals ihren Anfang. In der Praxis hatte dies die fatale Folge, dass zwar formell die Einheit des Reiches fortbestand, man aber nur noch selten gemeinsam gegen die Barbaren vorging.

Stilicho als Feldherr: mit Schultermantel, Lanze und Schild. Die Schildfläche zeigt ein Doppelbildnis der Kaisersöhne Honorius und Arcadius und spielt damit auf die Loyalität des Vandalen an. Seine Verbundenheit mit dem Kaiserhaus belegt auch die zweite Tafel mit Abbildungen von Stilichos Frau Serena, einer Verwandten des Kaisers, und dem gemeinsamen Sohn Honorius.

Die Tradition, die unter Caesar mit Hilfstruppen begonnen hatte, fand in der Völkerwanderungszeit ihren krönenden Abschluss: Germanen konnten Heermeister werden, so genannte magistri militum. Damit standen sie an der Spitze der Macht. Denn der Heermeister als oberster Feldherr des Reiches stand unmittelbar unter dem Kaiser, nicht selten hatte er sogar mehr Macht und entschied dessen Schicksal. Die Liste germanischer Heermeister ist überraschend lang. Einer der ersten war der Franke Arbogast, der eine heidnische Reaktion gegen den Christen Theodosius unterstützte und ein Jahr vor dem Tod des Kaisers gestürzt wurde. Mit dem Vandalen Stilicho hatte dieser dagegen einen loyaleren Feldherrn gewonnen, dem er auch das Schicksal seiner Söhne ans Herz legte. Wie eng der Germane dem Kaiserhaus verbunden war, zeigt die Tatsache, dass man ihm eine Nichte des Imperators zur Frau gab. Stilicho war Reichsgermane durch und durch, er verfocht die Interessen seines neuen Herrn Honorius und kämpfte gegen die Barbaren. Doch den zunehmenden Verfall des Westreichs konnte er nicht aufhalten. Während Konstantinopel geradezu boomte, verlegte Honorius seine Residenz zuerst nach Mailand und dann nach Ravenna, das von Sümpfen umgeben war und deshalb besser zu verteidigen schien. Stilicho wurde schließlich ein Opfer von Hofintrigen. Der Kaiser setzte ihn 408 ab und befahl seine Hinrichtung. So wurde der romanisierte Germane zur tragischen Gestalt eines unaufhaltsam verfallenden Reiches.

Ostroms Geschichte sollte noch tausend Jahre länger währen. Viel wird bis heute über den Verfall Westroms spekuliert. Sicher ist, dass es nicht ausschließlich um militärische Siege und Niederlagen ging. Bedeutender waren der Verfall der Wirtschaft, die Schwächung der zentralen Macht und soziale Probleme, die das Reich des Honorius ausbluten ließen. Für einwandernde Germanen erließ man eine Sonderregelung: Ein Drittel des Bodens aller Provinzen, ein Drittel von Haus und Hof eines jeden Gutes hatte man ihnen zu überlassen. Der Westen lag also offen für die Scharen aus dem Osten, die ihrerseits vor den Hunnen davonzogen. Nichts könnte diese Offenheit symbolischer ausdrücken als die Räumung der letzten Limeskastelle kurz nach 400. Das über 350 Jahre römische Britannien wurde von Roms Soldaten aufgegeben.

Die Vandalen und ihr afrikanisches Reich

Mitten in den Unruhen des Westreichs, geprägt von Abwehrkämpfen gegen Barbaren, innenpolitischen Machtintrigen und Aufständen in den Provinzen, war es Vandalen, Alanen und Sueben im Jahre 406 ohne Schwierigkeiten gelungen, den Rhein zwischen Mainz und Worms zu überqueren. Die Vandalen, Jahrhunderte vorher unter dem Namen der Vandilier überliefert, stammten aus Dänemark und Südnorwegen. Die jütländische Landschaft Vendsyssel soll an ihren Stammesnamen erinnern. Ein Teil des Stammes, die Silingen, siedelte in Schlesien und gab diesem Land seinen Namen. Einem anderen Teil, den Hasdingen, war von Rom in Ungarn Land zugewiesen worden. Die Alanen waren ursprünglich ein iranisches Reitervolk, das im Umfeld der Ostgoten seine Sitze hatte und vor den Hunnen nach Westen ausgewichen war. Die Sueben schließlich waren Teile des altbekannten mitteleuropäischen Sammelvolkes. Diese unterschiedlichen Koalitionspartner einte das Ziel, den Hunnen auszuweichen, Beute zu machen und Land zu gewinnen. Kreuz und quer zogen die Scharen durch das geplagte Gallien, wobei sie nur selten auf ernsthaften Widerstand stießen. Schließlich überschritt das Drei-Stämme-Bündnis die Pyrenäen und zog durch die iberische Halbinsel, in deren Nordwesten, im heutigen Galicien, sich die Sueben niederließen.

Die anderen beiden Völker blieben unter einem Herrscher zusammen und marschierten mit ihren vieltausendköpfigen Massen auf den römischen Provinzstraßen nach Süden. Der Name der südspanischen Landschaft Andalusien soll noch an das Volk

Zu den wenigen Zeugnissen der Vandalen in Nordafrika gehört dieses Mosaikbild aus einem Palast bei Karthago, das einen ausreitenden germanischen Adligen zeigt. Seine längere Haartracht weist ihn als Vandalen aus; das kreuzförmige Zeichen auf dem Pferd stellt möglicherweise einen Hinweis auf germanische Tradition dar.

aus dem fernen Norden erinnern (Vandalusien). Ein neuer König stand an seiner Spitze: Geiserich, dessen Mutter mutmaßlich Römerin war. Er sollte fast ein halbes Jahrhundert die Vandalen und Alanen regieren. Dabei bewies er nicht nur hohe Intelligenz und feines Machtgespür, sondern auch außerordentliche Tatkraft und großen Mut. Denn im Jahre 429 entschied er, mit seinen 80 000 Untertanen nach Nordafrika überzusetzen. Die dortigen römischen Provinzen, vor allem im heutigen Nordostalgerien und in Tunesien, waren Roms Kornkammern und ein lohnendes Ziel. Wer sie kontrollierte, hatte die Getreidelieferungen nach Italien im Griff. Geiserich bewies also eingehendes Wissen um die römischen Verhältnisse. In den südspanischen Häfen rekrutierte er die dort liegenden Schiffe nebst Besatzung. Der kürzeste Weg war der klügste: die schnelle Überquerung der Straße von Gibraltar. Denn länger auf See zu bleiben, wäre äußerst riskant gewesen, weil man den römischen Kriegsschiffen nichts entgegenzusetzen hatte. An Land folgte eine weitere außerordentliche Tat. Geiserich führte seine etwa 15 000 Krieger und den Rest des Volkes über 2000 Kilometer parallel zur Küste Richtung Osten. Karthago hieß sein Ziel, ehemals als Roms gefährlichste Konkurrentin dem Erdboden gleichgemacht, später unter Roms Herrschaft neu gegründet. Zehn Jahre sollten vergehen, bis dieses Ziel erreicht wurde und der Vandalenherrscher Gebieter über die wichtigsten Teile des westlichen Nordafrika war.

Die Germanen trafen während ihres Zuges auf ein untereinander verfeindetes und gefährdetes Land. Großgrundbesitzer und Landlose, katholische und andersgläubige Christen waren zutiefst zerstritten. Zudem drohten vom Atlasgebirge die wilden Stämme der Berber, denen die Städte an der Küste lohnende Ziele waren. In diesen bürgerkriegsähnlichen Verhältnissen konnten die Vandalen als ein Ordnungsfaktor begrüßt werden, gewissermaßen als eine Polizeitruppe mit Familienanhang. So sah es auch der weströmische Kaiser in Ravenna, der sich dem Unvermeidlichen beugte und die Eindringlinge als Föderaten offiziell anerkannte. Damit hatte Geiserich sogar Anspruch auf einen Teil der Steuereinnahmen der Provinz, was ihn allerdings nicht daran hinderte, weiter gegen den Kaiser vorzugehen. Er besetzte Gebiete, die vertraglich nicht vereinbart waren, und zeigte Ambitionen, im westlichen Mittelmeer ein Vandalenreich zu errichten, wofür er vorübergehend die Balearen, Korsika, Sardinien und Sizilien besetzte. Wahrscheinlich gab es um 450 sogar Absprachen mit den Hunnen in Osteuropa, gemeinsam gegen Westrom vorzugehen. Im Jahre 455 besetzten und plünderten die Vandalen selbst Rom. In der Neuzeit prägte man nach diesem Ereignis den Begriff des Vandalismus, auch wenn die nordafrikanischen Germanen keine grausameren Plünderer als andere waren.

Germanische Heldensagen

Wie andere Völker hatten auch die Germanen Helden, von denen sie sich erzählten, die sie in Liedern besangen und deren Taten Künstler und Handwerker in ihren Werken wiedergaben. Germanische Heroen sind fast durchweg tapfere Krieger, angesehene Herrscher und Herrscherinnen. Zu Heroen wurden sie jedoch erst, wenn sie ruhmvolle Taten begingen oder außergewöhnliche Schicksale erlitten. Die meisten von ihnen gingen dem anscheinend vorherbestimmten Schicksal nicht aus dem Weg, selbst wenn es ihr Ende bedeutete. Viele fielen im Kampf, andere gaben sich selbst den Tod. Oft standen sich enge Verwandte als Feinde gegenüber und waren gezwungen, gegeneinander zu kämpfen. Tragik durchzieht deshalb die germanischen Heldensagen: Sippen gehen unter, oft herrschen Mord und Betrug, List und Lüge. Immer wieder bestimmt die Blutrache das Geschehen. Die Erzählungen von Heldinnen und Helden sind darum geprägt von düsterer Tragik und Pessimismus.

Die Heldensagen mit ihren Beispielen von edlen oder schlechten Charakteren erzählte man sich unter dem Volk, in den Kriegerrunden und in der Halle der Stammesfürsten. An diesem nobelsten Schauplatz trug sie der Skop, der germanische Sänger, dem Herrn und seiner Gefolgschaft in Liedern vor. Lange Zeit wurden die Heldensagen von einer Generation zur nächsten überliefert – nicht etwa schriftlich, sondern in mündlichen Erzählungen. Erst viele Jahrhunderte später wurden die Texte niedergeschrieben

Schätzungen zufolge sollen im Vandalenreich drei Millionen Römern und Romanisierten etwa 80 000 Vandalen und Alanen gegenübergestanden haben. Sie bildeten eine geradezu winzige Minderheit, eine Machtelite, deren Truppen nicht nur unterdrückten, sondern auch Schutz und Sicherheit boten. Die Zusammenarbeit mit den Honoratioren und Magistraten verlief verhältnismäßig reibungslos. Geiserich bezog einen römischen Palast in Karthago, wo er – in germanischer Manier – seine Gefolgschaft um sich versammelte und wo der große Vandalenschatz von Ruhm und Macht des Königs kündete. Kleine Adlige taten es ihm über das Land verstreut gleich. Der Rest des Volkes dürfte der Landwirtschaft nachgegangen sein. Aber die Vandalen blieben ein Fremdkörper, in erster Linie, weil die Provinzialen Katholiken, sie aber Arianer waren. Religiöse und familiäre Bindungen konnte es zwischen Recht- und Falschgläubigen nicht geben. Nach mehreren glücklosen Königen aus der Familie des Geiserich übernahm mit Gelimer ein Ursurpator die Macht. 534 unterlag er den Truppen des oströmischen Feldherrn Belisar, der Nordafrika für Kaiser Justinian zurückeroberte. Damit war das afrikanische Germanenreich am Ende. Spuren hat es kaum hinterlassen.

und dabei dem eigenen Zeitgeschmack angepasst. Das mittelhochdeutsche *Nibelungenlied* ist das berühmteste Beispiel dafür, entstand es doch erst um 1200, nachdem seine Heldensagen 600 und mehr Jahre immer wieder aufs Neue erzählt und gesungen worden waren.

Die meisten Heldensagen gehen auf historische Ereignisse zurück, auf eine Zeit, die von den Nachfahren als Heldenzeitalter angesehen wurde. Was für die Griechen der Trojanische Krieg war, war den germanischen Stämmen und Völkern die Völkerwanderungszeit vom ausgehenden 4. bis in die Mitte des 6. Jahrhunderts.

Heldensagen sind keine historischen Berichte, sondern stilisierte Ereignisse: Komplizierte historische Vorgänge werden zum Familienkonflikt, berühmte Personen einer ganzen Epoche zu Zeitgenossen. So bekommt der Burgundenkönig Gundahar es mit dem Hunnenherrscher Attila zu tun, an dessen Hof der vertriebene Ostgote Theoderich im Exil lebt. Dass die drei Könige keine unmittelbaren Zeitgenossen waren, kümmert die Heldensage nicht, solange es der tragischen Geschichte dient.

Die meisten Heldensagen entstanden im Süden, gingen aber dann geradezu auf Wanderschaft: Langobarden erzählten sie Alamannen und Baiern, Burgunden trugen sie Franken vor, man kannte sie unter den Sachsen. Schließlich gelangten sie sogar zu den Nordgermanen der Wikingerzeit. Jahrhunderte später zeichneten die christlichen Isländer Heldenlieder auf. Auch die angelsächsischen Stämme in England unterhielten sich mit den Geschichten von vergangenen Heldentaten germanischer Könige und

Die gotisch-hunnische Kultur

Die Ostgoten lebten am längsten und intensivsten mit den Hunnen zusammen. Deren Einfluss erkennt man außer in der Bewaffnung und in Schmuckmotiven an einem zentralasiatischen Brauch, den viele Germanenvölker übernahmen: Die Steppenvölker beeinflussten das Schädelwachstum von Neugeborenen, indem sie deren Kopf entsprechend bandagierten. Auf diese Weise entstand ein »Langkopf«, was als Zeichen vornehmer Herkunft galt. Gräber mit solchen deformierten Schädeln fanden sich im Osten unter Hunnen und Goten, aber auch im Donauraum, im Gebiet der Thüringer, am Rhein und um den Genfer See im Reich der Burgunden.

Ohne Zweifel gab es auch verwandtschaftliche Beziehungen zwischen Hunnen und Goten. Davon existiert mit dem *Hunnenschlachtlied* ein Zeugnis – auch wenn dies erst ein knappes Jahrtausend später auf der Nordatlantikinsel Island niedergeschrieben wurde und nur in Bruchstücken erhalten ist. Darin hinterlässt der Gotenkönig Heidrek (wie alle anderen Namen nicht historisch verbürgt) zwei Söhne, seinen

Krieger. Ursprüngliche Sagen blieben nie erhalten. Jedes Volk dichtete im Laufe der Zeit etwas hinzu und veränderte die Geschichte. Auf Island siedelte man manches Geschehen untergegangener Reiche zwischen den Schafweiden und dem Fuß der Vulkane an. In den höfischen Palästen und Burgen der Stauferzeit wurden aus germanischen Recken edle Ritter. Aus den alten Heldensagen der Völkerwanderungszeit wurden Lieder, Epen und Erzählungen, die man sich noch viele Jahrhunderte vortrug.

Die wichtigsten Heldengestalten der Germanen seien im Folgenden angeführt:

Sigfrid

Der Königssohn Sigfrid aus Xanten, wie ihn das *Nibelungenlied* besingt, ist bis heute der populärste Vertreter der Heldensage geblieben. Als jugendlicher Held (der in Skandinavien Sigurd heißt) besiegt er einen Drachen und bringt dessen Schatz in seine Gewalt. Die Walküre Brünhild erlöst er aus einem Bann und verlobt sich mit ihr. Diese Abenteuer erzählen die altnordischen Heldenlieder der *Edda*. Dann freit er um Kriemhild, die Schwester der Burgundenkönige. Er hilft ihrem Bruder Gunther sogar, um die starke Jungfrau Brünhild zu werben, sie mit Zaubermitteln zu besiegen und zu gewinnen. Kriemhild wird Sigfrids Frau. Als Brünhild später durch ihre Schwägerin von dem Betrug erfährt, fordert sie Rache. Im *Nibelungenlied* übt diese der düstere Gefolgsmann Hagen aus. Er tötet den Helden Sigfrid.

Erben Angantyr und Hlöd, den er zusammen mit einer Hunnenprin-
zessin hatte und der beim Hunnenherrscher Humli aufwuchs. Als
Letzterer vom Tode seines Vaters erfährt, reitet er zum Hof des Stief-
bruders und fordert die Hälfte des Reiches. Dieser billigt ihm vieles zu,
aber nicht die Teilung der Herrschaft. So kommt es zum Eklat. Hlöd
fühlt sich noch mehr gedemütigt, als ein Gefolgsmann des Goten-
königs ihn einen Bastard nennt. Er kehrt zu seinem Großvater Humli
zurück. Mit einem riesigen Heer fallen sie im nächsten Frühjahr in das
Land der Goten ein. Doch in der Entscheidungsschlacht behaupten
sich wider Erwarten die Goten, Humli und Hlöd fallen. Angantyr
beklagt sein Schicksal, Töter seines Bruders geworden zu sein. Hier
herrscht natürlich die Tragik der Heldensage vor, trotzdem gab es solche Verhältnisse, die nicht nur für gute Beziehungen zwischen beiden
Völkern sprechen, sondern auch von Streit, Hass und Krieg.

Wenn es ein noch deutlicheres Zeugnis der hunnisch-gotischen
Symbiose gibt, so ist es der Name des berühmtesten und mächtigsten
Hunnenherrschers: Attila ist gotisch und bedeutet »Väterchen«! Er ist
der Inbegriff des Hunnen und als Etzel sogar in das *Nibelungenlied*

Die Darstellung auf dem Ramsundberg zeigt Abenteuer des jugendlichen Helden Sigurd
(Sigfrid im *Nibelungenlied*), von denen die *Heldenlieder der Älteren Edda* erzählen. Sigurd
(rechts unten) durchbohrt den schlangenhaften Leib des Drachen Fafnir, der die gesamte
Szenerie umrahmt. Als Drachenblut auf seine Zunge gelangt, versteht er die Sprache der
Vögel, die ihn vor dem Schmied Reginn warnen. Denn er will Sigurd töten; doch dieser
kommt ihm zuvor und erschlägt ihn (links). In der Mitte sieht man Sigurds Pferd, das mit
dem erbeuteten Schatz des Drachen beladen ist. Daraus wurde im *Nibelungenlied* der be-
rümte Nibelungenschatz. Mit den Runen, die einen Teil des Drachenkörpers schmücken,
gedenkt eine schwedische Christin im 11. Jahrhundert ihres verstorbenen Mannes.

eingegangen. Für die einen war er der goldgierige Schrecken des Abendlandes, für die anderen ein weiser und tapferer Herrscher. Tatkraft ist ihm nicht abzusprechen. Zehn Jahre hatte er mit seinem Bruder Bleda gemeinsam über die Hunnen mit ihren verbündeten und unterworfenen Völkern geherrscht, als ihm dies zu wenig war. 445 ließ er ihn beseitigen und wurde zum mächtigsten Herrscher seiner Zeit, der über sagenhafte Schätze verfügte. Es hatte sich nämlich eingebürgert, von beiden Reichsteilen Roms, besonders von dem reicheren Konstantinopel, große Mengen an Gold als Tributzahlungen zu fordern. Der Westen hatte keine Wahl, und der Osten zahlte zähneknirschend, solange dies die Hunnen jenseits der Donau hielt. Regelmäßig sandte man auch hunnische Überläufer zu Attila, dem ihre Auslieferung so wichtig wie das Gold gewesen zu sein scheint. Ihnen gegenüber kannte er keine Gnade.

In der Sigfridsage erhielt sich wahrscheinlich die Erinnerung an die Familienkämpfe der Merowinger. Dort war die westgotische Prinzessin Brunichild (Brünhild) die Frau des Franken Sigibert. Die Schwägerin Fredegund (an ihre Stelle trat Kriemhild) wurde ihre verhasste Gegenspielerin. Welche historische Person sich letztlich hinter Sigfrid-Sigurd verbirgt, ist bis heute unklar geblieben.

Etzel und die Burgunden

Das Ende der Burgundenkönige am Hof des Hunnenherrschers Etzel ist eine andere Sage. Im Norden trägt er den Namen Atli und lädt die Burgunden als seine Schwäger ein, um an ihren Schatz zu gelangen. Doch sie weigern sich standhaft, diesen zu übergeben, und sterben den Heldentod. Ihre Schwester Gudrun, wie Kriemhild dort heißt, rächt sie und tötet den goldgierigen Ehemann. Der Dichter des *Nibelungenliedes* hat diese Sage mit der von Sigfrid verbunden. Hier lockt Kriemhild ihre Brüder aus Worms an den Hof ihres zweiten Mannes Etzel, um Sigfrid zu rächen. Das Ergebnis ist eine gigantische Schlacht und der Untergang der Burgunden, die auch Nibelungen heißen.

Der historische Kern dieser Sage ist eindeutig: Es ist die verheerende Niederlage der Wormser Burgunden unter ihrem König Gundahar gegen ein Hunnenheer im Jahre 436. Dazu trat die Überlieferung vom Ende des Hunnenherrschers Attila, der in der Hochzeitsnacht mit einer Germanin starb.

Am Hofe des Hunnenherrschers Attila

Wenige Jahre, nachdem Attila die Alleinherrschaft übernommen hatte,
sandte der oströmische Kaiser seinen Diplomaten Priscus an den Hof
des Hunnenherrschers, der sich nördlich der unteren Donau aufhielt.
Der Bericht des Gesandten gibt Aufschluss über den König und seine
Regierung:

Mitten in der Steppe stießen sie auf Attila mit seinem Gefolge. Sie
durften sich ihnen anschließen und gelangten schließlich in eine große
Siedlung: »Dort stand ein stattlicher Hof, der prächtiger sein soll als
alle anderen Häuser Attilas. Er war aus Balken gearbeitet, hatte Wän-
de aus Tafelholz und war von einem Holzzaun umgeben, der mehr
dem Schmuck und weniger dem Schutz diente. Daneben erhob sich
das Haus des Häuptlings Onegesius, das ebenfalls ein Holzzaun umgab, das aber, anders als der Hof des Herrschers, keine Türme hatte.
Nicht weit davon hatte Onegesius ein großes Bad bauen lassen und
zwar aus Steinen, die aus Pannonien geholt worden waren. Denn die

Dietrich von Bern

Unter den Germanenvölkern und später im Mittelalter war der im Deutschen Dietrich von Bern genannte Held die beliebteste Gestalt. Sein historisches Vorbild war der italienische Ostgotenkönig Theoderich, der wegen
des schnellen Endes des Gotenreiches nach seinem Tod im Jahre 526 in die
Heldensage aufgenommen wurde. Obwohl er siegte, wurde er in der Sage
zum tragischen Verlierer: Dietrich von Bern (Verona) wird aus seinem Reich
von Odoaker vertrieben, und trotz vieler Siege gelingt es ihm nicht, seine
Herrschaft zurückzugewinnen. Er ist der ewige Exilant der Heldensage, der
im *Nibelungenlied* am Hof Etzels weilt und um den sich im Mittelalter viele
märchenhafte Geschichten ranken. Über seinen treuen Waffenmeister Hildebrand ist ein eigenes Heldenlied erhalten geblieben. Dass man sich überall unter den Germanen von Theoderichs Heldentaten erzählte, zeigt der
schwedische Runenstein von Rök, der seinen Namen im 9. Jahrhundert
nennt.

Ermanarich

Der Ostgotenkönig Ermanarich, der sich 375 selbst tötete, hat in der Heldensage ein wenig schmeichelhaftes Bild gewonnen. Ist er in ihr doch ein
Bösewicht, der seine Frau Svanhild wegen angeblicher Untreue von Pferden
zu Tode trampeln lässt. Durch verwandte Rächer der Getöteten findet er
sein verdientes Ende.

Barbaren in dieser Gegend verfügen weder über Steine noch über Bäume, sie müssen solches Material bringen lassen. Onegesius war nach Attila der mächtigste Mann unter den Hunnen.« Dem König wurde folgendes Empfangszeremoniell bereitet: »Bei seinem Einzug wurde Attila von einer Mädchenschar begrüßt. Sie schritten unter zarten, weißen Schleiern. Einige Frauen hielten diese Tücher so weit auseinander, dass unter jedem sieben und mehr Mädchen schreiten konnten. Auf diese Weise bildeten sie einen Festzug, und dazu sangen sie hunnische Lieder.«

Am Nachmittag wurde Priscus mit seinem Gefolge zur Ehrentafel geladen, an der ein Mundschenk Attila einen Becher Wein kredenzte. Der König trank der gesamten Runde zu, jedem Einzelnen, entsprechend der Sitzordnung. Ein jeder hatte dies zu erwidern, indem er seinen Becher hob, dem Herrscher Heil wünschte und trank. Nach diesem längeren Hofprozedere wurde aufgetischt. Diener brachten kleine Tafeln herein, worauf Schüsseln mit Fleisch, Brot und anderem standen. Sie wurden vor Attila und vor die vor ihm Sitzenden gestellt:

Hilde

Eine sehr alte Heldensage, die wahrscheinlich vor der Völkerwanderungszeit an der Ostsee entstand, ist die Hildesage, die als Teil des hochmittelalterlichen Kudrun-Epos überliefert ist. In ihr wird Hagens Tochter Hilde von einem um sie freienden Krieger entführt. Der Vater verfolgt sie, und es kommt zum Kampf. Schließlich versöhnen sich Hildes Vater und ihr Mann.

Beowulf

Die englischen Stämme der Angeln und Sachsen erzählten sich die Geschichte vom Helden Beowulf, die aus Skandinavien stammt. Ihr historischer Kern sind Kämpfe zwischen schwedischen und dänischen Stämmen im 6. Jahrhundert. Beowulf, ein Abkömmling der geatischen Königssippe, kommt an den Hof des dänischen Königs Hrodgar. Dessen prächtige Halle Heorot wird immer wieder von dem schrecklichen Moorungeheuer Grendel heimgesucht, dem die Krieger des Königs zum Opfer fallen. Beowulf nimmt den Kampf gegen das Monster auf, doch ein Happy End ist auch ihm nicht beschieden: Jahre später, er ist mittlerweile König geworden, verwüstet ein Feuerdrache sein Reich. Im Kampf gegen das Untier erliegt er dessen giftigem Atem.

»Den Barbaren und uns wurden auf Silbertellern erlesene Speisen serviert. Der Hunnenherrscher erhielt allerdings nur einen einfachen Holzteller mit Fleisch. Auch sonst war er sehr mäßig. Anstelle der goldenen und silbernen Becher seiner Gäste benutzte er einen hölzernen. Einfach war auch seine Kleidung, die nicht den geringsten Fleck zeigte. Sein Schwert trug er am Gürtel. Weder diese Waffe noch die Sandalenbänder und auch nicht das Geschirr seines Pferdes waren mit Gold, Edelsteinen und Ähnlichem verziert, wie es bei hunnischen Edlen üblich war … Als es dunkelte, zündete man Fackeln an. Zwei Barbaren traten vor Attila und trugen Lieder vor, in denen sie seine Siege und seine Tapferkeit priesen. Alle Gäste blickten auf die beiden Sänger. Ein Teil freute sich über ihren Gesang, ein anderer Teil schwelgte in Erinnerungen an die Kämpfe, die man bestritten hatte. Einige schließlich vergossen manche Träne, weil sie alt geworden waren und ihre Tapferkeit nicht mehr beweisen konnten.«

Nachdem Priscus noch bei der Königin geladen war und anderen Hohen Besuche abstattete, brach die Gesandtschaft nach drei Tagen in

Wieland der Schmied

Die Sage von dem kunstfertigen Schmied Wieland unterscheidet sich von den üblichen Heldensagen, steht in ihrem Mittelpunkt doch kein Herrscher oder Krieger. Mit den Tätigkeiten des Schmieds wurden von Alters her Vorstellungen von Magie und Geheimnis verbunden. In den *Heldenliedern der Älteren Edda* ist der ungewöhnliche Held zudem ein Albe, ein mythisches Wesen. Wieland vermag so herrliche Geschmeide zu schaffen, dass ihn der habgierige König Nidud in seine Gewalt bringt. Damit er nicht fliehen kann, lässt er ihm die Fußsehnen zerschneiden und hält ihn auf einer Insel gefangen.

Doch Wieland rächt sich auf grausame Weise: Er tötet die beiden Königssöhne und fertigt aus ihren Gehirnschalen silberne Becher für den Herrscher und aus den Augen Edelsteine für die Königin. Die Tochter des Königs missbraucht und schwängert er. Schließlich fliegt er mit einem künstlichen Fluggewand davon, nicht ohne Nidud seine Rache zu verkünden.

Die Sage war unter den germanischen Stämmen weit verbreitet und regte zu bildlichen Darstellungen an: In England entstand um 700 ein kostbares Kästchen mit Elfenbeinschnitzereien. Sie zeigen einige Szenen der Wielandsage. Auch ein Bildstein auf der Insel Gotland kündet von ihrer Beliebtheit. Möglicherweise griffen die Dichter und Erzähler der Geschichte vom reich begabten Schmied und seiner Rache auf antike Sagen wie die griechische Dädalussage zurück.

Attilas Residenz wieder auf, nicht ohne zuvor reich beschenkt worden zu sein. Der Herrscher der verschrienen Hunnen erweist sich in diesem authentischen Bericht als stilbewusster und bescheidener Mann. Das Festmahl ist dabei keineswegs ausgesprochen hunnisch, so dürfte es auch bei germanischen Königen und Häuptlingen abgelaufen sein: Der Fürst in der Mitte, vor ihm seine Edlen, seine Gefolgschaft und die Gäste. Den unterhaltsamen Höhepunkt des Gelages stellen die Preisdichter dar, die die Ruhmestaten ihres Herrn besingen – und dafür einen angemessenen Lohn erhoffen.

Die Völkerschlacht auf den Katalaunischen Feldern

Attila war ein Herrscher mit großen Zielen: Weiterer Machtgewinn, noch mehr Eroberungen und Tributzahlungen gehörten dazu. Deshalb plante er eine große Offensive Richtung Westen. Warum nicht dem schwachen Ravenna Gallien entreißen, warum nicht ein Reich vom Ozean bis zum Ural schaffen? Attila wurde in diesem Plan umso mehr bestärkt, als im Südwesten der Provinz die Westgoten saßen, die er wie ihre anderen gotischen Stammesbrüder zu gewinnen hoffte. So wälzte sich in den letzten Wintertagen des Jahres 451 ein Heer von vorher nie gesehener Größe durch die pannonische Tiefebene donauaufwärts. Seinen Kern bildete die berüchtigte hunnische Reiterei. Aber der König hatte viele Verbündete gewonnen, die der Verheißung nach großer Beute folgten. Dazu zählten neben den Ostgoten und anderen Ostgermanen auch westgermanische Gruppen wie Thüringer und Franken. Sie bildeten einen unübersehbaren Heerwurm, der durch Europa zog, auch wenn Angaben von einer halben Million Kriegen stark übertrieben sein dürften. Diese Scharen überquerten den Mittelrhein und zogen Richtung Metz, wo sie ein erstes blutiges Fanal für Gallien schufen: Die Stadt wurde geplündert und dem Erdboden gleichgemacht.

Während sich Attilas Heerscharen Angst und Schrecken verbreitend durch Gallien wälzten, formierten sich die Verteidiger. An erster Stelle stand Aetius, der Heermeister des Weströmischen Reiches. Schon über zwanzig Jahre hatte der sechzigjährige Provinzialrömer dieses Amt inne. Er war der letzte starke Mann des Westens, der auf Siege gegen Germanen verweisen konnte, aber auch nicht davor zurückschreckte, einen Nebenbuhler zu beseitigen. Pikanterweise war er in seinen jungen Jahren vor innenpolitischen Händeln zu den Hunnen geflüchtet und hatte sich mit ihrer Macht in Ravenna durchzusetzen gewusst. Der

Heermeister war also ein geradezu intimer Kenner des Feindes. Von den Germanen hatte er den westgotischen König Theoderich, den auch Attila umwarb, für die Sache Roms gewonnen. Römer und Westgoten bildeten das Herzstück der Armee des Aetius. Dazu kamen neben Franken, Burgunden und Sachsen noch etliche andere Stämme. Es dürfte September 451 gewesen sein, als sich beide Heerzüge auf den Katalaunischen Feldern zwischen Troyes und Chalons-sur-Marne östlich von Paris aufeinander zu bewegten.

Für die gefürchteten Überraschungsangriffe der hunnischen Reiter war die Heermasse viel zu schwerfällig und wurde viel zu früh wahrgenommen. Der Gotengeschichtsschreiber Jordanes schildert, wie der Kampf begann: »Attila sandte seine Männer, um die Spitze einer Erhebung einzunehmen. Allerdings waren Thorismund, der Kronprinz der Westgoten, und Aetius schneller. Sie erreichten einen höheren Platz und konnten die Hunnen vernichtend schlagen, als sie heraufkamen. Als Attila dies sah, warf er sie mit flammenden Worten alle in die Schlacht. Wenn diese Lage auch übel war, so vertrieb doch die Anwesenheit des Königs Angst und Zaudern. Arm an Arm trafen sie im Kampf aufeinander, und die Schlacht wurde erbittert geführt, ohne

Die Burgunden

Das mittelhochdeutsche *Nibelungenlied* erzählt um 1200 vom Burgundenreich zu Worms, über das die drei Brüder Gunther, Gernot und Giselher herrschten. Unter dem Namen der Nibelungen zogen sie mit ihrem Heer ins Land des Hunnenkönigs Etzel, ihres Schwagers. Dort gingen sie in einer furchtbaren Schlacht unter. Das Epos ist das berühmteste Zeugnis vom ostgermanischen Volk der Burgunden. Seine Niederlage gegen ein hunnisches Heer ist zwar poetisch ausgestaltet, geht aber auf einen historischen Kern zurück. Die Burgunden, die ein eher kleines Volk bildeten, wurden durch die Dichtung zu den bekanntesten Germanen der Völkerwanderungszeit.

Ihr Weg führte sie von der Ostseeinsel Bornholm über die Mark Brandenburg bis in den Main-Neckar-Raum. Dort siedelten sich die Germanen im Schutze Roms an, verstanden sie sich doch als dessen Verbündete, die sich sogar selbst römischer Abstammung rühmten. Im Jahre 406 überquerten sie gemeinsam mit den Vandalen und anderen den Rhein. Unter ihrem Herrscher Gundahar, dem Gunther des *Nibelungenliedes*, setzten sich die Burgunden in Rheinhessen zwischen den alten Römerstädten Mainz und Worms fest und begründeten ihr sagenhaftes Reich – dem jedoch nur eine kurze Lebensdauer von drei Jahrzehnten beschieden war.

Zwar wurden die Burgunden von Rom als legale Föderaten auf Reichsgebiet anerkannt, doch Gundahar ergriff in den innenpolitischen Händeln

Übersicht, grausam, erbarmungslos. Eine Schlacht ohne Beispiel. Eine Schlacht, in der ungeheuerliche Heldentaten geschahen. Der Mann, der nicht dabei war, konnte sein ganzes Leben nicht mehr hoffen, Ähnliches zu erleben. Wenn wir unseren Ahnen glauben dürfen, war ein Bach, der durch die Ebene floss, voll des Blutes aus den Wunden. Wer Durst hatte, musste Wasser gemischt mit Blut trinken …

König Theoderich ritt heran, um sein Heer anzuspornen. Er wurde vom Pferd geworfen und von den Pferden der eigenen Männer zu Tode getrampelt. So endete sein Leben in hohem Alter. Andere jedoch erzählen, er sei vom Speer des Andag getroffen worden, einem Mann aus dem Heer der Ostgoten, die unter dem Befehl Attilas standen. Darauf griffen die Westgoten die Horde der Hunnen an und hätten fast Attila erschlagen. Aber er ergriff vorsichtig die Flucht und verbarrikadierte sich in einer Wagenburg. Die Schlacht geriet nun vollends durcheinander. Die Anführer wurden von ihren Heeren getrennt. Die Nacht kam, als die römisch-gotischen Truppen das Feld behaupteten.

In der Morgendämmerung sahen die Römer die Ebene voller Leichen. Die Hunnen hatten nichts mehr gewagt. Sie glaubten, der Sieg sei der ihre, aber sie wussten, Attila wäre nicht geflohen, ohne von einer

Westroms Partei und versuchte, sein Wormser Reich auf Kosten der römischen Provinz Belgica auszudehnen. Ihm stellte sich Aetius entgegen und schlug die burgundischen Krieger aus der Belgica zurück. Schließlich sorgten hunnische Verbündete 436 für das Ende König Gundahars, seines Heeres und seines Reiches. Entgegen der Schilderungen im *Nibelungenlied* fand diese Schlacht nicht in Ungarn, sondern westlich des Rheins statt, und Gundahars Gegner war nicht Etzel (der Hunnenherrscher Attila), sondern der weströmische Heermeister Aetius. Abseits aller sagenhaften Ausschmückung war die Niederlage der Burgunden verheerend und prägte die Überlieferung der folgenden Jahrhunderte.

Die eigentlich bemerkenswerte Geschichte des kleinen Volkes begann allerdings danach! Denn Aetius hatte die überlebenden Burgunden in die Sapaudia übersiedelt, die etwa dem heutigen Savoyen entsprach. Dort am Genfer See und an der Rhône sollten sie die nach Helvetien eingedrungenen Alamannen abwehren. Dieses neue Reich der Burgunden wurde größer und mächtiger als das in Worms und existierte immerhin fast neun Jahrzehnte. Seine Herrscher nutzten die Schwächen des weströmischen Kaisertums und dehnten ihre Macht kontinuierlich aus, von Dijon bis fast zum Mittelmeer.

Herausragender König wurde Gundobad, der über 30 Jahre die Geschicke seines Volkes lenkte (480-516). Für ihn galt wie für die anderen germanischen Nachfolgestaaten auf römischem Boden, dass Titel und Macht

großen Katastrophe überwältigt worden zu sein. Er handelte nicht feige … Seine Feinde waren überzeugt, ihn mit einer Belagerung zu stellen. Es wird erzählt, dass der König mit dem Letzten rechnete. Er habe aus Pferdegeschirr einen Scheiterhaufen errichten lassen, sodass er sich bei einem unmittelbaren Angriff selbst in die Flammen werfen konnte. Er sollte auf keinen Fall in die Hände der Feinde geraten. Schließlich wurde ihm erlaubt, in die Heimat zurückzukehren. In der berühmtesten Schlacht der tapfersten Stämme sollen auf beiden Seiten 160 000 Männer gefallen sein.«

Vollends geschlagen war Attila allerdings nicht, denn auf dem Rückmarsch nach Osten machte er noch einen Schlenker nach Oberitalien, wo er Mailand und andere Städte eroberte. Aber das Glück war ihm nicht mehr hold, und eine Seuche dezimierte seine Männer. Dem Appell Papst Leos, nicht weiter vorzudringen, folgte er deshalb weniger aus Überzeugung denn gezwungenermaßen. Den Wendepunkt stellte aber die Schlacht auf den Katalaunischen Feldern dar. Er hatte umkehren müssen, seine Männer hatten einen furchtbaren Blutzoll bezahlt, nicht einmal die Beute konnte er in Sicherheit bringen. Attila, der König der Könige, hatte seinen Zenit überschritten.

zweigeteilt waren: Den Burgunden war er germanischer König, den Romanen (nach Schätzungen mehr als 90 % der Bevölkerung) war er gallischer Heermeister, der den einzig verbliebenen römischen Kaiser im fernen Konstantinopel als obersten Herrn anerkannte. Er herrschte in der alten Römerstadt Lugdunum (Lyon). Seine drei Brüder residierten als Mitkönige, doch Gundobad war als Oberkönig anerkannt und bestimmte die Politik nach außen. Bald sah sich der Burgundenherrscher umgeben von verfeindeten germanischen Nachbarn: Dem expandierenden Frankenreich Chlodwigs stellte sich der italienische Ostgotenkönig Theoderich entgegen, im Südwesten des Reiches herrschten die Westgoten, im Nordosten siedelten die unruhigen Alamannen. Mit wechselnden Bündnissen und Heiraten suchte sich Gundobad zwischen diesen Parteien zu behaupten. Aber unter seinen Nachfolgern wurde das Reich immer mehr in die merowingische Politik verstrickt. 534 wurde es schließlich dem Frankenreich angegliedert.

Schätzungen gehen davon aus, dass es lediglich ein Volk von 25 000 Menschen war, dem unter den einheimischen Romanen eine neue Heimat zugewiesen wurde. Aetius griff dabei auf ein Einquartierungssystem zurück, nach dem die Landbesitzer mindestens die Hälfte ihres Eigentums mit den germanischen Neuankömmlingen teilen mussten. Im Gegenzug boten die burgundischen Föderaten mit ihren geübten Kriegern einen gewissen Schutz in unruhigen Zeiten.

Auch die große Zeit des Aetius war vorbei. Drei Jahre später wurde
er vom Kaiser eigenhändig umgebracht. Dank ihm hatten Römer und
Germanen zum letzten Mal als Verbündete eine Schlacht geschlagen.
Die Goten aber erinnerten sich daran, dass sich in der Schlacht Söhne
eines Volkes gegenseitig töten mussten. Diese Tragik floss in ihre Heldensagen ein. Attila kehrte ohne Sieg in die Steppe zurück. In der
Hochzeitsnacht mit einer Germanin namens Ildico soll der König
einen Blutsturz erlitten haben, an dem er starb. Die Nachwelt war sich
einig: Es war für einen so mächtigen Herrscher ein unwürdiger Tod.

Das Ende des Hunnenreiches

Unwürdig war auch der Kampf um sein Erbe, um das seine zahlreichen
Söhne stritten. In dieser Situation machte sich im Jahre 454 der Ge-
pidenkönig Ardarich zum Anführer eines germanischen Aufstands
gegen die Hunnenherrschaft. Am Fluss Nedao in Pannonien kam es
zur erbitterten Schlacht der germanischen Völker gegen die Hunnen,

Dieses Volk hatte nur noch wenig mit seinen Vorfahren gemein. Zwar spielte noch immer die Schicht des Kriegeradels unter den Freien die ausschlag-
gebende Rolle, doch das Heidentum hatte man spätestens in Worms aufgegeben. Die Burgunden waren arianische Christen geworden. Im Unterschied zu den Ostgoten in Italien betrieben sie keine strikte Trennung
zu den romanischen Katholiken. Im Gegenteil wurde der Katholizismus
toleriert und sogar gefördert. Doch im Reiche der Burgunden ging man
erheblich weiter: Dort herrschte eine bei anderen Germanen ungewöhnliche Gleichberechtigung zwischen ihnen und den Romanen. Beide zahlten
das gleiche Wergeld, also die Sühnezahlung für einen Totschlag, und bei
Vergehen die gleichen Bußen, die Romanen leisteten auch Militärdienst,
sogar Mischehen zwischen Burgunden und Romanen waren erlaubt. Der
alte provinzialrömische Senatorenadel spielte in der Verwaltung und am
Hofe eine wichtige Rolle, bei der Leitung von Verwaltungseinheiten wurde
auf eine Doppelbesetzung mit Romanen und Germanen geachtet. An der
Rhône passten sich zudem die Germanen schnell der überlegenen römischen Kultur an.
   Das Beispiel der Burgunden widerlegt nachdrücklich das Klischee der sip-
pen- oder gar artbewussten Germanen. Sie waren ein kleines Volk, das sich
im Strudel der Völkerwanderungen mühsam behauptete, viele Einflüsse
aufnahm, pflegte und wieder aufgab. Bevor sie in der Mehrheit der Romanen aufgingen, repräsentierten sie germanische Toleranz und Offenheit.

die vernichtend geschlagen wurden. Damit zerbrach auch ihr mächtiges Reich. Es verschwand mit seinem namengebenden Volk aus den Quellen und spielte in der Geschichte keine Rolle mehr. In beiden Roms machte man nach seinem Ende eine überraschende Entdeckung: Bei aller Bedrohung, die von ihm ausgegangen war, hatte es doch die vielzähligen Germanenvölker vor den Grenzen gebunden und unter Kontrolle gehalten. Es hatte unfreiwillig die Verteidigung Gesamtroms übersichtlicher gemacht, trotz aller Tribute, die an Attila zu zahlen waren. Jetzt waren die Germanen frei, forderten wieder Land und drohten mit ihren unberechenbaren Beutezügen.

Ein Germane setzt den Kaiser ab

Am weströmischen Hof in Ravenna hatte der Germane Odoaker eine militärische Karriere gemacht. Er war der Sohn des Königs der Skiren, eines eher unbekannten germanischen Volkes aus den osteuropäischen Steppen. Odoaker befehligte eine bunt gemischte Truppe aus Skiren und anderen Germanen. Als es wieder einmal mit den römischen Stellen zu Streitigkeiten über Truppensold und Bezahlung kam, nutzte er die Gelegenheit und setzte 476 den weströmischen Kaiser kurzweg ab. Dies war kein großes Kunststück, da Romulus Augustulus (das »Kaiserlein«) dem Kindesalter kaum entwachsen war und keine Machtbasis hatte. In Konstantinopel sah man den Herrscher des Westens sowieso als illegalen Thronräuber an, weshalb man seinen Sturz gelassen aufnahm.

Odoaker ernannte sich zum König Italiens, trat aber mit diesem Titel nicht in Konkurrenz zum Kaiser in Konstantinopel. Erstmals hatte sich ein Barbar zum Herrscher über das Mutterland des ehrwürdigen Imperium Romanum gemacht. Von nun an gab es für über drei Jahrhunderte nur noch einen Kaiser: den von Ostrom. Der Skire aber regierte ganz ordentlich über Italien. Er verständigte sich mit der römischen Verwaltung und übernahm die Verteidigung des Landes. So zog er über die Alpen zur Donau, um dort das sich bedrohlich ausweitende Reich der Rugier zu vernichten. Odoaker blieb der unumstrittene Herrscher in seinem Reich. Am Hof in Konstantinopel argwöhnte man allerdings, er könne zu unabhängig und selbstbewusst auftreten. Deshalb brachte man eine andere germanische Karte ins Spiel: den Ostgoten Theoderich.

Theoderich der Große:
König der Ostgoten – Herrscher über Italien

Wie schon der berühmte Ermanarich stammte auch Theoderich von
den Amalern ab. Seine Geburt fiel mit den Ereignissen des hunnischen
Rückzugs zusammen. Nach der Schlacht am Nedao hatten die Ostgoten zu denjenigen Germanen gehört, die als Föderaten auf dem
Balkan angesiedelt wurden. Der junge Theoderich kam als Geisel nach
Konstantinopel, ins strahlende Zentrum des Reiches, das in ihm Bewunderung und Staunen hervorrief. Viele Jahre seiner Jugend verbrachte er am glanzvollen Kaiserhof am Bosporus, erfuhr dort eine
römisch-griechische Ausbildung und lernte Rom und seine Zivilisation
zutiefst schätzen. Als er zurückkehrte und schließlich das Erbe seines
Vaters antrat, war er ein selbstbewusster gotischer Herrscher, der
trotzdem das Imperium bewunderte.

Kaiser Zenon schloss mit Theoderich einen Vertrag, der Folgendes
vorsah: Der Ostgote sollte mit seinem Volk nach Italien ziehen und
Odoaker vertreiben. Anschließend sollte er an seiner Stelle herrschen,
bis der Kaiser selbst in den Westen kam und die Regierungsgewalt
übernahm. Auf diese Weise hatte sich Konstantinopel Odoakers ent-
ledigt und die Ostgoten auf Distanz gebracht. Für Theoderich und
seinen Ehrgeiz war es eine durchaus verlockende Aussicht, das Volk in
das noch immer reiche und fruchtbare Italien zu führen und dort Stell-
vertreter des Kaisers zu werden.

So machten sich an die 150 000 Menschen auf den Weg: 25 000 Krieger und ihre Familien mit Planwagen und dem Vieh. Quer über
den Balkan ging die Route nach Norditalien. Odoaker stellte sich mit
seinem Heer den Invasoren erfolglos entgegen, denn mehrere Treffen
gewannen die Ostgoten, darunter eine Schlacht bei Verona, das die
Heldensage später eng mit Theoderich verbinden sollte. Doch trotz
dieser Siege gelang es dem Amaler nicht, Odoaker endgültig zu besiegen. Dieser hatte sich in die nur schwer einzunehmende Residenz
von Ravenna zurückgezogen. Die jahrelange Belagerung brachte
Theoderich seinem Ziel nicht näher. Unter Vermittlung der katholischen Kirche einigten sich schließlich beide Kontrahenten auf eine gemeinsame Regierung in Ravenna und geteilte Herrschaft über Italien.
Theoderich jedoch war zu keiner Zeit gewillt, diese Doppelspitze ein-
zuhalten.

Der Geschichtsschreiber Johannes von Antiochien berichtet: »Theoderich und Odoaker machten einen Vertrag, miteinander über das römische Reich zu regieren, und oft trafen sie zusammen, da der eine
beim anderen ein- und ausging. Als der zehnte Tag noch nicht um war

und Odoaker bei Theoderich eintrat, fassten zwei Goten seine Hände, wie es Bittende zu tun pflegen. Auf dieses Zeichen kamen die, welche sich in den Seitenräumen der Halle versteckt hatten, mit gezogenen Schwertern hervor, schreckten aber doch bei dem Anblick und wagten nicht, den ersten Streich zu führen. Da stürzte Theoderich herein und stieß Odoaker das Schwert am Schlüsselbein in den Körper. Der rief aus: ›Wo ist Gott?‹, worauf jener erwiderte: ›Ich tue dir das, was du den Meinen getan hast.‹ Da der Stoß aber tödlich war und das Schwert bis zur Hüfte den Körper durchdrang, soll Theoderich noch gesagt haben: ›Nicht einmal Knochen scheint das Scheusal im Leib zu haben.‹«

Der Ostgotenherrscher zeigte bei der Durchsetzung seiner politischen Ziele keine Skrupel, aber so barbarisch dieses Vorgehen auch wirkt – es war an den Höfen in Ost- und Westrom eher noch üblicher als unter den Germanen. Nach der Überlieferung des Johannes hatte zudem Theoderich für eine zutiefst germanische Begründung des Totschlags gesorgt: Er gab sich als Rächer der von Odoaker getöteten Rugierherrscher aus, deren Königin aus der Amalersippe stammte. Und Blutrache war unter den Germanen stets ein ehrenvolles Argument.

Theoderich hatte sein Ziel erreicht: Der oströmische Heermeister und Patricius, geschmückt mit dem Ehrentitel eines Konsuls, geehrt als römischer Bürger, wurde nun vom Kaiser auch als König von Italien anerkannt. Wenige Jahre nach seinem Tod weiß selbst der oströmische Historiker Prokop viel Gutes über seine Herrschaft zu berichten: »Er schuf Gerechtigkeit und richtete sich nach den Gesetzen. Sein Reich schützte er vor den Barbaren der Nachbarschaft, und stets bewies er Klugheit und Gerechtigkeit. Selten beging er gegen seine Untertanen ein Unrecht, noch erlaubte er dies einem anderen. An die Goten verteilte er das Land, das schon Odoaker seinen Leuten zugesprochen hatte ... Entgegen menschlicher Art liebten ihn sowohl Goten als Italiker sehr.« Diesen wohlwollenden Ruf behielt der Gotenkönig allerdings nicht lange. Vor allem unter dem Einfluss der katholischen Kirche entstand von ihm, dem Arianer, das Bild eines heidnischen Übeltäters und Ketzers.

Theoderichs Ostgotenreich

Aus weniger voreingenommener Perspektive muss allerdings gesagt werden, dass Theoderich das Zusammenleben zwischen einheimischen Romanen, den »Italikern«, und eingewanderten Goten möglichst reibungsfrei zu regeln versuchte. Seine Germanen siedelten sich über-

wiegend auf den großen Landgütern der Poebene und an der Adria-
küste an. Die Apenninenhalbinsel wurde großflächig mit gotischen
Militärstützpunkten überzogen. Ravenna baute der König zu seiner
Residenz und Hauptstadt aus. Noch heute existiert dort ein Theode-
richpalast, der wenige Jahrhunderte jünger ist, aber zumindest die Lage
des authentischen Gebäudes andeutet. In seinem Umkreis entstanden
große Bauten für die Religion der Goten, die um 500 schon lange nicht
mehr heidnisch waren, sondern christlich in arianischer Ausprägung.
Hofkirche in unmittelbarer Nähe zum Palast wurde die heutige Basi-
lika San Apollinare Nuovo, die der König überreich mit Mosaiken und
Marmor schmücken ließ. Noch in einigen anderen Kirchenbauten Ra-
vennas kann man auf den Spuren Theoderichs wandeln. Vieles wurde
allerdings nach dem Ende der Gotenherrschaft zerstört, um in radi-
kaler Rekatholisierungswut die Reste der arianischen Ketzer zu tilgen.

Der König legte Wert auf die Förderung alter römischer Kultur, die
an seinem Hof großzügige Pflege erfuhr. Der Name des Philosophen
Boethius, der hohe Ämter bekleidete, steht dafür. Sein *Trost der Philo-
sophie* ist immer noch eine der bekannteren philosophischen Schriften.
Der Senator Cassiodor, aus edler römischer Familie stammend, war
sogar der Geheimsekretär des Königs. Auf Geheiß Theoderichs hat er
eine Gotengeschichte verfasst, die später Jordanes als Vorlage diente.
Denn der Herrscher Italiens war auch an der Vergangenheit des eigenen
Volkes interessiert. Vor allem seiner Amalerfamilie wollte er ein hohes
Alter nachweisen, um sie Rom an die Seite stellen zu können. Viele
Handschriften sollten vom Glanz und von der Macht seiner Herrschaft
künden. Mit Sicherheit umfasste die königliche Hofbibliothek edle
und wertvolle Exemplare, darunter den *Codex Argenteus*, eine Pracht-
ausgabe der gotischen Bibelübersetzung des Wulfila.

Theoderich war bei allen dunklen und unberechenbaren Seiten seiner
Persönlichkeit auf Ausgleich bedacht. In Italien strebte er nach einem
Konsens zwischen der überwältigenden Mehrheit der römischen Bevölkerung und der Minderheit der Goten. Bei aller Zusammenarbeit
mit den traditionellen Familien des Landes stand jedoch die konfessio-
nelle Verschiedenheit einem Zusammenwachsen beider Bevölkerungs-
teile im Wege. Zwischen Katholiken und Arianern konnte es keine
Verbindung geben, Heiraten untereinander gab es nicht, Romanen und
Goten lebten nebeneinander, nicht miteinander.

Außenpolitisch war Theoderich offiziell ein loyaler Verbündeter
Konstantinopels, dessen Kaiser er als obersten Herrscher des Römischen Reiches anerkannte. Ein besonderes Anliegen war ihm aber auch
ein friedliches Miteinander der Germanenreiche, die mittlerweile entstanden waren. Hier betrieb er das, was später als Heiratspolitik be-

zeichnet wurde: Er selbst heiratete Audofleda, die Schwester des Frankenkönigs Chlodwig. Seine Töchter gab er dem Westgoten Alarich II. und dem burgundischen Thronfolger Sigismund als Frauen. Seine Schwester Amalafrida wurde mit dem Vandalenkönig Thrasamund verheiratet. Eine Nichte schließlich gab er Herminafrid, dem König des Thüringerreiches. Doch diese mit Diplomatie betriebene Politik eines Bündnisses der germanischen Reiche ging letztlich nicht auf. Denn der ehrgeizige Franke Chlodwig und seine Nachfolger wollten keine ostgotische Hegemonie akzeptieren. Theoderichs letzte Jahre wurden schließlich auch getrübt von der Sorge vor oströmischen Eroberungsplänen. Überall witterte der König Verrat und Verschwörung, selbst den großen Gelehrten Boethius ließ er hinrichten. Als der Herrscher Italiens 526 starb, setzten schon bald zwei gegenteilige Tendenzen ein: Für die katholische Kirche wurde er zum abscheulichen Ketzer. Unter den germanischen Völkern wurde er zum sagenhaften König und Helden, zu Dietrich von Bern der Heldensage.

In dem Grabmonument von Ravenna steht noch immer ein großer Porphyrsarkophag, der ursprünglich die Gebeine Theoderichs enthalten haben soll. Doch schon bald nach dem Ende des Ostgotenreiches gingen sie verloren. Name und Ruf des Königs blieben jedoch erhalten und machten ihn zu einem berühmten Helden der germanischen Heldensage.

Theoderich selbst hatte für sein dauerhaftes Denkmal gesorgt, ein monumentales Grabmal in Ravenna. Es gehört zu den wenigen erhalten gebliebenen Bauwerken der Übergangszeit zwischen Antike und Mittelalter, die Zeugnis der Verbindung zwischen Antike und Germanentum sind. »Zu seinen Lebzeiten hatte er sich ein Denkmal aus Quadersteinen erbaut, ein Monument von wunderbarer Größe, und er hatte einen ungeheuren Steinblock suchen lassen, um damit das Werk zu krönen.« So berichtet ein Historiker wenige Jahrzehnte nach Theoderichs Tod. Das Mausoleum ist ein zehneckiger Zentralbau, der sich über zwei Stockwerke erhebt. Obenauf liegt als monumentaler Abschluss ein Deckstein aus einem Stück, etwa 300 Tonnen schwer, mit einem Durchmesser von knapp 11 Metern und einer Höhe von 2,5 Metern. Für damalige Verhältnisse muss die Erbauung einen ungewöhnlichen Kraftaufwand erfordert haben. An dem Steinbau, wegen Material und Größe völlig ungermanisch, glaubt man dennoch germanische Einflüsse erkennen zu können: Unterhalb des Kuppelsteins verläuft ein Band mit Ornamenten, die nicht römisch, sondern gotisch sind. Viel ist zudem darüber gemutmaßt worden, ob der ungewöhnliche Monolith, der den Bau bekrönt, von Theoderich eine bewusst gewählte Reminiszenz an die Steinsetzungen der alten schwedischen Heimat darstellt, eine Form, der auch noch die ausgewanderten Goten in Pommern folgten. Sein Grabmal bleibt ein Zeugnis für das Zusammenwirken von Römern und Germanen, von westlichen, östlichen und nordeuropäischen Einflüssen.

Das Ende der Ostgoten

Das Reich der Ostgoten sollte seinen Schöpfer nicht einmal drei Jahrzehnte überleben. Das schnelle Ende war vor allem eine Folge der inneren Zerrissenheit unter den Goten, der selbst Theoderichs Tochter und Nachfolgerin Amalaswintha zum Opfer fiel. Für die Heere des jungen oströmischen Kaisers Justinian war es fast ein Leichtes, in Italien einzufallen und gegen die Ostgoten vorzugehen. Trotzdem zogen sich die Kämpfe noch zwanzig Jahre hin. Zu Füßen des Vesuv kam es 552 zur letzten großen Entscheidungsschlacht: Unter der Führung des Königs Teja hatten sich die Goten auf dem benachbarten Mons Lactarius verschanzt, von dessen viel versprechendem Namen, Milchberg, sie nichts hatten. Denn dort waren sie vom Nachschub abgeschnitten, sodass niemand ihnen Hilfe bringen konnte. Sie entschieden sich für die offene Schlacht, um so die Entscheidung zu suchen. Dem gotischen Überraschungsangriff vermochten die Truppen des oströmischen Feldherrn Narses standzuhalten. Der Berichterstatter Prokop hat Teja besonders herausgestellt, dessen Heldenmut in nichts den Heroen nachgestanden hätte: »Weit zu erkennen stand Teja mit geringer Gefolgschaft vor der Phalanx, von seinem Schild gedeckt und die Lanze schwingend.« Den ganzen Tag stand er so und wehrte die unzähligen Angriffe ab. Viele Römer erschlug er. Aber schließlich traf ihn ein Speer und er sank tot zu Boden. »Einige Römer steckten seinen Kopf auf eine Stange und zeigten ihn den Kämpfenden, den Römern, um sie noch mehr anzufeuern, den Goten, damit sie voll Verzweiflung den Kampf aufgäben. Diese taten dies jedoch keineswegs, sondern kämpften weiter bis Einbruch der Dunkelheit, obwohl sie wussten, dass ihr König gefallen war.« Am nächsten Tag nahmen beide Parteien den Kampf wieder auf.

»Schließlich sandten die Goten einige Edle zu Narses und ließen ihm sagen, sie hätten wohl gespürt, dass Gott wider sie sei und durch die Ereignisse über diese Wahrheit belehrt, wollten sie ihre Meinung ändern und vom Kampf ablassen, nicht um Untertanen des Kaisers zu werden, sondern um bei irgendwelchen anderen Barbaren in Freiheit zu leben. Sie baten, die Römer möchten ihnen friedlichen Abzug gestatten.« Der Sieger Narses erwies sich als großzügig und erlaubte dem Gotenvolk den Rückzug nach Norden, allerdings mit der Auflage, Italien auf immer zu verlassen.

Einige Hundert der immer noch begehrten gotischen Krieger wurden in Konstantinopel ins oströmische Heer eingegliedert. In den folgenden Jahre existierten noch gotische Widerstandsnester, die aber allesamt eingenommen wurden. Mit ihnen endete die ostgotische Herrschaft in Italien und auch die Geschichte des Volkes der Ostgoten.

Die Völkerwanderungszeit und ihre kurzlebigen Germanenreiche

Ostrom konnte sich nur kurze Zeit an der wiedergewonnen Alleinherrschaft über Italien erfreuen. 568 fiel ein großer Treck von germanischen Langobarden in Oberitalien ein. Das von der Elbe kommende Volk der »Langbärte« (so die Bedeutung des Namens) schuf sich ein Reich in der Poebene und in angrenzenden Gebieten: die Lombardei, Land der Langobarden. Später dehnten seine Kämpfer ihre Macht auch nach Süditalien aus. Konstantinopel musste seine verbliebenen Gebiete mit ihnen teilen.

Der Zug der Elbgermanen nach Süden gilt gemeinhin als letzte große Wanderung eines Germanenvolkes, mit ihm lässt man die Völkerwanderungszeit enden. Zwei Jahrhunderte waren die Ostgermanen kreuz und quer durch die Alte Welt gezogen, durch das immer schutzlose Territorium des Imperium Romanum. Reiche entstanden, Reiche vergingen: das Vandalenreich in Nordafrika, das Ostgotenreich in Italien, das Westgotenreich in Südfrankreich, das sagenhafte Burgundenreich in Worms. Sie stehen hier als Vertreter der germanischen Staatsbildungen dieser Epoche.

Mit der Völkerwanderungszeit endete die ein halbes Jahrtausend währende Koexistenz und Konfrontation zwischen Rom und den Germanen. Das Imperium des Westens war untergegangen, an seine Stelle traten diverse Germanenherrschaften, die zumeist den oströmischen Machtanspruch akzeptierten. Dies taten sie umso lieber, weil sich Konstantinopel nur selten in der Lage sah, militärisch zu intervenieren. Gallien etwa lag außerhalb seiner Reichweite. Aber mit Ausnahme der Westgoten in Spanien gingen die Reiche der Ostgermanen unter. Zu schwach war ihr Bevölkerungsanteil in den alten römischen Gebieten. Ihr christliches Glaubensbekenntnis des Arianismus hinderte sie an einer Verschmelzung mit dem Rest der Bevölkerung. Die Germanen der Völkerwanderungszeit spielten die alte Rolle der besten Soldaten Roms bis zum Ende. Diese Rolle gab ihnen als Ordnungsfaktor vorübergehend Macht, aber keine Zukunft. Andere Völker mit weniger monumentalen Wanderwegen sollten an ihre Stelle treten. Ihnen gehörte die Zukunft.

7. Die Franken – Die erfolgreichsten Germanen

Südgermanische Stämme finden ihre neue Heimat

Die Welt der Germanen am Ende der Völkerwanderungszeit erstreckte sich, mit verschiedenen Bevölkerungsanteilen, von Norwegens Fjorden bis in die Abruzzen, von den Bergen Galiciens bis an die Elbe. Östlich davon siedelten von nun an Slawen, in der ungarischen Tiefebene hatte das Steppenvolk der Awaren seinen Mittelpunkt gefunden, das die Nachfolgeschaft der Hunnen angetreten hatte. Diese neue Germanenwelt umfasste außer den skandinavischen Völkern die Großstämme der Angeln und Sachsen, die von Schleswig-Holstein und Jütland in England eingewandert waren. Im Gebiet des heutigen Deutschland siedelten die Sachsen und Thüringer, südlich von ihnen die Alamannen und die Baiern, die als letzter Großstamm entstanden. In Norditalien hatten die Langobarden ein Reich begründet. Im Westen Europas breitete sich das erfolgreichste Germanenvolk aus: die Franken. Schon lange vor der Völkerwanderungszeit erscheinen die Krieger dieses Stammesbundes vom Niederrhein als gefährliche Piraten und Plünderer, aber auch als enge Verbündete Roms. Der Bischof Gregor von Tours hat kurz vor 600 eine Geschichte des Volkes geschrieben, unter dessen Herrschaft er als römischer Provinziale lebte. Darin geht er auch auf die blutige Frühzeit der Barbarenüberfälle ein:

»Damals überrannten die Franken den Grenzwall, erschlugen viele Menschen, verheerten die fruchtbarsten Gegenden und versetzten auch Köln in Angst und Schrecken. Als man davon in Trier erfuhr, sammelten die Generäle Nannius und Quintinus ihr Heer und zogen nach Köln. Nachdem ihre Feinde die reichsten Gegenden geplündert hatten, kehrten sie mit großer Beute über den Rhein zurück. Einen Teil des Heeres ließen sie allerdings in der Provinz zurück, um sie weiter zu verheeren. Mit diesen zurückgebliebenen Franken kämpften die anrückenden Römer. Viele von ihnen töteten sie im Kohlenwald, einem Teil der Ardennen.«

Quintinus nahm mit seinen Truppen die Verfolgung rechts des Rheins auf. Bei Neuss überquerten sie den Fluss, und nach zwei Tagesmärschen stießen sie auf Gehöfte und Dörfer, die von den Franken verlassen worden waren. Sie hatten sich wie ihre Vorfahren zu Arminius' Zeiten in die Wälder zurückgezogen und als zusätzlichen Schutz Verhaue angelegt. Quintinus ging ihnen in die Falle. Seine Soldaten zerstörten zuerst die verlassenen Behausungen und zogen dann in die dichten Wälder. Dort sahen sie sich Pfeilschauern eines unsichtbaren Feindes ausgesetzt, der zudem die Waffenspitzen mit einem tödlichen Gift präpariert hatte. Der Heermeister Arbogast im fernen Rom, selbst Franke, soll gegen die verräterischen Stammesbrüder gewettert und ihre schlimmste Bestrafung gefordert haben. Er selbst unternahm von Köln aus einen Rachefeldzug, auf dem er zwar den Feind nicht stellen konnte, aber zumindest sein Land schwer verwüstete.

Nach Gregors Überlieferung stammten die Franken aus Pannonien. Diese Behauptung gehört jedoch ebenso in die Sagenwelt wie die spätere christlich-gelehrte These, sie stammten von den Trojanern ab. Derlei historische Anknüpfungen versuchen, die Geschichte des halbzivilisierten Barbarenvolkes, die in den trostlosen Wäldern und Sümpfen am

Häuser und Siedlungen

Über die Behausungen und die Wohnweise der Germanen weiß Tacitus in der *Germania* Folgendes zu berichten:

»Dass die Völker der Germanen keine Städte bewohnen, ist ausreichend bekannt. Nicht einmal zusammenhängende Siedlungen lassen sie sich gefallen. Sie wohnen einzeln und gesondert, wie eine Quelle, ein freier Platz, ein Gehölz ihnen gefällt. Die Dörfer errichten sie nicht in unserer Weise, nach der die Gebäude verbunden sind und aneinander stoßen. Jeder umgibt sein Haus mit freiem Raum, entweder zum Schutz vor Feuergefahr oder aus Unkenntnis der Baukunst. Weder herrscht bei ihnen der Gebrauch von Bruchsteinen noch von Ziegeln. Für alles wird unbehauenes Holz verwendet, ohne auf das Aussehen oder die Schönheit zu achten. Gewisse Gebäude bestreichen sie mit reiner heller Erde, sodass es wie Bemalung und farbige Linien aussieht. Sie graben auch oft in der Erde Gruben und bedecken sie mit viel Dünger, zum winterlichen Schutz und als Speicher für Früchte.«

Diese Angaben sind historisch zutreffend, auch wenn sie zu Unrecht den Eindruck vermitteln, die Germanen zimmerten sich Hütten zusammen. Im Laufe der Jahrhunderte und angesichts der Vielfalt und geografischen Verbreitung der Stämme muss von einer Vielzahl verschiedener Wohnformen ausgegangen werden. Das allen Gemeinsame war das Fehlen von Städten. Die Germanen lebten in Dörfern, Weilern und auf Einzelgehöften, die von

Niederrhein begann, Rom gleichwertig zu machen. Glaubhafter ist die Bemerkung, sie hätten am Rhein gesiedelt, diesen überschritten und neues Land gewonnen. In einigen Quellen heißt dieses Land Toxandrien, es dürfte dem heutigen Brabant entsprochen haben. Erst links des Rheins, auf altem römischem Gebiet, bildeten sich zwei Stammesteile mit verschiedenen Herrschern: Die salischen Franken dehnten ihre Siedlungen und ihre Macht über Teile des nördlichen Gallien aus, während die Ripuarier oder Rheinfranken das Rheinland in südlicher Richtung für sich erschlossen, wobei sie auch in das ursprünglich germanische Land rechts des Stroms vordrangen und sich das Maingebiet aneigneten.

Unter den salischen Franken beendete Chlodio die Zeit mehrerer unabhängiger Häuptlinge. Mit ihm als Abkömmling eines vornehmen Geschlechts ließen die Merowinger ihre Herrscherdynastie beginnen. Nach Gregors Erzählungen kann er eine historische Person gewesen sein, die zu Beginn des 5. Jahrhunderts einen fürstlichen Hof pflegte. Chlodio begann auch die erfolgreichen Eroberungszüge seines Volkes:

einem Zaun umgeben sein konnten. Befestigte Siedlungen, wie sie die Kelten kannten, gab es allenfalls in der Nachbarschaft und unter dem Einfluss dieses Volkes. Die Handelsplätze der Wikingerzeit, die Wike, mit ihren bis zu 1000 Bewohnern, finden sich erst im frühen Mittelalter und stellen für germanische Verhältnisse geradezu Großstädte dar.

Der Idealtyp des Bauernhauses war ein langer rechteckiger Bau, unter dessen Dach nicht nur die Menschen wohnten, sondern auch die Tiere, etwa Rinder, ihren Stall hatten. Die römische Steinbauweise war den Germanen fremd, was man bis heute daran erkennen kann, dass die deutschen Wörter für Mauer, Pfeiler, Ziegel und Kalk alte Lehnwörter aus dem Lateinischen sind. Die Hauswände der Germanen bestanden aus Flechtwerk, das mit Holz verstärkt und mit Lehm verschmiert wurde, oder aus Grassodenstücken, manchmal auch aus Holz in Blockbaumanier. Große Pfosten trugen das Dachgerüst, das man mit Stroh oder Schilf deckte. Je nachdem, wie viele Pfostenreihen im Hausinneren das übliche Giebel- oder Walmdach stützten, entstanden zwei- bis vierschiffige Grundrisse. Häuser ohne derartige Innenpfosten waren klein und dienten nur als Nebengebäude. Die Wohnflächen dieser Hallenhäuser, die in späterer Zeit bis zu 30 oder 40 Meter Länge erreichen konnten, wurden als Estrich bearbeitet oder erhielten einen Holzboden.

Die wichtigste Stelle im Haus war das Herdfeuer, das in der Mitte brannte und in den langen, kalten Wintern ein wenig Wärme verbreitete. Das Ganze muss jedoch eine recht rauchige Angelegenheit gewesen sein, kannte man

Er vertrieb die Römer aus Cambrai und besetzte das Land bis zur Somme.

Nach einer späteren Quelle entstammten die Merowinger einem göttlichen Geschlecht, das sie als Heiden verehrten. Ihr heiliger Ursprungsmythos erzählt, wie Chlodio mit seiner Frau im Meer badete. Dort habe sie ein Meeresungeheuer, eines der Geschöpfe Neptuns, ähnlich dem schrecklichen Minotaurus, angefallen. Unklar ist, wer dann ein Kind zeugte, Chlodio oder das Untier. Jedenfalls wurde die Königin schwanger und gebar den Sohn Merowech, den Namengeber der ganzen Dynastie. Zweifelsohne hatten die heidnischen Franken nichts mit den mythologischen Gestalten Roms und Griechenlands im Sinn. Die Nennung Neptuns und des Minotaurus sind spätere Zutaten. Die »heilige Hochzeit« zwischen Mensch und göttlichem Wesen gehörte dagegen sicher zur Überlieferung der Franken. Funde deuten darauf, dass sie Anhänger eines Stierkultes waren, dass ihnen der Stier ein heiliges Fruchtbarkeitssymbol war. Insofern hatte der gelehrte Schreiber den stierköpfigen Minotaurus mit Bedacht ausgewählt.

doch keine Fensteröffnungen. (Auch das Wort Fenster ist ein lateinisches Lehnwort.) Als Rauchabzug diente eine Dachöffnung, der die Wikinger den poetischen Namen »Windauge« gaben, woran noch »window« im Englischen erinnert. Zur Inneneinrichtung wohlhabenderer Franken gehörten Tisch, Holzbänke, Stühle und Betten; vielerorts versuchte man, es sich auf dem Fußboden mit Decken und Fellen möglichst bequem zu machen. Der Hausrat stellte bei den großen Wanderungen sicher kein Transportproblem dar. Für einen Stammesführer war sein hölzerner Hochsitz das wichtigste Möbelstück, thronte er doch auf ihm über seiner Gefolgschaft.

Außer dem rechteckigen Langhaus für Wohnung und Stall gehörten zu einem Gehöft noch verschiedene Nebengebäude. Einen Meter tief in die Erde gegrabene Grubenhäuser dienten wie die von Tacitus erwähnten Vorratsgruben der Vorratshaltung, manchmal auch als Koch- oder Webhäuser der Frauen. Wer seine Ernte und das Heu vor tierischen Räubern sichern wollte, setzte die Speicher auf hohe Pfähle, die nur mit Leitern zu überbrücken waren. Weitere Gebäude konnten als Badehaus dienen. Mühle und Schmiede lagen in der Regel etwas abseits vom Hof: die eine, weil sie fließendes Wasser benötigte, die letztere wegen der Feuergefahr. Mehr als zehn Menschen lebten selten auf einem Hof. Selbst wenn ein Stamm nicht auf Wanderschaft ging, gab es doch ständige Bewegung. Jede Generation siedelte innerhalb der Heimat ein Stückchen weiter und erbaute einen neuen Hof. Jahrhundertealte, stolze Bauernhäuser kannten die Germanen nicht. Dafür war ihre Bauweise zu kurzlebig.

König Childerich

Childerich war nach der sagenhaft durchmischten Genealogie der Franken der Enkel des Chlodio (oder des Minotaurus). Nach Gregors Überlieferung waren seine sexuellen Bedürfnisse so groß, dass er »die Mädchen in seinem Volk missbrauchte«. Angeblich waren die Franken darüber derart erzürnt, dass sie ihn stürzten und sogar töten wollten. Ein solcher Putsch ist bei germanischen Völkern nicht abwegig, denn verfügte ein Herrscher nicht mehr über das Königsheil, konnte er durchaus getötet werden. Childerich wollte diesem Schicksal entgehen und suchte sein Heil in der Flucht. Am Hof des Thüringerkönigs verbrachte er die nächsten Jahre im politischen Exil. Als er schließlich wieder in Amt und Würden ins Frankenreich zurückgekehrt war, geschah etwas Bemerkenswertes: Basina, die thüringische Königin, verließ ihren Mann, reiste zu Childerich und sagte ihm unverhohlen, sie schätze seinen Mut und seine Tüchtigkeit und wolle bei ihm bleiben. So wurde sie seine Frau und gebar ihm einen Sohn, der als Chlodwig

In den Dörfern waren die handwerklichen Fertigkeiten von Zimmerleuten und Töpfern besonders gefragt. In den einzelnen Familien gingen die Frauen dem Spinnen und Weben nach. Wichtig waren Abbau und Verhüttung von Eisenerzen, aus denen man in Schmelzöfen Eisen gewann. Die Kenntnis dieser Techniken geht auf die Kelten zurück, die Meister der Eisengewinnung und -verarbeitung waren. Schmiede gehörten zu den bedeutendsten Handwerkern.

der größte Merowingerherrscher werden sollte. Wenn Childerich auch noch dem germanischen Heidentum anhing, so war er doch in seiner Residenz in Tournai allem Anschein nach ein Verbündeter der in Gallien herrschenden Römer. Auf ihrer Seite kämpfte er gegen Westgoten, Sachsen und Alamannen. Er starb etwa im Jahre 482.

Während von anderen Germanenherrschern nichts blieb als die Informationen der schriftlichen Quellen, wurde Childerichs Grab gefunden.

Das Grab des Frankenkönigs

Im nordwestbelgischen Tournai, das noch heute von seinem mittelalterlichen Stadtbild geprägt ist, stießen Arbeiter 1653 auf die Überreste des Merowingerherrschers. Eine Baugrube an der Kirche Saint-Brice, nicht weit von der Schelde entfernt, brachte sie zutage. Mit dem

Von den vielen germanischen Dörfern und Siedlungen, die sich über Mittel- und Nordeuropa erstreckten, ist nur noch wenig zu finden. Das überwiegend organische Baumaterial verrottete mit der Zeit im Gegensatz zu Steinbauten. Umso Aufsehen erregender sind deshalb die Funde von Feddersen Wierde an der niedersächsischen Nordseeküste. Hier konnte ein Dorf freigelegt werden, das in den ersten 500 Jahren des ersten nachchristlichen Jahrtausends bestand. Seine Bewohner lebten auf einer Wurt, also auf einer von jenen selbst geschaffenen Erhöhungen, von denen schon Plinius berichtete. Auf insgesamt vier Meter Höhe bauten sich die Generationen ihren Schutzhügel vor dem Meer. Das Dorf wurde immer größer und spiegelt damit die Geschichte in Germanien wider. Bestand es um die Zeitenwende nur aus wenigen Höfen, war es 400 Jahre später eine große Siedlung geworden, in der es an die 30 Höfe gab. Sie gruppierten sich um einen freien Platz. Die meisten Bewohner von Feddersen Wierde waren Bauern, die in dreischiffigen Wohnstallhäusern lebten. Bis zu dreißig Rinder brachten sie darin mit unter. Daneben gab es die üblichen Nebengebäude und kleinere Häuser, die von Handwerkern wie Schmieden und Zimmerleuten bewohnt wurden.

Um das Jahr 200 kam eine Neuheit auf: Seitdem stand auf der Wurt, etwas abseits vom Dorf, ein Hof mit zwei großen Hallenhäusern, die allerdings keinen Viehstall enthielten. Der ganze Komplex wurde von einem Palisadenzaun umgeben. Hier entstand ein Herrenhof, auf dem ein Häuptling residierte. Seine Familie kontrollierte das Dorfleben und den Handel. Es entstand ein germanisches Zentrum, in dem sich neben den Bauern

Grab fand man einen der größten Schätze der Völkerwanderungszeit. Hätten moderne Archäologen das Glück eines derartigen Fundes, die Presse würde Childerich zum Tutanchamun der Franken hochjubeln. Doch leider waren in der Epoche Ludwigs des XIV. die Zeiten anders. Herbeigerufene Honoratioren befahlen, die Kleinodien schleunigst ans Tageslicht zu befördern, ohne Rücksichten auf das Grab und irgendwelche Grabungsbefunde. Da Tournai damals zum Reich der Habsburger gehörte, kam der Schatz nach Wien, wenige Jahre später wurde er dem französischen »Sonnenkönig« vermittelt, der in ihm ein Nationalgut aus den Anfängen der Grande Nation sah. 1831 wurden die Gegenstände aus der Pariser Nationalbibliothek gestohlen und größtenteils zerstört. Nur noch wenige bescheidene Reste künden vom Ruhm des Merowingerkönigs. Ein Glücksfall war immerhin, dass kurz nach seiner Entdeckung ein Gelehrter große Teile des Inventars aufnahm und beschrieb. Sein Buch, versehen mit prächtigen Illustrationen, vermittelt zumindest einen Eindruck des verloren Gegangenen.

Handwerker und Händler niederließen. In der einen Halle des Hofes fanden wahrscheinlich Versammlungen statt, vielleicht wurde hier auch den Göttern geopfert.

Wenige Kilometer von Feddersen Wierde entfernt stieß man auf Gräber, deren Beigaben die Toten als Mitglieder der Führungsschicht ausweisen: Boote, ein kleiner Tisch mit kunstvoll gedrechselten Beinen (Tacitus erwähnt kleine Speisetischchen dieser Art), kleine Hocker und eine Art Thronsessel, aus einem einzigen Baumstamm gearbeitet und reich verziert (siehe Abbildungen IX un X). Diese Funde sind bisher einmalig und sprechen für die Ansprüche der Häuptlingsschicht.

Die Bewohner der Siedlung von Feddersen Wierde, die um 1960 ausgegraben wurde, betrieben auf den höheren und damit vor der Flut sicheren Uferwällen Ackerbau mit Gerste, Lein und Hafer. Bei der Viehzucht überwiegte die Rinderhaltung. Dazu kamen Schafe, die wegen ihrer Wolle wichtig waren, Schweine und Pferde. Die Germanen kannten auch Hühner und Hunde.

Die Siedlung Feddersen Wierde wurde nach 500 Jahren aufgegeben. Ihre Bewohner wanderten um 450 mit anderen Sachsen und den Angeln nach Britannien aus.

Was fanden die Arbeiter der Barockzeit? Über 100 Gold- und etwa 200 Silbermünzen, die überwiegend in Konstantinopel geprägt worden waren und Bildnisse oströmischer Kaiser zeigten. Dann folgte die reiche Waffenausrüstung des Merowingers, vor allem bestehend aus einer Lanze, der längeren Spatha, einem Prunkschwert, dem Sax, einem Kurzschwert, und der typisch fränkischen Wurfaxt, der Franziska. Griffe und Scheiden der Schwerter waren mit Gold und roten Granaten verziert. Dazu kamen prächtige Goldschmiedearbeiten und Almandinschmuck, Ringe, Fibeln, Pferdezaumzeug mit feinen Applikationen, Goldbeschläge, wertvolles Geschirr und einiges mehr. Ein eher unscheinbarer Siegelring aus massivem Gold wurde zum bedeutendsten Gegenstand des Grabes. Denn er zeigte ein Herrscherporträt, das von einer Inschrift in lateinischen Buchstaben umrandet wurde: Childirici Regis, »des Königs Childerich« oder: »Dieser Ring

Die Germanen und der Tod

Auch die Germanen glaubten an ein Weiterleben nach dem Tode. Darüber, wie mit einem Verstorbenen zu verfahren sei, hatten sie allerdings im Laufe der Jahrhunderte und je nach geografischer Lage ganz unterschiedliche Vorstellungen. Vor allem scheinen sogar beim Grabbrauch Einflüsse von Kelten, Römern und Steppenvölkern gewirkt zu haben. Traditionellerweise verbrannten die Barbaren in Mittel- und Nordeuropa ihre Toten. So berichtet es auch Tacitus, wobei er das Bild einer aufwändigen Häuptlingsverbrennung wiedergibt:

»Bei Bestattungen herrscht kein Gepränge. Als Einzigem wird darauf geachtet, dass die Leichen herausragender Männer mit bestimmten Holzarten verbrannt werden. Den aufgeschichteten Scheiterhaufen beladen sie weder mit Teppichen noch mit Räucherwerk. Jedem werden seine Waffen, einigen wird auch das Pferd ins Feuer mitgegeben. Über der Grabstätte erhebt sich ein Rasenhügel. Die Ehre hoch ragender und kunstvoller Denkmäler verschmähen sie, weil sie den Toten eine Last seien. Wehklagen und Tränen halten nur kurz an, Trauer und Schmerz währen jedoch lang. Den Frauen ziemt es, klagend zu trauern, den Männern kommt es zu, der Toten zu gedenken.«

In den Jahrhunderten danach setzte sich schließlich die Körperbestattung immer mehr durch; darin folgte man den Bräuchen der Römer und später des Christentums. In Skandinavien kannte man die Totenverbrennung noch in der Wikingerzeit. Die germanischen Völker praktizierten eine Fülle von Grabbräuchen: Die Toten wurden verbrannt, ihre Überreste bestattete man mit verbrannten oder unverbrannten Beigaben in einer

gehört König Childerich«. Es handelte sich eindeutig um den Merowinger Childerich, der am Rande seiner Residenzstadt bestattet worden war (siehe Abbildung VIII).

Über drei Jahrhunderte wusste man nicht mehr von dieser Bestattung als durch die verloren gegangenen Beigaben. Erst in jüngster Zeit konnten belgische Archäologen am alten Fundort Grabungen vornehmen, die ihre Kenntnisse bedeutend ergänzten. Nach ihren Ergebnissen hatte der Verstorbene außerhalb der Stadt am Rande der alten Römerstraße seine letzte Ruhe gefunden. Nicht weit entfernt fand sich ein fränkisches Gräberfeld. Dem vorbeiziehenden Reisenden muss sich ein imposanter Anblick geboten haben. Denn über dem eigentlichen Grab des Königs hatte man einen Erdhügel mit bis zu vierzig Metern Durchmesser aufgehäuft. In der Mitte unter dem Tumulus hatte man in etwa zwei Metern Tiefe eine holzverkleidete Grabkammer angelegt,

Grube. Manchmal sortierte man die menschlichen Reste sorgfältig aus und legte sie in eine Urne. Unverbrannte Leichname wurden mit oder ohne Holzsarg ins Grab gelegt, die Grube konnte zu einer regelrechten mit Holz verkleideten Grabkammer ausgestaltet werden (siehe Abbildung VII). In vielen Teilen Germaniens war es üblich, über dem Grab einen Hügel zu errichten oder Steine anzuhäufen. Bei verstorbenen Häuptlingen oder Königen konnten daraus imposante Grabhügel werden. Noch heute sichtbare Monumente dieses Brauchs sind drei künstlich angelegte Hügel in der Nähe der schwedischen Stadt Uppsala, in denen im 6. Jahrhundert die Überreste dreier Herrscher beigesetzt wurden.

Überwiegend fanden Einzelbestattungen statt. Dazu kam die Sitte, den Toten Beigaben mit ins Grab zu legen, was erst das Christentum im Laufe des frühen Mittelalters abschaffen konnte. Bis dahin bestattete man vor allem die Wohlhabenden nicht nur in ihrer Kleidung, sondern man gab ihnen auch Waffen, Werkzeug und Schmuckstücke mit (siehe Abbildung XI). Dazu kamen Speisen und Getränke, auch Geschirr, die den Toten das Weiterleben so angenehm wie möglich machen sollten. Ein Detail zeigt den Einfluss antiker Vorstellungen auf die Germanen besonders: Viele Toten haben in Hand oder Mund eine Münze, den so genannten Charonspfennig, den auch Römer und Griechen mit ins Grab bekamen, um damit den Fährmann Charon für die Fahrt über den Totenfluss zu bezahlen. In besonders prächtigen Hügelgräbern fand man im Norden und Westen Germaniens auch Schiffe (wie in Oseberg, Gokstad und dem englischen Sutton Hoo), Wagen und Schlitten. Darüber hinaus konnten Pferde und Hunde mit bestattet werden, gegen Ende des 1. Jahrtausends töteten die Skandinavier sogar Menschen, die dem Verstorbenen ins Grab folgen sollten.

für den Toten mit seinen reichhaltigen Beigaben und für sein Lieblings-
pferd, das man ihm mit ins Grab gab.

Überhaupt scheinen für Childerich Pferde von überragender Bedeutung gewesen zu sein. Unmittelbar am Rande seines Grabhügels
legte man drei Gräber an, die insgesamt 21 Pferdekörper enthielten.
Alle Tiere waren Wallache, die Reitpferde der Krieger, alle waren
durch einen Schnitt in den Hals getötet worden. Für die Germanen war
ein solches Opfer nicht unüblich, genoss doch das Pferd unter vielen
Stämmen besondere Verehrung. Ein ausgesprochener Pferdekult wie
bei Childerichs Grabanlage war den Franken im 5. Jahrhundert allerdings unbekannt.

Ebenso fremdartig war es, einen Toten unter einem Erdhügel zu bestatten, das Christentum war von solchen Bestattungsbräuchen weit
entfernt. Childerich starb als germanischer Heide, war jedoch kein

Hinter diesem Brauch steht die Vorstellung, dass der Tote im Grabhügel weiterlebte. Dort war nun sein Heim, dort konnte man mit ihm durch Magie in Kontakt treten. Wichtig für die Hof- oder Dorfgemeinschaft war, ihm keinen Grund zu geben, als Wiedergänger zurückzukehren, weil er womöglich persönliches Eigentum, besonders seine Waffen, vermisste. Die Angst vor dem Toten schreckte jedoch nicht davon ab, als Grabräuber nach Kostbarkeiten zu suchen.

Von weiteren Vorstellungen des Jenseits weiß man aus der Wikingerzeit. In ihr unterschied man genau nach der Todesart: Die im Bett bzw. unter üblichen Umständen Gestorbenen kamen ins Reich der Göttin Hel, die Ertrunkenen lebten bei der Meeresgöttin Ran weiter, die gefallenen Krieger aber zogen in Walhall, der Halle Odins, ein.

Der adlige Krieger von Morken wurde um 600 in einer Holzkammer beigesetzt. Den sorgsam gekleideten Toten legte man mit seinem Schwert in einen Sarg. Eine byzantinische Münze bildete den so genannten Charonspfennig, den Obolus für den Fährmann ins Totenreich. Diese Sitte hatten die Franken aus dem Süden übernommen. Die reiche Ausstattung der Grabkammer mit Beigaben wie Waffen und wertvollen Gefäßen zeichnet den Verstorbenen als Heiden aus.

fränkischer Traditionalist: Grabform und Pferdekult weisen in den Osten zu den Steppenvölkern. Ein germanisches Volk pflegte deren Brauchtum besonders: die Thüringer, bei denen der fränkische König einige Jahre verbracht hatte. Dies legt nahe, Childerich habe zu seinen Lebzeiten ganz bewusst die fremden Sitten für sein Begräbnis angeordnet, um auf diese Weise das noch junge Geschlecht der Merowinger mit besonderer Pracht und Ehre auszustatten. Er stellt alles andere dar als den Prototyp eines schollenverbundenen Germanen. Die Menschen seines Hofes, die ihn auf festliche Weise zu Grabe trugen, waren im Gegenteil – modern gesprochen – äußerst innovativ.

Trotz seiner fränkischen Abstammung übernahm der Merowinger Funktionen des römischen Verwaltungsapparates. An drei Gegenständen, die der Tote trug, werden die Seiten seiner Herrschaft deutlich: Der erwähnte Siegelring galt als Attribut eines föderierten, also verbündeten Königs des Imperiums. Er zeigt den Merowinger mit langem Haar, was bis zum Ende der Dynastie das besondere königliche Zeichen bleiben sollte. Eine so genannte Zwiebelkopffibel aus Gold hielt seinen Umhang an der rechten Schulter zusammen, sie war der typische Schmuck eines hohen römischen Beamten. Ein 300 Gramm schwerer goldener Armreif schließlich war ein übliches germanisches Attribut für Träger königlicher Abstammung. Childerich erfüllte also drei Funktionen: König der Franken, Herrscher der Verbündeten Roms und höchster Beamter der Provinz Belgica Secunda.

Der ehrgeizige Chlodwig

Das Erbe Childerichs trat 482 dessen Sohn Chlodwig an. Wenige Jahre später brach er das Bündnis mit Syagrius, dem letzten römischen Repräsentanten in Gallien. Als Heermeister residierte er in Soissons südlich des Zentrums der Merowinger. Dorthin führte der junge Frankenkönig seine Truppen, begleitet von seinem Vetter Ragnachar, der Herrscher eines fränkischen Teilreichs war. Nach germanischem Brauch forderte Chlodwig die Festlegung eines Platzes für den Kampf. Syagrius nahm dieses Angebot an und stellte sich der Schlacht. Doch sein Heer wurde zurückgedrängt, und er sah keinen anderen Ausweg als die Flucht.

Am nächsten und am sichersten schien ihm der Königshof des westgotischen Herrschers Alarich im südfranzösischen Toulouse zu sein. Doch Chlodwig blieb zäh, er wollte den vollständigen, auch persönlichen Sieg. Aus diesem Grund sandte er Boten an den Hof in Toulouse, die eine klare und unmissverständliche Nachricht für König Alarich hatten: Liefere mir Syagrius aus. Andernfalls bist du der Freund meines Feindes, und es wird Krieg zwischen uns geben. Mag sein, dass ein weniger vorsichtiger Herrscher als der Westgote die Gesandten empört davon gejagt hätte. Alarich jedoch ließ den zu ihm Geflüchteten fesseln und übergab ihn Chlodwigs Männern. Ihr Herr machte mit Syagrius kurzen Prozess: Er ließ ihn in ein Gefängnis bringen und dort mit dem Schwert erschlagen. Damit hatte der letzte gallische Heermeister Roms ein trauriges Ende gefunden. Sein Herrschaftsgebiet übernahm der Merowinger und erweiterte damit seinen Machtbereich über Nordwestfrankreich bis zur Loire.

Aus dieser Zeit um 486 erzählt unser Gewährsmann Gregor eine Geschichte, die, selbst wenn sie nicht in jedem Detail stimmen sollte, doch viel über Chlodwig aussagt: Damals wurden viele Kirchen von seinem Heer geplündert, denn er war noch voller heidnischem Aberglauben. So hatten die fränkischen Krieger aus einer Kirche einen Krug von bemerkenswerter Schönheit und Größe zusammen mit anderen Gegenständen für den Gottesdienst geraubt. Der Bischof jener Kirche – angeblich Remigius von Reims – schickte Gesandte zum König und bat, er möge doch zumindest diesen wunderbaren Krug für seine Kirche zurückgeben. Chlodwig sprach zu den Boten: »Folgt uns nach Soissons, dort muss alles geteilt werden, was wir erbeutet haben. Wenn der Krug auf meinen Anteil fällt, so will ich tun, was der heilige Vater wünscht.« Als er nach Soissons kam, wurde die gesamt Beute zusammengetragen. Der König sprach zuerst zu seinen Kriegern: »Ich bitte euch, mir die Gunst zu gewähren, mir außer meinem Teil auch jenen Krug zu geben.« Die Klügeren sagten dazu: »Ruhmreicher König, alles, was wir hier sehen, gehört dir; selbst wir stehen unter deinem Befehl. Tue, was dir gefällt, denn niemand kann deiner Macht widerstehen.« Ein leichtsinniger und neidischer Mann rief dagegen mit lauter Stimme: »Nicht mehr soll dir gehören, als dir nach unserem Recht das Los zuteilt«. Mit diesen Worten erhob er seine Axt und schlug auf den Krug. Überall herrschte über diese Tat Erstaunen, Chlodwig aber nahm diese Beleidigung mit Geduld und Sanftmut hin. Er griff den beschädigten Krug und übergab ihn dem Gesandten des Bischofs. Heimlich erinnerte er sich jedoch an diese Kränkung. Nach einem Jahr ließ er das Heer zusammenrufen, um es im Glanze seiner Waffen zu zeigen und zu mustern. Dabei kam er auch zu dem, der auf den Krug geschlagen hatte. Zu ihm sprach er: »Keiner hat so schlechte Waffen wie du, denn dein Speer, dein Schwert und die Axt sind nicht zu gebrauchen.« Er packte die Axt und warf sie auf den Boden. Der Mann bückte sich, um sie wieder aufzunehmen. Da holte der König mit seiner Axt aus

Abbildung XII: Der Thron im Obergeschoss des Aachener Domes wurde seit dem 10. Jahrhundert zu einem der wichtigsten Herrschaftssymbole des Heiligen Römischen Reiches und damit der deutschen Geschichte. Aus antiken Marmorplatten unter Verwendung von Holz errichtet, stammt der Thron nach neuesten wissenschaftlichen Erkenntnissen tatsächlich aus der Zeit Karls des Großen. Bis heute erweisen ihm Politiker und Politikerinnen aus aller Welt ihre Reverenz.

Abbildung XIII: Die so genannte Königshalle ist Teil des Museumszentrums Kloster Lorsch, das Weltkulturerbe der UNESCO ist. Um 764 gegründet, wurde es unter Karl dem Großen zum Königskloster mit umfangreichen Privilegien. Damit bildete die Abtei eines der geistlichen wie kulturellen Zentren des Karolingerreiches, in dem sogar Nachfahren Karls bestattet wurden.

Abbildung XIV: Über 2,5 kg wog der Goldschatz von Hon, der im 19. Jahrhundert in einem Moor gefunden wurde. In der Wikingerzeit kamen viele Schätze nach Skandinavien und kündeten dort vom Reichtum des Südens, der für die Wikinger von Spanien bis ins arabische Kalifat reichte.

Abbildung XV: Der große Runenstein von Jelling mit der Christusdarstellung wurde zwischen zwei mächtigen, künstlichen Hügeln aufgestellt, von denen einer eine Grabkammer enthielt. Schon Harald Blauzahns Vater Gorm ließ hier einen Runenstein zum Gedenken an seine Frau errichten. Jelling stellte wahrscheinlich ein königliches Zentrum dar, in dem der Christ gewordene Herrscher schließlich eine Kirche erbauen ließ.

und schlug sie ihm auf den Kopf. Dabei sagte er: »Genauso hast du es in Soissons mit dem Krug gemacht.« Der Mann aber war tot. Darauf ließ Chlodwig das Heer nach Hause ziehen. Allen Männern hat er durch diese Tat einen gewaltigen Schrecken eingejagt. Chlodwig bewies mit dieser späten Rache seine Führerqualitäten. Er wollte und durfte nicht nur wegen seiner edlen Abstammung König sein. Als Heerkönig musste er jederzeit bereit sein, seine Führung zu verteidigen.

König Chlodwig lässt sich taufen und wird Katholik

Von den Germanen, die auf dem Boden des Imperium Romanum siedelten, waren die Franken als letzte heidnisch geblieben. Alle anderen hatten das Christentum angenommen, die meisten in seiner arianischen Form. Chlodwig nahm es mit solchen Glaubensfragen allerdings nicht zu ernst, was der Umstand beweist, dass er mit einer frommen Katholikin verheiratet war. Chrotichilde stammte aus der burgundischen Königsfamilie. Immer wieder drängte sie den König, sich taufen zu lassen und sein Volk zum Christentum zu führen. Er bediente sich eines typisch germanischen Arguments, das auch von anderen Germanen

Magie bei den Germanen

Magie und Zauberwesen spielten unter den germanischen Stämmen eine wichtige Rolle. Man glaubte, den Lauf der Dinge beeinflussen zu können, indem man sich durch bestimmte Handlungen und Formeln die übernatürliche Welt dienlich machte. Zu solchen Praktiken gehörte auch das Vorausdeuten der Zukunft. Tacitus berichtet von etlichen Prophezeiungsmitteln:

»Auf Vorzeichen und Losorakel achtet niemand so sehr wie sie. Das Verfahren beim Losen ist einfach. Sie schneiden von einem Frucht tragenden Baum einen Zweig ab und zerteilen ihn in kleine Stücke; diese machen sie durch Zeichen kenntlich und streuen sie planlos und wie es der Zufall will auf ein weißes Laken. Dann betet bei einer öffentlichen Befragung der Stammespriester, bei einer privaten der Hausvater zu den Göttern, hebt, gen Himmel blickend, nacheinander drei Zweigstücke auf und deutet sie nach den vorher eingeritzten Zeichen. Lautet das Ergebnis ungünstig, so findet am gleichen Tag keine Befragung mehr über denselben Gegenstand statt; lautet es jedoch günstig, so muss es noch durch Vorzeichen bestätigt werden. Und der verbreitete Brauch, Stimme und Flug von Vögeln zu befra-

über Jahrhunderte hinweg angeführt wurde. Gregor hat die Worte des Merowingers zitiert: »Auf das Geheiß unserer Götter wird alles erschaffen und erzeugt, euer Gott ist allem Anschein nach ein ohnmächtiges Wesen und, was noch mehr ist, nicht einmal aus dem Geschlecht der Götter.« Chlodwig, der sich selbst als Abkömmling göttlicher Wesen sah, vermochte nicht die Macht eines Gottes zu erkennen, noch dazu von Jesus Christus, der so vermeintlich schwach und schändlich am Kreuz sein Ende gefunden hatte. Ein Gott musste, wie Wodan, als machtvoller Herr auftreten, als kämpferischer Krieger, als stolzer Führer seiner Gefolgschaft. All dies konnte der Christengott nicht vorweisen.

Dass der erste Sohn des Herrscherpaares, den Chrotichilde taufen ließ, starb, bestärkte Chlodwig in seiner Meinung, und auch der zweite entging nur knapp dem frühen Tod. Es bedurfte mehr, um einen germanischen Heerkönig von der neuen Religion zu überzeugen. Den Anlass bot eine Schlacht mit den Alamannen. Im Jahre 496 unternahm das kriegerische Volk einen Ausfall nach Norden bis ins Rheinland. Fränkische Gebiete waren damit aufs Höchste bedroht. Bei Tolpiacum, dem heutigen Zülpich, trafen die Heere aufeinander. Der Kriegsgott schien sich gegen Chlodwig und seine Krieger zu entscheiden, die Alamannen drangen unaufhaltsam vor. In dieser aussichtslosen Situation soll der Frankenherrscher Jesus Christus in höchster Not angerufen

gen, ist auch hier bekannt; hingegen ist es eine germanische Besonderheit, auch auf Vorzeichen und Hinweise von Pferden zu achten. Auf Kosten der Allgemeinheit hält man Schimmel, die durch keinerlei Dienst für Sterbliche entweiht sind. Man spannt sie vor den heiligen Wagen; der Priester und der König oder das Oberhaupt des Stammes gehen neben ihnen und beobachten ihr Wiehern und Schnauben. Und keinem Zeichen schenkt man mehr Glauben, nicht etwa nur beim Volke: auch bei den Vornehmen, bei den Priestern; sich selbst halten sie nämlich nur für Diener der Götter, die Pferde hingegen für deren Vertraute.«

Neben dem Wissen um die Zukunft versuchte man die Fruchtbarkeit des Landes und der Lebewesen zu fördern sowie das Wetter zu beeinflussen. Mit Zaubersprüchen sollten bei Mensch und Tier Gebrechen beseitigt werden. Im *Zweiten Merseburger Zauberspruch*, im 10. Jahrhundert von Mönchen niedergeschrieben, soll die Beinverrenkung eines Pferdes geheilt werden. In einem *Wurmsegen* wird dem Parasiten befohlen, den Körper seines Opfers zu verlassen: »Gang uz, Nesso«, »Geh hinaus, Wurm!«

Auch wer in den Stammesfehden zum Gefangenen des Feindes wurde, versuchte es mit Beschwörungen wie dem *Ersten Merseburger Zauberspruch*: Er sollte mithilfe der Idisen, weiblicher übernatürlicher Wesen,

haben: Gewähre er ihm den Sieg über die Alamannen, so wolle er an
ihn glauben und sich taufen lassen. Denn seine alten Götter habe er
umsonst angerufen, sie seien ohnmächtig. Gregor schildert hier eine
handfeste Vereinbarung, die Chlodwig mit dem Christengott treffen
wollte. So konnte das Christentum einen heidnischen Germanen überzeugen. In der Schlacht von Zülpich half es, denn Chlodwig gewann
wieder die Oberhand und bedrängte die Feinde so hart, dass sie sich
ihm unterwarfen, nachdem ihr König gefallen war.

Chrotichilde wandte sich schließlich an Bischof Remigius, der sich
insgeheim mit dem bekehrungswilligen König traf. Allerdings be-
fürchtete Chlodwig, das Volk der Franken werde an seinen alten Göttern festhalten und seine Taufe nicht dulden. Dabei zögerte sicherlich
der König selbst, dem überlieferten Glauben abzuschwören. Hatte er
nicht vor weniger als zwanzig Jahren an der prachtvollen heidnischen
Bestattung seines Vaters teilgenommen? War dies nicht im tiefsten
Glauben daran geschehen, Childerich reise nun in Wodans Krieger-
reich? Konnte er dem alten Gott wirklich untreu werden? Dies alles
ließ ihn zögern, und letztendlich dürften ihn eher politische Argumen-
te als religiöse Überzeugung zum Glaubenswechsel geführt haben.
Entgegen seinen Befürchtungen stand das Volk zu ihm und rückte
ebenfalls vom heidnischen Glauben ab. So überliefert es zumindest
Gregor.

die Lösung von den Fesseln und die Flucht aus der Gefangenschaft bringen:

Eiris sazun idisi,	sazun hera duoder.
suma hapt heptidun,	suma heri lezidun,
suma clubodun umbi cuoniouuidi:	
insprinc haptbandun,	inuar uigandun!

»Einst setzten sich Idisen,	setzten sich hier und dort.
Einige knüpften Fesseln,	einige hemmten das Heer,
einige lösten Fesseln:	
Entspringe den Banden,	entfliehe den Feinden!«

Amulette sollten vor Krankheit oder Tod schützen sollten. Sie dienten der
Abwehr böser Mächte oder als Kraftspender für ihren Träger. Schon früh
wurden Tierklauen, Bernstein- oder Glasperlen getragen. In der Völkerwanderungszeit waren es Brakteaten, runde Schmuckzeichen mit Götterbildern
und Runenzeichen. Bei den Wikingern wurden in Skandinavien Thorshämmer populär, kleine Nachbildungen der Waffe des beliebten Gottes.

Magische Praktiken wurden auch angewandt, um anderen Menschen
Schaden zuzufügen. Diese schwarze Magie, zum Beispiel die Ritzung Un-

Remigius nahm die Taufe in seiner Kirche in Reims vor. Da sie zu den wichtigsten Ereignissen der germanischen und europäischen Geschichte zählt, sei die lebendige Schilderung Gregors hier zitiert: »Mit bunten Tüchern wurden die Straßen behängt, mit weißen Vorhängen die Kirchen geschmückt, die Taufkirche wurde vorbereitet, Wohlgerüche verbreiteten sich, hell leuchteten die duftenden Kerzen. Das Heiligtum über dem Taufbecken war erfüllt von himmlischem Wohlgeruch. Den Anwesenden ließ Gott so viel Gnade zuteil werden, dass sie sich in die Wohlgerüche des Paradieses versetzt dünkten. Zuerst wollte der König getauft werden. Er ging, ein neuer Konstantin, zum Taufbad, sich in frischem Wasser zu reinigen. Als er zur Taufe trat, sprach ihn der Bischof an: ›Beuge still deinen Nacken, Sigambrer, verehre, was du verfolgtest, verfolge, was du verehrtest.‹«

Dann taufte er Chlodwig im Namen des Vaters, des Sohnes und des heiligen Geistes und salbte ihn mit heiligem Öl unter dem Zeichen des Kreuzes Christi. Anschließend empfingen mehr als 3000 fränkische Krieger ebenfalls die Taufe. Wenn Remigius den Merowinger als Sigambrer anspricht, knüpft er damit unbewusst an eine sehr alte Beziehung an. Denn die Sigambrer oder Sugambrer erwähnt schon Caesar als unbotmäßiges Germanenvolk am Niederrhein. Über fünfhundert Jahre hat sich ihr Name erhalten, bis er schließlich zu einer Ehrenbezeichnung des Frankenkönigs wurde. Dies ist nicht anders zu erklären,

heil bringender Runenzeichen, stand in äußerst üblem Ruf. Das heutige Wissen darüber stammt aus der isländischen Literatur des hohen Mittelalters. Nicht nur der einzelne germanische »Laie« pflegte die Magie. Schon zu Zeiten des Tacitus gab es hoch geachtete Seherinnen. Unter den Wikingern waren Zauberer verschrien und übel beleumdet. Dabei galt vor allem das Nachbarvolk der Samen, von den Nordgermanen Finnen genannt, als Meister der Magie. Unter seinem Einfluss dürfte so mancher germanische Zauberer, auch Frauen übten diese Tätigkeit aus, viel mit einem Schamanen gemein gehabt haben.

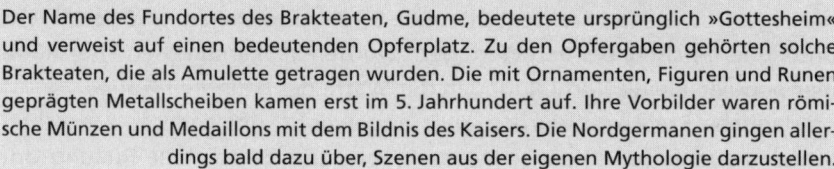

Der Name des Fundortes des Brakteaten, Gudme, bedeutete ursprünglich »Gottesheim« und verweist auf einen bedeutenden Opferplatz. Zu den Opfergaben gehörten solche Brakteaten, die als Amulette getragen wurden. Die mit Ornamenten, Figuren und Runen geprägten Metallscheiben kamen erst im 5. Jahrhundert auf. Ihre Vorbilder waren römische Münzen und Medaillons mit dem Bildnis des Kaisers. Die Nordgermanen gingen allerdings bald dazu über, Szenen aus der eigenen Mythologie darzustellen.

als dass der Stamm im großen Bund der Franken aufgegangen ist. Unter ihnen genoss er anscheinend große Verehrung, vielleicht führten sich die Merowinger sogar auf die Sugambrer zurück.

So verbindet die Taufe zu Reims die fränkisch-germanische Tradition mit dem katholischen Glauben, der christlichen Religion. Für den Erfolg des Frankenreiches war es von entscheidender Bedeutung, dass sich Chlodwig als erster Germanenherrscher für den Übertritt zum Katholizismus entschied. Damit trennte ihr offizieller Glaube die Franken nicht vom gallo-römischen Bevölkerungsteil. Integration und Akkulturation beider Völker, Romanen und Germanen, waren nun möglich. Erst mit Chlodwigs Taufe stand das Frankenreich am Anfang des werdenden Abendlandes.

Die Franken zwischen Heidentum und christlichem Glauben

Die religiöse Praxis unter den Franken gestaltete sich allerdings noch recht unterschiedlich. Vier Jahrzehnte nach Chlodwigs Taufe fiel während des Krieges gegen die Goten ein fränkisches Heer in Oberitalien ein und metzelte Frauen und Kinder nieder. Die Leichen warfen sie als Menschenopfer in den Po. So überliefert es der Geschichtsschreiber Prokop. Aber trotz möglicher Übertreibungen ist gesichert, dass um 500 nicht alle Franken heidnische Bräuche abgelegt hatten.

Dies zeigt sich auch an den Zeugnissen der Totenbestattung. Ursprünglich hatten die Franken die Verstorbenen verbrannt. Während des langen Kontaktes mit der römischen Zivilisation übernahmen sie die Sitte, Tote in einem Sarkophag bzw. einem Holzsarg zu bestatten. Um ihren Verblichenen im Jenseits ein Weiterleben zu ermöglichen, gaben sie ihnen Gegenstände ihrer Lebenswelt mit ins Grab. Die katholische Kirche hingegen verbot die Beigabensitte, denn vor ihrem Gott hatte der Tote solche Dinge nicht nötig. Trotzdem dauerte es nach Chlodwigs Taufe noch mehr als zweihundert Jahre, bis den Toten nichts mehr mit ins Grab gelegt wurde. In dieser Zeit verschwand auch allmählich die merowingische Sitte, die Gräber in langen Reihen anzulegen. An ihre Stelle trat die bis heute übliche Bestattung neben der Kirche.

Beide Religionen vermischten sich im Laufe der Zeit, und nur allmählich konnte sich das Christentum völlig durchsetzen. Dieses Phänomen wird in der Religionsgeschichte Synkretismus genannt. So begegnet man allenthalben dem Kreuzsymbol, aber mancher Franke

Die Franken bestatteten ihre Toten zunächst auf so genannten Reihengräberfeldern; unter christlichem Einfluss wurden sie später auf Friedhöfen neben Kirchen beigesetzt. Zudem übernahm man die Sitte, die Bestattungsplätze durch Grabsteine zu kennzeichnen. Sie enthielten wie der von Niederdollendorf bei Bonn häufig Mischungen christlicher und heidnischer Vorstellungen.

benutzte es wohl wie ein magisches Amulett, das voller Zauberkraft war.

Synkretistische Elemente zeigt auch ein Grabstein aus der Zeit um 700, der im Rheinland bei Bonn gefunden wurde. Auf der Vorderseite sieht man einen fränkischen Krieger, der sich das Haar kämmt. Da es den Germanen als heilskräftig galt, war dies eine magische Handlung. Auch die Schlangen der Unterwelt, die den Mann bedrohen, sind heidnischen Vorstellungen entnommen. Die Bearbeitung der Rückseite des Steins interpretiert man dagegen als christlich, wenn auch auf unkonventionelle Art und Weise. Der fränkische Steinmetz hatte den Auftrag erhalten, Christus darzustellen. Doch er zeigte ihn nicht als Gekreuzigten, damit hatte ja schon Chlodwig Probleme, sondern als aufrecht Stehenden, mit einem Heiligenschein und einer Lanze in der Hand. Ein runder Kreis auf seiner Brust soll das Detail eines prachtvollen Panzers sein, so wie ihn auch römische Herrscher trugen. Christus ist hier der mächtige Herrscher der Welten, so konnte ihn sich ein halb christlicher, halb heidnischer Germane am besten vorstellen.

Wie stark in der Merowingerzeit religiöse Vorstellungen durchmischt wurden, zeigt der Reiterstein von Hornhausen im nördlichen Harzvorland. Etwa fünfzig Jahre älter als der rheinische Grabstein, galt seine Darstellung lange als der Prototyp eines stolzen germanischen Reiters (siehe Titelmotiv). Einige Stimmen wollten darin den Gott Wodan erkennen, da das Denkmal bei den Thüringern entstanden war, die noch länger dem Heidentum anhingen. Archäologische Grabungen brachten eine andere Wahrheit zutage: Der Stein diente neben anderen als Chorschranke einer kleinen Kirche und stellt einen christlichen Reiterheiligen dar, wie man ihn von Sankt Martin kennt. Natürlich bedienten sich die germanischen Handwerker ihrer Mittel und ihrer Motive, sie stellten aber einen christlichen Heiligen dar. So weit auch das Thüringerreich von den Franken entfernt lag, es unterstand ihrer Macht und ihren einsetzenden Christianisierungsversuchen. Der Reiter von Hornhausen ist deshalb kein Zeugnis des Heidentums, sondern der neuen Religion, die Germanen ansprechen wollte.

Chlodwig und sein Schutzheiliger

Als Bischof Remigius den Merowingerkönig taufte, setzte er eine Entwicklung in Gang, die einige Jahrhunderte andauern sollte und für alle Germanenvölker von großer Bedeutung war. Chlodwig selbst fand sich schnell in die Rolle des rechtgläubigen Frankenkönigs, der Machtpolitik mit Religion zu verbinden wusste. Das Reich der Westgoten im Südwesten Galliens war ihm schon lange ein unliebsamer Konkurrent. Nicht vergessen war die Flucht des Syagrius, der erst aufgrund kompromissloser Forderungen ausgeliefert worden war. Der Gotenherrscher Alarich, der immer noch unter dem Schutz des italienischen Ostgotenkönigs Theoderich stand, musste endlich besiegt und vertrieben werden. Als Begründung wählte Chlodwig ein religiöses Argument: »Es bereitet mir großen Kummer, dass die Arianer noch einen Teil Galliens beherrschen. Lasst uns darum mit Gottes Beistand aufbrechen, sie schlagen und das Land in unsere Gewalt bringen.« Daraufhin rückte er mit dem Heer gegen Poitiers, wo sich Alarich aufhielt.

Auf dem Weg dorthin kamen die Truppen in die Gegend von Tours, die für den Frankenherrscher eine besondere Bedeutung hatte. In dieser Stadt wurde der heilige Martin verehrt, seit Chlodwig so etwas wie der Hausheilige der Merowinger, wie überhaupt der Franken und später ganz Frankreichs. Auch in Deutschland erinnert bis heute der Martinstag an die Popularität des Heiligen. Martin hatte im 4. Jahrhundert als Bischof und Asket in Gallien gewirkt. Dabei predigte er nicht nur den Heiden, sondern versuchte, auch die Arianer zum Katholizismus zu bekehren. Er war für germanische Neuchristen interessant, da er ursprünglich römischer Soldat gewesen war und so mit dem Kriegertum verbunden werden konnte. Bis in unsere Gegenwart künden Martinskirchen von fränkischen Stiftungen.

Den heiligen Martin wollte sich auch Chlodwig gewogen halten. Deshalb gab er den strengsten Befehl, in seinem Land um Tours nur Gras und Wasser zu nehmen und den Bauern nichts zu rauben. Ein Frankenkrieger wollte besonders gewitzt sein. Er nahm einem Bauern das Heu und interpretierte es als Gras. Als der König davon erfuhr, rief er den Mann zu sich und erschlug ihn sofort. Dabei sprach er die Worte, wie sie uns Gregor mitteilt: »Wie sollen wir siegen, wenn wir den heiligen Martinus erzürnen?« Anschließend sandte er Boten zur Kirche des Heiligen, die nach einem Siegeszeichen Ausschau halten sollten. Wer könnte bei diesem Befehl genau unterscheiden, was frommer Christenglaube, was heidnisches Relikt war?

Chlodwigs Vertrauen in den Heiligen zahlte sich aus: Sein Heer schlug die Westgoten in die Flucht, König Alarich wurde getötet. Nach gewonnener Schlacht beauftragte der König seinen Sohn Theuderich, quer durch das Westgotenreich bis an die Grenzen der Burgunden zu ziehen und das Land zu unterwerfen. Bis auf die Mittelmeerküste, die unter dem Schutz des alten Widersachers Theoderich stand, war der größte Teil Galliens nun in fränkischer Hand. Die Westgoten zogen sich über die Pyrenäen zurück. Ihren großen Königsschatz in Toulouse ließ Chlodwig in seine Residenz schaffen. Der Kirche des heiligen Martin machte er viele Schenkungen.

Chlodwigs Herrschaft:
Machtgewinne nach Innen und Außen

Auch nach dem großen Sieg maßte sich der Frankenherrscher nie an, gallischer König oder gar Imperator zu sein. Der Kaiser saß in Konstantinopel und der Franke wollte ihm kein Konkurrent werden. Gerade jetzt, im Jahre 508, war Kaiser Anastasius am fernen Bosporus mit seinem fränkischen General außerordentlich zufrieden. Hatte er doch die arianischen Goten geschlagen, die auch ihm ein Dorn im Auge waren. Zudem wurde damit die Position des Ostgoten Theoderich geschwächt, dem der Imperator gerade in jener Zeit misstraute. Was lag aus seiner Sicht näher, Chlodwig eine besondere Ehre widerfahren zu lassen. Aus dem großen Fundus römischer Titel wählte er den altehrwürdigen eines Konsuls aus. Die kaiserlichen Boten erreichten ihn während der großen Siegesfeier in Tours. In der Klosterkirche, außerhalb der Stadtmauern, legte der König seine neuen Insignien an: einen Purpurrock, einen Schultermantel und ein Diadem: »Dann bestieg er ein Pferd und ritt von der Klosterkirche zur Stadtkirche. Auf dem ganzen Weg verteilte er mit eigener Hand unter das Volk Gold und Silber. Von diesem Tag an wurde er Konsul angeredet.« Eine wichtige Entscheidung traf Chlodwig nach dieser Feier. Er kehrte nicht nach Tournai zurück, sondern machte Paris zu seiner Residenz. Seit dieser Zeit ist die Stadt an der Seine das Herz Frankreichs.

Nach diesen Triumphen räumte der Machtpolitiker Chlodwig auch im Inneren seines Reiches auf. Dort erwartete er am ehesten Opposition und Widerstand in der fränkischen Führungsschicht. Unter den Saliern waren noch zwei einflussreiche Teilkönige verblieben. Aber Chararich und Ragnachar wurden schnell beseitigt, ihre Herrschaften direkt dem König in Paris unterstellt. Chlodwig bediente sich noch ganz der germanischen Tradition, wenn er unliebsame Gegenspieler schlichtweg erschlagen ließ. Das sich ausbreitende Christentum bot daneben eine »saubere« Alternative, sich eines Gegners zu entledigen. Man ließ ihm nicht mehr den Kopf abschlagen, sondern das Haar scheren. Anschließend wurde er zu seinem »Seelenheil« in ein gut gesichertes Kloster gesteckt. Dieses Mittels bediente man sich im Frankenreich in zunehmendem Maße.

Laut Gregor von Tours griff Chlodwig zu einer perfiden Methode, um den recht unabhängigen Rheinfranken Sigibert auszuschalten. Erst stiftete er dessen Sohn an, seinen Vater zu beseitigen. Dann entledigte er sich des Sohnes als ruchlosen Vatermörders. Die dynastische Konkurrenz war damit am Ende. In Köln ließ sich Chlodwig auf den Schild heben und als König feiern. Der nicht geringe Königsschatz fiel ihm obendrein zu. Gregor berichtet abschließend über die innenpolitischen Säuberungen: »Noch viele andere Könige ließ er erschlagen, darunter sogar nächste Verwandte, bei denen er sich sorgte, sie könnten ihm das Reich streitig machen. So breitete er seine Herrschaft über ganz Gallien aus. Auf einer Versammlung seiner Männer soll er so von den getöteten Blutsverwandten gesprochen haben: ›Ach, nun stehe ich wie ein Fremder unter Fremden. Kein Verwandter kann mir Hilfe bringen, wenn ein Unglück über mich kommen sollte!‹« Allerdings sagte er das nicht aus Kummer über den Tod der Verwandten, sondern mit List. Vielleicht fände sich so noch einer, den er töten könnte.«

Als der mächtige Gründer des Frankenreiches 511 starb, wurde er in der neu gegründeten Grabkirche der Merowinger in Paris beigesetzt.

Ein prachtvolles Hügelgrab wie das des Childerich kam für ihn nicht infrage, war er doch gewissermaßen der erste Christ der Franken. Seine in einem einfachen Grab beigesetzten sterblichen Überreste sind verloren gegangen. Sein Ruhm als Gründer des Frankenreiches und als erster König Frankreichs währt dagegen bis heute.

Glanz und Elend der Merowinger

Die Herrschaft der Merowinger über das Reich der Franken sollte – zumindest dem Namen nach – noch ein knappes Vierteljahrtausend anhalten, bis zum Jahr 751. Chlodwig blieb der mächtigste Herrscher der Dynastie. Nach ihm stellt sich die Merowingerzeit als eine erstaunliche Mischung von Herrschaftsschwäche und Machtverlust dar. Zeitweise schien es, als kämpfte in dieser Sippe jeder gegen jeden, und das oft mit unglaublicher Grausamkeit.

Solch ein Phase innenpolitischer, ja familiärer Streitigkeiten und Kriege begann 561, 50 Jahre nach Chlodwigs Tod, und endete erst 50 Jahre später. Von dem Blutzoll dieser Jahrzehnte sollte sich das Merowingerreich nie mehr erholen.

Als fast alle Erben Chlodwigs gestorben waren, blieb Chlothar, Herrscher von Soissons, als Einziger übrig und regierte das ganze Reich. Doch nach wenigen Jahren starb er, und seine vier Söhne traten die Nachfolge an. Charibert folgte in seiner Pariser Residenz bald schon dem Vater in den Tod. Übrig blieben Gunthram von Orléans, Chilperich von Soissons und Sigibert von Reims, die um das Erbe des Verstorbenen stritten.

Ihre Dreiteilung des Reiches hatte weit reichende Folgen: Es entstanden drei große Reichsteile, deren Bevölkerung und vor allem deren Adlige eine regionale Identität entwickelten. Chilperich regierte über Neustrien (vielleicht mit der Bedeutung »Neues Westreich«), das sich um Paris bildete und den größten Teil Nordfrankreichs umfasste. Sigibert war König über Austrasien (vielleicht »Ostreich«), das sich über Gebiete des östlichen Frankreichs und den ganzen germanischen Osten erstreckte, soweit er unter fränkischer Kontrolle stand. Dass man sich in diese Richtung verstärkt orientierte, beweist die spätere Verlegung der Residenz von Reims nach Metz. Gunthram schließlich beherrschte Burgund, den Südosten des Reiches. Aquitanien, das ehemalige Gebiet der Westgoten im Südwesten, wurde teils zusammen regiert, teils war es zwischen den Brüdern heftig umkämpft. Neustrien sollte zum Kernland des Reiches der Westfranken werden, woraus das moderne Frankreich entstand. Austrasien wurde zum Ostfrankenreich, aus dem sich Deutschland bildete.

Zwischen Sigibert und Chilperich nahm der Streit ungeahnte Ausmaße an und machte sie zu brüderlichen Todfeinden. Was ihre Auseinandersetzungen in besonderem Maße auszeichnet, ist der Umstand,
dass zwei Frauen in ihnen eine herausragende Rolle spielten. Entgegen
der germanischen und auch der römischen Tradition, in denen Frauen
keine Macht zukam, sollten diese beiden Frauen über viel Einfluss
verfügen und die wechselhaften Geschicke des Frankenreiches über
Jahrzehnte bestimmen.

Die westgotischen Prinzessinnen

Eine dieser Frauen war Brunichild, eine Tochter des Westgotenkönigs
Athanagild, dessen Hof bei aller Rivalität mit den Franken hohes Ansehen genoss. Ihm schickte König Sigibert eine mit Geschenken reich
beladene Gesandtschaft nach Spanien. Damit freite er um Brunichild,
»eine Jungfrau von feiner Gestalt, schön von Angesicht, züchtig und
wohlgefällig im Benehmen, voll klugen Geistes und anmutig im Gespräch.« Athanagild sah das Ersuchen des Merowingerkönigs als Ehre
an. Ohne weitere Verhandlungen sandte er seine Tochter nach Reims,
nicht ohne ihr »Schätze« mitzugeben. Sigibert empfing seine Braut und
ließ eine festliche Hochzeitsfeier ausrichten, auf der sich die edelsten
Fürsten und seine Gefolgschaft versammelten.

Sigibert war mit dieser prestigeträchtigen Heirat eine Verbindung
mit einem der angesehensten und reichsten germanischen Königshäuser eingegangen. Sicherlich spielte auch der machtpolitische Aspekt
dabei eine Rolle. Sein Bruder Chilperich von Neustrien nahm dies teils
aus politischer Sorge, teils aus persönlichem Neid misstrauisch zur
Kenntnis. Solch eine edle Verbindung konnte er nicht vorweisen.
Allerdings war er zu dieser Zeit alles andere als unbeweibt. Gregor
spricht empört von den vielen Frauen, die der offizielle Katholik hatte.
Der lockere Umgang mit Ehefrauen 1. Ordnung, Ehefrauen 2. Ordnung und Konkubinen zuhauf war für viele Merowinger und auch
Karolinger selbstverständlich. In Sachen Sexualität ließen sie gern das
Germanische über das Christliche siegen, womit die katholische Kirche noch ihre Mühe haben sollte.

Chilperich sagte sich von allen Frauen los, um eine Gattin zu gewinnen, die der Sigiberts gleichkam. Wer war dafür besser geeignet als
Brunichilds ältere Schwester Galswintha. Und wieder stimmte Atha-

nagild der Werbung eines Merowingers zu und schickte eine zweite Tochter auf den Weg, wie die erste mit »Mitgift« reich versehen. Auch in Soissons wurde die Eheschließung begrüßt, auch hier gab es große Festlichkeiten. Doch der König beugte sich nur vorübergehend dem Ansehen seiner Frau und den offiziösen und diplomatischen Forderungen. Dann fand sich auf einmal eine seiner Exfrauen wieder im Umkreis des Hofes: Fredegund. Es war ganz offensichtlich, dass sie wieder seine Favoritin war. Galswintha fühlte sich brüskiert und forderte von ihrem Mann, er möge sie wieder zu ihrem Vater ziehen lassen. An seinem Hof habe sie nichts mehr verloren. Angeblich wollte sie ihm sogar die mitgebrachten Schätze lassen. Doch Sigibert wusste den offenen Affront zu verhindern. Mit welchen Versprechungen auch immer – es gelang ihm, sie zu beruhigen und am Hof zu behalten. Dann eskalierte die Situation: Der König ließ seine Frau von einem Gefolgsmann in ihrem Schlafgemach erdrosseln. Das Verbrechen selbst konnte vertuscht werden, doch die kurze Trauerzeit und die abermalige Heirat mit Fredegund waren ein Skandal. Dem Chronisten zufolge ließ ein Wunder das Verbrechen offenkundig werden. Chilperichs Brüder marschierten schließlich nach Soissons und vertrieben ihn aus seinem Reich.

Der Kampf der Königinnen

Vor allem zwischen den beiden Hauptrivalen Chilperich und Sigibert kam es zum erbitterten Bruderkrieg im wahrsten Sinne des Wortes. Sigibert beschloss, Verbündete jenseits des Rheins zu gewinnen. Obwohl dies wahrscheinlich Franken aus der Maingegend waren, allenfalls Alamannen, betont Gregor die vermeintliche Wildheit dieser Germanen. Dieses Klischee existierte also auch noch im Merowingerreich. Besonders um Paris kam es zu Auseinandersetzungen und Plünderungen. Hier soll Sigibert vergebens versucht haben, die Wildheit der erwähnten Stämme zu bändigen. Aber er war auf dem Vormarsch, und es gelang ihm sogar, in Paris einzuziehen, wohin auch Brunichild mit den Kindern kam.

Dorthin zogen viele Gesandtschaften fränkischer Adliger aus allen Landesteilen, die Sigibert das Angebot machten, König aller Franken zu werden. Auf einer großen Versammlung im Jahre 575 fand sich das fränkische Heer ein. Der Austrasier wurde traditionsgemäß auf den Schild gehoben und zum Herrscher erwählt. Im Trubel und in der Begeisterung drängten sich zwei Männer an ihn, die vorgaben, Bittsteller zu sein. Aber als sie vor ihm standen, griffen sie ihre Messer und stachen auf ihn ein. Das Gift, mit dem die Waffen präpariert waren, wirkte tödlich. Fredegund, die Frau seines verhassten Bruders, soll den Auftrag zu diesem Meuchelmord erteilt haben. Da Sigiberts Sohn Childebert II. noch minderjährig war, übernahm Brunichild für ihn die Regentschaft. Damit war sie in der Feindschaft zu Schwager und Schwägerin an die erste Stelle gerückt. Neun Jahre später fiel auch Chilperich einem Mordanschlag zum Opfer. Gerüchte kursierten darüber, dass Brunichild die Anstifterin war oder gar Fredegund, die die Zuneigung ihres Mannes schwinden sah.

Nun standen sich die verfeindeten Frauen unmittelbar gegenüber; denn Fredegund übernahm die Vormundschaft für ihren noch unmündigen Sohn Chlothar II. Brunichild gelang gegen die neustrische Seite ein beachtlicher Schachzug: Ihr letzter Schwager Gunthram erkannte mit dem burgundischen Adel die Herrschaft ihres Sohnes Childebert über Austrasien an und erklärte ihn zu seinem Erben über Burgund. Somit lagen die Vorteile auf der Seite von Sigiberts Sohn. Zudem erwies er sich als durchsetzungsfähiger Herrscher Austrasiens, der die östlichen Nachbarn wieder enger an sich band. Er starb im Jahre 596, zwei kleine Söhne hinterlassend, die nun ihrerseits unter die Regentschaft ihrer Großmutter Brunichild gestellt wurden. Sie gerieten untereinander in kriegerische Auseinandersetzungen, die beide früh das Leben kosteten.

Im selben Jahr starb auch Fredegund. Ihr Sohn Chlothar II. setzte den Kampf gegen die verhasste Tante fort, die er sicherlich für die Mörderin seines Vaters hielt. Nach dem Tod ihrer Enkel strebte Brunichild in Metz die Regentschaft für ihren Urenkel an. In dieser Situation erwies sich, dass der lang anhaltende merowingische Bürgerkrieg mitnichten nur eine persönliche Auseinandersetzung zwischen den Königen und ihren Frauen war. Vielmehr spielte dabei der fränkische Adel eine zunehmend bedeutendere Rolle. Als Brunichild den Machtkampf fortsetzen wollte, versagten ihr die austrasischen Edlen die weitere Gefolgschaft. Sie war mittlerweile eine alte Frau, die seit vierzig Jahren ihre Verwandten bekämpfte. Chlothar II. von Neustrien, Fredegunds Sohn, bot dagegen klare Verhältnisse als Herrscher und die Aussicht auf ein Ende der leidigen Kämpfe. Somit stand die Königin im Jahre 613 allein. Sie versuchte noch zu fliehen, wurde aber ergriffen und zu ihrem Neffen gebracht. Dieser erwies nach der *Fredegar-Chronik* der Tante gegenüber seinen ganzen Hass: »Chlothar ließ sie über drei Tage auf unterschiedliche Weise foltern und dann auf ein Kamel setzen und so durch das Heer führen. Anschließend ließ er sie mit Haaren, einem Arm und einem Bein an den Schwanz eines Pferdes binden. Auf diese Weise wurde sie von den Hufen des davonstürmenden Tieres zerschlagen.«

Möglicherweise war dies nicht nur eine grausame Bestrafung aus Familienrache, gewissermaßen als germanisches Erbe, sondern auch die Strafe an einer Frau, die über Jahrzehnte über große Macht verfügt und sich aus männlicher Sicht diese Macht angemaßt hatte! Der ungewöhnliche Kampf zwischen zwei Frauen, Brunichild und Fredegund, hat die Fantasie der Zeitgenossen und der nachfolgenden Generationen angeregt. Er fand Eingang in die germanische Heldensage und mit ihr in das *Nibelungenlied*, in dem die Konkurrentinnen Brünhild und Kriemhild heißen.

Chlothar sorgte nach Brunichilds Tod für die völlige Ausrottung des austrasischen Merowingerteils. Da der Burgunder Gunthram ohne eigenen Erben gestorben war, fiel Chlothar II. die Herrschaft über das ganze Frankenreich zu. Seinen Sohn Dagobert machte er zum König der östlichen Reichshälfte mit der Residenz in Metz. Paris aber wurde wieder die Hauptstadt des Frankenreiches. Vater und Sohn sollten die letzten halbwegs glanzvollen und mächtigen Merowingerherrscher sein. Nachdem Dagobert 639 starb, führten seine Erben ein Dasein als Alibikönige, hinter ihnen standen die wahren Machthaber.

Die Scheinherrschaft der späten Merowinger

Hierzu zählte zunächst einmal der fränkische Adel in den Reichsteilen, dem Chlothar schon ein Jahr nach seinem großen Sieg ganz beachtliche Zugeständnisse machte. In seinem Pariser Edikt erließ er die Anweisung, kein Landfremder dürfte in einem der Reichsteile eine offizielle Aufgabe übernehmen. Damit schmälerte er die eigene Zentralmacht und stärkte die Macht des einheimischen Adels. Weiterhin bestimmte er für die jeweiligen Hofverwaltungen die Schaffung eines neuen Amtes, des Hausmeiers oder Maiordomus. Für jeden Reichsteil war ein derartiges Amt vorgesehen, das nur mit Männern des regionalen Adels besetzt wurde. Die Hausmeier wurden die neuen wahren Herrscher des Merowingerreiches. Dabei standen sich schon bald, wie weiland unter den Königen, diejenigen Neustriens und Austrasiens gegenüber. Im östlichen Reichsteil errang die Familie der Karolinger dieses Amt, die im Raum zwischen Maas und Rhein alteingesessen war und reichen Besitz in Eifel und Ardennen ihr Eigen nannte.

Als Stammväter dieser frühen auch Pippiniden genannten Sippe gelten Arnulf, später Bischof von Metz, und Pippin der Ältere. Sie waren schon kräftig am merowingischen Familienkrieg beteiligt und gehörten zu den führenden Köpfen im Aufstand gegen Brunichild. König Chlothar war ihnen also etwas schuldig. Das zeigte sich, als sein Sohn Dagobert König von Metz wurde. Pippin übernahm das Amt des austrasischen Hausmeiers und Arnulf, der dem weltlichen Leben und seiner Familie entsagt hatte und Geistlicher bzw. Bischof geworden war, wurde der engste Berater des jungen Merowingers. Ein Nachkomme der austrasischen Hausmeier wurden nach vielen Kämpfen Hausmeier des ganzen Frankenreiches.

Wie seitdem die Machtverteilung zwischen diesem, genannt Pippin der Mittlere, und dem merowingischen König aussah, berichtet ein Annalenschreiber sehr anschaulich: »Zum ersten März eines jeden Jahres rief der Hausmeier Pippin eine Reichsversammlung aller Franken ein. Aus der schuldigen Achtung vor dem Namen des Königs ließ er diesen der Versammlung vorsitzen. Dort nahm der Herrscher von allen fränkischen Großen die jährlichen Geschenke entgegen. Anschließend hielt er eine Rede zur Einhaltung des Friedens, über den Schutz der Gotteshäuser wie der Witwen und Waisen. Mit deutlichen Worten verbot er streng Frauenraub und Brandstiftung. Abschließend befahl er dem Heer, am festgesetzten Tag für den Aufbruch bereit zu sein. Danach schickte Pippin den König zurüch nach Montmacq. Dort sollte er mit Respekt und voll Ehrerbietung in Gewahrsam gehalten werden, während in Wirklichkeit Pippin, der Hausmeier, über das Reich der Franken herrschte.«

Karl Martell und der Sieg der Karolinger

Als der mittlere Pippin 714 starb, kam es sofort wieder zu Unruhen. Vor allem in Neustrien nutzte man eine Schwäche der Hausmeier, weil Pippin nur unmündige Enkel hinterließ. Seine Witwe Plektrudis wurde allerdings zu keiner neuen Brunichild. Sie zog sich nach Köln zurück, in dessen Kirchen man noch heute ihrer gedenkt. Pippins Sohn aus einer Nebenehe, Karl Martell, griff gegen ihren Widerstand nach dem Amt des Hausmeiers. Aber dem illegitimen Nachfolger war der Sieg beschieden, mehrmals schlug er das neustrische Heer entscheidend. Widerstände in der eigenen karolingischen Familie beseitigte er rigoros. In wenigen Jahren hatte er die alte Ordnung wiederhergestellt: Ein völlig machtloser Merowinger spielte den langmähnigen König der Franken. Karl Martell war sein treuer Hausmeier, der wahre Herrscher über das ganze Reich.

Zwanzig Jahre regierte er so die Franken. Er unterstützte den angelsächsischen Missionar Bonifatius, der den heidnischen Germanenstämmen im Osten, Hessen, Sachsen und Friesen, das Christentum verkündete. Er scheute andererseits nicht davor zurück, Kirchengüter zu säkularisieren, also für seine weltliche Herrschaft greifbar zu machen. Karl kämpfte gegen die unruhigen Friesen und Sachsen, er schlug die revoltierenden Thüringer, er unterwarf Aquitanien wieder der fränkischen Hoheit. 732 gelang ihm ein Sieg, der ihn zum Heros des Abendlandes werden ließ: Zwei Jahrzehnte vorher hatten die unter Mohammeds Bannern vorwärts stürmenden Heere der Araber die Straße von Gibraltar überquert und in Spanien das letzte ostgermanische Völkerwanderungsreich, das der Westgoten, vernichtet. Nun zogen sie über die Pyrenäen und drangen nach Norden fast bis zur Loire vor. Zuvor wurden sie von Karls Heeren gestoppt. Geschlagen zogen sie sich nach Spanien zurück. Auf Karl Martell folgten seine beiden Söhne Karlmann und Pippin, von denen sich der erste bald von der Herrschaft zurückzog. Pippin, genannt der Jüngere, aber plante schon bald einen epochalen Wechsel der Herrschaftsverhältnisse. Er wollte die Absetzung des Merowingers Childerich III. Seine Familie der Karolinger sollte das neue Königsgeschlecht der Franken werden. Mit der Umsetzung dieses Plans endete 751 die lange Geschichte der Merowinger.

Karl Martell hat ein Gesellschaftssystem begründet, aus dem sich das Lehnswesen des Mittelalters entwickeln sollte. In seinem Kern geht es auf die Vorstellungen des germanischen Gefolgschaftswesens zurück. Ein Schwacher unterstellt sich einem Mächtigen, bietet ihm seine Dienste an, etwa als Kämpfer, und erhält dafür Gegenleistungen wie Schutz und Land. Ein karolingischer Text überliefert solch eine Unterstellungsformel: »Weil es überall bekannt ist, dass mir Nahrung wie Kleider fehlen, habe ich mich mit der Bitte an eure Barmherzigkeit gewandt und habe aus freiem Willen entschieden, mich unter eure Schutzgewalt zu begeben und mich euch zu unterstellen. Ich tat dies unter der Bedingung, dass ihr mich mit Nahrung und Kleidern unterstützt und mich so weit unterhaltet, indem ich euch diene und mir auf diese Weise eure Hilfe verdienen kann. Ich muss euch bis zu meinem Tode dienen und euch so weit Gehorsam erweisen, wie ich es als Freier kann. Zeit meines Lebens werde ich eurer Herrschaft und Schutzgewalt nicht entfliehen.«

Das Reich der Franken verstand sich kaum als Germanenreich, sondern vielmehr als Nachfolger des Imperium Romanum. Andere Germanenvölker mochten die Ahnen nach Skandinavien zurückführen. Die Franken sahen sich als Teil der Trojaner, von denen auch die

Römer abzustammen glaubten. Römer und Franken waren nach dieser
Sicht der Dinge seit langen Zeiten miteinander verwandt. Wer hätte
viele Jahrhunderte früher geglaubt, die mordenden und plündernden
Scharen der Franken legten einmal Wert darauf, Verwandte Roms zu
sein! Ein Beweis für die Macht Roms, für die Bedeutung seiner Zivilisation, ohne die die Franken des Merowingerreiches nicht zu den Be-
gründern des werdenden Abendlandes zählten.

8. Karl der Große – Der Kampf der neuen Germanen gegen die alten Germanen

Der fränkische Machtwechsel

»Den glänzendsten Herrscher, den frommen König Pippin, hat man vor drei Jahren auf den Königsthron gesetzt, erhoben durch des seligen Papstes Zacharias Autorität und Befehl. Er wurde gesalbt mit heiligem Öl, das er aus den Händen der gallischen Priester erhielt, gewählt wurde er von allen Franken. Später wurde er von Papst Stephan ein zweites Mal zum König und Patricius gesalbt und mit ihm seine Söhne Karl und Karlmann. Der Papst verbot allen Franken, jemals ihren König aus einem anderen Geschlecht zu wählen. Denn auf ihm ruhte Gottes Gnade. Für dieses Geschlecht hätten die heiligen Apostel Fürbitte geleistet. Durch die Hände seines Stellvertreters auf Erden sei es geweiht worden. Wer sich nicht an dieses Verbot halte, dem drohe Interdikt und Exkommunikation.«

So schildert ein fränkischer Mönch das Unerhörte des Jahres 754. Der Papst selbst war ins Reich der Franken gekommen und salbte den seit drei Jahren herrschenden König und seine beiden Söhne. Dies unterstrich die Entmachtung der alten Merowingerdynastie. Von nun an herrschten die Karolinger über die Franken. Dieser Herrschaft von Gottes Gnaden durfte man als Christ nichts mehr entgegensetzen. Was waren die ursprünglich heidnisch-göttlichen Merowinger gegen die christlich-göttlichen Nachfolger von Arnulf und Pippin!

Karl, der jüngere von Pippins Söhnen, war zum Zeitpunkt der Salbung noch ein Kind. Er sollte 14 Jahre später zusammen mit dem Bruder die Nachfolge des Vaters antreten. In alter Tradition teilte man das Reich unter sich auf, obwohl das Verhältnis zwischen den Brüdern getrübt war. Dann starb Karlmann unerwartet, Karl blieb als einziger Herrscher zurück und vereinigte die beiden Reichshälften. Erbansprüche der verwitweten Schwägerin mit ihren Kindern wurden nicht akzeptiert. Deshalb floh die Familie Karlmanns in das oberitalienische Reich des Langobardenkönigs Desiderius. Karl wurde in römischer Tradition Kaiser und wird bis heute als vermeintlicher »Vater Europas« geehrt. Er wurde Karl der Große.

Das Frankenreich Karls des Großen und die germanischen Stämme innerhalb und außerhalb des Reiches

Kein Germanenherrscher ist in Europa populärer als dieser Franke, der wahrscheinlich 747 irgendwo zwischen Maas und Rhein im Heimatgebiet der austrasischen Hausmeier geboren wurde. Seine frühen Lebensjahre und seine Jugendzeit sind nicht überliefert, auch nicht in der von Karls Biografen Einhard verfassten, berühmten *Vita Karoli Magni*, der *Lebensbeschreibung Karls des Großen*. Wie sein Herr sah sich Einhard als Franke und bezeichnete sich als Barbar. Seine Karlsbiografie schrieb er lateinisch nach den Mustern antiker Literatur. Der Germane als gebildeter Christ, der Rom nachzueifern versucht und gleichwohl Traditionen des eigenen Volkes verhaftet bleibt: Das galt nicht nur für den ostfränkischen Adligen Einhard, sondern auch für Karl, den Kaiser und König der Franken.

Wenn er auch über seine Jahre vor dem Regierungsantritt 768 wenig zu berichten weiß, so schildert er die Persönlichkeit des Herrschers umso ausführlicher. Dabei ist insbesondere die Beschreibung seiner fränkischen Eigenarten interessant.

Einhard hebt hervor, welch begeisterter Reiter und Jäger der Kaiser war. Die Wälder der Nordeifel und der Ardennen, nahe seiner Lieblingspfalz Aachen, waren sein bevorzugtes Jagdgebiet. Die Franken galten als Volk unübertroffener Reiter und Jäger. Karl trat als König wie als Kaiser in der typisch fränkischen Kleidung auf: »Auf dem Körper trug er ein Hemd aus Leinen, darunter eine leinerne Hose, darüber einen Rock, der mit Seide eingefasst war. Die Unterschenkel bedeckten Gamaschen. Seine Waden umschnürte er mit Bändern, an den Füßen trug er Schuhwerk. Ein Wams aus Otter- oder Marderfell schützte im Winter Schultern und Brust, worüber noch ein blauer Umwurf lag. Immer trug er ein Schwert umgegürtet, dessen Griff und Gehänge aus Gold oder Silber bestanden. Ein mit Edelsteinen verziertes Schwert benutzte er nur an besonderen Feiertagen oder wenn er Gesandte aus fremden Ländern empfing.« Karl bevorzugte stets die schlichte Tracht seines Volkes. Lediglich an hohen Festtagen legte er Prunkgewänder an: mit Gold gewirkte Kleider, edelsteinbesetzte Schuhe, eine goldene Umhangspange und auf dem Kopf ein Diadem aus Gold und Edelsteinen. In seiner gewöhnlichen Kleidung wäre er jedoch unter dem Volk nicht aufgefallen. Nur wenige Male ließ er sich während seiner Romaufenthalte zu Ehren des Papstes zu römischer Kleidung überreden. Da schmückte er sich mit einer langen Tunika, einem großen Umwurf, der an der Schulter von einer Spange zusammengehalten wurde, und mit römischen Schuhen.

Auf den Spuren des ausgeprägt Germanischen bei Karl dem Großen stößt man auf sein recht lockeres Verhältnis zur Ehe und zum weiblichen Geschlecht, was der Kirche zweifelsohne ein Dorn im Auge sein musste. Wiederum gibt Einhard ausführlich Auskunft: Karls erste Frau war die Tochter des Langobardenkönigs. Seine Mutter Bertrada scheint zu dieser Heirat aus politischen Gründen geraten zu haben, aber ihr Sohn verstieß seine junge Frau nach einem Jahr. Selbst wenn es darum geschah, weil die Langobardin keinen Nachwuchs gebären konnte, wie manche Quelle behauptet, so diente es sicherlich nicht dem guten Verhältnis zu ihrem Vater. Was Kinder betraf, hatte er mit der Schwäbin Hildegard mehr Glück: Sie gebar dem Frankenherrscher drei Söhne und drei Töchter. Nach ihrem Tod nahm er Fastrada aus einer ostfränkischen Familie zur Frau, erneut verwitwet schließlich die Alamannin Liutgard, die er auch überlebte. Für den Rest seines Lebens spricht Einhard von vier Konkubinen, die sich Karl nahm. In seinem Privatleben erscheint er deshalb als Patriarch, der sich nach fränkisch-germanischer Tradition am liebsten in der großen Schar seiner Kinder aufhielt.

Kämpfe und Kriege an allen Grenzen

Bis der alte Karl mit Genugtuung auf seine Nachkommenschar und auf sein ganzes Reich blicken konnte, vergingen Jahrzehnte, die vom Krieg geprägt waren. Feinde gab es viele in der Nachbarschaft des Frankenreiches, und auch die Franken selbst waren daran interessiert, Völker zu unterwerfen und Beute zu machen. Unter Karl führten sie Feldzüge in alle Himmelsrichtungen: Den keltischen Bretonen wurde mit Mühe ein Grenzsicherungsgebiet abgetrotzt. Ein aufwändiger Feldzug gegen die spanischen Mauren endete siegreich, aber auch mit einem Desaster in den Pyrenäen. Die Basken bereiteten einem Teil des Heeres einen Hinterhalt, in dem mit Karls Gefolgsmann Roland einer der sagenhaften Helden des Mittelalters fiel. Im Osten zogen die fränkischen Heere bis in die ungarische Ebene, um dem Steppenreich der Awaren, den Nachfolgern der Hunnen, den Todesstoß zu versetzen. Ebenso griff man slawische Stämme jenseits der Elbe an. Vor allem kämpfte Karl gegen andere Germanen, die seiner Herrschaft Widerstand entgegensetzten oder offen als Reichsfeinde auftraten. Zu den Ersten zählte der Baiernherzog Tassilo, der sich der fränkischen Herrschaft widersetzte und damit gewissermaßen die Tradition der bayerischen Sonderstellung begann. Karl setzte ihn kurzerhand ab und ließ ihn in ein Kloster bringen. Damit waren seinem Reich neben dem romanischen Westen und Süden die germanischen Nachbarstämme der Alamannen, Baiern und Thüringer sicher. Schon vorher war es Karl gelungen, die Langobarden jenseits der Alpen zu unterwerfen und ihren Königstitel selbst anzunehmen.

Die Eroberung des Langobardenreiches

In der Völkerwanderungszeit war dieser Germanenstamm von der Elbe nach Ungarn gewandert, um dann 568 in Norditalien einzufallen, die Truppen Ostroms abzudrängen und so das Erbe der Ostgoten auf der Apenninenhalbinsel anzutreten. In den folgenden zwei Jahrhunderten entstanden ein langobardisches Königreich im Norden mit der Hauptstadt Pavia und zwei davon unabhängige Herzogtümer um Spoleto und Benevent. Wie kaum ein anderes Germanenvolk glich man sich der neuen Umwelt und der romanischen Bevölkerungsmehrheit an. Aus Arianern wurden Katholiken, die germanische Sprache fand höchstens noch in Gesetzen Verwendung, gesprochen wurde das übliche Latein des Volkes. Verbotsschranken zwischen Einwanderern und Alteingesessenen fielen zusehends, schließlich verzichteten die Langobarden sogar auf eigene Haartracht und Kleidung und übernahmen die der Römer.

In den letzten Jahrzehnten ihrer Unabhängigkeit wetteiferten die Adligen als Bauherren miteinander. An ihren Höfen entstanden nach antiken und byzantinischen Vorbildern prächtige Kunstwerke aus edelsten Materialien. Sie gehören zu den schönsten des frühen Mittelalters und beeinflussten nicht nur Karls Franken, sondern auch die Angelsachsen auf den Britischen Inseln. Die Kultiviertheit und Bildung der Langobarden repräsentiert ein einzelner Mann: Paulus Diaconus zählte am Hofe Karls zu den bedeutendsten Gelehrten. Er lehrte und vermittelte nicht nur antikes und christliches Bildungsgut, sondern schrieb auch eine Geschichte seines Volkes. Sie belegt, dass man zwar sein Germanentum weitgehend abgelegt hatte, aber dennoch mit Stolz auf die barbarischen Vorfahren blickte.

Die Langobardenkönige spielten eine wichtige Rolle in den komplizierten politischen Verhältnissen auf der italienischen Halbinsel. Konflikte und handfeste kriegerische Auseinandersetzungen gab es nicht nur zwischen ihnen und den langobardischen Herzögen im Süden, sondern auch mit dem oströmischen Kaiser, dem sie Ravenna entrissen, und vor allem mit dem Papst in Rom. Damit kamen auch die Franken ins Spiel. Denn die Päpste hatten den Karolingern Pippin und Karl Legitimität verliehen, also geholfen, sie nicht als Thronräuber erscheinen zu lassen. Sie erwarteten dafür den besonderen Schutz und die Hilfe der Herrscher jenseits der Alpen. Unter Karl spitzten sich die Spannungen zwischen beiden Germanenreichen fünf Jahre nach seinem Machtantritt gefährlich zu. Dazu trugen die Verstoßung seiner langobardischen Ehefrau und die Aufnahme der Familie Karlmanns durch König Desiderius erheblich bei.

Nach Einhard wandte sich der Papst 773 mit einem Hilferuf an den fränkischen König. Das war für diesen Grund genug, wie früher sein Vater gegen die Langobarden in den Krieg zu ziehen. Nach der mühsamen Alpenüberquerung wurden unter Karls Führung die Ebene des Po und alle angrenzenden Gebiete schnell erobert. Desiderius sah sich gezwungen, sich in seiner Hauptstadt Pavia zu verschanzen. Deren Belagerung kostete die Franken allerdings erhebliche Mühen. Es vergingen Monate, bis der Langobardenkönig im folgenden Jahr keinen Ausweg mehr fand und kapitulierte. Desiderius wurde mit seinem Sohn und Thronfolger in die Verbannung geschickt. Karl bot sich nun die Gelegenheit, die Führung der fränkischen Opposition im Exil kaltzustellen. Was genau mit der Witwe seines Bruders und ihren Kindern geschah, wird nicht überliefert, Gerüchten zufolge sind sie liquidiert worden. Ihr wahres Schicksal gehört zu den Geheimnissen um den »Vater Europas«.

Mit der Eroberung des Langobardenreiches erstreckte sich die fränkische Herrschaft über Oberitalien bis zu den Gebieten des Papstes. Die Herzöge von Spoleto und Benevent erhielten sich ihre Unabhängigkeit. Karl nannte sich von jetzt an nicht nur »König der Franken«, sondern zusätzlich auch »König der Langobarden«. In Pavia soll er sich die legendäre Eiserne Krone dieses Volkes aufs Haupt gesetzt haben. Heute geht man davon aus, dass das wertvolle Herrschaftssymbol erst nach Karls Zeit entstanden ist, berühmt wurde es dennoch in Verbindung mit dem Karolinger: Als Schatz des Domes zu Monza gilt die Krone in Italien als Nationalheiligtum.

Der eiserne Karl und seine Krieger

Karl war ein Herrscher des Kampfes und des Krieges. Ob als Eroberer anderer Länder oder als Verteidiger des eigenen Reiches, es verging kein Jahr, in dem nicht Krieg geführt worden wäre. An die Stelle des mächtigen Rom war das Frankenreich getreten. Auch wenn es bei weitem nicht an die militärische Stärke des alten Imperiums heranreichte, so war es doch die stärkste Macht in Westeuropa. Karl konnte mit seinen Heeren keine Pax Romana errichten, aber trotzdem mit ihnen ruhmreiche Siege erringen.

Mehr als hundert Jahre später schildert ein Sankt Gallener Mönch die Belagerung Pavias im Jahre 774: Von seiner befestigten Residenz sah der Langobardenkönig das Heer Karls anrücken. Als er dessen Größe wahrnahm, verließ ihn der Mut. Es bestand aus dem leicht bewaffneten, aber durchaus schlagkräftigen Tross, aus dem fränkischen Volksheer, aus der stets kampfbereiten Palastwache, schließlich aus den Bischöfen und Äbten mit den Geistlichen der Hofkapelle und ihrem Gefolge. Die Elitetruppen mit dem Frankenkönig in ihrer Mitte ließen die weite Ebene wie ein Saatfeld von Eisen starren und die Wellen des Po und des Tessin schwarz vor Eisen gegen die Mauern der Stadt branden. Vom Westen bis zum Norden glaubte man, eine dunkle Wolke zu sehen, die einen schrecklichen Schatten über den hellen Tag warf. Bald sahen die Belagerten den eisernen Karl selbst, auf dem Haupt einen Eisenhelm, an den Armen Eisenspangen, über Brust und Schultern einen Panzer aus Eisen. Die Eisenlanze trug er in der Linken, die Rechte hielt sein unbesiegbares Schwert. Die Außenseiten seiner Schenkel waren durch Eisenplatten geschützt, ebenso trug er Beinschienen aus Eisen. Der Schild schien ganz aus diesem Material gefertigt, selbst sein Pferd wirkte wie aus Eisen. Dieser Rüstung versuchte es die gesamte Gefolgschaft gleichzutun. Die weite Ebene war voll Eisen, und der Glanz des Eisens gab die Sonnenstrahlen wider.

Auch wenn der Berichterstatter übertreibt, enthält seine Schilderung doch mehr als einen Funken Wahrheit. Denn die Schlagkraft von Karls Truppen war berühmt und gefürchtet, und mit dem Attribut des »Eisernen« hat man ihn immer in Verbindung gebracht. Wenn man von Karls »Eiserner Zunge« sprach, meinte man seine militärische Stärke, die tatsächlich auf Eisen beruhte. Die fränkischen Schmiede waren für ihre qualitätsvollen Eisenschwerter so bekannt, dass sich ihr Herrscher gezwungen sah, ein Ausfuhrverbot für diese gefährlichen Waffen zu verkünden.

Darüber hinaus baute der Frankenkönig das Vasallensystem seines Großvaters Karl Martell weiter aus. Von Arabern und Awaren wurden Bogenschützen und schwere Reiterei übernommen. Die Letzte war das Herzstück des fränkischen Heeres. Das alte germanische Volksheer der freien Bauern trat dagegen immer mehr in den Hintergrund, weil der gewöhnliche Franke die teure Ausstattung nicht bezahlen konnte. Er war mit einer Lanze bewaffnet, allenfalls kamen ein Schild und als Neuerung Pfeil und Bogen hinzu.

Ein Brief an den Abt des Klosters von Saint-Denis belegt, was Karl hingegen von den Reichen forderte: »Deine Gefolgschaft muss vollständig ausgerüstet sein, mit Waffen, sonstigem Kriegsgerät, Lebensmittel und Kleidung. Jeder Reiter muss einen Schild, eine Lanze, ein langes und ein kurzes Schwert, einen Bogen und einen pfeilgefüllten Köcher haben.« Die Lebensmittel sollten für drei Monate, die Kleidung und Bewaffnung gar für sechs Monate ausreichen. Kein Bauer hätte sich solch eine kostspielige Ausstattung leisten können, selbst wenn er seinen ganzen Hof verkauft hätte. Und zum besonderen Schutz konnten noch ein Helm, ein eisernes Kettenhemd und Bein-schienen dazukommen, was die vollständige Ausrüstung eines frän-kischen Reiterkriegers nebst Ledersattel, Steigbügel und Sporen un-geheuer wertvoll machte. Nur die höchsten geistlichen Würdenträger und der höhere Adel konnten derart Schwerbewaffnete stellen. Sie machten dann den militärischen Erfolg Karls aus, die Elitetruppen der so genannten Scarae.

Mit ihnen zog der König gegen Araber und Awaren und eroberte das Reich der Langobarden. Ein Heer auf einem Kriegszug umfasste selten mehr als 5000 Männer, so manche Schlacht wurde von einigen Dutzend Elitekriegern entschieden. Wenn irgendwie möglich vermied man jedoch die offene Feldschlacht. Das fränkische Heer war selbst mit seinen hoch gerüsteten Reiterkriegern nicht mit dem Militärapparat der römischen Legionäre zu vergleichen. Die Franken schätzten wie ihre Feinde mehr die langwierige, aber übersichtliche Belagerung oder den schnellen Überraschungsangriff, der sich leicht mit Plünderungen verbinden ließ.

Die germanisch-heidnischen Sachsen

Seine Scarae benötigte Karl mehr denn je in seinem zähesten und langwierigsten Krieg, der sich über drei Jahrzehnte hinzog. Seine Feinde fanden sich nicht im fernen Spanien oder Italien, sondern nur wenige Kilometer jenseits des Rheins. Es war der germanische Stamm der Sachsen. Einhard berichtet: »Kein anderer Krieg ist von Seiten der Franken mit vergleichbarer Ausdauer, Erbitterung und Mühsal ge-führt worden. Die Sachsen waren nämlich, wie fast alle germanischen Völker, wilde Menschen, die Dämonen, also heidnische Götzen, an-beteten und unserer Religion, dem Christentum, feindlich gesinnt wa-ren. Es verletzte auch nicht ihre Ehre, wenn sie göttliche und mensch-liche Gebote übertraten und verletzten. Weiteres kam hinzu, das den Frieden jeden Tag gefährdete: Die Grenzen zwischen unserem und ihrem Land liefen fast nur durch Flachland. An wenigen Stellen bil-deten große Wälder und Gebirge deutliche Grenzen. Totschlag, Plün-derung und Brandstiftung nahmen so beiderseits der Grenze kein Ende.«

Die Sachsen standen also aus der Sicht des Franken Einhard noch völlig in der alten germanischen Tradition. Große Seezüge wie zu

Zeiten des Imperium Romanum unternahmen sie nicht mehr, die Überfahrt zu den Britischen Inseln war ihre weiteste Auswanderung gewesen. Der mehrheitliche Rest des Volkes fand sein Stammesland zwischen Hessen und der Nordsee, von der Nachbarschaft des Rheinlandes bis zur Elbe und im Norden darüber hinaus. Hier siedelte man wie die Vorväter als Bauern in einem Land ohne Städte und ohne eine einheitliche Herrschaft. Der Überlieferung nach teilte sich das Volk in drei große Gruppen, in die Westfalen, in die Ostfalen und in die Engern. Typisch germanisch war das Fehlen einer zentralen Gewalt, das Volk zerfiel in viele Gruppen und Unterstämme. Einigend wirkte allenfalls die große Stammesversammlung in Marklo an der Weser, auf der die Edlen aus allen Teilen des Sachsenlandes mit ihren Gefolgschaften zusammenkamen. Ein einigendes Band war weiterhin die heidnische Religion, in der noch die alten Götter Wodan und Donar verehrt wurden. Ihnen brachten die gläubigen Sachsen Opfer dar, von denen man unter den Franken munkelte, es seien abscheuliche Menschenopfer üblich. Im Süden des Sachsengebietes, wahrscheinlich im heutigen Hochsauerland, ragte die von allen verehrte Irminsul in den Himmel, eine gewaltige Holzsäule, die als zentrale Stütze der Welt angesehen wurde. Es handelte sich dabei wohl um einen riesigen Baumstamm, einen Pfahl, der als Hauptheiligtum des ganzen Volkes kultische Anbetung genoss.

Ohne Zweifel stellte das Christentum den markantesten Unterschied zwischen Sachsen und Franken dar. Immer wieder machten sich beherzte Priester auf den Weg, um im Osten und Norden das Christentum zu verkünden, und manche von ihnen erlitten in der Tradition des heiligen Bonifatius den Märtyrertod. Lebuin war solch ein Missionar, der zu Zeiten des noch jungen Königs Karl ins Sachsenland ging und den Mut hatte, auf der Versammlung in Marklo das Wort zu ergreifen. Angetan mit seinen priesterlichen Gewändern, Kreuz und Evangelium vor sich haltend, trat er mitten in die Scharen der Sachsen. Ein Neugier weckender Exot war er für sie, und ebenso fremdartig schien ihnen, was er zu sagen hatte. Gab er sich doch als der Bote des einen, allmächtigen Gottes aus, der ihnen dessen Botschaft bringe. Dieser Gott des Himmels und sein Sohn Jesus Christus brächten ihnen nur Vorteile, wollten sie ihre Gefolgsmänner werden und auf ihre Knechte, die Priester, hören. Lebuin, dieser einsame Rufer mitten unter den Heiden, schreckte nicht davor zurück, ihnen zu drohen. Nicht mit der ewigen Verdammnis, was hätte er damit unter den Ungläubigen schon ausrichten können, sondern mit handfester Macht: Bei den Nachbarn sei ein Herrscher bereit, in ihr Land einzufallen, es auszuplündern, alles zu verwüsten und in langen Kriegen zu vernichten. Er werde sie töten

oder in die Verbannung führen lassen, er werde ihnen das Erbland nehmen und sie samt ihren Nachkommen unterwerfen. Mit diesem König
meinte Lebuin natürlich den Frankenherrscher Karl, der in der Tat be-
reitstand, um das Problem der Sachsen zu lösen.

Der Beginn der Sachsenkriege

Für die Franken am Rhein und in der Maingegend wie im Bergland der
alten Chatten stellten die Sachsen eine ständige Bedrohung dar. Karl
dachte 772 weniger daran, aus den Heiden Christen zu machen. Ihm
ging es in erster Linie darum, im Nordosten seines Reiches Frieden und
Sicherheit zu schaffen und einen unbotmäßigen Feind in die Schranken
zu weisen. So zog er mit seinem Heer, den schwer bewaffneten Scarae
und den fränkischen Fußkämpfern, von Rheinhessen über den Rhein
quer durch das heutige Bundesland Hessen. Sein Ziel war die Eresburg,
eine der großen Wehrburgen, die die Sachsen auf unzugänglichen Berg-
plateaus anlegten und mit einem Rundwall aus Steinen, Erde und Holz
sicherten. Diese Anlagen, die in ihrer Art nichts mit mittelalterlichen
Burgen zu tun hatten, dienten als Rückzugsorte, in denen man einem
Feind Widerstand leisten konnte. Die Eresburg, die wahrscheinlich im
Gebiet der südlich von Paderborn gelegenen Stadt Marsberg lag, stellte
ein sächsisches Zentrum in Westfalen dar und barg hinter ihren Wällen
möglicherweise das Stammesheiligtum der Irminsul.

Wenn der Frankenkönig dem Feind mehr als die gewöhnlichen
Grenzgefechte liefern wollte, dann bot die Eresburg das beste Ziel,
seine Macht zu zeigen. Unbehelligt gelangte der fränkische Heereszug
in das hessisch-westfälische Grenzgebiet. Die sächsischen Krieger
wandten die gleiche Taktik an wie ihre Vorfahren gegen die Legionen
Roms, sie hielten sich zurück, beobachteten und wagten allenfalls
kleine Überfälle. So ließen es die Sachsen auf eine Belagerung ihrer
wichtigsten Schutzburg ankommen. Aber Karl hatte Erfolg, denn die
Quellen berichten, die Franken hätten die Eresburg eingenommen
und der König hätte anschließend die Zerstörung der Irminsul befohlen. Er wollte die Heiden im Innersten treffen und ihnen deutlich machen, dass ihre Götter nicht in der Lage waren, die Achse der Welt zu
schützen. Er aber, Herrscher durch die Gnade des christlichen allmächtigen Gottes und seines Beistandes sicher, er konnte mühelos
und ohne Folgen das Allerheiligste zerstören. Nachdem er eine fränkische Besatzung auf der Eresburg stationiert hatte, kehrte er in sein
Reich zurück.

Das Sachsenland aber hatte er mit dieser militärischen Aktion mitnichten unterworfen. Zum einen war ja nur ein Teil des großen Stammes davon betroffen worden, zum anderen dachte selbst dieser Teil nicht daran, die fremden Krieger auf ihrer Burg zu akzeptieren. Wenige Monate nach dem erfolgreichen Abschluss von Karls erstem Sachsenzug kam die sächsische Reaktion: Krieger der Engern zerstörten die fränkisch gewordene Eresburg und fielen sofort ins hessische Grenzland ein. Dort verwüsteten sie Dörfer und Weiler, legten Fritzlar in Brand und belagerten nun ihrerseits Schutzburgen der Franken. Damit hatten sie zwar keinen Erfolg, eines hatten sie aber deutlich gemacht: Sie waren nicht bereit, sich Karl zu unterwerfen und ihre den Göttern geweihten Heiligtümer straflos vernichten zu lassen.

So begann ein wechselvolles Hin und Her, das erst nach über dreißig Jahren eines äußerst blutigen und brutalen Krieges ein Ende finden sollte. Einhard hebt ausdrücklich die »Treulosigkeit der Sachsen« hervor: Forderungen, versprachen sie, schnell zu erfüllen, und ebenso schnell hielten sie sich nicht daran. Kaum ein Jahr verging, in dem sie nicht ihren Wankelmut bewiesen. Dies war zumindest die parteiische fränkische Sicht. In Wirklichkeit stellte das Volk der Sachsen eben keine homogene Einheit dar. Kein König konnte mit einer Stimme für seine Untertanen sprechen. Zwischen Nordsee und hessischem Bergland gab es nicht nur die nach Heimatregionen zu unterscheidenden Gruppen, gravierender war die soziale Kluft zwischen der Häuptlingsschicht, dem Adel, und der Masse des Volkes, die aus Freien und Unfreien bestand. Im Laufe der Kämpfe mit den Franken sollte sich die sächsische Oberschicht in ihrer Mehrheit als kooperationswilliger bzw. korrumpierbarer erweisen als das gemeine Volk. Wer mit Karl zusammenarbeitete, konnte mit dem Grafentitel rechnen und hatte schließlich mehr Macht als vorher. Die Masse der freien Bauern dagegen sah ihre Rechte der Volksversammlung bedroht und stand zudem erheblich treuer zur alten heidnischen Religion. Die Treulosigkeit und der Wankelmut, von denen Einhard so anklagend spricht, spiegeln in Wahrheit die Zerwürfnisse innerhalb des Sachsenvolkes wider.

Fränkische Inseln im Barbarenland

Der Frankenherrscher sah sich gezwungen, das Problem der heidnischen Germanen in der Nachbarschaft mit größter Härte anzugehen. Die Sachsen sollten auf Leben und Tod missioniert werden. Nicht wenige Stimmen sehen in den folgenden Auseinandersetzungen zwischen den verwandten Germanenvölkern den ersten Religionskrieg Europas. Nach wechselnden Erfolgen und Rückschlägen drangen die Franken weit ins Sachsenland vor. Sie eroberten mit der Hohensyburg im heutigen Dortmund eine weitere bedeutende Anlage der Feinde, kamen bis in den Wolfenbütteler Raum und gründeten schließlich mitten im westfälischen Gebiet die Pfalz Paderborn, herrscherliche Residenz und neues Zentrum fränkischer Macht.

Hier ließ Karl eine Kirche und eine Königshalle, eine Aula, errichten. Beide Gebäude hoben sich deutlich aus dem befestigten Areal, das ansonsten von Holz- und Fachwerkbauten bedeckt war, hervor, denn sie hatten zwei Geschosse und waren aus Stein gebaut. Mit ihnen setzte Karl auch architektonisch ein deutliches Zeichen: Für ihn gehörte das ganze Land der Westfalen, der Ostfalen und der Engern zum Reich der Franken. Die meisten sächsischen Adligen schienen dies akzeptiert zu haben, kamen sie doch in Scharen zur steinernen Residenz des fränkischen Herrschers und huldigten ihm. Ebenso wenig widersetzten sie sich dem neuen Glauben, der nun mit Massentaufen verbreitet wurde. Karl war sich mittlerweile seiner Herrschaft im alten Heidenland so sicher, dass er 777 sogar eine große Reichsversammlung nach Paderborn einberief, einen Reichstag, zu dem nicht nur die fränkischen und sächsischen Adligen erschienen, sondern sogar Gesandte des arabischen Kalifen.

Widukind, der Widerstandskämpfer, und Karl, der »Sachsenschlächter«

Die Reichsannalen, in denen Mönche die Geschehnisse eines jeden Jahres aufzeichneten, vermelden zur Paderborner Versammlung, dort hätten einige sächsische Adlige gefehlt, unter ihnen der Westfale Widukind. Statt König Karl seine Ergebenheit zu beweisen, habe er Zuflucht beim König der Dänen im Norden gesucht. Damit deutete sich eine Koalition der germanischen Traditionalisten an, die weiterhin nicht nur an ihrem Glauben, sondern auch an der überkommenen Ordnung festhalten wollten. Widukind wurde zu einem sächsischen Freiheitskämpfer, der sich auch noch Jahrhunderte später unter seinen christianisierten Nachfahren großer Verehrung erfreute. Er machte dem mächtigen Karl einen Strich durch die Rechnung.

Schon ein Jahr nach Paderborn standen die neuen Gebiete nicht mehr unter fränkischer Kontrolle. Deren Garnisonen und die ersten kleinen Steinkirchen nebst der Paderborner Pfalz wurden zerstört, die

Soldaten Karls mussten sich zurückziehen, mancher Priester ließ sein Leben. Schlimmer noch war, dass die Aufständischen gegenüber Köln am Rhein auftauchten und Teile des Landes verwüsteten. Die Masse der Freien sympathisierte mit den Rebellen, zumal der Erfolg ihres Kampfes ihnen zunächst Recht gab. Die fränkische Reaktion folgte auf dem Fuße: Als der König von seinem Spanienfeldzug, den Widukind sehr geschickt genutzt hatte, in den entgegengesetzten Teil seines Reiches zurückgekehrt war, organisierte er sofort die Niederschlagung der unbotmäßigen Sachsen. Diesmal stießen seine Eisenreiter sogar bis zur Elbe vor. Wieder kam es zu Massentaufen, Paderborn wurde wieder aufgebaut und erneut der Ort einer Reichsversammlung, zu der sogar Gesandte des Dänenkönigs und des Khans der Awaren erschienen.

Zwei Jahre später, 782, kam es unter Widukinds Führung zum größten und blutigsten Aufstand in den Sachsenkriegen: Die Sachsen schienen vollends befriedet, Widukind war untergetaucht. Karl ordnete endgültig die Verwaltung des Landes nach fränkischem Muster, überall entstanden Grafschaften, die er mit seinen Gefolgsleuten besetzte, darunter auch sächsische Adlige, denen er vertraute. Die Rechte der Volksversammlungen, auf denen die freien Bauern zu Wort kamen, wurden eingeschränkt, so wie diese befürchtet hatten. Karl dachte sogar schon weiter. Das Grenzgebiet an der Elbe bedrohende Slawen sollten von einem fränkisch-sächsischen Heeresverbund zurückgeschlagen werden.

Dieses Unternehmen stand unter der Führung herausragender Männer, die hohe Ämter bekleideten: der Kämmerer Adalgis, der Marschall Geilo und der Pfalzgraf Worad. Sie waren schon weit im Osten, als sie von einem neuerlichen und überraschenden Aufstand unter dem wieder aufgetauchten Widukind erfuhren. Sie machten kehrt und versuchten auf eigene Faust, im Weserbergland die Aufständischen zu treffen. Vom Rhein aus hatte sich der Graf Theoderich mit einem fränkischen Entsatzheer auf den Weg gemacht. Doch seine Ankunft warteten sie nicht ab, am Süntel ließen sie die Reiterei in vollem Galopp angreifen – und gingen den Sachsen in die Falle. Sei es aufgrund der natürlichen Gegebenheiten des Ortes oder der überlegten Taktik der Aufständischen – das Ergebnis war verheerend: Außer Worad waren die Anführer gefallen und mit ihnen nicht nur der größte Teil des Heeres, sondern auch noch vier Grafen und ungefähr zwanzig hoch geschätzte fränkische Adlige. Es war die schmerzlichste und größte Niederlage der gesamten Sachsenkriege.

Dementsprechend war die Reaktion des fränkischen Königs: Mit einem großen Heer drang er tief ins Land der Aufrührer vor, bis an die Weser, wo er auf ihre Krieger mit einem Großteil des sächsischen Adels stieß. Zur Entscheidungsschlacht kam es allerdings nicht, denn wiederum erwiesen sich die einzelnen Stammesführer als Gegner des unter den freien Männern populären Widukind. Er allein sei der Übeltäter, der das fränkische Heer in den Hinterhalt gelockt habe. Ohne den geringsten Widerstand zu leisten, lieferten die sächsischen Edlen diejenigen an Karl aus, die zu Widukind gehalten hatten. An ihnen ließ der Karolinger ein für seine Zeit beispielloses Exempel statuieren. In jenem Jahr 782 wurden sie in Verden an der Aller mit dem Schwert enthauptet; 4500 Männer sollen es nach Auskunft der Reichsannalen gewesen sein. Dieses Massaker brachte Karl in späteren Zeiten den Ruf des »Sachsenschlächters« ein. Widukind war nicht unter den Hingerichteten – er war wiederum geflüchtet.

Unterwerfung und Zwangschristianisierung der Sachsen

Gegenüber dem ganzen Sachsenvolk zeigte Karl in den folgenden Jahren große Härte: In einem Gesetz drohte er den unbotmäßigen heidnischen Germanen mit drakonischen Strafen. Mit dem Tode bestraft wurde schon, wer aus Missachtung des christlichen Glaubens die heilige Fastenzeit mit ihren Geboten nicht beachtete und Fleisch aß. Ebenso musste derjenige den Tod erleiden, der einen Toten nach heidnischem Brauch verbrannte. Auf Gnade durfte selbst derjenige nicht hoffen, der noch ungetauft war und sich weigerte, die christliche Taufe anzunehmen. Gleiches widerfuhr demjenigen, der dem Frankenkönig keine Treue entgegenbrachte. So waren die Sachsen gezwungen, dem Franken in Treue zu dienen und den alten Göttern abzuschwören.

Im Gefolge der fränkischen Krieger und der Adligen, die immer mehr Stützpunkte im Norden Deutschlands besetzten, fanden sich mehr und mehr Priester, die in den Dörfern und Weilern die neue Religion predigten und die Heiden tauften. Aus dieser Zeit blieb in einer alten Handschrift ein Text erhalten, ein wertvolles Zeugnis für ein Taufgelöbnis, wie es die Sachsen ablegen mussten. Der Geistliche stellte vor der Dorfgemeinschaft jedem Einzelnen auf Sächsisch die Fragen, die jener gezwungen war zu bejahen.

GEISTLICHER: »Forsachistu diabolae?« (»Schwörst du dem Teufel ab?«)

SACHSE: »Ec forsacho diabolae.« (»Ich schwöre dem Teufel ab.«)

GEISTLICHER: »End allum diobolgelde?« (»Und jedem Teufelsopfer?«)

SACHSE: »End ec forsacho allum diobolgeldae.« (»Ich schwöre auch je-
dem Teufelsopfer ab.«)
GEISTLICHER: »End allum dioboles uuercum?« (»Und allen Werken
des Teufels?«)
SACHSE: »End ec forsacho allum dioboles uuercum and uuordum,
Thunaer ende Uoden ende Saxnote ende allum them unholdum, the
hira genotas sint.« (»Und ich schwöre allen Werken und Worten des
Teufels ab, Donar, Wodan, Saxnot und allen Dämonen, die ihre
Genossen sind.«)

Die Zahl der Westfalen, Ostfalen und Engern, die das Christentum
gezwungen oder freiwillig annahmen, stieg. Aber trotz aller Missionierung verharrten etliche Sachsen in ihrem traditionellen Glauben. Unter
dem Zwang fränkischer Schwerter waren die Abschwörung Wodans
und das Bekenntnis zum neuen Gott Lippenbekenntnisse. Was in
dieser Hinsicht für die Franken Untreue, Verlogenheit und Wankelmut
war, sahen viele Sachsen als Folge der Gewalt an, vor der man sich nur
mit der scheinbaren Abkehr von den Gottheiten der Vorväter retten
konnte.

Zwanzig Jahre länger Krieg und die Integration des Sachsenstammes

Widukind, der Kopf des sächsischen Widerstandes, schloss mit Karl
Frieden und ließ sich taufen. Ob aus Überzeugung oder in der Hoffnung, dadurch seinem Volk und sich selbst zu helfen – der zähe Freiheitskämpfer gab auf. Missionierte Sachsen sollen vorab Verhandlungen
geführt haben, die zu einem Kompromiss führten. Überraschender-
weise erwies sich der eiserne Karl gegenüber seinem Hauptwidersacher
als sehr moderat. Nicht nur stellte er für die Sicherheit Widukinds
Geiseln, er wurde sogar dessen Taufpate. Der Franke Karl war also
durchaus flexibel, wenn es seinen Zielen diente.

Wenn Karl gehofft hatte, durch Widukinds Überlaufen nun endlich
für die Befriedung des Sachsenlandes gesorgt zu haben, hatte er sich
jedoch aufs Neue gründlich geirrt. Fast zwei weitere Jahrzehnte sollten
vergehen, bis das Gebiet der Sachsen unterworfen und befriedet war.
In Ostfriesland, an der Unterweser, im Land Hadeln, an der Elbe und
jenseits des Flusses in Nordelbien kam es immer wieder zu Aufständen
unter sächsischen Stammesteilen. Auch Paderborn war nicht zum letzten Mal zerstört worden. In dieser Situation schreckte Karl nicht davor

zurück, mit den slawischen – heidnischen – Abodriten ein Bündnis gegen die Sachsen zu schließen, die nun von zwei Seiten angegriffen wurden. Der Frankenherrscher griff schließlich zu einem weiteren spektakulären Mittel: Er ließ Tausende sächsischer Männer, Frauen und Kinder von Norddeutschland in andere Teile seines Reiches deportieren, in fränkische Gebiete, aber auch in den romanischen Westen. Dort wurden sie zur Ansiedlung gezwungen, während die Stammesgebiete nördlich der unteren Elbe die verbündeten Abodriten erhielten.

Ab 804 kam es zu keinen weiteren Aufständen, die Sachsenkriege waren zu Ende. Vor allem durch die Integration der Adligen hatte Karl große Erfolge erzielt. Den sächsischen Adel hatte die Aussicht auf Reichtum und Macht überzeugt und auf die Seite der Franken und des Christentums geführt. Karl hielt es nun auch für angebracht, die harte Gesetzgebung zu mildern. Viele kleinere Vergehen konnten danach schon mit Geldbußen gesühnt werden, und kein Sachse verlor mehr sein Leben, weil er sich nicht an die Bestimmungen der Fastenzeit gehalten hatte.

Die Christianisierung des Sachsenstammes und sein Zusammenwachsen mit der karolingischen Kultur waren eine Angelegenheit von Jahrzehnten. Aus dem Westen kamen fränkische Verwaltungsleute, die in gesicherten Plätzen das Land erschlossen. Priester und Mönche drangen bis zur Elbe vor und verbreiteten ihren Glauben. Bischöfe kamen schließlich ins Land, deren Kirchen bis heute in nordwestdeutschen Städten von dieser Christianisierungsphase Zeugnis geben: in Paderborn und Münster, in Minden, Verden, Osnabrück und Bremen. Noch näher an den neu gewonnenen Gläubigen lagen Klöster wie Werden an der Ruhr und Corvey, die gleichsam zu Zentren der Gelehrsamkeit wurden.

Von großer Bedeutung war das Zusammenwachsen des sächsischen und fränkischen Adels, die nach hundert Jahren versippt und verschwägert waren. Nach dieser Zeit dachte niemand mehr im Sachsenland ernsthaft daran, die heidnischen Götter an die Stelle des Christengottes zu setzen. Die Sachsen verstanden sich als Teil des Frankenreiches und nach dessen Teilung als Bestandteil des ostfränkischen Staates. Ab 919 sollte gar eine sächsische Dynastie die Herrscher dieses Reiches stellen.

Karls Herrschaft und die Erneuerung des Römerreiches

Dem Karolinger Karl war es mit brutaler Härte und gnädiger Milde gelungen, neben den gallischen und italienischen Romanen die germanischen Stämme der Franken, Sachsen, Alamannen, Baiern, Thüringer, Friesen und der weitgehend romanisierten Langobarden in seinem Reich zusammenzubringen. Als ihn Papst Leo III. am Weihnachtstag des Jahres 800 zum Kaiser krönte, knüpfte das Reich der Franken bewusst an die Tradition des Imperium Romanum an. Umso größer war die Empörung in Konstantinopel, für dessen Herrscher die römische Geschichte über sie weitergelaufen war. Für die Oströmer konnte es nur einen Imperator geben, nämlich den ihren! Lange diplomatische Verhandlungen waren notwendig, bis Karls Kaisertum anerkannt wurde. Für das Abendland begründete der Germane das Römerreich aufs Neue.

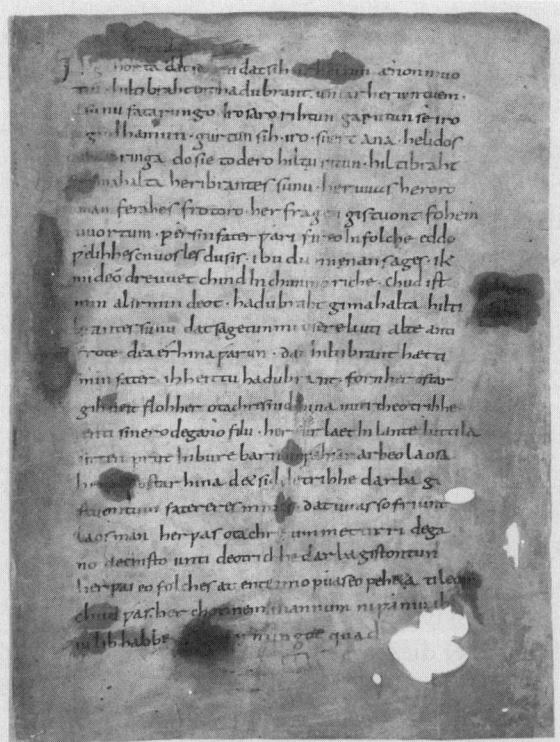

Das Hildebrandlied

»Wewurt skihit« – »Übles Geschick geschieht«. Resignierend kommentiert der alte Krieger Hildebrand die Tatsache, dass er gegen seinen eigenen Sohn Hadubrand kämpfen muss. Einst verließ er die Heimat zusammen mit seinem Herrn Theoderich auf der Flucht vor Odoaker. Jetzt kehrt er nach vielen Jahren des Exils am Hunnenhof zurück – und trifft auf ein Heer mit Hadubrand an der Spitze. Für ihn ist sein Vater lange tot und sein Gegner ein dreister Lügner. Hildebrand erlebt einen Grundkonflikt der germanischen Heldensage: Auf der einen Seite die Liebe zu seinem Sohn und die Sorge um die eigene

Es waren vermutlich zwei Mönche, die sich einige Jahre nach dem Tod Karls des Großen im Kloster Fulda darangaben, das Hildebrandlied zu Pergament zu bringen. Auf einer lateinischen Handschrift mit religiösen Texten fand sich noch etwas Platz dafür. Das Heldenlied blieb als einziges der südlichen Germanen erhalten – ein unscheinbarer, aber unschätzbarer Rest der germanischen Dichtung.

Diese »Renovatio imperii«, die »Erneuerung des Reiches«, war für ihn mit weitgehenden Kultur- und Bildungsansprüchen verbunden. Die Bildung der Priester und Mönche sollte gehoben werden, die vernachlässigte lateinische Sprache sollte sich an den römischen Klassikern orientieren, die Schrift wurde erneuert und lesbarer gestaltet, Klöster und Kirchen sollten mehr denn je Horte des Glaubens und der Gelehrsamkeit werden. Zu den neuen Zentren des Reiches wurden die Pfalzen, die ihren Namen nach dem römischen Palastbezirk des Palatiums erhielten. Wie in Paderborn mitten im Sachsenland entstanden Höfe mit ihren Steinhäusern an vielen Orten, in Worms, in Ingelheim, in Nimwegen und vor allem in Aachen, das in Karls letzten beiden Lebensjahrzehnten seine Hauptresidenz wurde. Davor sah man den Herrscher immer auf Reisen, von Pfalz zu Pfalz ziehend.

Nur wenige Bauten der Karolingerzeit vermitteln heute noch einen Eindruck davon, wie Kirchen und Paläste aussahen: etwa die so ge-

Familie und Sippe, auf der anderen Seite seine Kriegerehre und die Treue gegenüber dem Gefolgsherrn Theoderich. Er entscheidet sich zugunsten der Letzteren. Auch sein engster Blutsverwandter darf ihn keinen Feigling nennen!

Die Heldensage greift auf den Ostgotenherrscher Theoderich zurück, der im Lied auch Dietrich genannt wird. Sein Sieg gegen Odoaker wird umgedeutet in ein Flüchtlingsschicksal. Diesen Stoff haben die Langobarden als Nachfolger der Goten in Norditalien übernommen und daraus ein Lied mit dem typisch germanischen Stabreim der Wortanfänge (Hildebrand – Hadubrand) geschaffen, das auch jenseits der Alpen bei den Baiern vorgetragen wurde. Um 840 fanden es zwei Mönche im hessischen Kloster Fulda so interessant, dass sie dieses im Kern heidnische Lied auf die beiden Außenseiten einer Handschrift mit frommen Texten schrieben. Für den Schluss reichte allerdings der Platz nicht mehr. Immerhin spricht Hildebrand vom »großen Gott, oben im Himmel«, womit der Christengott gemeint ist. Sollte das Lied in die Sprache der gerade christianisierten Sachsen übertragen werden, um ihnen ein Beispiel für einen germanischen Helden zu liefern, der den neuen Gott anruft?

Die beiden Pergamentblätter mit dem *Hildebrandlied* sind von unschätzbarem Wert, ist es doch das einzige Heldenlied, das bei den Südgermanen erhalten blieb.

Ich hörte das sagen,   dass Herausforderer allein aufeinander trafen,
      Hildebrand und Hadubrand,   zwischen zwei Heeren.
      Vater und Sohn   richteten ihre Rüstung,

nannte Königshalle in Lorsch an der hessischen Bergstraße, die wahrscheinlich unter Karls Nachfolgern als Torhalle innerhalb des bedeutenden Klosters erbaut wurde und an die monumentalen Triumphbögen Roms erinnerte. Oder die Steinbacher Kirche im Odenwald, die der Biograf Einhard stiftete. Von den Prachtbauten der Pfalzen in Ingelheim und Paderborn künden nur geringe Reste. Herrliche Wandmalereien schmückten sie, und antike Säulen zierten ihre Höfe.

Über allem aber erhob sich Aachen. Das Oktogon seines Doms ist in voller Höhe erhalten geblieben, immer noch verziert von Bronzetüren und kunstvollen Gittern, die von den besten Kunsthandwerkern ihrer Zeit am Hofe Karls gegossen wurden. Sie dürften aus dem Süden gekommen sein, wie die römischen Säulen, die Karl mit großem Aufwand aus Italien in den Norden transportieren ließ. Viele Baumaterialien kamen aus Ravenna oder Rom, denn Aachen sollte eine »Roma secunda«, ein »zweites Rom«, werden. Deshalb baute man

> machten ihre Kampfgewänder fertig,   gürteten sich ihre Schwerter um,
> die Krieger, über die Panzerringe,   als sie zu diesem Kampf ritten.
> Hildebrand sprach, Heribrands Sohn,   er war der ältere Mann,
> der im Leben Erfahrenere,   er begann zu fragen
> mit wenigen Worten,   wer sein Vater wäre
> von den Männern im Volk,
> »oder aus welchem Geschlecht du bist.
> Wenn du mir einen nennst,   kenne ich die anderen,
> die Nachkommen im Königreich.   Bekannt ist mir das ganze Volk.«
> Hadubrand sprach, Hildebrands Sohn:
> »Das sagten mir   unsere Leute,
> alte und erfahrene,   die früher lebten,
> dass Hildebrand mein Vater heiße,   ich heiße Hadubrand.
> Einst ging er nach Osten,   floh er vor Odoakers Hass,
> von hier mit Theoderich   mit vielen seiner Krieger.
> Er ließ im Land   die Kleine sitzen,
> die junge Frau im Haus,   das Kind noch nicht erwachsen,
> ohne Erbe.   Er ritt hin nach Osten.
> Danach entbehrte   Dietrich meinen Vater.
> Das war ein so freundloser Mann.
> Er war dem Odoaker   über alle Maßen Feind,
> der liebste Krieger   bei Dietrich.
> Er war immer an der Spitze des Kriegsvolks,   der Kampf war ihm
>   immer so lieb.
> Bekannt war er   den kühnen Männern.

nicht nur nach altem Vorbild, sondern arbeitete auch in den Hof-
werkstätten auf hohem Niveau. Der Frankenherrscher versammelte in
seiner Hofakademie die klügsten Köpfe seiner Zeit um sich. Über allen
stand der weise Alkuin von York, ein Northumberländer, den Karl auf
einem Romzug kennen gelernt hatte und zum Leiter seiner geistigen
Kaderschmiede machte. In diesem Umfeld war auch der Ostfranke
Einhard anzutreffen.

Aber in Aachen wurde wie in vielen Klöstern des Frankenreiches
nicht nur gelehrt disputiert, über den christlichen Glauben und die
antike Bildung. Überall entstanden prächtige Handschriften, die mit
kostbaren Illustrationen etwa die vier Evangelien zusammenfassten.
Die moderne Wissenschaft fasst die Kunst und Kultur jener Zeit unter
dem Begriff der Karolingischen Renaissance zusammen. Denn als
Wiedergeburt sollte die Pracht der römischen Zivilisation erneut entstehen.

> Ich glaube nicht, dass er noch am Leben ist.«
> »Es wisse der große Gott«, sprach Hildebrand,   »oben im Himmel,
> dass du noch nie   mit solch einem verwandten Mann
> Verhandlungen geführt hast.«
> Da wand er vom Arme   gewundene Ringe,
> aus Kaisermünzen gefertigt,   die ihm der König gegeben hatte,
> der Herr der Hunnen: »Das gebe ich dir nun in Freundschaft.«
> Hadubrand sprach,   Hildebrands Sohn:
> »Mit dem Speer soll ein Mann   eine Gabe annehmen,
> Spitze gegen Spitze.
> Du bist, alter Hunne,   übermäßig schlau,
> verführst mich mit deinen Worten,   willst mich mit deinem Speer
> niederwerfen.
> Bist ein so alt gewordener Mann,   bist immer voll List.
> Das sagten mir   Seefahrer,
> die westwärts übers Meer kamen,   dass ihn der Kampf dahinnahm:
> Tot ist Hildebrand,   Heribrands Sohn.«
> Hildebrand sprach,   Heribrands Sohn:
> »Wohl sehe ich   an deiner Rüstung,
> dass du daheim   einen guten Herrn hast;
> dass du bei diesem Herrscher   kein Vertriebener wurdest.«
> »Wohlan nun, waltender Gott«,   sprach Hildebrand,
> übles Geschick geschieht!
> Ich zog sechzig Sommer und Winter   außer Landes umher,
> stets reihte man mich   ins Volk der Bogenschützen.

Karls germanisch-fränkisches Erbe

Was aber ist das germanische Erbe Karls des Großen? Dachte er an einen traditionellen Hochsitz, als er in seiner Aachener Kirche, dem Oktogon des heutigen Münsters, einen Marmorthron aufstellen ließ? Nach 1200 Jahren befindet sich dieses Sinnbild abendländischen Kaisertums noch immer an Ort und Stelle (siehe Abbildung XII). Die Lorscher Torhalle zeigt viele Einflüsse aus der römischen Antike, aus der byzantinischen, ja vielleicht sogar arabischen Architektur (siehe Abbildung XIII). Erinnert sie auch an die germanischen Königshallen der Völkerwanderungszeit, deren Holzreste für immer verschwunden sind? Über germanische Einflüsse lässt sich bei karolingischer Architektur und bei Gegenständen des Kunsthandwerks nur spekulieren. Das römische Vorbild war hingegen übermächtig.

Das alte Gefolgschaftswesen hinterließ jedoch bleibende Spuren im Feudalwesen mit seinen Lehnsherren und Vasallen, wie es sich un-

> Obwohl ich an keiner Stadt　den Tod erlitt,
> wird mich jetzt das eigene Kind　mit dem Schwert fällen,
> niederschlagen mit seinem Schwert,　oder ich werde ihm zum
> Totschläger.
> Doch kannst du nun leicht,　wenn dir deine Kraft ausreicht,
> von einem solch alten Mann　die Rüstung gewinnen,
> die Ausrüstung erbeuten,　wenn du dafür ein Recht hast.«
> »Der sei doch nun der Übelste der Ostleute«,　sprach Hildebrand,
> »der dir jetzt den Kampf verweigerte,　nach dem es dich nun
> so gelüstet,
> nach gemeinsamem Streit.　Versuchen solls der,
> wer heute die Rüstung　verlieren muss
> und wer diese beide　Brünnen gewinnt.«
> Dann ließen sie zuerst　die Speere fliegen
> in scharfen Schauern,　dass sie in den Schilden steckten.
> Danach schlugen gegeneinander　die dröhnenden Schilde,
> sie zerschlugen verbittert　die weißen Schilde,
> bis ihre Schilde　klein wurden,
> zerkämpft mit den Schwertern …

Die altisländische *Saga von Asmund dem Kämpentöter*, die um 1300 entstanden ist, überliefert das Ende des Vater-Sohn-Konflikts: Hildebrand tötet seinen Sohn Hadubrand.

ter den Karolingern entwickelte und prägend für die mittelalterliche Geschichte wurde. Wie sehr sich Karl im Alltag als Franke fühlte, hat Einhard ausdrücklich geschildert. Aber er berichtet auch von weitergehenden Bemühungen des Aachener Herrschers: »Er ließ alle ungeschriebenen Gesetze der von ihm beherrschten Stämme sammeln und schriftlich aufzeichnen. Auch die uralten heidnischen Lieder, in denen die Taten und Kriege der alten Könige besungen wurden, ließ er aufschreiben, um sie für die Nachwelt zu erhalten. Außerdem begann er mit einer Grammatik seiner Muttersprache.« Die fränkische Sprache sollte vor allem gepflegt, gefördert und einmal als kultivierte ehemalige Barbarensprache neben das Lateinische gestellt werden. Aus Karls Zeit sind Bemühungen von Mönchen bekannt, erste Wörterbücher und Übersetzungen zu erstellen, die lateinische Wörter ins Fränkische und die Sprachen der anderen germanischen Stämme übertragen. Zudem zeigte der Franke großes Interesse an den münd-

Diese 24 cm hohe Bronzefigur stellt einen karolingischen Idealherrscher dar, dessen Kleidung sich mit Einhards Angaben zu Karls Tracht überwiegend deckt. In der Linken hält sie einen Reichsapfel, das Schwert oder Zepter in der Rechten ist verloren gegangen. Die Statuette ist die einzige erhalten gebliebene Vollplastik der Karolingerzeit.

lich überlieferten Heldenliedern seiner germanischen Vorfahren. Da sein Sohn und Nachfolger Ludwig der Fromme kein Freund dieser ursprünglich heidnischen Unterhaltung war, überstand die Sammlung seine Zeit nicht. Allein das *Hildebrandlied* blieb aus der karolingischen Epoche erhalten.

Wie praktisch Karl bei der Pflege der einheimischen Sprache dachte, zeigt Einhards Hinweis, dass er den Winden und Monatsnamen fränkische Namen gab. Das letztere Vorhaben setzte sich allerdings nicht durch. Auch heute noch werden die alten lateinischen Bezeichnungen benutzt. Doch das eine oder andere germanische Wort blieb trotzdem bekannt: Aus dem Januar wurde der »uuintarmanoth« (Wintermonat), der Februar hieß »hornung« (was nach einem alten germanischen Wort die Kürze des Monats ausdrückte), unter dem März verstand man den »lenzinmanoth« (den Frühlingsmonat Lenz), der April war der »ostarmanoth« (Ostermonat), den Mai bezeichnete man nach Karl als »uuinnemanoth« (was eigentlich Weidemonat bedeutet, später aber mit Wonne, »Freude«, verbunden wurde und noch als beliebter Wonnemonat ein Begriff ist), es folgen der Juni »brachmanoth« (Brachmonat, in dem der Boden umgebrochen wird), der Juli als »heuuimanoth« (Heumonat), der August als »aranmanoth« (Erntemonat), der September als »uuitumanoth« (Holzmonat), der Oktober als »uuindumemanoth« (Weinlesemonat), der November als »herbistmanoth« (Herbstmonat) und der Dezember schließlich als »heilagmanoth« (als heiliger Monat mit der Adventszeit und dem Weihnachtsfest).

Der »Vater Europas«

Wenn auch nach Karls Tod 814 das große fränkische Reich zerfiel und Aachen nicht mehr den Ruhm und die Monumentalität eines »Zweiten Rom« erfuhr, so blieb doch manches von Karls Vermächtnis erhalten: Die Integration und Christianisierung aller südlichen Germanen, die damit zusammen mit den Romanen in Gallien am Anfang des werdenden Abendlandes standen. Im westlichen Gallien wurden die germanischen Franken sehr schnell romanisiert, im östlichen Germanien erfolgte dagegen die Germanisierung der romanischen Bevölkerung. Frankreich und Deutschland schälten sich langsam aus den Resten von Karls Reich heraus. Den fränkischen Herrscher selbst sahen und sehen beide Nationen als ihren Gründungsvater an. Germanen, Romanen, Slawen und andere Ethnien behielten ohne Zweifel Teile ihrer alten Identität, vor allem in ihren Sprachen. Zugleich aber wurden sie alle Teile des Abendlandes, dessen Geschichte von der christlichen Religion und von der Erinnerung an das Reich der Römer geprägt war.

9. Die Wikinger – Die letzten Germanen

Der Beginn der Wikingerzüge

Der Frankenherrscher Karl der Große könnte als derjenige bezeichnet werden, der die letzten heidnischen Germanenstämme zum christlichen Glauben führte – wenn man die Völker des Nordens nicht beachtet. Denn die Vorfahren der Skandinavier sollten zu Teilen noch ein Vierteljahrtausend Heiden bleiben und ihre alten Götter anbeten. Wie viele germanischen Völker seit den Kimbern und Teutonen sollten sie die »zivilisierteren« Teile Europas mit einer Spur der Verwüstung überziehen. Die frühen Dänen, Schweden und Norweger werden auch als Wikinger bezeichnet. Ihre Züge stellen den großen Epilog der germanischen Geschichte dar, die 1000 Jahre vorher im südlichen Skandinavien mit dem Abmarsch der Kimbern, Teutonen und Ambronen begann. Hier in Nordeuropa sollte sie auch enden.

Das Jahr 793 gilt als Beginn der Wikingerzeit. Wie bei vielen historischen Epochengrenzen beinhaltet auch dieses Datum eine Vereinfachung, gleichwohl hatte ein Ereignis des Jahres eine Fanalwirkung. Am 8. Juni hatten völlig überraschend heidnische Nordmänner das Kloster Lindisfarne vor der nordenglischen Nordseeküste geplündert und niedergebrannt. Viele Mönche waren dabei erschlagen worden.

Schon seit Jahrhunderten gab es Kontakte zwischen den christianisierten Britischen Inseln und den noch im Heidentum verharrenden Skandinaviern jenseits der Nordsee. Man trieb Handel, zwischen den Fürstenhäusern bestanden sogar verwandtschaftliche Beziehungen. Das berühmte Grab von Sutton Hoo zeigt deutliche skandinavische Einflüsse. Sicherlich gab es ab und an Zwischenfälle, und erst wenige Jahre vorher war in Südengland ein königlicher Vogt von Dänen erschlagen worden. Trotzdem stellte die Zerstörung Lindisfarnes eine neue erschreckende Stufe der Gewalt dar. Heiden hatten sich am Heiligsten vergriffen! So mancher englische Christ sah das Ende der Zeiten gekommen.

Im fernen Aachen meldete sich Alkuin zu Wort, der Leiter von Karls Hofakademie, der aus York und Northumbrien stammte und damit

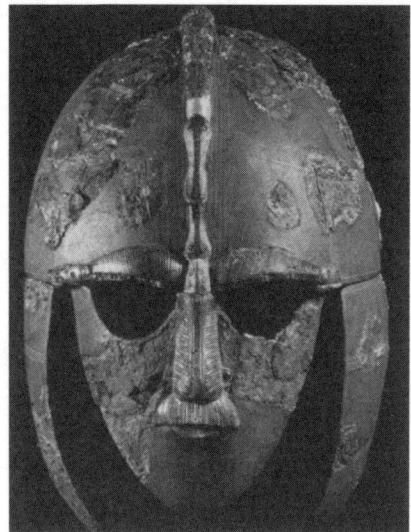

Das Schiffsgrab von Sutton Hoo mit seinen reichen Beigaben war einem angelsächsischen König gewidmet, dessen Leichnam es allerdings aus unbekannten Gründen nie aufnahm. Seine Ausstattung zeigt eine Mischung christlicher und heidnischer Elemente. Zu letzteren gehört der Helm, der skandinavische Einflüsse aufweist oder sogar aus Schweden stammt.

das benachbarte Lindisfarne gut kannte. Er schrieb an König Ethelred, einen von insgesamt sieben angelsächsischen Herrschern Englands: Vor fast 350 Jahren hätten die Vorväter das liebliche Land besiedelt. Niemals zuvor hätte es solch einen Schrecken in Britannien gegeben, wie er nun von einem heidnischen Volk über das Land gebracht worden sei. Es sei überhaupt nicht für möglich gehalten worden, dass solch ein Überfall von der See her verübt werden könnte. »Siehe, die Kirche St. Cuthberts ist bespritzt mit dem Blut der Priester Gottes, beraubt all ihres Schmuckes. Der ehrwürdigste Ort Britanniens wurde Heiden zur Beute gegeben.« Allerdings gibt der Priester Alkuin dann zu bedenken, ob dieser Einbruch des Bösen nicht die göttliche Strafe für sündhafte Taten sein könnte, die das englische Volk begangen habe: Unzucht, Ehebruch und Blutschande, Habsucht, Räuberei, gewaltsame Urteile. Selbst luxuriöse Kleidung und die modische Haartracht führt der fromme Mann als Gründe für den Überfall an. Und habe es nicht bedenkliche Vorzeichen gegeben? Ging nicht in der Fastenzeit blutiger Regen auf die Kirche St. Peter in York nieder?

Viele Ursachen für die Unruhe der Nordgermanen

Was veranlasste die Völker Skandinaviens, ihre Heimat immer häufiger zu verlassen und englische und fränkische Klöster und Siedlungen heimzusuchen? Jahrhunderte schienen am Norden vorüberzogen zu sein, ohne dass man im Süden Notiz von den fernen Nachbarn nahm. Zwar kannte man seit Alters her die Namen der Dänen und Schweden. Die ihnen benachbarten Stämme der zerklüfteten Fjorde und Hochgebirge sollten erst jetzt einen gemeinsamen Namen erhalten: den der Norweger, nach der Lage ihrer Siedlungen am Nordweg, am Seeweg, der nach Norden führte. Alle diese Völker lebten in traditionell germanischen Verhältnissen. Sie waren in erster Linie freie Bauern und Fischer, über denen eine Häuptlingsschicht mit ihren Kriegergefolgschaften stand. Man traf sich zu gewissen Zeiten auf den Dingversammlungen, wo auch noch das Wort des freien Mannes zählte. Und man beharrte im alten Glauben und verehrte Wodan und Donar, die man Odin und Thor nannte.

Die Völker zwischen Nord- und Ostsee rückten jedoch in der Merowingerzeit enger an Mittel- und Westeuropa heran. Rom war nicht mehr der Nabel der Welt. Damit war auch nicht mehr das Mittelmeer, von den Römern schlicht »mare nostrum«, »unser Meer« genannt, das Zentrum aller Handelswege. Im 7. Jahrhundert eroberten die arabischen Heere große Teile der Mittelmeerwelt, die südöstlichen Küsten wurden islamisch. Mit den Kriegern aus Arabien wurde zunehmend Krieg geführt, der Handel ging deutlich zurück. Eine Ersatzroute bot sich im Norden an: über Nord- und Ostsee, dann über Land und das flussreiche Russland zum Schwarzen Meer, nach Vorderasien und China. An diesem Weg entstanden mehr und mehr Handelsplätze, wohin Waren aus aller Welt gebracht wurden: Glas und Wein aus dem Frankenreich, Pelze aus Lappland und den russischen Wäldern, kostbares Geschmeide aus Asien, Sklaven und Sklavinnen aus aller Welt. Bald siedelten sich auch Kunsthandwerker und Schmiede in diesen kleinen Siedlungen an, die selten mehr als tausend Einwohner hatten.

Die Handelsplätze, Wike genannt, wurden wichtige Zentren im Norden: Das friesische Dorestad in Holland gehörte noch zum Reich der Franken. Haithabu, in der Nähe Schleswigs gelegen, und Birka auf einer Insel im mittelschwedischen Mälarsee bei Stockholm lagen dagegen wie auch Tunsberg am Oslofjord im Land der Nordleute. Vor allem Haithabu und Birka waren die Zentren des Nordens im frühen Mittelalter. Gegenüber antiken Städten nahmen sie sich mit ihren lang gestreckten Holz- und Fachwerkbauten recht armselig aus. Trotzdem kamen in ihnen große Mengen an Reichtümern und Geld zusammen. Im Umfeld der reichen Händler etablierten sich Häuptlinge, die als Schutzherren der Siedlungen auftraten und damit selbst reich und mächtig wurden. Am Oslofjord, in der Nähe der heutigen norwegischen Hauptstadt Oslo, entfaltete das Geschlecht der Ynglinge große Pracht. In Oseberg fand man das Grab einer Königin mit ihrer Dienerin, in das man nicht nur ein Prachtschiff gelegt hatte, sondern auch einen kunstvoll verzierten Wagen und einen Schlitten. Wertvolles Geschmeide und edles Tuch erweisen die Bedeutung der Verstorbenen und den Wohlstand ihrer Familie. Tausende arabischer Münzen, die man in schwedischer Erde gefunden hat, zeugen von den guten Geschäften, die die Skandinavier mit dem Kalifat in Bagdad und mit anderen islamischen Mächten machten.

Obwohl so viele Waren und Reichtümer in den Norden flossen, verließen viele Menschen ihre alte Heimat, manche kehrten nie zurück.

Sie plünderten in kleinen Trupps Klöster und Dörfer und unternahmen große Raubzüge bis ins Mittelmeer. Sie eroberten Land in England und siedelten sich dort an, gründeten Städte in Irland und Russland, entdeckten das unbesiedelte Island und schufen sich dort Bauernland. Einige lebten Jahrhunderte auf Grönland und kamen bis an die nordamerikanische Küste.

Warum dies alles vom 9. bis ins 11. Jahrhundert geschah, ist nicht mit Sicherheit zu erklären. Die Wikinger, die Lindisfarne plünderten, lockte schlichtweg das Wissen, dass es in den Tempeln der Christen Gold gab. In den Dörfern und Weilern konnte man zudem Vieh erbeuten und Menschen gefangen nehmen, die als Sklaven begehrte Ware in der arabischen Welt waren. Wie ein halbes Jahrtausend früher sächsische Kriegerbanden die römischen Provinzen überfielen, um reiche Beute zu machen, so überfielen die Nordmänner nun England, die fränkischen Küsten und selbst das Sachsenland. Die Teilung des Frankenreichs und die innenpolitischen Zwistigkeiten unter Karls Nachfolgern erleichterten den Wikingern ihre Beutezüge. West- und Ostfranken herrschten nur noch über einen blassen Schatten dessen, was Karl der Große mit seinem neuen Rom gewollt hatte. Umso schwerer war es, das Land zu verteidigen, und umso leichter war es den Kriegern aus dem Norden, schnell an große Beute zu kommen.

Dazu trugen ihre berüchtigten Drachenschiffe entscheidend bei. Diese bis zu 25 Meter langen Boote waren mit einem großen Segel versehen und hatten nur geringen Tiefgang. Besetzt mit maximal 60 Männern, konnten sie von geschickten Seefahrern schnell übers Meer und die Küsten entlang gebracht werden und so gut wie überall problemlos landen. Damit wurden auch die Flüsse befahren, Rhein, Seine, Loire, Ebro, selbst Dnjepr und Wolga im Osten. Reichte das Wasser einmal nicht aus, wenn etwa zwischen zwei Flüssen eine Wasserscheide überwunden werden musste, hatte man auch dafür ein Mittel parat: Die Schiffe wurden auf Holzstämmen zum nächsten Ufer über Land gerollt.

Aber diese Wundergefährte dienten nicht nur als schnelle Reisemittel für überraschende Überfälle. Auf ihnen überquerten auch Scharen norwegischer Auswanderer das nördliche Meer, um mit ihren Familien und ihrem Vieh auf die Shetlands und Orkneys, auf die Färöer-Inseln, nach Island, ja selbst nach Grönland zu gelangen. Sie suchten neues Land und ein neues Leben als Bauern. War es Landnot in der Heimat, die sie dazu trieb? Wohl gab es in Skandinavien viel Land, aber nur kleinere Teile waren landwirtschaftlich ergiebig. Waren es Kämpfe unter der Häuptlingsaristokratie, die einen Teil des Adels mit seinen Anhängern zum Verlassen des Landes brachte? Waren es Sturmfluten,

Neben den großen Wik-Siedlungen Haithabu und Birka gab es auch kleinere Handelsorte wie Ribe in Jütland. An dem Fluss gleichen Namens entstanden Parzellen, die Händlern und Handwerkern zugeteilt wurden. Während der Marktzeiten herrschte reges Treiben, das Menschen aus der nahen und fernen Umgebung zusammenführte.

die schon beim Zug der Kimbern und Teutonen als Grund für die Emigration angeführt wurden?

Die Wanderungen der Norweger und anderer Wikinger unterstreichen erneut, dass die germanische Geschichte die Zeit einer über mehr als 1000 Jahre sich hinziehenden Superwanderung germanischer Stämme, Völkerschaften, Völker und Stammessplitter ist. Es mag eine

Vielzahl von Gründen dafür verantwortlich sein, zwei Ursachen lassen sich immer finden: die Reize einer überlegenen und reicheren Kultur und die Unfähigkeit, die eigene Bevölkerung ausreichend zu ernähren.

Die Wikinger

In den zeitgenössischen Berichten über das Treiben der Nordleute werden sie entweder als Dänen und mit einem anderen der großen Volksnamen bezeichnet oder einfach als Normanni, »Nordmänner«. Im Osten nannte man sie Waräger, sogar Russland erhielt seinen Namen nach den ursprünglich schwedischen Rus. Ausgerechnet die Bezeichnung Wikinger dagegen war selbst in Skandinavien verpönt, nannte man doch so einen Seeräuber. Die Herkunft dieser wenig ehrenvollen Berufsbezeichnung ist nicht klar. Vielleicht ist sie auf das altnordische Wort für Bucht zurückzuführen oder auf das ähnlich klingende Wik, womit man die erwähnten Handelsplätze bezeichnete. Erst viel später ging man dazu über, vereinfachend alle skandinavischen Völker des frühen Mittelalters als Wikinger zu bezeichnen – ohne zu unterstellen, sie alle seien in dieser Zeit dem räuberischen Gewerbe nachgegangen. Allerdings war für viele die Wikingfahrt ein Saisongeschäft. Man war Bauer und betrieb seinen Hof, man trieb Handel und ab und an überfiel man auch Höfe innerhalb und außerhalb Skandinaviens.

Die Schilderung einer Wikingerexistenz

Die isländische Saga von Egil, dem Sohne Skallagrims, liefert dazu eine anschauliche Geschichte, die noch viel Erinnerung an die Wikingerzeit enthalten dürfte, auch wenn sie mehr als zweihundert Jahre später von einem Christen niedergeschrieben wurde. Im Mittelpunkt steht der auf Island bis heute berühmte Dichter Egil, der aus Norwegen stammte. Sein Vater war ein bedeutender Häuptling, die ganze Familie war mit ihrem Vieh und dem großen Hof beileibe nicht arm.

Trotzdem unternahmen die Häuptlingssöhne Thorolf und Egil eine Wikingfahrt, wie die Saga erzählt: »Thorolf und Egil waren bei Thorir in gutem Ansehen, aber im Frühjahr machten sie ein großes Langschiff fahrfertig und nahmen Mannschaft dazu und fuhren im Sommer nach Osten und heerten und machten Beute und hatten viele Kämpfe. Sie

fuhren dann weiter nach Kurland und lagen dort an Land und hatten
für einen halben Monat Waffenruhe und trieben Handel; aber als das
zu Ende war, fingen sie wieder an zu heeren und landeten an verschiedenen Stellen.« Sie wagten sich weit ins Landesinnere vor und erbeuteten auf einem Hof eine Schatztruhe voll Silber. Egil tat seinen Raub
und seinen Namen kund, um auf diese Weise Ehre zu gewinnen. Danach fuhren sie über die Ostsee zurück bis Dänemark, einem Land das
nach dem Saga-Erzähler damals vielen räuberischen Überfällen ausgesetzt war. Auch die Brüder überfielen dort einen Handelsplatz.

Im südschwedischen Halland liefen sie wegen ungünstigen Windes
einen Hafen an. Der dort herrschende Jarl Arnvid machte sich darüber
Sorgen: »Und als er erfuhr, dass da Wikinger an Land gekommen waren, sandte er ihnen seine Männer entgegen, und die sollten erkunden,
ob sie das Land in Frieden betreten oder plündern wollten. Und als die
Boten mit ihrem Auftrag zu Thorolf kamen, da sagte er, sie würden
hier nicht heeren, das Land hier wäre ja nicht reich.« Der Jarl lud die
Wikinger zum Gastmahl ein. »Das Gastmahl war vorzüglich, und so
war es auch am nächsten Tag; dann zogen die Wikinger zu ihren Schiffen; sie schieden vom Jarl in Freundschaft und tauschten Geschenke
aus.« Die Brüder kehrten zum heimatlichen Hof zurück und verbrach-
ten dort den Winter. Im Frühjahr begaben sie sich wieder auf Wikingfahrt. Sie heerten an der Westküste Jütlands und in Friesland. Dann
verdingten sie sich als Söldner beim englischen König.

Auch mit seinem Freund Arinbjörn unternahm Egil solch eine
Fahrt, für die er Bauernsöhne und Knechte als Mannschaft gewann.
Sein Handelsschiff ließ er vorher unter Bewachung an sicherem Ort
zurück. Sie heerten in Saxland (Sachsen) und gingen auch in Friesland
an Land, wo sie auf Widerstand stießen: »Bald lag ein Dorf vor ihnen,
und viele Bauern wohnten dort; sobald sie die Kriegsschar gewahrten,
rannten die Leute aus dem Dorf weiter ins Land hinein, wer dazu
imstande war, die Wikinger aber verfolgten sie. Danach war noch ein
zweites Dorf und ein drittes; die Leute flohen alle, sobald sie in die
Nähe kamen. Das Landvolk floh in den Wald. Als aber die Wikinger
weit ins bewohnte Land gekommen waren, sammelten sich die Friesen
im Wald, und als sie wieder auf mehr als dreihundert Mann angewachsen waren, wendeten sie sich gegen die Wikinger und entschlossen sich
zum Widerstand gegen sie. Es gab da einen harten Kampf, und er ging
so aus, dass die Friesen flohen und die Wikinger die Fliehenden verfolgten. Die Wikinger hatten an Land viel Beute gemacht und Vieh
geraubt, und als sie zu den Schiffen kamen, schlachteten einige das
Vieh, einige brachten ihre Beute auf die Schiffe, einige standen weiter
oberhalb und bildeten eine Schildburg, denn die Friesen waren vom

Land her gekommen und hatten große Mannschaft und schossen auf sie.« Bei heftigem Widerstand war so manche Wikingerschar gezwungen, das Weite zu suchen. »Egil fuhr nordwärts in die Vik und steuerte in den Oslofjord; dort war sein Handelsschiff, das er im Frühjahr hierher in den Süden hatte bringen lassen. Auch seine Waren waren da und die Männer, die mit dem Schiff gefahren waren.« So wurde aus dem Wikinger-Seeräuber Egil wieder ein braver Handelsmann.

Sicherlich schmückte der Autor dieser Saga im 13. Jahrhundert die Handlung in der Art eines historischen Romans poetisch aus. Doch scheint gerade die angeführte Episode dem Selbstverständnis der Wikingerzeit zu entsprechen.

Im Grundberuf Bauer und Fischer war es für den Nordeuropäer des frühen Mittelalters nicht unüblich, auf Handelsfahrt zu gehen. Wer nicht genügend Eigenkapital hatte, um ein Schiff mit Mannschaft allein auszurüsten, der schloss sich mit anderen zusammen. Ganz ähnlich wurden auch Raubzüge organisiert, bei denen man sich als einfacher Bauer einem unternehmungslustigen Häuptling anschließen konnte. Als Bewaffnung dienten Speer, Schwert und Schild, manchmal auch eine Axt. Die berühmten Hörnerhelme der Wikinger sind eine blumige Ausmalung der Neuzeit, der einfache Krieger trug selten mehr als eine Lederkappe auf dem Kopf. Insofern war das äußere Erscheinungsbild einer Langschiffbesatzung eher zivil und beileibe nicht so martialisch-dämonisch, wie uns manche chronikschreibenden Mönche glauben machen wollen. Die meisten Unternehmungen dürften tatsächlich nur von Gruppen in zweistelliger Zahl betrieben worden sein. Es war schon ein ausgesprochen großer Zug, wenn mehrere hundert Männer zusammenkamen. Kleine und große Expeditionen dieser Art sorgten in ganz Westeuropa über viele Jahrzehnte für völlige Unsicherheit.

Die Wikingerheere im Frankenreich

Schon Karl der Große hatte es mit sporadischen Überfällen an den Küsten seines Reiches zu tun. Aber erst zwanzig Jahre nach seinem Tod begann die furchtbare Zeit nicht enden wollender Überfälle und Raubzüge. Wikinger überwiegend aus Dänemark, aber auch Norweger, suchten sich zuerst in Friesland ihre Hauptziele. Dort gab es neben dem reichen Dorestad noch andere florierende Handelsplätze, die es zu überfallen lohnte. Von nun an tauchten regelmäßig die Langschiffe urplötzlich auf, vernichteten die heranstürmenden Nordmänner alles, was sich ihnen in den Weg stellte, räumten die Warenlager aus und steckten schließlich Häuser und Schuppen in Brand. Auf Dauer brachte Friesland nicht nur reiche Beute, die grausamen Überfälle schadeten zudem den friesischen Händlern, die ja Konkurrenten der Skandinavier waren.

Zunehmend wurde der ganze Westen, das alte Gallien, zum Opfer der Scharen aus dem Norden. Hatten sie sich anfangs auf blitzartige Raubaktionen beschränkt, wurden sie mit wachsender Landeskenntnis und mit sich steigernden innerfränkischen Auseinandersetzungen zwischen den Enkeln Karls des Großen immer dreister. Immer häufiger fuhren sie über die Flüsse ins Landesinnere. Im Jahre 845 gelangte ein dänischer Häuptling namens Ragnar Lodenhose auf der Seine bis vor Paris und belagerte die Stadt. Nur durch eine deftige Tributzahlung konnte Schlimmeres abgewendet werden. Die heranwachsende Siedlung Hamburg mit ihrem neuen Bischofssitz hatte im selben Jahr weniger Glück. Sie wurde von Wikingerscharen dem Erdboden gleichgemacht. Ragnar Lodenhose aber brachte seine Landsleute auf die Idee, dass das traditionelle Schema Überfall-Raub-Zerstörung nicht unbedingt am ergiebigsten war. Zusehends erpresste man von reichen Klöstern und Städten Tribute in Form von Schutz- und Lösegeldern. Schätzungen über die fränkischen Tribute gehen von Gesamtzahlen wie 20 000 Kilogramm Silber und 300 Kilogramm Gold aus. Ein Teil der erpressten Werte fand sich bei Funden in Dänemark und Norwegen wieder.

Der größte bisher gefundene Goldschatz der Wikinger wurde aus einem Moor im südnorwegischen Hon geborgen, in derselben Gegend, die durch ihre prächtigen Schiffsgräber für ihren Reichtum berühmt ist. Der Hon-Schatz enthält eine herrliche Kleeblattfibel aus Goldblech, größere Hals- und kleinere Armringe, Goldperlen und Anhänger aus dem gleichen Material, dazu Gold- und Silbermünzen aus vieler Herren Länder. Insgesamt kamen über 2,5 Kilogramm Edelmetalle zusammen (siehe auch Abbildung XIV). Es gibt konkrete Vermutungen darüber, woher diese stolze Kollektion stammt: Im Jahre 858 kidnappte eine Wikingergruppe den Abt des fränkischen Reichsklosters Saint-Denis. Um ihn lebend wieder im Kloster begrüßen zu können, musste eine große Summe als Lösegeld gezahlt werden. Das meiste davon gehört zum Schatz von Hon.

Zunächst war es üblich, von Frühling bis Herbst Raubzüge zu den südlichen Nachbarn zu unternehmen. Den frostigen Winter verbrachte man daheim im Norden, wo man auch das wichtige heidnische Mittwinterfest beging. Mehr als der Reiz des milderen französischen Winters war es wohl die Aussicht, bei einer Überwinterung im Feindesland dieses das ganze Jahr über erpressen zu können und zudem die lange alljährliche Anfahrt zu sparen. Davon war es nur ein kleiner Schritt, dass Dänen und Norweger gleich ihre ganzen Familien mitbrachten und fränkische Siedlungen eroberten.

Ein Chronist berichtet dies von der Stadt Angers: »Als sie sahen, dass diese Stadt wohlbefestigt und durch ihre natürliche Lage uneinnehmbar sei, waren sie darob voller Freude und beschlossen, dass sie für ihre und ihrer Landsleute Truppen als sicherster Zufluchtsort vor den durch ihren Angriff gereizten Völkern dienen sollte. Sofort zogen sie ihre Schiffe den Fluss Maine hinauf und legten sie an die Mauern an, dann hielten sie mit Weib und Kind ihren Einzug, um darin zu wohnen, besserten sie aus, wo sie zerstört war, stellten die Gräben und Wälle her und von dort in plötzlichen Überfällen hervorbrechend verwüsteten sie die Umgebung.«

Der westfränkische König Karl der Kahle sah sich gezwungen, die zum Normannenstützpunkt gewordene Siedlung zu belagern. Obwohl er ausreichend Soldaten bei sich hatte, ließ er die schwächeren Wikinger abziehen, nicht ohne ihnen vorher seinerseits ein Lösegeld abzupressen. Die um ihre Schätze Erleichterten nutzten die nächste Gelegenheit, um sich an der schutzlosen Bevölkerung schadlos zu halten. Die Nordleute befuhren auch die Loire und schreckten als Heiden nicht davor zurück, die Martinsstadt Tours zu plündern. Nur mit Mühe war es den Mönchen gelungen, die Reliquien des fränkischen Hauptheiligen Sankt Martin in Sicherheit zu bringen. Sage und schreibe zwanzig Jahre sollte die Odyssee der heiligen Gebeine dauern, immer mit der Sorge verbunden, sie könnten in die Hände der Ungläubigen fallen. Dass diese an liturgischem Gerät allein das Wertmetall interessierte, beweist ein irischer Bischofsstab, der in Norwegen gefunden wurde.

Die Verwüstungen des Landes und der Sieg des Karolingers

Eine besonders schlimme Zeit sollten die achtziger Jahre des 9. Jahrhunderts werden. Damals kam es zu einem Zusammenschluss verschiedener dänischer und norwegischer Gruppen zu einem so genannten Großen Heer, das mehrere Anführer hatte. Dieses Heer machte vor allem das Land zwischen Maas und Rhein unsicher, das alte Kernland der Karolinger. Dem westfränkischen König Ludwig gelang es zwar, ihnen 881 eine Niederlage zu bereiten, dauerhafte Wirkung zeigte sie jedoch nicht. Eine normannische Flotte fuhr über die Waal und besetzte die königliche Pfalz Nimwegen, woraus sie der König mit seinem Heer nicht zu vertreiben vermochte. Schließlich ließ er sie sogar abziehen, ohne verhindern zu können, dass die ganze Pfalz in Brand gesteckt wurde. Mit dem Beginn der kälteren Jahreszeit setzte sich das Wikingerheer »mit einer unübersehbaren Menge zu Fuß und zu Pferd« in Elsloo an der Maas fest.

In den folgenden Monaten nutzten die Nordleute diesen Stützpunkt zu Raubzügen im ganzen Land. Lüttich, Maastricht und Tongern wurden verwüstet, nicht besser erging es den Klöstern Stablo, Malmedy und Inden bei Aachen, ebenso den alten Römerstädten Köln und Bonn. Auch Karls zweites Rom Aachen blieb nicht verschont, und die ehrwürdige Pfalzkapelle diente ihnen nach den Worten des Chronisten als Stall für ihre Pferde. Der Mönch Regino aus dem Eifelkloster Prüm, einem Lieblingskloster der Karolinger, führt voll Erbitterung an, wie sie selbst über das Gebirge zogen und das Kloster besetzten und ausplünderten. Als die Wikingerscharen mit reicher Beute beladen aufbrachen, ließen sie es nicht genug sein und brannten die Klostergebäude auch noch nieder.

Ein weiterer Karolinger zahlte ihnen Tribut. Ein Chronist bemerkt dazu: »Bald brennen die Herzen dieses gierigen Volkes nach dem Empfange des Geldes, sie erheben 12000 Pfund reinen und geläuterten Silbers und versprechen auf ebenso viele Jahre den Frieden.« Das Versprechen hielten sie nicht. Das nordöstliche Frankreich, Belgien, die Niederlande und das Rheinland blieben noch auf etliche Jahre der Gefahr von Wikingerüberfällen ausgesetzt.

Erst dem ostfränkischen Herrscher Arnulf von Kärnten gelang es, dem Großen Heer der Nordmänner eine entscheidende Niederlage beizubringen. Er zog mit seinem Heer zu ihrem befestigten Stützpunkt, der in Löwen an der Dyle lag. Die Gegend war geschickt ausgewählt, bei einem Angriff mussten die Franken auf ihre wichtige Reiterei verzichten und sich zu Fuß durch den Fluss und durch Sümpfe den Verschanzungen der Wikinger nähern. Dort kam es schließlich zum Kampf, der mit diesen Worten überliefert wird: »Von den Christen wurde ein Schlachtgeschrei bis zum Himmel erhoben; nicht weniger laut schrien nach ihrer Sitte die Heiden, schreckliche Feldzeichen bewegten sich durch das Lager hin. Die Schwerter von beiden Seiten gezückt, rückte man wie Stein auf Eisen aufeinander los. Es handelte sich aber hier um das Volk der Dänen, das tapferste unter den Normannen, welches niemals früher, wie man hört, in irgendeiner Verschanzung in Gefangenschaft geriet oder besiegt wurde. Hart wurde gestritten, doch nicht lange, und durch Gottes helfende Gnade fiel der Sieg den Christen zu.« Der fränkische Sieg 891 stellte einen Wendepunkt dar. Denn das Große Heer war so geschwächt, dass es sich aus dem Frankenreich nach England zurückzog.

Nordleute als Bündnispartner

Nur von den Überfällen und Plünderungen der Wikinger zu sprechen, wäre allerdings lediglich ein Teil der historischen Wahrheit. Häuptlinge der Dänen und Norweger wurden auch auf friedliche Weise zu einem Faktor fränkischer Innenpolitik. Schon unter Karl dem Großen war man es gewohnt, skandinavische Heiden in den Pfalzen zu begrüßen. Auch seine Nachfolger empfingen in Paderborn, Ingelheim, Frankfurt und in anderen Pfalzen Gesandte und Adlige aus dem Norden. Mancher von ihnen trat sogar in die Dienste der fränkischen Herrscher. Er ließ sich taufen, wurde zumindest offiziell Christ, und empfing nicht selten ein königliches Lehen, so in Friesland oder an der Unterweser. Für sein Gebiet übernahm er dann die Aufgaben der Grenzsicherung gegen seine Landsleute sowie er auch von den Königen gegen fränkische Kontrahenten eingesetzt wurde.

Einer dieser normannischen Lehnsmänner war mit seinen Nachfolgern besonders erfolgreich. Die Normandie trägt ihren Namen nach ihren nordeuropäischen Ansiedlern. 911 schloss der westfränkische König mit dem Wikingeranführer Rollo einen Vertrag, nach dem dieser sein Lehnsmann wurde, Teile der heutigen Normandie zum Lehen erhielt, sich als Gegenleistung taufen ließ und den Schutz des Landes übernahm. Danach kam es zu einem kräftigen Zuzug vor allem dänischer Siedler. Die Normannen prägten ihre neue Heimat, assimilierten sich aber auch erstaunlich schnell. Es vergingen keine Generationen, bis sie alle fromme Christen geworden waren, die die französische Sprache des Umlandes angenommen hatten. Aus den von Wikingern abstammenden normannischen Adligen sollten später vorbildliche Ritter und Teilnehmer des 1. Kreuzzugs nach Jerusalem werden. Ihre alte Kampfstärke bewahrten sie im abendländischen Gewande genauso wie das Wissen um den Schiffsbau.

Dänen und Norweger auf den Britischen Inseln

Auf dem Kontinent stellte die skandinavische Ansiedlung in der Normandie die Ausnahme dar. Ansonsten blieben die Wikingerzüge im Frankenreich bei allem Schrecken für die einheimische Bevölkerung eine historische Episode. Anders sah es auf den Britischen Inseln aus. Dort waren Dänen und Norweger über zwei Jahrhunderte fast überall präsent und hinterließen deutlichere Spuren. 835 setzte sich eine Flotte dänischer Langschiffe in der Themsemündung fest. Von dort unternahmen ihre Krieger Plünderungszüge durch den ganzen Süden Englands. Etwa zur selben Zeit kamen Norweger nach Irland, wo sie allerdings an der Küste blieben und sich nur ab und an von den reichen irischen Klöstern zu Beutezügen ins Landesinnere locken ließen. Hier standen eher handelspolitische Interessen im Vordergrund. Sie begründeten eine Anzahl von Handelsplätzen, die nach einem Jahrtausend zu großen irischen Städten geworden sind: Dublin, Cork, Waterford, Wexford.

Überall wurden die Wikinger durch innenpolitische Streitigkeiten unterstützt. War es in Irland eine Vielzahl von Königen und sich bekämpfenden Clans, so stritten in England die sieben Reiche der Angelsachsen um die Vorherrschaft. Dazu kamen Angriffe keltischer Stämme aus Wales und Schottland.

In England gab es nicht nur ständige Überfälle und Plünderungen großer Städte wie London und Canterbury. Seit 865 kamen größere Heere und mit ihnen dänische Familien mit Frauen und Kindern. Das Ziel war die Landnahme, um dort als Bauern eine neue Heimat zu finden. Diese Gebiete lagen im Osten und Norden der Insel, in den Dänemark zugewandten Teilen Ostangliens und in Teilen von Northumbrien. Schließlich erkannten sogar die englischen Herrscher das eroberte dänische Siedlungsgebiet an. Unter dem Namen des Danelaw, dem Gebiet des dänischen Rechts, spielte es in der Geschichte des frühen Mittelalters in England eine wichtige Rolle. Noch heute verweisen viele Ortsnamen dieser Regionen auf ihre Herkunft aus der altnordischen Sprache und damit auf ihre dänischen Namengeber.

Die neuen Herren eigneten sich willkürlich Höfe und Ländereien an. Die seit vierhundert Jahren dort siedelnde sächsische Bevölkerung wurde zu Bürgern zweiter Klasse degradiert. Viele englische Bauern sahen sich gezwungen, sich auf den Höfen der dänischen Herren zu verdingen. Als diese mit ihren Familien ins Land kamen, waren sie Heiden, Anbeter von Odin und Thor, von Freyr und der großen Schar anderer Gottheiten. Doch wie in der Normandie integrierte sich die neue Herrenschicht in Religion und Kultur so gut wie vollständig. Ihre Könige und Häuptlinge mischten kräftig in den Kämpfen um die Vormacht im Lande mit. Dass die dänischen Truppen nicht von ihren Schiffen abhängig waren, bewiesen die Invasoren schon bald. Die ehemalige römische Provinz war immer noch durchzogen von dem Netz der einst vorbildlichen Straßen des Imperium Romanum. Auch ein halbes Jahrtausend später stellten sie die wichtigsten Verbindungsmöglichkeiten über Land dar. Allerdings mit dem Unterschied, dass nun nicht die Legionäre aus aller Herren Länder über sie marschierten, sondern die Kriegerverbände aus Skandinavien. Sie requirierten einfach die englischen Pferde, soweit sie ihrer habhaft werden konnten, und galoppierten über die Straßen Roms. Auf diese Weise erschlossen sie sich große Teile des Binnenlandes.

Im Norden Englands wurde York erobert, das sich unter dem skandinavischen Namen Jarvik zu einer bedeutenden Wikingersiedlung entwickelte, in der wie in Haithabu und Birka viele Handelslinien zusammenliefen. Jarvik-York wurde zu einem Zentrum der weiten Wikingerwelt und Hauptstadt eines eigenen skandinavischen Reiches, das zwischen Dänen, Norwegern, Kelten und Angelsachsen heftig umkämpft war.

König Alfreds Sieg

Jahrzehnte vergingen, bis aus der Schar der angelsächsischen Herrscher den Dänen ein ernst zu nehmender Gegner erstand. Dieser Mann war der westsächsische König Alfred von Wessex, später der Große genannt. Sein kleines Reich um die Stadt Winchester ging aus den Kämpfen der englischen Herrscher untereinander als das stärkste hervor. Dadurch wurde es zur Keimzelle des Widerstandes gegen die Dänen, von der schließlich die Rückeroberung ausging.

Eine Chronik berichtet für das Jahr 878 von wechselvollen Geschehnissen: »Nach der zwölften Nacht des Mittwinters dieses Jahres kam das feindliche Heer der Dänen heimlich nach Chippenham, besetzte das Land der Westsachsen und siedelte dort. Es vertrieb einen großen Teil der Bevölkerung übers Meer und unterwarf die meisten anderen. Das Volk unterwarf sich ihnen, außer König Alfred. Er zog unter Mühen mit einem kleinen Heer durch die Wälder und über die Moore nach Somerset.« Von dort organisierte der König die Gegenwehr: »Nach Ostern errichtete König Alfred mit einem kleinen Heer bei Athelney eine Festung. Er und der Teil der Bewohner von Somerset, der am nächsten war, begann von dieser Festung aus, den Feind zu bekämpfen. Dann ritt er in der siebten Woche nach Ostern zu Egberts Stein östlich von Selwood. Dorthin kam das ganze Volk von Somerset und Wiltshire und aus dem Teil Hampshires, der diesseits der See liegt, um ihn zu treffen, und sie freuten sich, ihn zu sehen. Nach einer Nacht zog er von diesem Lager nach Iley und nach einer weiteren Nacht nach Edington. Dort kämpfte er gegen das ganze Heer der Dänen und schlug es in die Flucht. Er verfolgte es bis zur Festung und blieb dort 14 Tage. Dann gab ihm der Feind vorläufig Geiseln und schwor, sein Reich zu verlassen. Weiter versprachen sie, ihr König werde sich taufen lassen, und sie hielten ihr Versprechen. Drei Wochen später kam König Guthrum mit seinen 30 bedeutendsten Heerführern nach Aller, das nahe Athelney liegt, und der König war dort sein Taufzeuge. Seine Ölung fand in Wedmore statt. Und er war zwölf Tage beim König und ehrte ihn und seine Gefährten sehr mit Geschenken.«

Guthrum erhielt den angelsächsischen Taufnamen Athelstan, und König Alfred wurde sein Taufpate – wie hundert Jahre vorher der Frankenherrscher Karl beim Sachsen Widukind. Wie damals die Sachsen dachten jetzt die Wikingerverbände nicht daran, nur weil Guthrum sich unterworfen hatte, ihm dies gleichzutun. Die Kämpfe gingen weiter und entwickelten sich mehr und mehr zur Rivalität zwischen Wessex und den Skandinaviern um die Herrschaft in England. Manch angelsächsischer König zog ein Bündnis mit den Dänen der Eroberung durch Wessex vor. Gleichwohl wurde Alfred zum ersten Einiger des Landes. Um der andauernden Bedrohung durch die Nordleute Herr zu werden, führte er ein stehendes Heer ein, das nicht für jeden Kriegszug zusammengerufen werden musste. Zudem sicherte er die Grenzen mit Festungen und ließ eine Flotte bauen, um den Wikingern schon in ihrem ureigensten Element begegnen zu können. Als er 899 starb, hatte er den Grundstein für die Rückeroberung durch die Könige von Wessex gelegt.

Die Wikinger als Teil der englischen Geschichte

Um die Mitte des 10. Jahrhunderts fiel mit York und seinem aus Norwegen stammenden König Erik Blutaxt die letzte Bastion der Wikinger in England. Wer überlebte, verließ das Land oder blieb wie die meisten dort und erkannte den englischen König an. Die überwiegende Mehrzahl der in England lebenden Skandinavier war zu diesem Zeitpunkt christlich und assimiliert. Für eine Übergangsphase entstand auf den Britischen Inseln eine nordgermanische Kultur in bunter Mischung der eigenen ursprünglich heidnischen mit christlichen und keltischen Elementen. Steinmonumente, die auf der einen Seite den Gekreuzigten und auf der anderen Odin beim Weltuntergang darstellen (siehe Abbildung XVII), sind genauso zu finden wie das anscheinend problemlose Nebeneinander von Kreuz und Hammer, dem Symbol des Gottes Thor. Die britische Wikingerzeit war eine Zeit des Übergangs, des Synkretismus, in der sich heidnische und christliche Vorstellungen mischten, bis sich am Ende der christliche Glaube durchsetzte.

Skandinavische Interventionen in England sollten noch einmal eine Fortsetzung finden, als dänische und norwegische Könige versuchten, mit großen Heeren die alten Gebiete für ihr Reich zurückzuerobern. Diese Züge waren nicht mehr mit den Überfällen einzelner Banden zu vergleichen, sie waren groß angelegte Unternehmungen der in Nordeuropa nach fränkischem Vorbild entstehenden Königreiche. Die Kriege um England sollten sich bis in die zweite Hälfte des 11. Jahrhunderts hinziehen. Der Dänenkönig Sven Gabelbart erpresste Tributzahlungen von nie gekannter Höhe. Trotzdem unterstützten immer mehr einheimische Adlige die Skandinavier gegen die schwachen angelsächsischen Herrscher.

Der Däne Knut wurde schließlich englischer König und herrschte für einige Jahrzehnte über ein Reich rund um die Nordsee, das neben Dänemark auch Norwegen umfasste. 1066 endete die Wikingerzeit, und damit fand auch die germanische Völkerwanderung ein Ende. Unter den mittlerweile eng versippten und verschwägerten englisch-skandinavischen Geschlechtern erhob Wilhelm der Eroberer, Herzog der Normandie Ansprüche auf den Thron Englands. In der Schlacht von Hastings besiegte er König Harald, einen Abkömmling Knuts. Damit begann die Herrschaft der Normannen. Weniger bekannt ist, dass kurze Zeit vorher eben jener spätere Verlierer Harald in Nordengland siegreich gekämpft hatte. Dort schlug er den norwegischen Namensvetter König Harald den Harten, der seinerseits Thronansprüche erhoben hatte. Die skandinavischen Völker stellten seither weder für die Britischen Inseln noch für andere Teile des Abendlandes eine Bedrohung dar.

Nordgermanen in allen Himmelsrichtungen

Von den Wikingern sind fast unglaubliche Abenteuerfahrten in weiten Teilen der damals bekannten Welt überliefert. So existieren Nachrichten über Schiffszüge entlang der französischen und spanischen Küsten, schließlich sogar durch die Straße von Gibraltar bis ins Mittelmeer. Dort lernten die über die meisten Teile der Iberischen Halbinsel herrschenden arabischen Mauren die Piraten des Nordens kennen. Diese ruderten mit ihren Schiffen den Guadalquivir hinauf und besetzten Sevilla, eine Stadt, die vor Jahrhunderten schon von anderen Germanen erobert worden war, zuerst von den Vandalen, später von den Westgoten. Die kampferprobten arabischen Krieger vertrieben die Wikinger allerdings schnell. Deshalb versuchten sie sich noch eine Weile an der marokkanischen Atlantikküste schadlos zu halten.

Fast 20 Jahre später, um 860, kam es zu einem Wikingerzug ins Mittelmeer, von dem noch nach Generationen im Norden erzählt wurde.

Sein Anführer war Björn Eisenseite, einer der streitbaren Söhne des berühmten Häuptlings Ragnar Lodenhose. Er soll mit 62 Drachenschiffen von der Loiremündung aufgebrochen sein, um ins Mittelmeer zu fahren und Rom zu plündern, das den Skandinaviern als ergiebiges Plünderungsopfer galt. Während der Fahrt wurden die spanische und nordafrikanische Küste, die Balearen und Südfrankreich heimgesucht. Im Rhônedelta schlugen die Krieger ihr Winterlager auf und überfielen von dort aus viele Städte des südlichen Frankenreiches: Narbonne, Arles, Nîmes und andere. Allerdings fiel die Papststadt Rom ihnen nicht in die Hände: Ob die Wikinger tatsächlich das Städtchen Luna mit Rom verwechselten, wie man später erzählte, oder ob der Widerstand in Italien nicht doch zu stark wurde – jedenfalls trat man, ohne die ewige Stadt gesehen zu haben, die Rückfahrt an. An der Straße von Gibraltar mussten die wagemutigen Seeräuber einen hohen Blutzoll bezahlen. Ein Teil ihrer Schiffe erlitt Schiffbruch, ein weiterer Teil wurde von den gut vorbereiteten Kämpfern der Araber vernichtet. Nach dreijähriger Reise kehrte nur ein Rest der Langboote zum Stützpunkt an der Loiremündung zurück. Der Ruhm ihrer Fahrt blieb jedoch erhalten.

Die wahre Reichweite der nordeuropäischen Expansion zeigt folgendes Gedankenspiel: Wäre Björn Eisenseite im Jahre 860 mit seiner Flotte an Italien vorbei- und ins östliche Mittelmeer gesegelt, hätte er Kurs auf das mächtige und prächtige Konstantinopel genommen, dann hätte er sich mit seinen Schiffen an der Belagerung der monumentalen Stadt beteiligen können. Er wäre dabei auf Verwandte gestoßen, auf ursprünglich schwedische Wikinger, die über das verzweigte Flusssystem Osteuropas, über den Dnjepr und das Schwarze Meer bis nach Ostrom vorgestoßen waren und nun die Stadt belagerten. Europa und der griechische Osten wurden von den Nordleuten in die Zange genommen. Fast überall musste mit ihnen gerechnet werden.

Die Schweden hatten über die Ostsee enge Beziehungen zu den slawischen Stämmen aufgebaut. Dort führten sie das ganze Spektrum der Wikingeraktivitäten aus: Überfälle, Söldnerdienste und Handel bis nach Konstantinopel, in das arabische Kalifat und nach Zentralasien. Zweifelsohne waren die Menschen aus Skandinavien entscheidend an der Gründung der Reiche von Nowgorod und Kiew beteiligt. Aber auch im Osten assimilierten sie sich schnell an die Slawen. Die zusehends slawisierten Wikinger stellten für Konstantinopel nicht nur wie im Jahre 860 eine Bedrohung dar. Sie handelten auch mit Ostrom und bildeten sogar mit der legendären Warägergarde die Elitetruppe des Kaisers, der auch Engländer und Franken angehörten. In den Steppen Osteuropas hatten die Waräger enge Kontakte mit Reitervölkern wie den Bulgaren und Chasaren. So setzten sie die alte Tradition enger Beziehungen germanischer Völker zu den Steppenvölkern des Ostens fort.

Die Wikingerzeit: eine Epoche des Wandels

Die Wikingerzeit gilt in Skandinavien als diejenige Epoche, in der sich die nordeuropäischen Nationen entwickelten. Dänen, Schweden und Norweger bildeten eigene Königreiche, und ihre Sprachen unterschieden sich zunehmend voneinander. Ursprünglich waren diese Völker, von denen zum Teil schon Tacitus berichtet, wie die südlichen Germanen in viele Stämme und Häuptlingsherrschaften aufgespalten. In Dänemark und im mittelschwedischen Uppland bildeten sich früh Plätze heraus, an denen den Göttern geopfert wurde und wo sich mächtige Häuptlinge etablierten. Je mehr Handelsgüter in den Norden strömten, desto reicher und mächtiger wurden die herrschenden Dynastien. In der Wikingerzeit gelang es schließlich zuerst den dänischen, dann auch den norwegischen und zuletzt den schwedischen Mächtigsten, sich als Landeskönige durchzusetzen.

Die sich in Norwegen über mehr als ein Jahrhundert hinziehenden Auseinandersetzungen zwischen den Königen und den Häuptlingen als Anführer der alten Adelsschicht erinnern an die Stammeskämpfe zu Beginn des Jahrtausends, als der die Macht anstrebende Arminius den Feinden aus dem eigenen Volk zum Opfer fiel. Wie dem Cherusker Rom als Vorbild galt, so fanden die ehrgeizigen Herrscher in Nordeuropa ihr Vorbild im Karolingerreich Karls des Großen und seiner Nachfolger. Zuerst waren es die benachbarten Dänen, die engeren Kontakt zu dieser Welt gewannen. Natürlich legte der immer wieder zu ihnen ins Exil flüchtende Sachse Widukind von der Gewalttätigkeit des Frankenherrschers Zeugnis ab. Zugleich beeindruckte Gesandte und Adlige an Karls Pfalzen aber auch die Prachtentfaltung karolingischer Kultur.

Umso mehr war man selbst bemüht, in den langen Holzhallen eine große Gefolgschaft zu versammeln, deren Krieger man durch reiche Geschenke, etwa eine kostbar gearbeitete Axt oder einen goldenen Armring, für sich gewann. Die Skalden, die Hofdichter aus Norwegen und Island, besangen in ihren Gedichten die Tapferkeit des Herrschers, seine kriegerischen Großtaten und nicht zuletzt seine Freigebigkeit. Die neuen Könige versuchten auch, aus einer relativ primitiven Stammesgesellschaft einen organisierten Staat zu machen. Anordnungen über stehende Heere und den zu leistenden Waffendienst, Verfügungen über Abgaben und Ähnliches stießen allerdings sowohl unter Häuptlingen wie unter den freien Bauern auf wenig Gegenliebe.

Heiden und Christen im Norden

Schon zu Beginn der Wikingerepoche waren christliche Sendboten in den Norden gereist, wenn auch zuerst mit geringem Erfolg. Zum Apostel des Nordens wurde Ansgar, ein gallischer Geistlicher, der schließlich Erzbischof von Hamburg wurde, von wo aus die Missionierung der heidnischen Stämme betrieben werden sollte. Ansgar reiste mehrmals nach Skandinavien und erlebte dabei einige Abenteuer, etwa einen Wikingerüberfall, der ihn um sein kostbares liturgisches Gerät brachte. Vor allem am Handelsplatz Birka, den er 829 erstmals besuchte, gelang es ihm, Menschen für das Christentum zu gewinnen. Zwar blieben sie stets in der Minderheit, doch sie konnten ihrem Glauben nachgehen, was für eine gewisse Toleranz der skandinavischen Heiden spricht. In Schweden gab es jedenfalls vereinzelte Christen, wofür auch archäologische Funde sprechen, etwa eine kleine Figur des Gekreuzigten, die als Halsschmuck getragen wurde. Im ehemaligen Hafen von Haithabu stieß man auf eine Kirchenglocke.

In Dänemark setzte sich um 960 mit König Harald Blauzahn ein erster Reichseiniger durch, der zugleich auch das Christentum einführte. Er hat ein großartiges Zeugnis hinterlassen, wie sich Neues mit Altem verband: Auf einem großen Stein, den der König im jütländischen Jelling setzen ließ, findet sich die erste monumentale Darstellung des gekreuzigten Christus im Norden. Umgeben ist er allerdings von den reichen Ornamenten der Wikingerkunst. Harald griff zudem auf die traditionelle Runenschrift zurück. Mit ihren Zeichen ließ er sich als Einiger Dänemarks, als Eroberer Norwegens und als Einführer des Christentums feiern (siehe Abbildung XV).

In Norwegen zog sich die Reichsbildung mit der Einführung des Christentums länger hin. Die so vielgestaltige Natur dieses lang gestreckten Landes mit seinen Fjorden und Tälern, mit seinen Wäldern und öden Hochflächen hatte zu einer Vielzahl einzelner Stammesherrschaften geführt. Die reichen Schiffsfunde von Oseberg und Gokstad stehen als Symbol für die Häuptlinge der Ynglinge, die das Land einen wollten. Der Königssohn Harald Schönhaar bezwang in vielen Schlachten, von denen isländische Sagas erzählen, die widerspenstigen Kleinkönige im Westen des Landes gegen Ende des 9. Jahrhunderts.

Doch die nur schwach gesicherte Einheit des Landes ging rasch nach seinem Tod verloren, hinterließ er doch eine Vielzahl von erbberechtigten Söhnen verschiedener Mütter. Wie der Christ Karl der Große hatte es auch der Heide Harald mit ehelicher Treue nicht sehr ernst genommen, zumal sie in seiner traditionellen Gesellschaft für Männer kein Gebot war. Seine Söhne bekriegten sich bis aufs Messer ohne jede Rücksichtnahme. Zu ihnen gehörte auch Erik Blutaxt, jener Wikingerführer, der, wenn schon nicht als norwegischer König so doch als Herrscher über das englische York in der Schlacht fiel. Ein erhaltenes Gedicht stellt seinen Einzug in Walhall dar und ist damit ein wichtiges Zeugnis für das späte Heidentum.

Der jüngere Haraldssohn Hakon war hingegen einen anderen Weg gegangen. Sein Vater hatte ihn zur Erziehung zum englischen König Aethelstan geschickt. Das verwundert nicht, galten doch solche Ziehsöhne als Bündnisgaranten zweier Partner, und beide Herrscher wollten gemeinsam gegen die unruhigen Wikingerpiraten vorgehen. In England lernte der junge Königssohn nicht nur christliche Bildung kennen, sondern wurde auch zum christlichen Glauben bekehrt. Als Hakon nach

Die Mythologie des Nordens

Unsere Vorstellungen von germanischer Mythologie schöpfen fast ausschließlich aus der Überlieferung der Nordgermanen, vor allem der Isländer. Der größte Teil der altnordischen Mythologie dürfte erst in Skandinavien entstanden sein. Nicht wenige Mythen und Götterbilder zeigen sogar christlichen Einfluss, etwa wenn ausgerechnet der alte Menschenopfergott Odin Züge annimmt, die an den christlichen Gottvater erinnern. Die Mythen der Wikingerzeit blieben in den Götterliedern der *Edda* erhalten, wurden jedoch erst im 13. Jahrhundert von christlichen Schreibern auf Pergament niedergeschrieben. Darum ist nicht sicher, was tatsächlich zur heidnischen Religion gehörte und was später von Christen hinzugedichtet wurde. Um 1220 schrieb der gelehrte Isländer Snorri Sturluson ein Lehrbuch für Dichter, die nach alter Skaldenart Gedichte verfassen wollten. Für sie schrieb er eine Zusammenfassung der alten Götterlehren, eine Mythologie von der Weltentstehung bis zum Weltuntergang. Das ganze Buch einschließlich der poetischen Beispiele benannte er mit dem altisländischen Wort »Edda«, dessen Bedeutung in diesem Zusammenhang unklar ist. Diese so genannte *Prosa-Edda* stellt mit den Götterliedern der *Lieder-Edda* die Hauptquelle der altnordischen Mythologie dar.

Am Anfang aller Dinge bestand die Welt aus dem kalten, eisigen Niflheim im Norden und dem heißen, brennenden Muspellsheim im Süden. Zwischen beiden lag Ginnungagap, der »Schlund der Urleere«. Dort kam

dem Tod seines Vaters mit Thronansprüchen in seine Heimat zurückkehrte, war er überzeugter Christ. Sein mächtigster Verbündeter jedoch,
der Jarl, also Häuptling, des nördlichen Tröndelag, blieb treuer Heide.
So kam es zu einem Bündnis zwischen Christ und Heide, das vor allem
dem jungen König viel abverlangte. Eine spätere Saga erzählt, wie der
christliche König aus politischen Gründen gezwungen wurde, an einem
heidnischen Opferfest teilzunehmen: Als Hakon das Essen von Pferde-
fleisch verweigerte, weil es als heidnisches Ritual galt, konnte der um
einen Kompromiss bemühte Jarl Sigurd ihn nur mit Mühe vor den auf-
gebrachten Bauern schützen. Nach ihrem Glauben hing von der Zere-
monie das Heil und das Wohlergehen ihrer Gesellschaft ab. Der König
sollte nach alter Anschauung oberster Garant dieses Heils sein. Darum
gelang es dem früh an Kampfwunden gestorbenen Hakon nicht, das
Christentum in Norwegen einzuführen. Zwei seiner Nachfolger, Olaf
Tryggvason und Olaf der Heilige, erreichten dies schließlich, jedoch
mehr mit kriegerischer Gewalt als mit christlicher Überzeugung. Kein
Wunder also, dass beide den Tod in der Schlacht fanden. Nach 1030 war
aber auch ihr Land christlich geworden.

beim Zusammentreffen von Hitze und Kälte aus tauenden Reiftropfen der
Urriese Ymir hervor. Auch einem anderen Wesen schenkte der Reif das
Leben, der Kuh Audhumla. Sie leckte den Reif von den Steinen, und hervor
kam mit Buri der Stammvater der Götter. Ymir zeugte aus sich die ersten
Riesen; Buri hatte einen Sohn, über dessen Herkunft nichts erzählt wird.
Am Anfang der Welt existierten das ältere Riesengeschlecht und das Göt-
tergeschlecht; sie waren auf immer verfeindet. Trotzdem zeugte Buris
Sohn mit einer Riesenfrau drei Söhne: Odin, Wili und We. Sie töteten Ymir
und schufen aus seinem Körper die Welt: Sein Fleisch wurde zu Erde und
das Blut zu Meer und Gewässern, aus den Knochen wurden Felsen und
Steine, aus den Haaren Bäume. Aus dem Riesenschädel bildeten sie den
Himmel. Den herumfliegenden Funken aus Muspellsheim gaben sie feste
Bahnen und machten sie zu den Gestirnen, das Gehirn Ymirs wurde zu
Wolken.

Der Erde gaben die Götter eine kreisrunde Form, die vom tiefen Meer
umflossen wurde. Dort, am Ende der Welt, mussten sich die Riesen an-
siedeln. Für die Menschen schufen sie mitten auf der Erde Midgard (»Hof in
der Mitte«), worum sie mit Ymirs Wimpern eine Befestigung als Schutz vor
den Riesen anlegten. Aus zwei Baumstämmen, die sie am Strand fanden,
erschufen die Götter das erste Menschenpaar: den Mann Ask (»Esche«) und
die Frau Embla, was vielleicht Ulme bedeutet. Für sich selbst erbauten die
Götter eine prächtige Burg im Himmel, die sie Asgard nannten, »Hof der
Asen«. Der Asenname war schon viele Jahrhunderte früher unter anderen

Das letzte heidnische Opferfest

Am längsten hielt sich das nordgermanische Heidentum in Schweden.
Zwar versuchte auch dort um das Jahr 1000 ein König Olaf, ein einheitliches christliches Reich zu schaffen. Er blieb aber auf Dauer erfolglos.
Noch ein gutes Jahrhundert gab es eifrige Verehrer des Heidentums.
Aus den letzten Jahrzehnten ihrer Religion blieb eine beeindruckende
Schilderung heidnischer Opfer in Uppland erhalten. Ihr Gewährsmann
ist Adam von Bremen, ein Geistlicher, der eine lateinische Geschichte
der hamburgisch-bremischen Missionskirche schrieb und dazu auch
skandinavische Berichterstatter befragte.

Ihm kam dabei um 1070 Folgendes über die Schweden zu Ohren:
»Dieses Volk besitzt einen besonders angesehenen Tempel in Uppsala.
Nahe diesem Tempel steht ein sehr großer Baum, der weithin seine
Äste ausbreitet, die im Sommer wie im Winter stets grün sind. Keiner
kennt seine Art. Dort befindet sich auch eine Quelle, an der die Heiden
zu opfern und in der sie einen lebenden Menschen zu versenken pflegen. Kommt er nicht wieder zum Vorschein, dann gilt die Bitte des

Germanen bekannt, ohne dass diese wohl ursprünglich das prachtvolle Bild
des Göttersitzes kannten. Aus dem Norden kennt man auch erst die Vorstellung der Brücke Bifröst, die Himmel und Erde verbindet und als Regen-
bogen zu sehen ist.

Die mythische Welt des Nordens, wie sie Snorri Sturluson erzählt, ist
voller wunderbarer Orte. Dazu zählt die Weltesche Yggdrasill, die so riesig
ist, dass sie ihre Äste über die ganze Welt streckt. An ihren Wurzeln ent-
springen Quellen wie die Mimirs, die Weisheit schenkt, oder der Urdbrun-
nen, der als Gerichtsplatz dient. Dort bestimmen die Nornen Urd, Skuld
und Werdandi den Menschen das Schicksal voraus. In Asgard gibt es eine
Fülle von Höfen und Palästen, die den Göttern und Göttinnen als Wohn-
stätten dienen.

Außer den Göttern, Menschen und Riesen wird diese mythische Welt
auch noch von anderen Lebewesen bewohnt, die bis in unsere Gegenwart
bekannt sind: Die Zwerge gelten als weise und sind berühmt für ihre
Schmiedekunst. Die Alben unterscheiden sich nach den schönen, hellen
Lichtalben, deren Heim im Himmel liegt, und nach den Dunkelalben, die
unter der Erde hausen. Vor allem aus den Ersten entstanden später die Vorstellungen der Elben und Elfen. Viele Ungeheuer bedrohen als Verbündete
der Riesen die Welt.

In der Himmelsburg Asgard leben und residieren die Asen. An erster
Stelle der Göttervater Odin mit seiner Frau Frigg. Thor gilt als der stärkste
aller Götter. Zwei Böcke ziehen seinen Wagen, auf dem er herumfährt und

Volkes als angenommen. In diesem ganz aus Gold gefertigten Tempel verehrt das Volk die Bilder dreier Götter. Als mächtigster hat in der Mitte des Raumes Thor seinen Thronsitz. Den Platz rechts und links von ihm nehmen Wodan und Frikko ein. Man gibt ihnen folgende Deutung: ›Thor‹, so heißt es, ›herrscht in der Luft; er gebietet Donner und Blitzen, Wind und Regen, Sonnenschein und Frucht. Der zweite, Wodan, die Wut, führt Kriege und verleiht dem Menschen Kraft gegen seine Feinde. Frikko, der dritte, schenkt den Menschen Frieden und Lust.‹ Daher versehen sie sein Bild auch mit einem ungeheuren männlichen Gliede. Wodan dagegen stellen sie bewaffnet dar, wie wir den Mars. Thor endlich gleicht durch sein Szepter offensichtlich dem Jupiter. Außerdem verehren sie zu Göttern erhobene Menschen, die sie für große Taten mit der Unsterblichkeit beschenken. Im Leben des heiligen Ansgar kann man nachlesen, dass sie es mit König Erik so gemacht haben. Allen ihren Göttern haben sie Priester zugeteilt, die die Opfer des Volkes darbringen. Wenn Seuchen und Hunger drohen, wird dem Götzen Thor geopfert, steht Krieg bevor, dem Wodan, soll eine Hochzeit gefeiert werden, dem Frikko. Auch wird alle neun Jahre

seinen zauberkräftigen Hammer Mjöllnir nach Riesen schleudert, gilt er doch als deren größter Feind (siehe Abbildung XVI). Zahlreiche Abenteuer, die er erlebt, handeln deshalb von seinen Kämpfen gegen das Riesengeschlecht; sie werden durchaus humorvoll erzählt. Balder ist ein anderer Sohn Odins, gegen den rauen Thor geradezu eine Lichtgestalt. Er gilt als schön, leuchtend und zudem als sehr klug. Loki ist der Außenseiter in Asgard, voller Hinterlist und Bosheit, und nur zu oft schmäht er die Götter oder schadet ihnen sogar. Seine ärgste Schandtat galt Balder, der durch nichts verletzt werden konnte. Mit einer Ausnahme: dem Mistelzweig. Mit ihm gelang es Loki, den schönen Asen zu töten, sodass er zur Unterweltsherrin Hel musste. Häufig lässt sich Loki mit Riesen und Riesinnen ein, mit ihnen zeugt er drei furchtbare Ungeheuer: den Fenriswolf, die Midgardschlange und Hel. Nur mit Mühe können die Götter diese Wesen bändigen: Der Fenriswolf wird in Fesseln gelegt, die Midgardschlange umschlingt im Weltmeer die ganze Erde, und Hel wird zur Herrin der Unterwelt.

Doch Loki bleibt die Ausnahme unter den Göttern. Tyr ist ein Kriegsgott, Bragi der Gott der Dichtkunst, seine Frau Idun hütet die Äpfel der Jugend, durch die die Götter nicht altern. Heimdall ist ein mächtiger Ase, der die Brücke Bifröst bewacht. Eine Gruppe dreier Gottheiten unterscheidet sich von den Asen: Njörd und seine Kinder Freyr und Freyja bilden die Familie der Wanen. Sie wurden um Fruchtbarkeit angebetet und waren deshalb in Skandinavien sehr beliebt.

Neben den Vorstellungen von der Entstehung der Welt und den Göttern

in Uppsala ein gemeinsames Fest aller schwedischen Stämme begangen. Für dieses Fest wird niemand von Leistungen befreit. Könige und
Stämme, die Gesamtheit und die Einzelnen, alle bringen ihre Opfergaben nach Uppsala, und es übertrifft an Strafe jede Härte, dass selbst
diejenigen, die schon das Christentum angenommen haben, sich von
diesem Kult freikaufen müssen. Die Opferfeier geht folgendermaßen
vor sich: Von jeder Art männlicher Lebewesen werden neun Stück
dargebracht. Mit ihrem Blut pflegt man die Götter zu versöhnen. Die
Leiber werden in einem den Tempel umgebenden Haine aufgehängt.
Dieser Hain ist den Heiden so heilig, dass man glaubt, jeder einzelne
Baum darin habe durch Tod und Verwesung der Schlachtopfer göttliche Kraft gewonnen. Da hängen Hunde, Pferde und Menschen; ein
Christ hat mir erzählt, er habe 72 solcher Leichen ungeordnet nebeneinander hängen sehen. Im Übrigen singt man bei solchen Opferfeiern
vielerlei unanständige Lieder, die ich deshalb lieber verschweigen will.«
Den aus purem Gold gebauten Tempel sollte man in dieser Schilderung Adams als fantasievolle Übertreibung sehen. Mit Sicherheit war
der Tempel von Uppsala in der traditionellen Holzbauweise errichtet

kennt die altnordische Mythologie auch das Weltende, von dem die Götter-
lieder und Snorri ein groß angelegtes Panorama entwerfen. Das Ende Rag-
narök, das »Schicksal der Götter«, oft auch »Götterdämmerung« genannt,
beginnt mit dem furchtbaren Fimbulwinter, dessen Eiseskälte sich über die
ganze Welt zieht. Dann verschlingen Wölfe Sonne und Mond. Es kommt zu
starken Erdbeben, die ganze Gebirge zusammenstürzen lassen. Schließlich
befreit sich der so lange gefesselte Fenriswolf. Das Meer überschwemmt
das Land, wodurch es der riesigen Midgardschlange gelingt, an Land zu
kriechen. Die Muspellssöhne, eine Schar von Riesen, stürmt heran. Unter
ihrem Gewicht zerbricht Bifröst. Als alles verwüstet ist, kommt es zwischen
den dunklen Mächten und den Göttern mit den Einherjern aus Walhall zur
Entscheidungsschlacht. Die meisten Götter fallen. Odin wird vom Fenriswolf verschlungen (siehe Abbildung XVII), Thor kann die Midgardschlange
töten, stirbt aber an ihrem Gift. Es ist das Ende der alten Welt.

Immer wieder hat man von diesem grandiosen Untergangsszenario auf
den düsteren Charakter aller Germanen geschlossen. Dafür gibt es allerdings keinen Beweis. Denn die Ragnarök-Visionen scheinen erst in der
Wikingerzeit entstanden zu sein, möglicherweise mit Einflüssen der christlichen Apokalypse. Aber der christliche Isländer Snorri lässt damit die Welt
nicht enden: Der Ase Widarr überlebt und rächt Odin am Fenriswolf. Auch
andere Götter und Menschen sind dem Weltenbrand entkommen. Sie finden sich schließlich zusammen. Aus dem Meer aber ersteht eine neue Erde,
die grün und herrlich leuchtet.

Abbildung XVI: Der Gott Thor, hier mit seinem Hammer dargestellt, war besonders bei der bäuerlichen Bevölkerung beliebt; denn er war nicht nur bodenständig in seinem Auftreten, sondern jagte auch dämonische Mächte wie die Riesen. Ortsnamen, Figuren und Thorshämmer als Amulette sind Indizien dieser großen Beliebtheit.

Abbildung XVII: Das wikingerzeitliche Denkmal ist nicht nur christlicher Herkunft, es greift auch auf Vorstellungen der heidnischen Mythologie zurück. Das obige Motiv zeigt die Szene während des Weltuntergangs Ragna-rök, in der der Fenriswolf Odin verschlingt.

Abbildung XVIII: Jede Zeit macht sich ihr Bild des Cheruskerfürsten Arminius, sei es römisch, barock oder wilhelminisch. Wie er wirklich aussah, weiß niemand.

Abbildung XIX: In Frankreich genießt der Merowingerkönig Chlodwig (französisch Clovis) einen hohen Stellenwert, gilt er doch als erster Herrscher der Nation. Durch seine Taufe gelang ihm die Begründung eines Staates, in dem die germanischen Franken von der galloromanischen Bevölkerung assimiliert wurden. An Clovis knüpfte noch 1300 Jahre später Napoleon an, als er sich 1804 zum Kaiser der Franzosen krönte. Titelbild eines französischen Kinderbuches.

worden. Der Rest der Überlieferung ist glaubwürdig, denn die genannten Götter Thor, Wodan und Frikko entsprechen Thor, Odin und
Freyr. 1200 Jahre nach dem Kimbern- und Teutonenzug, bei dem römische Autoren von Menschenopfern berichten, scheinen im Norden
solche blutigen Opfer immer noch üblich gewesen zu sein. Erst das
siegreiche Christentum verbot das Opferwesen genauso wie die Sitte,
den Toten Beigaben mit ins Grab zu legen und darüber einen Hügel
zu errichten. Mit ihm öffnete sich der Norden der abendländischen
Kultur.

Island: traditionsreiche Insel im Nordatlantik

Eine ferne Insel im Nordatlantik, näher dem arktischen Grönland als
Europa, sollte die letzte Blütezeit einer germanisch geprägten Gesellschaft erleben und viele Traditionen weiterpflegen: Island. Die Insel
mit ihren Vulkanen und Gletschern wurde erst um 874 durch einen
norwegischen Seefahrer namens Ingolfr Arnarson besiedelt. In den
nächsten Jahrzehnten nahmen einige zehntausend Männer, Frauen und
Kinder mit ihrem Vieh die gefahrvolle Fahrt über den Nordatlantik auf
sich. Sie kamen in der Mehrzahl aus Norwegen, von wo viele Häupt-
lingsfamilien vor dem rigorosen Reichseiniger Harald Schönhaar
flohen. Viele kamen aber auch von den Britischen Inseln, vor allem aus
Irland. Unter ihnen waren, häufig als Unfreie, Kelten. Ihr Einfluss war
von Anfang an auf Island präsent, sodass die isländische Gesellschaft
nicht nur germanische, sondern auch keltische Einflüsse zeigte. Am
Beginn wie am Ende germanischer Geschichte steht damit die enge Beziehung zur keltischen Kultur.

Auf Island teilte eine Schicht reicher und mächtiger Großbauern das
Land unter sich auf. Eine besondere Gruppe stellten unter ihnen die
Goden dar, denen als heidnische Priester auch der Opferkult oblag.
Für die freien Bauern, die überwiegend von der Schafzucht lebten, war
es am sichersten, sich einem mächtigen Häuptling anzuschließen und
in dessen Gefolgschaft einzutreten. Hier wurde noch der alte Brauch
der Volksversammlung gepflegt: Im Juni eines jeden Jahres kamen die
freien Männer zum Allthing auf der Ebene Thingvellir zusammen. Auf
dieser Versammlung, dem gesellschaftlichen Höhepunkt des Landes,
hatten die mächtigen Häuptlinge das Sagen, ohne die Unterstützung
eines Goden blieb ein kleiner Bauer schutz- und einflusslos. Das alte
Island war eine Stammes- und Häuptlingsgesellschaft ohne staatliche
Institutionen. Mit einer Ausnahme: Auf jeweils drei Jahre bestimmte

die Dingversammlung den Gesetzessprecher, dessen wichtigste Aufgabe es war, die mündlich bestehenden Gesetze aufzusagen. Er war darüber hinaus eine Art Ehrenpräsident des Landes, der durch den Vorsitz auf dem Allthing eine gewisse Macht hatte.

Dies erwies sich deutlich im Jahre 1000, als es zwischen den Heiden und den Christen, die es auf der Insel schon seit der frühesten Besiedlung gab, zum Streit über den Glauben kam. Auf Initiative des Gesetzessprechers einigte man sich auf eine Abstimmung. Die Mehrheit entschied sich für die Annahme des christlichen Glaubens, der heidnischen Minderheit wurden einige Rechte zugestanden. Somit dürfte Island das einzige Land sein, in dem ein Glaubenswechsel nach demokratischen Gepflogenheiten vorgenommen wurde.

Island bewahrte viele germanische Traditionen: Neben dem Ding auch die mündliche Überlieferung alter Geschichten und Gedichte, die Benutzung von Runen für kürzere Inschriften und die bereits beschriebene Gesellschaftsordnung. Vieles davon wurde im hohen Mittelalter von Gelehrten aufgezeichnet und blieb auf diese Weise erhalten. Das so ferne und unwirtliche Island war eine Nation der Erzähler und Dichter. Ihnen sind unschätzbare Nachrichten über die letzte heidnisch-germanische Kultur zu verdanken.

10. Das Nachleben der Germanen

Der Volksname wird unpopulär

Der seit Caesar populär gewordene Name der Germanen verlor noch zu Zeiten des Römischen Reiches an Bedeutung. Stattdessen sprachen die lateinischen und griechischen Historiker von den neuen großen Stammesverbänden, die als Alamannen, Sachsen, Franken und Goten das Imperium bedrohten. Im Fränkischen Reich bürgerte es sich ein, als Germania im Sinne Caesars die östlichen Reichsteile jenseits des Rheins zu bezeichnen, im Westen davon lebten die Menschen dementsprechend in Gallia. Nach der Reichsteilung meinte man das Ostfrankenreich, wenn man von der Germania sprach. Mit volksmäßigen Zuordnungen hatte man dabei nicht viel im Sinn, denn in diesem Germanien lebten sowohl germanische Stämme als auch Slawen. Keinem Menschen wäre in dieser Zeit eingefallen, sich in erster Linie als Germane zu bezeichnen. Man war Franke, Sachse oder Baier.

Die geistlichen Gelehrten des frühen Mittelalters schrieben von großen Männern oder von der Geschichte des eigenen Stammes. Dabei wurde die historische Wahrheit, wie man sie heute versteht, nicht allzu ernst genommen. Es galt nicht als besonders ruhmvoll, von heidnischen Barbaren aus den Urwäldern zwischen Rhein und Elbe abzustammen. Die Welt der alten antiken und biblischen Reiche sollte auch die Heimat des eigenen Volkes sein. So wurde spekuliert und fabuliert, um eine Verbindung zu den Kulturvölkern herstellen zu können. Mit verblüffenden Ergebnissen: Die Franken sollten danach Abkömmlinge der Trojaner sein, die es nach der griechischen Eroberung ihrer Stadt in alle Welt verschlagen hatte. Die Sachsen, erst verhältnismäßig spät in die Reihe der christlichen und zivilisierten Völker eingetreten, gingen nicht ganz so weit mit ihrem neuen Stammbaum. Sie führten sich auf versprengte Reste des Heeres von Alexander dem Großen zurück. Die Baiern sollten ursprünglich aus Armenien gekommen sein und hatten wegen dieser vermeintlichen Herkunft etwas mit dem biblischen Urvater Noah zu tun, strandete doch seine Arche auf dem dortigen Berg Ararat. Und nachdem schließlich selbst die Wikinger Christen geworden waren und sich antikes Bildungsgut angeeignet hatten, betrieben auch die skandinavischen Gelehrten Ahnenforschung in diesem Sinne. So glaubte man, die Dänen auf die antiken Daker im heutigen Rumänien zurückführen zu können.

Besonders ausgeprägt war die Fantasie eines Geistlichen, der gegen Ende des 11. Jahrhunderts im rheinischen Kloster Siegburg ein kleines Epos in seiner deutschen Sprache verfasste, in dem er den verstorbenen Kölner Erzbischof Anno rühmte. Als Einführung schrieb er eine Geschichte, die die Deutschen – er war überhaupt der Erste, der das Wort häufiger verwendete – gegen Caesar kämpfen ließ. Die Schwaben, die Baiern, die Franken und wie sie alle hießen erwiesen sich als so tapfer, dass sie der Römer zwar besiegte, aber zugleich den Ruhm dieser »deutschen Männer« anerkannte. Damit hatte der gelehrte Klosterschreiber einen beachtlichen Anfang gesetzt. Scheint er doch die Deutschen, die sich übrigens weder vor noch unmittelbar nach ihm als Nation verstanden, irgendwie mit den Germanen gleichgesetzt zu haben, gegen die Caesar historisch korrekt gestritten hatte.

Der Gleichung Germanen gleich Deutsche folgte sehr bald die Gleichung Gallier gleich Franzosen. Mit dieser völlig unhistorischen Identifizierung konnte man der Rivalität zwischen den deutschen und französischen Herrschern des Mittelalters eine lange Tradition andichten. Trotzdem kam der eigentliche Durchbruch dieser Gleichsetzung erst Jahrhunderte später.

Eine falsche Gleichung: Germanen = Deutsche

Verantwortlich dafür zeichneten die Humanisten in den Jahrzehnten um 1500, jene Gelehrten, die sich vom mittelalterlichen Weltbild abwandten und die Antike mit ihrer Bildung als großes Vorbild nahmen. Als die einzig erhaltene Handschrift der *Germania* des Tacitus entdeckt wurde, wirkte die Schrift in Italien wie in Deutschland als Sensation. Die deutschen Humanisten allerdings, Männer mit heute wenig bekannten Namen wie Konrad Celtis, Jakob Wimpfeling und Heinrich Bebel, gaben der wieder gefundenen Schrift über die Germanen eine ganz besondere Bedeutung. Obwohl hoch gebildet und des Lateinischen wie des Griechischen mächtig, verstanden sie die Schilderungen des Tacitus äußerst patriotisch, ja chauvinistisch – wobei dies natürlich eine moderne Bewertung ist.

Für sie waren die Germanen die »ersten Deutschen«, Urväter und Urmütter des deutschen Volkes. Alles, was als germanisch galt, war altertümlich, rein und eben typisch deutsch. Die Franzosen und Italiener dagegen stellten das Romanische dar, die Tradition des alten Rom, das die freien Germanen stets unterdrücken wollte. Ulrich von Hutten, Ritter, Gelehrter und Dichter, dazu in viele politische Händel seiner Zeit verstrickt, machte aus dem cheruskischen Häuptling und römischen Offizier Arminius einen ersten deutschen Nationalhelden, »den aller besten und aller stercksten hauptmann der je auff erdenn gewest ist. Welcher nit allein sein vatterlandt, sonder gantz Germanien und teutsch land aus den händen der Römer die zeit do sie am mechtigsten und reichsten waren erledigt und gerissen, und die Römer mit vil und ungehörten schlachten darnieder gelegt, menlich verdriben und veriagt«, so in der heute holprig wirkenden Sprache vor 500 Jahren. Deutsche Humanisten kamen auch auf die Idee, aus dem römischen Namen Arminius einen deutschen Hermann zu machen, was sprachgeschichtlich überhaupt nicht möglich ist.

Vor einem halben Jahrtausend wurde also das Germanenbild kreiert, das kaum etwas mit dem historischen Vielstämmevolk zu tun hatte: Die Germanen waren die frühen Deutschen. Was Tacitus über die Germanen geschrieben hatte, galt deshalb konsequenterweise in vielen Punkten auch für die zeitgenössischen Deutschen. Hermann der Cherusker war der erste deutsche Held. Das Germanische war immer das Gute. Der böse Feind ließ sich nach Bedarf auswechseln: Zuerst übernahmen die Römer diese Funktion, dann die Franzosen, dann die römisch-katholische Kirche, schließlich in der jüngsten Vergangenheit die Juden. Es war eine gefährliche und fatale Gegenüberstellung, zu der die Humanisten den Keim gelegt hatten und die Jahrhunderte später ihre schrecklichsten Folgen zeigen sollte.

Die Nationalisierung der Germanen

Die unruhigen und bewegten Jahre um 1800 brachten schließlich den letztendlichen Durchbruch des politischen Germanenbildes. Vor allem in den Kämpfen gegen das napoleonische Frankreich entwickelte sich ein deutsches Nationalbewusstsein. Dichter und Gelehrte griffen gern auf den alten Germanen-Gallier- bzw. Germanen-Römer-Gegensatz zurück. Heinrich von Kleist, ohne Zweifel einer der bedeutendsten deutschen Dichter, schrieb mit der *Hermannsschlacht* ein geradezu hasserfülltes Drama, das die Schlacht im Teutoburger Wald dazu verwendet, den preußischen und deutschen Widerstand gegen Frankreich zu fordern.

Nach dem Sieg über die Legionäre des Varus lässt der Dichter seinen Hermann mit dem pathetischen Aufruf enden:

>»Ihr aber kommt, ihr wackern Söhne Teuts,
Und lasst, im Hain der stillen Eichen,
Wodan für das Geschenk des Siegs uns danken! –
Uns bleibt der Rhein noch schleunig zu ereilen,
Damit vorerst der Römer keiner
Von der Germania heilgem Grund entschlüpfe:
Und dann – nach Rom selbst mutig aufzubrechen!«

Die römische Hauptstadt soll in Schutt und Asche gelegt werden. Kleist richtet diese Worte gegen Frankreich, das den damaligen Deutschen als Bösewicht der Zeit galt. Auch wenn das Drama außer der Verwendung historischer Personen und Ereignisse in einer damals aktuellen Bedeutung nichts mit den Germanen zu tun hatte, die Wirkung solcher Texte war dauerhaft und prägte für lange Zeit das Germanenbild.

Die Zeit der Romantik und des nationalen Überschwangs in den Befreiungskriegen brachte so manches Zeugnis dieser Art hervor. Ein Mann wie der Bonner Geschichtsprofessor Ernst Moritz Arndt, als Kämpfer um bürgerliche Freiheiten und späterer Abgeordneter der Frankfurter Paulskirche keineswegs ohne Verdienste, lobte die vermeintliche Rassereinheit der Deutschen: »Die Deutschen sind nicht durch fremde Völker verbastardet, sie sind keine Mischlinge geworden, sie sind mehr als viele andere Völker in ihrer angeborenen Reinheit geblieben und haben sich aus dieser Reinheit ihrer Art und Natur nach den stetigen Gesetzen der Zeit langsam und still entwickeln können; die glücklichen Deutschen sind ein ursprüngliches Volk.« Hier nahm der spätere Rassenwahn des Nationalsozialismus einen Anfang.

Aber mit dem beginnenden 19. Jahrhundert beschäftigte man sich auch sehr verdienstvoll mit der Geschichte und Literatur der Deutschen. So manche alte Handschrift des Mittelalters wurde nicht nur entdeckt oder wieder gefunden, sondern auch in Buchausgaben einem größeren Publikum bekannt gemacht. Dazu gehörte das *Nibelungenlied*, aber auch die Götter- und Heldenlieder der altnordischen *Edda*, darunter fanden sich nicht nur Reste der hochmittelalterlichen höfischen Kultur, sondern auch Lieder und Zaubersprüche, die man mit den Germanen und ihrer Kultur in Zusammenhang brachte. Die Begriffe Deutsch und Germanisch blieben aber bei allem wissenschaftlichen Fortschritt eng miteinander verbunden. Augenfällig belegt das die Bezeichnung Germanistik für die Wissenschaft der deutschen

Das monumentale Hermannsdenkmal des Bildhauers Ernst von Bandel steht wie das Niederwalddenkmal bei Rüdesheim am Rhein, das eine personifizierte Germania zeigt, und wie viele andere Monumente für wilhelminische Geschichtsauffassung. Das junge deutsche Kaiserreich führte seine Wurzeln auf »Hermann den Cherusker« zurück. Die wilhelminischen Germanen sind Produkte der national betonten Vorstellungswelt des 19. Jahrhunderts und haben mit ihren historischen Namengebern wenig gemein.

Sprache und Literatur. Jacob Grimm, mit seinem Bruder Wilhelm eine Art Gründungsvater der jungen Forschungsrichtung, schrieb eine dickleibige *Deutsche Mythologie*, die die Mythen und die Religion der Germanen zum Thema hatte.

Die Isländer erfreuten sich in Deutschland großer Beliebtheit, hatten sie doch in ihren Traditionen vermeintliches deutsches Erbe besonders lange bewahrt. Auch dies war eine nicht richtige Gleichsetzung, mit deren Hilfe man aber auf die reiche Götterwelt des Nordens zurückgriff, um vom germanisch-deutschen Heidentum zu fabulieren. In der zweiten Hälfte des 19. Jahrhunderts sorgte Richard Wagner mit seinen Opern für eine weitere Verbreitung vermeintlich germanischer Stoffe und Motive. Besonders für sein Bühnenfestspiel *Der Ring des Nibelungen* griff er auf mittelalterliche Überlieferungen zurück. Der Komponist und Dichter bediente sich nicht nur des mittelhochdeutschen *Nibelungenliedes*, sondern auch altnordischer Texte, um ein modernes Anliegen in historischem Gewand zu präsentieren. So tummelten sich neben dem tragischen Helden Sigfrid Walküren, Nornen und andere Wesen der skandinavischen Mythologie auf der Bühne. Abgesehen von den Inhalten waren es die Bühnendekorationen und Kostümentwürfe, die sich am damals herrschenden Bild der Wikingerzeit orientierten, beim deutschen Publikum aber zusehends als beispielhaft für alles Germanische angesehen wurden. So stellte man neben die Gleichung Germanisch = Deutsch noch einen weiteren Begriff: Nordisch als Bezeichnung für den Norden und die angebliche Urheimat der Germanen. Germanisch = Deutsch = Nordisch war von nun an ein Dreiklang, der besonders in nationalen Kreisen eifrig gepflegt wurde.

Von der Germanentümelei zum mörderischen Rassenwahn

Nach der Niederlage des deutschen Kaiserreichs im Ersten Weltkrieg, 1918, verband eine Anzahl von Gruppen, Gesellschaften, Vereinen und Parteien die germanisch-nordischen Versatzstücke mit einem aggressiven Rassismus. Ansätze wie der von Ernst Moritz Arndt fanden gegen Ende des 19. Jahrhunderts eine reiche ideologische Ausprägung, etwa in den Lehren des Franzosen Arthur Comte de Gobineau (1816-1882), der vom besonderen Erbgut der germanischen Rasse ausging, und des Engländers Houston Stewart Chamberlain (1855-1927). Aus dem lediglich sprachhistorisch begründeten und angenommenen Volk der Indogermanen griff man sich den Begriff des Ariers heraus und verstand ihn im rassischen Sinn. Damit war der Grundstein gelegt für

Fritz Langs Interpretation des *Nibelungenliedes* und der germanischen Heldensagen entstand 1924 als monumentales Filmwerk in zwei Teilen und schrieb Filmgeschichte. Das Publikum war in den 20er-Jahren besonders von Sigfrids Kampf mit dem Drachen und von der Darstellung seiner Ermordung durch Hagen beeindruckt. Bis in die Gegenwart werden Stoffe und Motive der Heldensage von hoher und populärer Kunst aufgegriffen und aktuell gestaltet.

viele obstruse Lehren, in deren Mittelpunkt der angeblich reinrassige nordische Mensch stand, der arische Germane und Deutsche, den es de facto nie gegeben hat.

Aus den verhältnismäßig unterentwickelten und wanderfreudigen Männern und Frauen einer antiken Randkultur fantasierten sich schließlich die Ideologen des Nationalsozialismus eine »germanische Rasse« zusammen, die einer Blut-und-Boden-Ideologie verhaftet war und deren höchste Werte der das Land bebauende Bauer, seine Sippe und seine Scholle gewesen sein sollen. Von den brutalen Stammeskämpfen zur Zeit eines Arminius war in diesem Zusammenhang keine Rede mehr. Den Germanen wurde im Gegenteil eine Hochkultur angedichtet, die sich mit der griechischen und römischen vergleichen ließ. Nach 1933 entwickelten die Nazis die Scheinwissenschaft einer völkischen Rassenlehre, mit der die Ermordung von Millionen Menschen begründet wurde. An der Spitze des »Großdeutschen Reiches« stand mit Adolf Hitler der »Führer aller Germanen«, wie einer seiner »Ehrentitel« lautete. Die Hauptstadt des zukünftigen germanischen Großreiches sollte »Germania« werden, die im Größenwahn umgestaltete Stadt Berlin.

Mit dem »Tausendjährigen Reich«, das mit zwölf Jahren schon viel zu lang währte, fand die so genannte Germanenideologie, wie sie sich seit den Humanisten entwickelt hatte, ihren schrecklichen Höhepunkt. Ihre Deutschgermanen hatten mit jener bunten Völker- und Stämmegruppe der Antike und des frühen Mittelalters außer den Namen kaum etwas gemein. Gleichwohl litten die Germanen nach 1945 an einem Misskredit, der nur zu verständlich war. Hatten sich doch viele Fachwissenschaftler und vermeintliche Germanenexperten – Germanisten, Archäologen, Historiker – oftmals nur zu bereitwillig an der rassistischen Germanentümelei beteiligt.

Germanen heute

In den letzten Jahrzehnten versachlichte sich dagegen die Erforschung dieser für die europäische Geschichte so wichtigen Völkergruppe. Neue Erkenntnisse führen das Bild der Germanen weit weg vom engstirnigen Rassebegriff der Vergangenheit. Einige Ewiggestrige missbrauchen immer noch vermeintlich germanische Symbole wie etwa die Runen, denen bis heute ungerechterweise das Odium des Rechtsextremen und Ideologischen anhaftet. Dagegen ist die Verwendung germanischer Motive durch esoterische Gruppen oder so genannte Neuheiden eher amüsant, glauben sie doch zumeist an eine bunte Mixtur einzelner Elemente, die historisch nirgends bezeugt sind. Runenpendeln und ähnliche Techniken haben mehr mit moderner Fantasie als mit germanischer Geschichte zu tun.

Die Fantasyliteratur griff verstärkt auf die große Fülle altnordischer Literatur und Religion zurück, die ja nicht ohne weiteres mit den Germanen gleichgesetzt werden kann. Hier ist der bekannteste Germanengott zu spätem Ruhm gelangt. Der englische Professor J. R. R. Tolkien, der ein Kenner germanischer Sprachen war, schrieb mit seinem *Herrn der Ringe* einen Bestseller. Seinem populären Zauberer Gandalf hat er Name und Gestalt aus der altnordischen Überlieferung gegeben: Der Name bedeutet Zauberelbe, und wallender Umhang, weiter Hut und Stab erinnern auffallend an das Bild, das sich die Skandinavier als letzte heidnische Germanen von dem Gott Odin machten.

Anhang

Die Germanen –
Volk der vielen hundert Stämme

ADUATUKER: Linksrheinische, keltisierte Germanen im Raum Lüttich (um 55 vor Chr.).

AESTEN: Stamm an der Ostsee (1. Jahrhundert).

ALAMANNEN (Alemannen): Großstamm seit dem 3. Jahrhundert. Alte Heimat: Zum Teil das Elbgebiet. Neue Heimat: Südwestdeutschland, Elsass, Nordschweiz. Seit etwa 500 standen die Alamannen unter fränkischem Einfluss, seit 746 waren sie Teil des Frankenreiches.

AMBRONEN: Stamm des 2. Jahrhunderts vor Chr. aus Jütland, Amrum, wahrscheinlich germanisch. Teilnehmer der Kimbern- und Teutonenzüge bis nach Südfrankreich.

AMSIVARIER: Stamm an der Ems, später an der Wupper (1. Jahrhundert). Er wurde ein Teil der Franken.

ANGELN: Stamm nördlich der Elbe, in Schleswig und Jütland (1. Jahrhundert).

ANGELSACHSEN: Bezeichnung der Stämme der Angeln, Sachsen und Jüten, die in der Mitte des 5. Jahrhunderts von Jütland und Norddeutschland nach England auswanderten.

ANGRIVARIER: Stamm an der Mittelweser (1. Jahrhundert). Im 8. Jahrhundert als Engern Teil der Sachsen.

ASDINGEN (HASDINGEN): Als Teilstamm der Vandalen in Skandinavien und später in Gebieten Osteuropas.

AVIONEN: Stamm auf den Nordfriesischen Inseln (1. Jahrhundert).

BAETASIER: Keltisierte Germanen in der Maasgegend (um 55 vor Chr.).

BAIERN (BAJUWAREN): Großstamm seit dem 5./6. Jahrhundert, entstanden im bayerischen Donaugebiet, wahrscheinlich aus Teilen der Markomannen und anderer Stämme. Seit dem 6. Jahrhundert standen die Baiern unter fränkischem Einfluss, 788 wurden sie endgültig Teil des Frankenreiches.

BASTARNEN: Ein früher germanischer Stamm, der im 3. Jahrhundert vor Chr. aus dem Ostseeraum zum Schwarzen Meer wanderte. Später wird sein Name auf dem nördlichen Balkan erwähnt.

BATAVER: Stamm am Niederrhein (um die Zeitenwende), der später zur römischen Provinz Germania Inferior gehörte.

BRUKTERER: Stamm zwischen Lippe und Ems (um die Zeitenwende). Später Teil der Franken.

BUKINOBANTEN: Im 4. Jahrhundert kleiner alamannischer Teilstamm an der Mainmündung.

BURER: Stamm im Quellgebiet der Oder (1. Jahrhundert).

BURGUNDEN (BURGUNDER): Ostgermanisches Volk aus dem Ostseegebiet (Bornholm). Es wanderte in den ersten nachchristlichen Jahrhunderten über den Weichselraum zum Main. Im 5. Jahrhundert Reich um Worms, schließlich Ansiedlung am Genfer See und in Savoyen. Seit 534 Teil des Frankenreiches.

CAEROSEN: Linksrheinische, keltisierte Germanen (um 55 vor Chr.).

CANNINEFATEN: Stamm an der niederländischen Küste, mit den Batavern verwandt (1. Jahrhundert).

CHAMAVEN: Stamm östlich des Niederrheins (1. Jahrhundert), später Teil der Franken.

CHASUARIER: Stamm zwischen Ems und Weser (1. Jahrhundert).

CHATTEN: Großer Stamm im Hessischen Bergland (1. Jahrhundert). Später Teil der Franken.

CHATTUARIER: Stamm im Ruhrgebiet, der später Teil der Franken wurde.

CHAUKEN: Stamm an der Nordsee zwischen Ems und Elbe (1. Jahrhundert). Später Teil der Franken oder Sachsen.

CHERUSKER: Zur Zeitenwende Stamm zwischen Weser und Elbe, der später nicht mehr genannt wird.

CONDRUSEN: Linksrheinische, keltisierte Germanen in der Maasgegend (um 55 vor Chr.).

CUGERNER: Teil der Sugambrer, der seit der Zeitenwende links des Niederrheins siedelte.

DÄNEN: Der Stamm breitete sich in den nachchristlichen Jahrhunderten von Südschweden über die dänischen Inseln und Jütland aus.

DULGUBINER: Im oberen Weserraum Nachbarn der Angrivarier und Cherusker (1. Jahrhundert).

EBURONEN: Linksrheinische, keltisierte Germanen zwischen Maas und Niederrhein, die 53 vor Chr. von Caesar als eigenständiger Stamm vernichtet wurden.

EUDUSEN: Wahrscheinlich ein Teil der Jüten, dessen Krieger 58 vor Chr. unter Ariovist am Oberrhein kämpften.

EUTEN: Teil der Jüten oder älterer Name des ganzen Stammes, der teilweise im 5. Jahrhundert nach England zog, im 6. Jahrhundert Teilnahme an Raubzügen.

FOSEN: Nachbarstamm der Cherusker (1. Jahrhundert).

FRANKEN: Großstamm seit dem 3. Jahrhundert. Alte Heimat: Rhein-Weser-

Gebiet östlich des Niederrheins. Ausdehnung in die Niederlande, nach Nordfrankreich, Rheinland, Hessen, Maingebiet, Pfalz.

FRIESEN: Stamm an der Nordseeküste zwischen Rheinmündungsgebiet und Ems (um die Zeitenwende). Seit der Mitte des 1. Jahrtausends dehnten sie ihre Siedlungsgebiete bis zur Weser und an die schleswig-holsteinischen Küstengebiete aus. Sie standen zum Teil unter der Abhängigkeit des Frankenreiches.

GAMBRIVIER: Stamm östlich des Rheins, zwischen Ruhr und Sieg (1. Jahrhundert).

GAUTEN: Volk im schwedischen Götaland, dessen Gebiete bis zum 10. Jahrhundert von den Svear aus Uppland erobert wurden.

GEPIDEN: Ursprünglich Teil der Goten, im 3. Jahrhundert an der unteren Donau, um 500 Gepidenreich in Ungarn, das 567 den Langobarden und dem Steppenvolk der Awaren unterlag.

GOTEN: Großstamm in den ersten Jahrhunderten zwischen Ostsee und Schwarzem Meer. Alte Heimat: zum Teil in Skandinavien. Gegen 300 Aufteilung in West- und Ostgoten.

HARIER: Stamm im Odergebiet (1. Jahrhundert).

HARUDEN: Stamm, der sich um 110 vor Chr. dem Kimbern- und Teutonenzug anschloss und 58 vor Chr. mit Ariovists Sueben gegen Caesar gekämpft hat. Seine Heimatgebiete lagen wahrscheinlich in Jütland.

HELISIER: Stamm der Lugier zwischen Oder und Weichsel (1. Jahrhundert).

HERMUNDUREN: Um die Zeitenwende siedelte der Stamm im Elbgebiet, später drang er nach Böhmen und an den Main vor. Im 2. Jahrhundert Teilnehmer an den Markomannenkriegen. Der Stamm ging in den Thüringern oder Alamannen auf.

HERULER (ERULER): Ursprünglich nordgermanischer Stamm, der mit seinen Kriegerverbänden zwischen dem 3. und 6. Jahrhundert in weiten Teilen Europas auftauchte. Siedlungsgebiete soll es am Niederrhein und auf dem Balkan gegeben haben.

JÜTEN: Stamm auf der dänischen Halbinsel Jütland, der um 450 an der angelsächsischen Eroberung Englands beteiligt war.

JUTHUNGEN: Stamm, der im 3. Jahrhundert in Bayern nördlich der Donau lokalisiert wird. Bis ins 5. Jahrhundert unternahm er Raubzüge in die römischen Provinzen südlich der Donau. Danach wurde er Teil der Alamannen.

KIMBERN: Stamm aus Nordjütland, der um 120 vor Chr. mit den Teutonen und Ambronen südwärts zog und von römischen Truppen 101 vor Chr. in Norditalien besiegt wurde. Der zurückgebliebene Teil des Volkes siedelte noch um die Zeitenwende in der alten Heimat.

KRIMGOTEN: Teil der vom Ostseegebiet im 3. Jahrhundert zum Schwarzen Meer gezogenen Goten. Auf der Krim wurde während des Mittelalters noch gotisch gesprochen, Reste der Sprache wurden im 16. Jahrhundert aufgezeichnet.

LANGOBARDEN: Im 1. Jahrhundert lagen die Siedlungsgebiete des Stammes an der Elbe. Später zog er nach Niederösterreich und Ungarn und eroberte 568 Nord- und Mittelitalien. Das Langobardenreich wurde 774 Teil des Frankenreiches.

LEMOVIER: Stamm an der südlichen Ostseeküste zwischen Oder- und Weichselmündung (1. Jahrhundert).

LUGIER: Eine Gruppe von Stämmen im südlichen Polen, deren Name in den ersten drei Jahrhunderten nach Chr. genannt wird. Sie gehörten möglicherweise den Vandalen an.

MANIMER: Stamm in der Nachbarschaft der Lugier.

MARKOMANNEN: Stamm des Suebenbundes, der 58 vor Chr. unter Ariovist am Oberrhein gegen Caesar kämpfte. Seine alten Gebiete lagen am Main, um die Zeitenwende entstand unter Marbod ein germanisch-keltisches Markomannenreich in Böhmen. In der 2. Hälfte des 2. Jahrhunderts war der Stamm neben anderen ein Unruheherd nördlich der Donau. Aus Teilen der Markomannen entstanden wahrscheinlich die Baiern.

MARSAKER: Kleiner Nachbarstamm der Bataver, verwandt mit den Marsern.

MARSER: Stamm zwischen Lippe und Ruhr (1. Jahrhundert), vorübergehend ein Stämmebund.

MARSIGNER: Stamm an der oberen Elbe in Nordböhmen (1. Jahrhundert).

MATTIAKER: Teil der Chatten im Taunus und im Rheingau um Wiesbaden (1. Jahrhundert).

NAHARNAVALEN: Teil der Lugier in Südpolen (1. Jahrhundert).

NARISTEN: Stamm im nördlichen Bayern (1. Jahrhundert).

NEMETER: Stamm, der 58 vor Chr. zu den suebischen Gruppen des Ariovist gehörte. Im 1. Jahrhundert nach Chr. linksrheinische Siedlungsgebiete in der Pfalz um Speyer.

NERVIER: Um die Zeitenwende Stamm der gallischen Belger, angeblich germanischer Herkunft.

NUITHONEN: Stamm im Ostseeraum (1. Jahrhundert).

OSTGOTEN (AUSTROGOTI): Teilvolk der Goten, seit dem 3. Jahrhundert nördlich des Schwarzen Meeres. Im 4. Jahrhundert auf dem Balkan. 493 bis 555 Ostgotenreich in Italien.

PAEMANEN: Linksrheinische, keltisierte Germanen (um 55 vor Chr.)

PEUKINER: Teilstamm der Bastarnen.

QUADEN: Suebischer Stamm im Maingebiet, der sich um die Zeitenwende mit den verbündeten Markomannen in östlicher Richtung nach Böhmen und

Mähren ausdehnte. Um 400 schlossen sich Teile des Stammes dem Vandalen-zug an und errichteten in Nordwestspanien ein Reich, das bis ins 6. Jahrhun-dert bestand. Ein anderer Teil zog mit den Langobarden nach Oberitalien.

REUDIGNEN: Stamm in Schleswig-Holstein (1. Jahrhundert).

RIPUARIER (RHEINFRANKEN): Teil der Franken, dessen Gebiete im Rheinland lagen. Seine Herrscher wurden um 500 von den Merowingern beseitigt.

RUGIER: Ihre ursprünglichen Stammessitze lagen wohl in Südwestnorwegen. Im 1. Jahrhundert sind sie an der Ostsee im Gebiet der Odermündung zu finden. Später zogen sie durch Osteuropa und siedelten sich schließlich in Niederösterreich an. Ihr Reich wurde 488 von Odoaker zerstört. Danach schloss sich der Stamm Theoderichs Ostgoten an. In dessen oberitalie-nischem Reich ist er im 6. Jahrhundert aufgegangen.

SACHSEN: Großstamm, dessen Kern im 2. Jahrhundert nördlich der Elbe sie-delte. In den folgenden Jahrhunderten dehnten sich die Sachsen nach Süden aus, wobei sie viele kleine Stämme aufnahmen. Im 8. Jahrhundert erstreck-ten sich ihre Gebiete über Westfalen und Niedersachsen. Seit 804 war das Sachsenland Teil des Frankenreiches. Ein Teil des Stammes zog um 450 nach England.

SALIER: Im 4. Jahrhundert erstmals erwähnter großer Teilstamm der Franken. Er dehnte seine Gebiete am Niederrhein in südwestlicher Richtung über Belgien aus. Unter ihrem Herrschergeschlecht der Merowinger wurden sie um 500 zum führenden Teil der Franken.

SEGNER: Linksrheinische, keltisierte Germanen (um 55 vor Chr.).

SEMNONEN: Im 1. Jahrhundert Stamm der Sueben, dessen Land zwischen Elbe und Oder, etwa in Brandenburg, lag. Später in den Alamannen aufgegan-gen.

SILINGEN: Teilstamm der Vandalen, der im 2. Jahrhundert in Schlesien siedelte.

SKIREN: Stamm, der im 3. und 4. Jahrhundert zwischen Karpaten und Schwar-zem Meer zu finden ist. Im Laufe der Völkerwanderung zog er nach Un-garn, wo sein Reich im 5. Jahrhundert unterging.

STURIER: Kleiner Stamm im Bereich der Maas- und Scheldemündung, den Marsakern und Batavern benachbart.

SUARDONEN: Kleiner Stamm im westlichen Ostseeraum (1. Jahrhundert).

SUEBEN (SWEBEN): Großer, lockerer Stammesverband aus Gebieten an der Elbe und östlich davon. Um 70 vor Chr. tauchten nach Gallien eindrin-gende Sueben erstmals im römischen Blickfeld auf. 58 vor Chr. wurden sie unter Ariovist von Caesar besiegt. Der Suebenname ging später auf die Alamannen über (Schwaben).

SUGAMBRER (SIGAMBRER): Stamm rechts des Rheins zwischen Lippe und Sie-bengebirge (um 55 vor Chr.). Später in linksrheinische Gebiete umgesiedelt. Das Volk ging in den Franken auf.

SUIONEN: Stamm in Skandinavien, dessen Name mit den Schweden weiterlebt (1. Jahrhundert).

SUNUKER: Linksrheinische, keltisierte Germanen.

SVEAR: Stamm in Mittelschweden, der wohl mit den Suionen identisch ist. Von den Svear ging in der Wikingerzeit durch die Eroberung des Gautenreiches die Einigung Schwedens aus.

TAIFALEN: Stamm, der seit dem 3. Jahrhundert mit den Westgoten auf dem Balkan genannt wird. Später nahm er an deren Zügen teil und taucht in vielen Teilen Europas auf.

TENKTERER: Um 55 vor Chr. mit den Usipeten verbundener rechtsrheinischer Stamm zwischen Ruhr und Sieg, der seine Gebiete rheinaufwärts ausdehnte.

TEUTONEN: Stamm, der um 325 vor Chr. im westlichen Jütland an der Nordsee siedelte. Nach 120 vor Chr. zog er mit den Kimbern südwärts. 102 vor Chr. wurden die Teutonen in Südfrankreich von einem römischen Heer geschlagen.

TEXUANDRER: Linksrheinische, keltisierte Germanen.

THÜRINGER: Der Stamm wird erstmals um 400 genannt. Im 5. Jahrhundert entstand an Saale und Unstrut ein thüringisches Reich, das 531 von den Franken unterworfen wurde. Als Teil des Frankenreiches blieb es zeitweise relativ unabhängig.

TRIBOKER: Keltisierter Suebenstamm im Elsass (1. Jahrhundert).

TUBANTEN: Stamm auf dem rechten Rheinufer im Umfeld der Usipeten und Tenkterer (1. Jahrhundert).

TUNGRER: Keltisierter Germanenstamm in Belgien (1. Jahrhundert).

UBIER: Stamm, dessen Sitze rechtsrheinisch zwischen Lahn und Main lagen. 38 vor Chr. wurden die mit Rom Verbündeten auf das linke Rheinufer umgesiedelt. Aus dem Hauptort der Ubier entwickelte sich die Stadt Köln (Colonia Claudia Ara Agrippinensium), nach deren Namen sie sich Agrippinenser nannten.

USIPETEN (USIPIER): Ein mit den Tenkterern verbundener rechtsrheinischer Stamm.

VANDALEN (WANDALEN): Stamm, dessen Kern aus Nordjütland stammt. Das Volk zog über die Weichselmündung nach Schlesien und teilte sich (2. Jahrhundert). Ein Teil siedelte im nördlichen Balkanraum. Zu Beginn des 5. Jahrhunderts zogen die Vandalen mit anderen Stämmen über Gallien nach Spanien. 429 setzten sie nach Nordafrika über und gründeten dort ein Reich, das 534 unterging.

VANDILIER (WANDILIER): Im 1. Jahrhundert eine Gruppe von östlichen Germanenstämmen. Der Name wurde anscheinend von den Vandalen übernommen.

VANGIONEN (WANGIONEN): Suebischer Stamm, der 58 vor Chr. unter Ariovist gegen Caesar kämpfte. Später siedelte er auf dem linken Rheinufer um Worms.

WARÄGER: Seit dem 9. Jahrhundert in Gebiete südlich der Ostsee (Polen, Russland) einwandernde schwedische Gruppen, die skandinavisch-slawische Reiche um Nowgorod und Kiew begründeten und bis Konstantinopel vordrangen.

WARNEN (VARINNER): Stamm im Ostseeraum (1. Jahrhundert).

WESTGOTEN (VISIGOTI): Teilvolk der Goten mit Siedlungsgebieten nördlich der unteren Donau. Im 5. Jahrhundert Züge durch Italien und Gallien. In Südwestfrankreich entstand um Toulouse ein westgotisches Reich, das 507 von den Franken besiegt wurde. In Spanien existierte ein weiteres Reich, das die Araber 711 eroberten.

WIKINGER: Bezeichnung der skandinavischen Völker in der Wikingerzeit vom Ende des 8. bis zur Mitte des 11. Jahrhunderts.

Das Volk der Germanen existierte stets nur in einer Vielzahl kleinerer oder größerer Gruppen, deren Namen weit über die obige Aufzählung hinausreichen. Sie gingen Bündnisse ein und lösten sie wieder, sie bekriegten und eroberten untereinander Gebiete von Nachbarstämmen, sie fanden sich zu umfassenderen Stämmen zusammen. Häufig gingen mit den zahlreichen Bewegungen und Veränderungen in der germanischen Stammeswelt Namenswechsel einher. Da kein gesamtgermanisches Bewusstsein bestand, waren in den Randgebieten die Übergänge zu Kelten und Steppenvölkern fließend. Schon die antiken Geschichtsschreiber bemühten sich, eine gewisse Ordnung in das Wirrwarr der Barbarenstämme zu bringen. Ihnen ist mit oft umstrittenen Ergebnissen die moderne Wissenschaft gefolgt.

Tacitus gliedert in der *Germania* gegen Ende des 1. Jahrhunderts die der Reichsgrenze am nächsten siedelnden Germanenstämme in drei große Gruppen, die wahrscheinlich durch gemeinsame religiöse Kultfeiern miteinander verbunden waren:

– Die Herminonen (Erminonen), eine Gruppe von Stämmen im »mittleren Germanien«, zu der in ihrer Gesamtheit oder teilweise die Cherusker, die Chatten, die Hermunduren und die Sueben gehörten.
– Die Ingwäonen (Ingävonen), eine Gruppe von Stämmen an der Nordseeküste. Zu ihnen gehörten die Friesen und Chauken.
– Die Istwäonen (Istävonen), eine Gruppe von Stämmen zum Rhein hin, dazu zählten unter anderem die Usipeten, die Tenkterer, die Chamaven.

In modernen Zeiten nimmt man für die Zeit vor Beginn der Völkerwanderung 375 eine Dreiteilung an:

– Die Nordgermanen:
Die Stämme in Skandinavien, aus denen sich in der Wikingerzeit die Völker der Dänen, Schweden, Norweger, Isländer und Färöer entwickelten. Nord-

germanen siedelten in dieser Zeit auch auf den Britischen Inseln, in der Normandie, im Ostseeraum, in Russland und auf Grönland.

– Die Ostgermanen:
Stämme, die zum Teil aus Skandinavien stammten und ihre Wohnsitze im östlichen Europa hatten. Nach dem Einfall der Hunnen zogen sie nach Westen und wurden zu den eigentlichen germanischen Wandervölkern. Zu ihnen zählt man die West- und Ostgoten, die Vandalen, die Burgunden und Rugier.

– Die Westgermanen (Südgermanen):
Ihre Stämme decken sich in etwa mit den drei Gruppen des Tacitus. Seine Gliederung wurde übernommen, woraus sich folgende westgermanische Untergruppen ergeben:

– Die Elbgermanen (Herminonen), zu denen die Langobarden, die Hermunduren und die Semnonen gezählt werden.

– Die Nordseegermanen (Ingwäonen), denen neben den Friesen auch die Angeln und Sachsen zugerechnet werden.

– Die Rhein-Weser-Germanen (Istwäonen), aus deren Stämmen die Franken entstanden.

Zeittafel

Um 325 vor Chr.	Pytheas von Massalia gelangt auf seiner Fahrt in den Norden an die Küste Jütlands und nach Südwestnorwegen.
113 – 101 vor Chr.	Kämpfe Roms gegen die Kimbern, Teutonen und andere germanische und keltische Stämme.
113 vor Chr.	Niederlage eines römischen Heeres unter Konsul Papirius Carbo gegen die Kimbern bei Noreia.
105 vor Chr.	Niederlage der Römer unter Konsul Manlius Maximus gegen die Kimbern bei Arausio
102 vor Chr.	Sieg des Konsuls Marius über die Teutonen und Ambronen bei Aquae Sextiae
101 vor Chr.	Marius schlägt die Kimbern bei Vercellae
Um 70 vor Chr.	Der »König der Germanen« Ariovist greift mit den Sueben und anderen Stämmen in die innergallischen Auseinandersetzungen zwischen Sequanern und Haeduern ein.
58 – 51 vor Chr.	Caesar erobert Gallien und erklärt den Rhein zur Grenze gegen die germanischen Stämme.
58 vor Chr.	Sieg Caesars über das Heer des Suebenkönigs Ariovist bei Mühlhausen im Elsass
55 vor Chr.	Die nach Nordostgallien eindringenden Usipeten und Tenkterer werden von Caesar über den Niederrhein zurückgeschlagen. Römischer Brückenbau und erster Rheinübergang in rechtsrheinische Gebiete bei Neuwied.
53 vor Chr.	Erneuter Bau einer Brücke und zweiter Rheinübergang bei Neuwied.
52 vor Chr.	Entscheidender Sieg Caesars über die gallischen Stämme unter Vercingetorix bei Alesia. Gallien wird nach der Niederschlagung kleinerer Aufstände endgültig römisch.

38 vor Chr.	Umsiedlung der Ubier in linksrheinische Gebiete um Köln durch Agrippa
25 vor Chr.	Germanen dringen in Gallien ein und werden von dem Statthalter Vinicius über den Rhein zurückgeschlagen.
16 vor Chr.	Der römische Legat Lollius Paulinus erleidet am Niederrhein gegen die Sugambrer, Usipeten und Tenkterer eine Niederlage. Kaiser Augustus besucht Gallien und die Rheingrenze. Militärische Sicherung des Rheins durch römische Legionen.
12 vor Chr. – 16 nach Chr.	Massive römische Interventionen in germanischen Gebieten zwischen Rhein und Elbe.
12 vor Chr. – 9 vor Chr.	Unter dem Oberbefehl des Drusus dringen römische Truppen in mehreren Feldzügen bis zur Elbe vor. Auf dem Rückweg zum Rhein verunglückt Drusus tödlich. Sein Bruder Tiberius wird sein Nachfolger.
8 vor Chr. – 6 vor Chr.	Römische Feldzüge unter Tiberius bis zur Elbe.
Um die Zeitenwende	Markomannenreich des Marbod in Böhmen.
1. Jahrhundert nach Chr.	Goten im Weichselgebiet.
4 nach Chr. – 6 nach Chr.	Erneute Feldzüge des Tiberius in Germanien. Zunehmende Erschließung der Gebiete durch Militärlager.
9 nach Chr.	Der Statthalter Quinctilius Varus erleidet mit drei Legionen eine verheerende Niederlage gegen die Cherusker und andere germanische Stämme unter Arminius (»Schlacht im Teutoburger Wald«).
10 – 16 nach Chr.	Römische Feldzüge in Germanien unter Tiberius und Germanicus. Aufgabe des Ziels der Elbgrenze und der Eroberung germanischer Gebiete.
Um 17 nach Chr.	Innergermanische Kämpfe, unter anderem zwischen Arminius und Marbod.
Um 21 nach Chr.	Arminius wird von Verwandten ermordet.
50	Gründung Kölns. Einfall der Chatten in Gallien.
69 – 71	Im Rheinland Aufstand der Bataver unter Julius Civilis, dem sich andere germanische Stämme und gallische Gruppen anschließen.
83	Feldzug Kaiser Domitians gegen die Chatten und Beginn der Errichtung des Limes.

Um 90	Einrichtung zweier germanischer Provinzen innerhalb der Rhein- und Limesgrenzen: Niedergermanien (Germania inferior) mit der Hauptstadt Köln und Obergermanien (Germania superior) mit der Hauptstadt Mainz.
Um 98	Der römische Historiker Tacitus verfasst die *Germania*.
166–180	Kaiser Mark Aurel muss gegen die Markomannen und andere germanische Stämme aus Gebieten nördlich der Donau Krieg führen.
Um 200	Vordringen der Goten nach Russland und in die Ukraine bis in Gebiete am Schwarzen Meer.
213	Kaiser Caracalla besiegt am Main Germanen, die wahrscheinlich zum neuen Großstamm der Alamannen gehören.
238	An der unteren Donau erstmals Auftreten von Goten.
Um 260	Franken und Alamannen überrennen den Limes.
270	Vandalen fallen in Pannonien ein.
278	Burgunden sind in Rätien anzutreffen.
286	Erstmals werden sächsische Seeräuber genannt.
Um 290	Die Goten teilen sich in West- und Ostgoten.
332	Die Westgoten werden römische Föderaten.
Um 350	Wulfila übersetzt die Bibel ins Gotische. Unter den germanischen Wandervölkern setzt sich langsam das Christentum in der arianischen Form durch.
358	Kaiser Julian Apostata schlägt die Alamannen bei Straßburg.
375	Die Hunnen unterwerfen das Ostgotenreich. Beginn der Völkerwanderungszeit.
378	Niederlage eines römischen Heeres vor Adrianopel gegen die Westgoten. Kaiser Valens fällt in der Schlacht.
406	Vandalen, Alanen und Sueben überqueren den Rhein und ziehen nach Spanien.
410	Die Westgoten unter Alarich erobern Rom.
413–436	Reich der Burgunden in Worms.
418–507	Reich der Westgoten in Südwestfrankreich.
429	Vandalen und Alanen ziehen nach Nordafrika.
443–534	Reich der Burgunden am Genfer See und an der Rhône.
Um 450	Angeln und Sachsen erobern England.
451	In der Schlacht auf den Katalaunischen Feldern siegt Aetius mit seinen römisch-germanischen Truppen über das hunnisch-germanische Heer des Attila.

453	Tod Attilas.
454	In der Schlacht am Nedao Niederlage der Hunnen gegen ein germanisches Heer. Zerfall des Hunnenreiches.
455	Die Vandalen erobern Rom.
476	Der Germane Odoaker setzt den letzten weströmischen Kaiser ab und wird zum König über Italien ausgerufen.
482–511	Der Merowingerkönig Chlodwig herrscht über die Franken.
486	Chlodwig beseitigt Syagrius, den letzten römischen Herrscher in Gallien.
493–526	Theoderich regiert das italienische Reich der Ostgoten.
496	Ein fränkisches Heer besiegt die Alamannen.
498	Taufe Chlodwigs.
507	Fränkischer Sieg über die Westgoten.
531	Fränkische Unterwerfung des Thüringerreiches.
534	Ostrom vernichtet das Vandalenreich in Nordafrika. Franken erobern das Burgundenreich.
555	Die letzten ostgotischen Truppen ergeben sich dem oströmischen Heer. Ende des Ostgotenreiches.
568	Die Langobarden erobern Norditalien. Ende der Völkerwanderungszeit.
613	Die Familienkämpfe der Merowinger enden mit der Ermordung Brunichilds durch Chlothar II.
Seit 639	Aufstieg der austrasischen Hausmeier.
687	Durch den Sieg in der Schlacht von Tertry werden die austrasischen Hausmeier faktisch Herrscher über das gesamte Merowingerreich.
711	Ende des Westgotenreiches in Spanien durch die Araber.
732	Karl Martell besiegt die Araber bei Tours und Poitiers.
746	Niederlage der Alamannen gegen die Franken. Ende des unabhängigen Herzogtums.
751	Absetzung des Merowingers Childerich III. durch den Hausmeier Pippin, der die fränkische Königswürde annimmt. Beginn der Karolingerzeit.
754	Der Missionar Bonifatius wird bei den Friesen getötet.
768–814	Karl der Große.
772–804	Sachsenkriege. Das Land der Sachsen wird Teil des Fränkischen Reiches.

773–774	Der Frankenkönig Karl der Große erobert das norditalienische Langobardenreich und wird dessen König.
785	Taufe Widukunds.
788	Absetzung des Baiernherzogs Tassilo.
793	Mit dem Überfall skandinavischer Piraten auf das nordenglische Kloster Lindisfarne Beginn der Wikingerzeit.
800	Kaiserkrönung Karls durch Papst Leo III. in Rom.
9. Jhd.	Skandinavische Waräger in Osteuropa (Reiche von Nowgorod und Kiew).
Um 830	Der Missionar Ansgar in Schweden.
844	Wikinger plündern in Spanien.
845	Wikinger überfallen Paris und Hamburg.
867	Wikinger nehmen das nordenglische York ein. Zunehmende Ansiedlung dänischer Bevölkerung in Ostengland.
Nach 870	Norweger entdecken Island. Beginn der Besiedlung.
881/82	Plünderungen im Rheinland durch ein großes Wikingerheer.
911	Der Wikinger Rollo wird Herzog der Normandie.
930	Einrichtung des isländischen Allthings.
Um 954	König Hakon der Gute versucht erfolglos, Norwegen zu christianisieren.
Um 960	Taufe des dänischen Königs Harald Blauzahn. Christianisierung Dänemarks.
Um 985	Isländer besiedeln Teile der grönländischen Küste.
1000	Das isländische Allthing entscheidet sich mehrheitlich für die Annahme des Christentums.
Um 1030	Christianisierung Norwegens.
1066	Der norwegische König Harald der Harte fällt in Nordengland. Ende der Wikingerzeit.
Um 1070	Der Chronist Adam von Bremen berichtet über eine heidnische Opferfeier in Uppsala. Einsetzende Christianisierung der Schweden.

Auf den Spuren der Germanen

In vielen europäischen Museen findet man Exponate, die Zeugnisse der Geschichte und Kultur germanischer Stämme und Völker sind. Dabei beschränkt sich die große Fülle an Ausstellungsobjekten nicht auf Deutschland und Nordeuropa. Von Madrid bis Bukarest, im Pariser Louvre wie im Britischen Museum in London stößt man auf die Spuren germanischer Geschichte. Insofern stellt die folgende Liste lediglich eine Auswahl bedeutender Ausstellungsorte dar. (Internetadressen unter Vorbehalt)

Deutschland

Bad Bederkesa:
- Museum Burg Bederkesa, Amtsstraße 17, 27624 Bad Bederkesa (bei Bremerhaven), www. burg-bederkesa.de
  Funde des Germanendorfes Feddersen Wierde. Sensationelle Funde aus den Gräberfeldern an der Fallward.

Bad Homburg von der Höhe:
- Römerkastell Saalburg und Saalburgmuseum, 61350 Bad Homburg v. d. Höhe / Taunus, www.saalburgmuseum.de
  Das Kastell wurde um 1900 auf alten Grundrissen aufgebaut und vermittelt einen Eindruck vom Leben im Grenzgebiet zu den Germanen.

Berlin:
- Museum für Vor- und Frühgeschichte, Schloss Charlottenburg, Spandauer Damm 22, 14059 Berlin, www. smb.spk-berlin.de/mvf
  Die reichen Ausstellungen präsentieren Funde aus der gesamten Geschichte der Germanen.

Bonn:
- Rheinisches Landesmuseum, Colmantstraße 14-16, 53115 Bonn
  Viele Funde der provinzialrömischen Zeit (Matronensteine) und der Franken. Dazu gehört der Marcus-Caelius-Stein, der nach der Varusschlacht 9 nach Chr. entstand.

Bramsche:
- Museumspark Kalkriese, Venner Straße 69, 49565 Bramsche (bei Osnabrück), www. geschichte.uni-osnabrueck.de/projekt/start.html
  Die Website »Kalkriese. Die Örtlichkeit der Varusschlacht« behandelt ausführlich und anschaulich die Ergebnisse der archäologischen Ausgrabungen und die Erkenntnisse über die Schlacht und die Römer in Germanien.

Ellwangen:
- Alamannenmuseum Ellwangen, Haller Straße 9, 73479 Ellwangen (bei Aalen), www.alamannenmuseum-ellwangen.de
  2001 eröffnete Ausstellung über die Alamannen in Süddeutschland. Präsentation der reichen Gräberfunde von Lauchheim.

Frankfurt am Main:
- Museum für Vor- und Frühgeschichte, Karmelitergasse 1, 60311 Frankfurt
  Die Dauerausstellung präsentiert das Rhein-Main-Gebiet als römisch-keltisch-germanische Kontaktzone. Von der Ansiedlung der Franken künden Gräberfunde.

Freiburg im Breisgau:
- Museum für Ur- und Frühgeschichte, Colombischlössle, Rotteckring 5, 79098 Freiburg im Breisgau
  Alamannenschatzkammer

Halle:
- Landesmuseum für Vorgeschichte, Richard-Wagner-Straße 9-10, 06144 Halle, www. landesmuseum-fuer-vorgeschichte-halle.de
  Zu den umfassenden Sammlungen über Germanen gehören das prächtige Fürstengrab von Gommern und der Reiterstein von Hornhausen.

Haltern:
- Westfälisches Römermuseum, Weseler Straße 100, 45721 Haltern (bei Recklinghausen), www.lwl.org/LWL/Kultur/WMfA/Museen/Haltern
  Funde aus den Römerlagern an der Lippe vermitteln ein Bild von Römern und Germanen in den Jahren vor der Varusschlacht.

Hannover:
- Niedersächsisches Landesmuseum. Urgeschichtsabteilung, Willy-Brandt-Allee 5, 30169 Hannover, www. Urgeschichte.de/htm/museum.htm
  Umfangreiche Ausstellungen über die Germanen in Niedersachsen, besonders über die Sachsen und Friesen.

Klein Köries:
- Freilichtmuseum Germanische Siedlung Klein Köries, 15746 Klein Köries (in Brandenburg, südlich von Berlin), members.tripod.de/KleinKoeris
  Rekonstruktion einer Siedlung, die vom 2. bis 5. Jahrhundert bewohnt wurde.

Köln:
- Römisch-Germanisches Museum, Roncalliplatz 4, 50667 Köln, www. museenkoeln.de/rgm
  Am beeindruckendsten sind die römischen Exponate. Die germanischen Stämmen zugeschriebenen Funde verdeutlichen den Kontrast beider Kulturen. Goldschmuck der Völkerwanderungszeit.

Lahnau-Waldgirmes:
- Römische Ausgrabungen, 35633 Lahnau-Waldgirmes (bei Gießen), www. waldgirmes.de/roemer/index.htm
  Neueste Ausgrabungen einer kleinen römischen Stadt mitten im Germanenland, die kurz nach der Zeitenwende im Entstehen begriffen war und nach der Varusschlacht im Jahre 9 ihr abruptes Ende fand.

Mainz:
- Landesmuseum, Große Bleiche 49-51, 55116 Mainz
  Germanische Funde aus der Geschichte des Mittelrheingebietes.

- Museum für antike Schifffahrt, Neutorstraße 2b, 55116 Mainz
  Das Museum zeigt unter anderem römische Militärschiffe, die um 400 auf dem Rhein operierten.

- Römisch-Germanisches Zentralmuseum, Kurfürstliches Schloss, 55116 Mainz
  Das Forschungsinstitut für Vor- und Frühgeschichte präsentiert in seinen Ausstellungen eine Fülle germanischer Funde. Darunter viele Repliken der bekanntesten Objekte aus anderen Museen.

Nürnberg:
- Germanisches Nationalmuseum, Kartäusergasse 1, 90402 Nürnberg, www. gnm.de
  Im 19. Jahrhundert als deutsches Nationalmuseum gegründet, präsentiert das Museum in seiner frühgeschichtlichen Abteilung eine Fülle germanischer Objekte. Herausragend sind die ostgotischen Adlerfibeln aus Italien.

Oerlinghausen:
- Archäologisches Freilichtmuseum, Am Barkhauser Berg 2-6, 33813 Oerlinghausen (bei Bielefeld), www.afm-oerlinghausen.de/museum.htm
  Rekonstruierte Siedlungen der Römischen Kaiserzeit (1.-4. Jahrhundert) und der Sachsen des frühen Mittelalters.

Schleswig:
- Archäologisches Landesmuseum und Wikingermuseum Haithabu, Schloss Gottorf, 24837 Schleswig, www.schleswig-holstein.de/museum/arc-ges/ universitaet-mus.html
  Moorleichen und das Nydamboot gehören zu den bekanntesten Exponaten germanischer Funde. Die in der Nähe gelegenen Reste des Handels-

platzes Haithabu sind Zeugnisse eines nordeuropäischen Zentrums der Wikingerzeit.

Trier:
– Rheinisches Landesmuseum, Weimarer Allee 1, 54290 Trier, www.uni-trier.de/trier/lm/rlmt.htm
  Neben den überragenden keltischen und römischen Funden werden auch Ausgrabungen der Frankenzeit gezeigt.

Westgreußen:
– Freilichtmuseum Funkenburg, 99718 Westgreußen (in Nordthüringen bei Erfurt), www.roskothen.com/FAU/Funkenburg.htm
  Rekonstruktion einer germanischen Wehrsiedlung aus den Jahrhunderten um Christi Geburt.

Zethlingen:
– Langobardenwerkstatt Zethlingen, 39624 Zethlingen (in der Altmark bei Salzwedel), www.langobarden-zethlingen.de
  Die Rekonstruktion einer etwa 2000 Jahre alten germanischen Siedlung versteht sich als lebendiges Museum, in dem versucht wird, experimentell das Leben der frühgeschichtlichen Menschen nachzuvollziehen.

Niederlande

Eindhoven:
– Prehistorisch Openluchtmuseum Eindhoven, Boutenslaan 161-b, 5644 TV Eindhoven, www.dse.nl/eversham
  Das vorgeschichtliche Freilichtmuseum präsentiert unter anderem das Leben in der vorrömischen Eisenzeit, als im Nordosten Galliens keltische und germanische Einflüsse zusammentrafen.

Leiden:
– Rijksmuseum van Oudheden, Rapenburg 28, 2311 EW, Leiden, www.rmo.nl
  Das zentrale niederländische Museum für Archäologie präsentiert einen Wikingerschatz und andere Exponate germanischer Geschichte.

Dänemark

Kopenhagen:
– Nationalmuseet, Ny Vestergade 10, København K, www. natmus.min.dk
  Das Nationalmuseum zeigt in großer Zahl Funde aus Dänemarks reichen frühgeschichtlichen und frühmittelalterlichen Epochen. Dazu zählen die vielen Opferfunde des Landes.

Lejre:
- Lejre Forsøgscenter, Slangealleen 2, 4320 Lejre (bei Roskilde auf Seeland), www.lejre-center.dk
  Das Freilichtmuseum versteht sich als Zentrum experimenteller Archäologie. Dazu gehört die Rekonstruktion eines Opferplatzes an einem Moor.

Silkeborg:
- Silkeborg Museum, Hovedgårdsvej 7, 8600 Sikeborg (bei Århus in Jütland)
  Hier ist neben anderen Moorleichen der berühmte Tollund-Mann zu sehen.

Skærbæk:
- Hjemsted Oldtidspark, Hjemstedvej 60, 6780 Skærbæk (in Südjütland), www.hjemsted.dk
  Ein Freilichtmuseum, das unter anderem die Lebensverhältnisse der germanischen Stämme um die Zeitenwende zu rekonstruieren versucht.

Schweden

Björkö:
- Museum Birka. Die Insel Björkö liegt im Mälarsee bei Stockholm. www.raa.se/birka
  Auf Birka befand sich in der Wikingerzeit ein Handelsplatz, den Händler aus aller Welt aufsuchten. Davon künden vor allem ein großes Gräberfeld und ein Museum, das Modelle und Fundstücke der Siedlung zeigt.

Stockholm:
- Statens Historiska Museum, Narvavägn 13-17, Stockholm. www.historiska.se
  Schwedens großes Historisches Museum präsentiert den Reichtum an frühgeschichtlichen Funden und Objekten aus der Vendel- und Wikingerzeit. Dazu gehören Runensteine und Schatzfunde.

Uppsala:
- Gamla Uppsala. Historiskt Centrum, Disavägn, 754 40 Uppsala
  Das Land um die drei Königshügel aus dem 6. Jahrhundert gehört zu den Mittelpunkten schwedischer Geschichte. Hier war ein großes heidnisches Heiligtum, in dem die letzten Menschenopfer des Landes dargebracht wurden. Das Museum von Alt-Uppsala präsentiert Zeugnisse aus dieser Zeit.

Literaturverzeichnis

Quellen

Adam von Bremen. »Bischofsgeschichte der Hamburger Kirche. Übertragen von Werner Trillmich.« In: *Quellen des 9. und 11. Jahrhunderts zur Geschichte der Hamburgischen Kirche und des Reiches.* Darmstadt 1978. Seite 135ff.

Althochdeutsche Literatur. Herausgegeben, übersetzt und mit Anmerkungen versehen von Horst Dieter Schlosser. Frankfurt am Main 1970.

Beowulf und das Finnsburg-Bruchstück. Übertragen von Felix Genzmer. Stuttgart 1978.

Die Edda des Snorri Sturluson. Ausgewählt, übersetzt und kommentiert von Arnulf Krause. Stuttgart 1997.

Einhard. Vita Caroli Magni. Das Leben Karls des Großen. Übersetzung von Evelyn Scherabon Firchow. Stuttgart 1973.

Gregor von Tours. *Fränkische Geschichte.* Bd. 1-3. Nach der Übersetzung von Wilhelm von Gisebrecht neu bearbeitet von Manfred Gebauer. Essen und Stuttgart 1988.

Griechische und lateinische Quellen zur Frühgeschichte Mitteleuropas bis zur Mitte des 1. Jahrtausends unserer Zeitrechnung. Bd. 1-4. Herausgegeben von Joachim Herrmann. Berlin 1988-1991.

Die Heldenlieder der Älteren Edda. Übersetzt, kommentiert und herausgegeben von Arnulf Krause. Stuttgart 2001.

Die Saga von Egil. Herausgegeben und übersetzt von Kurt Schier. Düsseldorf, Köln 1978.

Die Inhalte weiterer Textzeugnisse wurden der Sekundärliteratur entnommen.

Sekundärliteratur

Die Alamannen. Ausstellungskatalog. Herausgegeben vom Archäologischen Landesmuseum Baden-Württemberg. Stuttgart 1997.

Amstadt, Jakob. *Die Frau bei den Germanen. Matriarchale Spuren in einer patriarchalen Gesellschaft.* Stuttgart, Berlin, Köln 1994.

Beck, Heinrich u.a.: »Germanen, Germania, Germanische Altertumskunde.« In: *Reallexikon der Germanischen Altertumskunde*. Bd. 11. Berlin u.a. 1998. Seite 181-438.

Beck, Heinrich (Hg.). *Germanenprobleme in heutiger Sicht*. Berlin u.a. 1986.

Birkhan, Helmut. *Kelten. Versuch einer Gesamtdarstellung ihrer Kultur*. Wien 1997.

Boyer, Régis. *Die Wikinger*. Stuttgart 1994.

Derolez, R.L.M. *Götter und Mythen der Germanen*. Wiesbaden 1976.

Döbler, Hannsferdinand. *Die Germanen. Legende und Wirklichkeit von A-Z. Ein Lexikon zur europäischen Frühgeschichte*. Gütersloh 1975.

Düwel, Klaus. *Runenkunde*. Stuttgart, Weimar 2001 (3. Auflage)

Fischer, Thomas. *Die Römer in Deutschland*. Stuttgart 1999.

Die Franken. Wegbereiter Europas. Vor 1500 Jahren: König Chlodwig und seine Erben. Katalog-Handbuch in zwei Teilen. Mainz 1996.

Germanen, Hunnen und Awaren. Schätze der Völkerwanderungszeit. Ausstellungskatalog des Germanischen Nationalmuseums Nürnberg. Nürnberg 1987.

Graham-Campbell, J. *Die Wikinger*. München 1994 (Weltatlas der alten Kulturen)

Hachmann, Rolf. *Die Germanen*. München 1978.

Hutterer, Claus Jürgen. *Die germanischen Sprachen. Ihre Geschichte in Grundzügen*. Budapest 1975.

Kaiser, Reinhold. *Die Franken: Roms Erben und Wegbereiter Europas?* Idstein 1997.

Krause, Wolfgang. *Die Runeninschriften im älteren Futhark*. Göttingen 1966.

Krüger, Bruno u.a. *Die Germanen. Geschichte und Kultur der germanischen Stämme in Mitteleuropa*. Bd. 1-2. Darmstadt 1987.

Lange, Wolfgang (Hg.). *Die Germania des Tacitus*. Erläutert von Rudolf Much. Heidelberg 1967 (3. Auflage)

Löber, Ulrich (Hg.). *Die Wikinger. Begleitpublikation zur Sonderausstellung*. Koblenz 1998.

Logan, F. Donald. *Die Wikinger in der Geschichte*. Stuttgart 1987.

Lund, Allan A. *Germanenideologie im Nationalsozialismus. Zur Rezeption der »Germania« des Tacitus im »Dritten Reich«*. Heidelberg 1995.

Maier, Bernhard. *Lexikon der keltischen Religion und Kultur*. Stuttgart 1994.

Menghin, Wilfried. *Die Langobarden. Archäologie und Geschichte*. Stuttgart 1985.

Menghin, Wilfried. *Kelten, Römer und Germanen. Archäologie und Geschichte*. München 1980. Seite 131ff.

Mildenberger, Gerhard. *Sozial- und Kulturgeschichte der Germanen*. Stuttgart 1977 (2. Auflage)

Müller-Wille, Michael. *Opferkulte der Germanen und Slawen*. Stuttgart 1999.

Palol, Pedro de; Ripoll, Gisella. *Die Goten. Geschichte und Kunst in Westeuropa*. Augsburg 1999.

Pohl, Walter. *Die Germanen*. München 2000 (Enzyklopädie Deutsche Geschichte 57)

Reallexikon der Germanischen Altertumskunde. Bd. 1ff. Berlin, New York 1973ff.

Riché, Pierre. *Die Karolinger. Eine Familie formt Europa.* München 1995 (3. Auflage)

Schätze der Ostgoten. Eine Ausstellung der Marie Curie-Sklodowska Universität Lublin und des Landesmuseums Zamosc. Stuttgart 1995.

Schlette, Friedrich. *Germanen zwischen Thorsberg und Ravenna.* Leipzig 1980 (4. Auflage)

Schlüter, Wolfgang (Hg.). *Kalkriese – Römer im Osnabrücker Land. Archäologische Forschungen zur Varusschlacht.* Bramsche 1993 (2. Auflage)

Schulze, Hans K. *Vom Reich der Franken zum Land der Deutschen. Merowinger und Karolinger.* Berlin 1998 (Siedler Deutsche Geschichte 2)

See, Klaus von. *Barbar, Germane, Arier. Die Suche nach der Identität der Deutschen.* Heidelberg 1994.

See, Klaus von. *Deutsche Germanenideologie vom Humanismus bis zur Gegenwart.* Frankfurt/Main 1970.

Simek, Rudolf. *Lexikon der germanischen Mythologie.* Stuttgart 1995 (2. Auflage)

Simek, Rudolf; Pálsson, Hermann. *Lexikon der altnordischen Literatur.* Stuttgart 1987.

Stiegemann, Christoph; Wemhoff, Matthias (Hg.). *799 – Kunst und Kultur der Karolingerzeit. Karl der Große und Papst Leo III. in Paderborn.* Bd. 1-3. Mainz 1999.

Uecker, Heiko. *Germanische Heldensage.* Stuttgart 1972.

Wiegels, Rainer; Woesler, Winfried (Hg.). *Arminius und die Varusschlacht. Geschichte – Mythos – Literatur.* Paderborn 1995.

Wikinger Waräger Normannen. Die Skandinavier und Europa 800-1200. Ausstellungskatalog. Berlin 1992.

Wilson, David M. (Hg.). *Kulturen im Norden. Die Welt der Germanen, Kelten und Slawen 400-1100 nach Chr.* München 1980.

Wirth, Gerhard. *Attila. Das Hunnenreich und Europa.* Stuttgart 1999.

Wolfram, Herwig. *Das Reich und die Germanen. Zwischen Antike und Mittelalter.* Berlin 1998 (Siedler Deutsche Geschichte 1)

Wolfram, Herwig. *Die Germanen.* München 1995 (2. Auflage)

Wolfram, Herwig. *Die Goten.* München 1990 (3. Auflage)

Verzeichnis der Abbildungen und Karten

Schwarzweiß-Abbildungen

Farbtafeln

Die genannten Ziffern beziehen sich auf die Numerierung der Farbtafeln.

Orts-, Personen- und Sachregister

Kursive Ziffern verweisen auf das Kurzkapitel der entsprechenden Seite.